高等院校经济管理类主干课程教材

高级审计：
理论与实务

Senior Audit: Theory and Practice

谢 荣◎主 编
吴建友 郑石桥◎副主编

图书在版编目(CIP)数据

高级审计:理论与实务/谢荣主编. --上海:立信会计出版社,2025.2. -- ISBN 978-7-5429-7093-0

Ⅰ.F239.0

中国国家版本馆 CIP 数据核字第 2025W3H262 号

策划编辑　　张巧玲
责任编辑　　王秀宇　于佳莹
美术编辑　　吴博闻

高级审计:理论与实务
GAOJI SHENJI LILUN YU SHIWU

出版发行	立信会计出版社		
地　　址	上海市中山西路 2230 号	邮政编码	200235
电　　话	(021)64411389	传　　真	(021)64411325
网　　址	www.lixinaph.com	电子邮箱	lixinaph2019@126.com
网上书店	http://lixin.jd.com		http://lxkjcbs.tmall.com
经　　销	各地新华书店		

印　　刷	浙江临安曙光印务有限公司	
开　　本	787 毫米×1092 毫米	1/16
印　　张	22.25	
字　　数	570 千字	
版　　次	2025 年 2 月第 1 版	
印　　次	2025 年 2 月第 1 次	
书　　号	ISBN 978-7-5429-7093-0/F	
定　　价	68.00 元	

如有印订差错,请与本社联系调换

前言

审计,是人类社会发展到一定历史阶段的必然产物,社会越发展,审计越重要。我国自1978年改革开放以来,社会经济生活发生了史无前例的巨大变化,经过40多年的努力,已发展成为世界上屈指可数的贸易大国、消费大国、门类齐全的制造业强国。2023年,我国的GDP总量已突破126万亿元人民币,人均超过1.2万美元。截至2023年年底,沪深两地的上市公司数量已超过5000家,总市值超过80万亿元人民币。我国经济的迅猛发展为审计的发展提供了广阔的舞台,也对审计提出了更高的要求。

我国自1981年恢复注册会计师审计以来,已建成了一支规模庞大的注册会计师执业队伍。到2024年5月底,全国会计师事务所数量达10 749家(含分所),注册会计师人数为105 667人,非执业会员人数为281 237人,行业从业人员超过40万人;行业每年所服务的企事业单位超过420万家,2023年全行业业务总收入达1 107亿元。① 注册会计师行业的蓬勃发展,为我国的社会经济特别是资本市场的发展做出了重大的贡献,已成为我国社会经济有序运行所不可或缺的基石。

社会的广泛需求和审计所需承担的历史使命,要求审计人员必须不断与时俱进,提高自己的审计理论素养和审计实务能力,以应对时代的召唤和挑战。本书的编写就专为满足审计人员的这一发展需求。

现代审计,根据审计的主体不同,可分为国家审计、民间审计(或注册会计师审计)和内部审计;根据审计的内容不同,可分为财务审计、绩效审计、合规审计、制度审计、经济责任审计等。由于不同审计主体、不同审计内容的审计活动及其所依据的理论体系存在一定的差异,本书阐述的审计理论与实务主要聚焦于由注册会计师执行的法定财务审计,因为这是国内外业务量最大、要求最严格的审计活动,最具代表性。

对于法定财务审计的实施,我们在长期跟踪研究国内外审计理论和实务发展的基础上,于2004年首次提出了"现代风险导向审计"②的理念,而建立在这一理念基础之上的"现代风险导向审计方法"是目前最符合现代审计环境需求、最能提高审计效率和防范审

---

① 数据来自2024年7月14日中国注册会计师协会会长赵鸣骥在"全国高端会计人才行政事业五期毕业活动暨新时代财会监督高质量发展"主题论坛上的演讲"充分发挥行业专业优势 助力财会监督提质增效"。
② 谢荣,吴建友.现代风险导向审计理论研究与实务发展[J].会计研究,2004(04):47-51.

计风险的审计基本方法，本书的审计实务篇将基于这一方法进行阐述。

本书定位为高级审计的理论与实务，以区别于初入门的审计学原理或以审计取证为核心的中级审计。本书既适用于审计、会计专业的研究生和高年级本科生，也适用于注册会计师行业的专业培训。

本书分为上篇审计理论和下篇审计实务。上篇从审计理论及其框架结构的介绍开始，着重阐述构成审计理论框架结构的八大要素：审计环境、审计目标、审计假设、审计概念、审计规范、审计基本方法、审计报告和审计责任。这八大要素既相互联系又相互作用，构成了一个有机统一的理论循环。下篇从现代风险导向审计方法的介绍入手，着重阐述这一方法在现代财务审计实践中的应用，包括业务承接与初步审计计划、公司治理层面战略风险分析、公司业务环节经营风险分析与控制测试、剩余风险分析与实质性测试方案设计、实质性测试方案的执行、终结审计与审计报告、审计质量管理。这些内容的介绍着重于内在的逻辑联系，以构成一个前后一体、逻辑严密的实务循环。我们希望通过这两个循环的介绍，为中高层次审计人员提供确保其审计活动科学性、合理性的完整理论体系，以及现代审计方法科学性、合理性的逻辑思维范式，以帮助审计人员有效应对各种错综复杂的审计项目。

本书的特点在于无论是审计理论的阐述还是审计实务的介绍，都面向审计实践，为审计实践服务。我们阐述的理论是希望能用来指导实践的理论，我们介绍的实务是希望能用来提升实际审计能力的实务。本书也在线上配套了与课程思政有关的内容，供教学使用。

本书由谢荣任主编，吴建友、郑石桥任副主编。本书编写的分工如下：第一章至第四章以及第九章由谢荣编写；第五章由刘华编写；第六章由郑石桥、马贤明编写；第七章、第十章、第十二章由吴建友编写；第八章由郑石桥、王建春编写；第十一章、第十五章由宋德亮编写；第十三章由袁敏、王咏梅编写；第十四章由袁敏、付娟编写；第十六章由郑石桥、王咏梅编写；第十七章由谢荣、郑石桥编写。

本书是全体参编人员共同努力的结果，所有参编人员都是高校资深教授，部分参编人员还具有国际四大会计师事务所的实践经验，我们也力求完美，但若存在认识不够、提炼不精甚至疏漏之处，敬请读者批评指正！

编者

2024 年 9 月

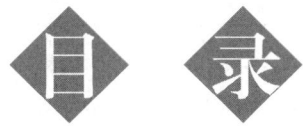

上篇　审计理论

第一章　审计理论及其框架结构 ·· 003
 第一节　现代审计的发展 ·· 003
 第二节　审计理论的产生 ·· 004
 第三节　审计理论框架结构 ··· 009

第二章　审计环境 ·· 014
 第一节　宏观环境对审计需求的影响 ································· 014
 第二节　行业环境对审计供给的影响 ································· 020

第三章　审计目标 ·· 027
 第一节　审计目标的意义和影响因素 ································· 027
 第二节　影响审计目标确定的主要力量 ····························· 029
 第三节　审计目标的发展演变 ·· 032
 第四节　对确立我国审计目标的研究 ································· 039

第四章　审计假设 ·· 042
 第一节　审计假设的含义 ··· 042
 第二节　审计假设的研究发展及其理论意义 ······················· 044
 第三节　审计假设的实践意义 ·· 046
 第四节　符合我国国情的审计假设 ··································· 051

第五章　审计概念 ·· 056
 第一节　审计概念概述与概念探讨法 ································· 056
 第二节　审计证据 ·· 059
 第三节　应有的审计关注和公允表达 ································· 062
 第四节　独立性 ·· 063
 第五节　道德行为 ·· 065
 第六节　重要性与风险 ·· 068

第六章　审计规范 · 073
- 第一节　规范与审计规范的含义 · 073
- 第二节　审计规范体系 · 074
- 第三节　职业道德规范 · 078
- 第四节　执业准则 · 087
- 第五节　质量控制准则和职业后续教育准则 · 095
- 第六节　审计规范各要素之间的关系 · 097

第七章　审计基本方法 · 099
- 第一节　审计基本方法的发展 · 099
- 第二节　账项基础的详细审计 · 103
- 第三节　内部控制基础的制度基础审计 · 103
- 第四节　企业风险管理框架与现代风险导向审计 · 109
- 第五节　信息技术对审计的影响 · 121

第八章　审计报告 · 124
- 第一节　审计报告的历史沿革 · 124
- 第二节　审计报告的内容观点和格式 · 129
- 第三节　审计意见 · 132
- 第四节　其他重要事项的报告 · 135

第九章　审计责任 · 141
- 第一节　审计责任概述 · 141
- 第二节　注册会计师的审计职责范围 · 142
- 第三节　注册会计师审计的责任对象 · 147
- 第四节　注册会计师审计的法律责任 · 151

下篇　审计实务

第十章　现代风险导向审计方法概述 · 171
- 第一节　现代风险导向审计产生背景 · 171
- 第二节　现代风险导向审计基本内涵 · 179
- 第三节　现代风险导向审计的方法逻辑 · 182

第十一章　业务承接与初步审计计划 · 186
- 第一节　业务承接与约定风险评价 · 186
- 第二节　签订审计业务约定书 · 190
- 第三节　制订初步审计计划 · 196

第十二章 公司治理层面战略风险分析 ········· 204
第一节 公司治理层面战略风险分析的意义 ········· 204
第二节 了解客户的目标及实现目标的战略 ········· 206
第三节 公司经营模式分析 ········· 211
第四节 战略风险分析 ········· 214
第五节 对公司总体层面控制的评价及重要经营风险的结论 ········· 232

第十三章 公司业务环节经营风险分析与控制测试 ········· 260
第一节 经营环节与战略的联系 ········· 260
第二节 经营环节分析 ········· 262
第三节 控制测试与剩余风险 ········· 272

第十四章 剩余风险分析与实质性测试方案设计 ········· 279
第一节 剩余风险与具体审计目标 ········· 279
第二节 审计风险模型的运用 ········· 282
第三节 重要性水平的运用 ········· 285
第四节 实质性测试方案的设计 ········· 288

第十五章 实质性测试方案的执行 ········· 300
第一节 实质性测试的重要性 ········· 300
第二节 实质性测试方案的理解 ········· 303
第三节 实质性测试的执行要求 ········· 307

第十六章 终结审计与审计报告 ········· 312
第一节 汇总审计差异和财务报表试算平衡 ········· 312
第二节 终结审计其他相关事项 ········· 313
第三节 标准无保留意见审计报告 ········· 319
第四节 非无保留意见审计报告 ········· 324
第五节 管理建议书 ········· 332

第十七章 审计质量管理 ········· 334
第一节 审计质量概述 ········· 334
第二节 单个审计项目的质量管理 ········· 336
第三节 会计师事务所的综合质量管理 ········· 341

上篇 审计理论

本篇以注册会计师从事的财务审计为背景,阐释现代风险导向审计基本理论,具体内容包括:审计理论及其框架结构,以及构成审计理论框架结构的审计环境、审计目标、审计假设、审计概念、审计规范、审计基本方法、审计报告和审计责任八大要素,这八大要素之间的相互联系构成了现代风险导向审计理论循环。

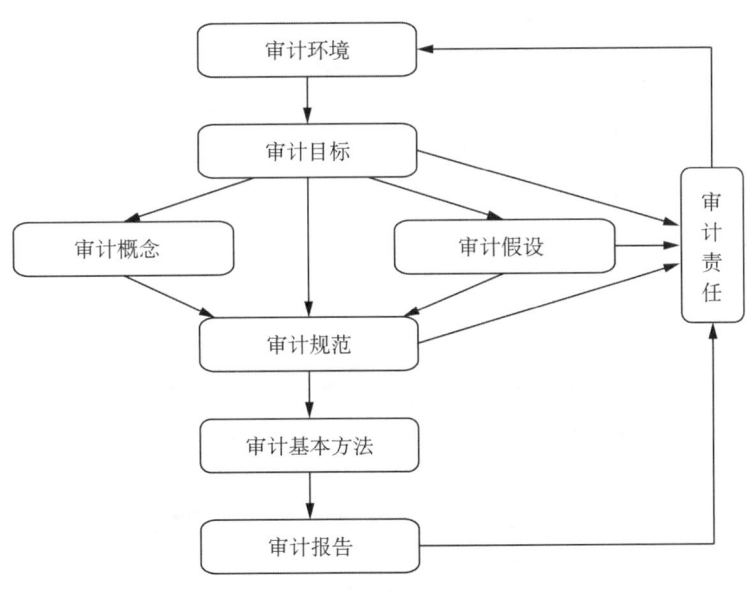

现代风险导向审计理论循环

第一章 审计理论及其框架结构

 本章要点

审计源远流长,既有多彩的实践活动,也有丰富的理论逻辑。本章在简要介绍现代审计发展和审计理论产生、发展的基础上,重点阐述审计理论框架结构。

 本章需要重点掌握的内容

审计理论要素及其相互关系。

第一节 现代审计的发展

审计,作为一项社会活动,可谓源远流长,它起源于官厅,发展于民间。我国早在西周时期就有了审计的萌芽,其时,"宰夫"一职掌管审计事务,履行验证官厅财务收支和业绩真实性的职责。现代意义上的民间审计,始于17世纪初西方股份公司产生之时,以验证公司的资产负债和收入支出的真实性、可靠性为主要目的。意大利、荷兰、英国等国家各类殖民冒险公司的创立及相应资本市场的发展,是民间审计产生和发展的土壤。在数百年发展中,审计能力不断提升,审计技术方法日益进步,审计作用越发凸显,审计已成为世界各国社会经济发展不可或缺的重要基石。

审计,根据其主体不同,可分为国家审计、民间审计(或注册会计师审计)、内部审计;根据审计的内容不同,可分为财务审计、管理审计、财政预算审计、经济责任审计、专项审计等。由于不同审计主体、不同审计内容的审计活动及其所依据的理论体系差异较大,本书阐述的审计理论与实务主要聚焦于由注册会计师执行的法定财务审计,或称民间审计,这是国内外业务量最大、要求最严格的审计活动,最具代表性。

现代审计是对审计发展到现阶段在技术与方法、内容与形式、理论与实务各方面所取得重大进步的综合表达,它不仅仅是基于时间维度,更基于其理论与实务的成熟度。如果审计发展到现在,仍然只停留在一项技术,那它最多只能被称为职业专长,没有现代的内涵。审计要发展为现代审计,最关键的是要现代化(modernization),建立起能规范其审计活动的准则体系和支撑起其职业发展的理论体系。所以现代审计的突出标志在于:实务上,有一套完善的审计准则体系,使得所有审计活动的开展都有标准和规范可以遵循;理论上,有一套成熟的审计理论体系,以支撑和引领审计的科学发展,使其能从职业专长发展成为学科。只有同时具备了这两个条件,审计才能被称为现代审计。

近百年来,世界主要经济体的审计界在为建立审计准则体系和审计理论体系方面做出了不懈的努力,取得了非凡的成绩。在审计准则体系建设方面,英国、美国、加拿大、中国等都建立了自己的审计准则体系,特别是在各国的共同努力下,建立了国际审计准则体系,推动了审计质量在国际范围内的提升,并为经济全球化的发展做出了重要贡献。在审计理论体系建设方面,建立了以罗伯特·莫茨(Robert Mautz,以下简称莫茨)和侯赛因·夏拉夫(Hussein Sharaf,以下简称夏拉夫)出版的《审计理论结构》(Philosophy of Auditing)为代表的审计理论体系,为审计学科的建设和审计科学性的发展做出了重要贡献。自20世纪90年代以来,我国审计理论界在建立审计理论体系方面也做出了积极的探索,取得了一些很有价值的研究成果,为我国审计学科的发展和审计水平的提升打下了扎实基础。

第二节 审计理论的产生

审计理论的产生是审计活动发展到一定阶段的必然产物。人们在审计活动中的一些感性认识,经过积累和沉淀,以及与社会各界的碰撞磨合,必然需要进行规范并达成共识,这就产生了对审计理论的需求,也推动了人们对审计理论研究的发展。

审计理论的研究首先要回答的问题为审计是什么,即审计的基本属性,以及为什么需要审计即审计的需求理论;其次需要研究审计理论的整个框架体系及其各要素的内涵。本节先讨论审计是什么以及为什么需要审计,下一节将讨论审计理论框架结构,后面第二章至第九章则分别讨论审计理论框架各要素的内涵。

一、审计的基本属性

属性是指事物本身固有的性质,也指事物的特征、特性。审计的基本属性是指审计的基本功能和特性,即审计是什么。社会之所以需要审计,是因为审计具有某种能满足社会需求且不可替代的功能和特性;否则,审计不可能形成一个独立的职业和行业。为了能使审计很好地满足社会的需求,审计理论体系必须清晰地阐释审计的基本属性。

(一) 对审计基本属性的三种传统观点

对于审计的基本属性是什么,审计理论界和实务界的观点主要有查账论、系统过程论和经济控制论三种。

1. 查账论

查账论认为,审计就是查账,即审计的主要工作就是对会计资料及财务报表进行检查,这是对审计基本属性的最早认识。美国著名的审计学家罗伯特·蒙哥马利在其《蒙氏审计学》(1912年)中阐述了最早的审计情况。他认为,当时整个审计过程的大部分时间是花在簿记过账的核对和合计的复核上,所以早期的审计是"簿记员审计"。1953年,美国注册会计师协会专业术语委员会(The Committee on Terminology)在《第一号会计名词公告》中也认为,审计是一种检查,旨在按照公认会计原则对公司或其他实体向公众和其他有关方面提供的财务报表的公允性和一致性表达意见。1961年,莫茨和夏拉夫出版的《审计理论结构》也认为,审计是对财务资料的检查,旨在判断财务资料所反映的经济业务与财务状况的真实性。1974年出版的《大英百科全书》认为,审计是指由负责编制账表的会计人员以外的会计专家对企业活动、账册和报表所进行的检查。1980 年,英国的《职业审计准则和指南》(*The Professional Auditing Standards and Guidelines*)认为,审计是审计人员按照审计约定和相关的法律义务所进行的独立检查,并对财务报表发表意见。[①] 以上为西方国家对审计基本属性的认识,虽然也有变化,但基本属于查账论范围。查账论在我国 20 世纪 80 年代初也有相当的影响力,当时的学术界和实务界普遍接受这一观点,这可从同期出版的多部审计教材中得到印证。虽然查账论对审计基本属性的认识是初步的,但其影响却很广。古今中外,业界几乎一开始都能接受查账论这一审计基本属性。

2. 系统过程论

系统过程论认为,审计是一种收集和评价证据、进而做出判断并将结果传递给使用者的系统过程。系统过程论产生的主要原因是对审计质量保证和审计效率提高的追求,这亦是对查账论的进一步发展和完善。自 20 世纪 60 年代后期起,一方面,计算机技术开始在各领域普及应用,从而提高了信息处理的效果和效率;另一方面,企业舞弊欺诈案例开始大量出现。于是审计的重心发生转移,以往以实质性测试为主、通过对大量会计资料的核对和会计数据的复核进行的审计检查,逐渐被以内部控制评价为基础的制度基础审计取代。这一环境的变化使得审计理论界和实务界对审计基本属性的认识也发生了变化。以往审计工作的重心是查账,现在则主要是取证,并据此做出判断和传递信息,所以行业普遍认为审计是取证、判断并传递信息的系统过程。反映这一审计基本属性认识变化的研究成果主要有美国会计学会(American Institute of Accountants,AAA)1972 年发布的《审计基本概念公告》(*A Statement of Basic Auditing Concept*,以下简称 ASOBAC)。ASOBAC 认为:"审计是客观地收集和评价各种与经济活动之认定(assertion)相关的证据,以确定这些认定与既定标准的相符程度,并将其结果传递给利益相关者的系统过程。"[②] 按照 ASOBAC 的这一定义,审计被认为是一个系统过程,其中包括调查过程和报告过程两个阶段。调查过程包括审计证据的收集和评价。与查账论不同,新的审计定义要求取证目的要明确,证据要有证明力、要充分,更强调审计人员的职业判断;同时强调审计的调查过程是审计报告过程的必要前提。报告过程是指审计人员依据所获得的证据、对会计信息与会计标准的相符程度做出判断、并将结论传递给信息使用者的过程。报告过程的最大特点是在强调审计人员的职业判断的同时,又进一步强调审计结论与审计证据之间的内在联系,它们是一个系统整体。ASOBAC 的发表为系统过程论的形成做出了重要的贡献。

系统过程论很快被学术界和实务界接受,在之后从美国、英国、加拿大、澳大利亚等国家出版的审计教材中可以发现各国几乎都采纳了这一审计的基本属性。中国从 20 世纪 80 年代中期开始,也接纳了这一观点。系统过程论的发展不仅为实务界审计方法的改进提供了重要思路,而且显著促进这些改进的实施与深化。

3. 经济控制论

经济控制论认为,审计本质上是一种经济控制活动。经济控制论的产生与 20 世纪 80 年代开始的控制论在社会经济系统中的运用是分不开的。控制论认为,无论是自动机器,还是生命系统,以至社会经济系统,撇开各自的质态特点,都可以看作是一个自动控制系统。在每一系统中,有专门的调节装置来控制系统的运转,以维持自身的稳定和系统目标的实现。所以控

---

① 徐政旦,等.审计研究前沿[M].上海:上海财经大学出版社,2002:50.
② AAA. Report of Committee of Basic Auditing Concepts[J]. The Accounting Review Supplement,1972:17.

制论主要研究如何利用控制器,通过信息的变换和反馈作用,使系统能自动按照人们预定的程序运行,最终达到目标。在社会经济系统中,人们通过投资收益率的高低来做出投资决策,通过职业经理人市场来选择企业经营者,通过财务报表来了解被投资企业的经营状况,通过利润分配来获取投资回报,从而形成一个循环的经济系统。但在这一经济循环过程中,由于投资者和经营者之间的信息不对称,反馈给投资者的财务信息常常失真,从而导致投资者的决策失误和经济损失,这就需要按照控制论的观点增加一个控制器来校正这些失真的信息,以提高财务信息的可靠性,这个控制器就是审计。因而,审计是社会经济系统中的一个有效控制机制。在这方面进行研究的学者很多,其中包括英国的戴维·弗林特(David Flint,以下简称弗林特)教授和中国的蔡春教授等。弗林特教授认为,审计是为确保受托责任履行的一种社会控制机制。蔡春教授认为,审计在本质上应是一种经济控制,是对受托经济责任履行过程的控制,其目的是保证受托责任的全面有效履行。经济控制论从一种较宏观的角度特别是审计的社会作用角度来理解审计的基本属性。

(二)审计的基本属性是经济鉴证

如前所述,属性是事物本身所固有的性质和特性,它既是某一事物的质的内在规定,也是某一事物能满足客观环境需求的能力的外在表现。在特定的环境中,它是不以人们的主观意志为转移的客观存在,因此人们可以充分利用它,却不能任意改变它。只要决定这一事物属性的客观环境保持不变,该事物的属性将持续存在并发挥作用;当这一事物所依存的环境发生变化,对该事物产生新的需求,这一事物就会产生新的属性,否则就将衰落;当事物所依存的客观环境不复存在,建立于这种环境之上的这一事物也就随之消亡。因此,某一事物的基本属性既是它在特定环境中的客观存在,也随客观环境的变化而变化。

前面我们介绍的有关审计基本属性的三种观点,虽然都在一定程度上反映了审计的某些特性,但由于时代的发展,有的已明显过时,有的对审计本质属性的揭示尚未到位。查账论显然因环境的发展已不能反映审计的内在本质。系统过程论同样也无法揭示审计的基本特征,因为系统过程论的表述较为一般化和表面化。任何事物都是一个系统,所以用系统来表述一个事物的特征,就显得较为一般,难以揭示本质;同样将审计理解为是一个取证、判断和报告的过程,虽然没错,但也较为表面化,没有揭示出审计的内在特质。经济控制论揭示的是审计的社会作用,而不是审计本身的内在属性。因为控制是一种管理活动,审计本身不参与管理,所以审计本身不是一种控制。但人们可以利用审计来达到其控制的目的,所以将审计视为一种经济控制手段,这一观点更多地是从审计所发挥的宏观社会作用来理解的。

我们认为,审计的基本属性是经济鉴证,是一种对经济事项或经济活动与既定的客观标准之间是否保持一致的鉴定证明。鉴定不是一般的核对,它需要职业判断,需要运用专业技能对经济事项或活动与客观标准之间的一致性做出鉴别确定;证明不是一般的发表意见,而是要承担相应的法律责任。所以审计是审计人员运用专业技能对经济活动或经济事项与客观标准之间的一致性做出的鉴定证明。对财务审计而言,审计是审计人员运用审计技术方法按照审计准则的要求对财务报表与公认会计原则之间的一致性做出的鉴定证明。审计的经济鉴证职能是由审计的外在形式和内在特性所决定的。从外在形式看,审计报告本身是一种证明载体,审计人员通过审计报告来向所有财务报表使用者证明其可靠性,并承担由此而引起的法律职责;从内在特性来看,经济鉴证是审计有别于其他服务的本质特征。审计能履行经济鉴证职能的主要条件是由审计的独立性、权威性和承担相应的法律责任决定的。

审计的一个重要特征是独立性。著名审计学家莫茨和夏拉夫认为:在审计工作中,独立性的意义是如此的重要,以至于不需要任何证明就可确定独立性概念是审计理论结构中的一块基石。[①] 审计人员独立于被审计单位,因而有条件对被审计财务报表做出客观、公正的鉴定证明。虽然仍经常发现审计人员丧失独立性的情况,但鉴于需要承担相应的责任后果,因而,独立性的丧失往往伴随着不小的代价。审计的独立性包括实质上的独立性和形式上的独立性。实质上的独立性是最关键的,它是由审计人员的职业道德素质所决定的。形式上的独立性也很重要,它既能促进审计人员实质上的独立性,也能提高公众对审计人员的信任度。

审计的另一个重要特征是权威性。审计的权威性不是来自行政权力,而是来自长期审计服务中所确立的专业技术权威。审计是一种有偿的专业服务,审计人员凭借自己所拥有的专业技术,运用较科学的技术方法,通过正确的取证、判断和合理的逻辑推理,使审计报告所发表的意见建立在科学的证据基础之上,从而逐渐形成了审计的权威。正是这种权威性,赢得了整个社会对成果和作用的认可,也确立起了其不可替代的社会地位。

此外,审计作为一种鉴定证明,如果发生错误,就要承担由此而导致的法律责任。审计报告无论对被审计单位还是财务报表的使用者都是一种证明文件,能起到一定的证明作用,证明所审计的财务报表及相关资料是否与公认会计原则要求相一致,并对此发表意见,因而审计能提高信息的可信性,消除信息提供者与使用者之间的信息不对称。同时在审计约定中,对审计人员的权利、责任和义务都做出了明确的规定,因而审计人员必须对其出具的证明文件的正确性承担行政责任和法律责任(包括民事责任和刑事责任)。国内外不少会计师事务所因失职而导致的大量行政处罚、民事赔偿和刑事追究都与审计报告这一证明文件的正确性直接相关。

二、审计的需求理论

对于社会为什么需要审计这一问题,不同的审计学家所持的立场和角度差异很大,因而产生了不同的审计需求理论,其中较有影响的有代理论、信息论、行为论和保险论四种,现简要介绍如下。

(一) 代理论

代理论(agency theory)认为,在公司制环境下,所有权与经营权的分离,使公司的投资者(股东)与委托职业经理人之间形成委托—代理关系。股东无法直接地判断经理人的努力程度,也无法控制其投资回报,于是,股东们就考虑,如果将经理人的报酬与其经营业绩相挂钩,就会激励经理人的工作积极性,从而使股东的利益和经理人的利益都达到最大化。但与此同时,这种激励手段也会产生经理人为了自己的利益而虚报业绩的情况。为了解决这一矛盾,一种双赢机制的安排就产生了。该安排利用了有激励的报酬合同以及对财务报表进行独立审计的手段来调动经理人积极性和保护股东利益。于是就产生了委托外部审计人员作为股东的代理人对公司经理人提供的财务报表进行审计监督的需求。这是审计代理论的最初解释。代理论的进一步发展表明,由于公司经理人的报酬与其绩效相挂钩,精明的经理人就产生主动要求对其业绩报告的真实性进行审计的动机,以向股东证明其工作成果及其可靠性,这是审计代理论的深化。因此,在审计代理论中,对审计的需求已不是股东的单方面要求,而是成为公司所有者和经营者的共同需求。审计代理论认为,审计的作用可使股东利益和经理人利益同时达到最大化。

---

① Mautz, Sharaf. Philosophy of Auditing[M]. Florida: American Accounting Association, 1961:204.

(二) 信息论

信息论(information theory)认为,信息作为一种重要的经济资源,在帮助投资者做出正确的投资决策中发挥了重要的作用。在公司制下,公司投资者除了公司经理人提供的财务报表,无其他途径了解公司的经营业绩和财务状况,因而财务报表提供的信息是投资者投资决策所依据的最重要的信息。鉴于不可靠的财务信息常常导致投资者的投资失败和损失,因此产生了提高财务信息质量及其可靠性的需求。特别是当投资者从高质量的信息中获得的利益超过为提高信息质量而付出的代价时,这种需求就更加强烈。审计一方面可通过提高财务信息的可靠性提高投资决策的质量,进一步保护投资者的利益;另一方面也可进一步帮助规范整个社会的经济管理秩序,使社会资源得到更有效的配置,从而促进经济的持续、有效发展。因而,信息论认为,审计的价值在于可直接提高财务信息的可靠性和可信性,促进决策的有效性;同时可间接帮助社会资源的有效分配,促进社会经济的持续、有序发展。

(三) 行为论

行为论(behavioral theory)认为,在社会生活中,人的行为都是有动机的,由于不同人的价值观不一样,每个人的动机和表现出来的行为方式也不一样。为了确保社会的有序性和达到某种既定的目标,对人的行为需要加以控制和引导。各国法律法规,各党派的章程,包括各公司、组织的章程对人的行为的约束就是这种行为控制、引导的表现。在一个企业组织中,为了达到企业预定的发展目标,企业就需要对不同层次的员工的活动进行引导、指挥和控制,使全体员工的行为与企业的目标保持协调一致。审计过程是一个取证的过程,在审计过程中需要对众多人的工作进行取证检查,审计可对一个组织、一个企业各层次员工的行为包括是否勤勉尽职、是否守规守法做出客观判断和鉴证,因而审计的实施可对人的行为特别是与财务活动相关的行为产生很大的威慑作用。正如莎士比亚戏剧《雅典的泰门》中泰门的管家弗莱维斯所说:"如果你疑心我办事欺心,你可以叫几个最精明的查账师来当面查我的账。"[①]因此行为论认为,实施审计可促进企业管理层与各层次员工自觉遵守法律法规、自觉遵守公司的各项内部控制制度特别是财务制度,从而确保全体员工行为的规范性以及与企业目标的一致性。

(四) 保险论

保险论(insurance theory)认为,审计费用的发生纯粹是贯彻了风险分担的原则。公司股东为了防止公司经理人财务舞弊而引起灾难性的损失,愿意从自己的收入中拿出一部分来作为审计费用聘请外部审计人员,以降低投资风险,提高投资的安全性。同样,政府部门为减少财务舞弊案例的发生对社会经济秩序产生的负面影响,也同意将这部分费用在税前列支。而审计人员在接受审计委托的同时,也承诺了自己应承担的责任。因而当审计人员失职未发现经理人的舞弊而导致股东损失时,审计人员就需要承担相应的民事赔偿责任。鉴于此,人们就把审计费用视作保险费用,把审计行为视同于保险行为。国际会计师事务所在一些典型的舞弊案例中,对公司和股东的损失所做出的巨额赔偿或补偿就是这种风险分担的表现。因此,保险论认为,审计的作用在于它能转移一部分投资者的投资风险和政府的经济管理风险给审计人员,而这种风险转移像保险一样是要付出代价的,这就是审计费用;而审计人员在获得审计收入的同时,也承担着审计风险,但这种风险是可以通过自己的勤勉尽职来予以控制的,从而实现风险共担、风险共控、平稳有效的社会经济秩序。

---

① [英]莎士比亚. 莎士比亚全集(第8卷)[M]. 朱庄豪,译. 北京:人民文学出版社,2010:147.

上述四种观点从不同的角度阐述了审计需求的理论,但如果只从某一孤立的角度来看审计的需求,都是不全面的,所以应将上述四种需要理论综合起来理解,才是比较全面的。

第三节　审计理论框架结构

审计理论研究的兴起和发展,以及对审计实务科学性的要求,使审计逐渐成为一门新兴的学科,随之也产生了建立学科理论体系的需求。审计实务界和学术界在审计理论研究中的创造性劳动,为审计理论框架体系的诞生和发展做出了重要贡献。

一、审计理论研究的发展

审计理论的发展是建立在审计实务发展基础之上的,是对审计实务经验的总结,因而不同时代的理论发展能大致反映出这一时代的实务水平。回顾审计理论的产生发展历史,我们可以看到,审计理论的发展大致经历了一个"研究基本原理—规范审计程序—制定审计准则—建立审计理论体系—评价验证理论体系"的过程。

(一) 研究基本原理

英国早期的簿记员审计虽然较为原始,但它对审计基本原理的研究提供了实践基础。从民间审计产生一直到20世纪早期,整个审计职业界和社会对审计的认识还处于较朦胧的状态。有关审计的一些认识几乎都通过法律和法庭来阐述,如英国早期的《公司法》以及法庭对审计目标、审计范围和审计责任的认识和解释。早期企业的规模较小,审计的目的主要是检查簿记的差错和受托人及经营者的诚信,所以审计的方法主要是核对凭证、账册和报表,以发现核算差错和凭证的真假。对于审计人员来说,只要懂得簿记,就能做审计,所以美国著名的会计史学家迈克尔·查特菲尔德(Michael Chatfield,以下简称查特菲尔德)将其称为"簿记员审计"[1]。在这一阶段出版的重要文献,主要有英国著名的审计专家弗朗西斯·威廉·皮克斯利(Francis William Pixley)于1881年编著出版的《审计人员——他们的义务和职责》和劳伦斯·罗伯特·迪克西(Lawrence Robert Dicksee)于1892年出版的教科书《审计学——审计人员的实务手册》,他们以自身丰富的实践经验为基础,对审计理论进行了开创性的研究。由于审计行业尚处于发展的初期,这些文献的研究大都局限在簿记员审计的范畴,但他们在审计基本原理研究方面所做出的贡献,为推动审计职业和审计理论研究的发展奠定了基础。

(二) 规范审计程序

1917年,美国发布的《统一会计》(*Uniform Accounting*)是规范审计程序和对实务进行理论升华的萌芽。第一次世界大战期间,美国有两个环境因素推动了审计的迅速发展。一是政府开始征收企业所得税和个人所得税,而且是累进税率,纳税的复杂性大量增加了审计业务,同时也使政府对企业的收益和财务报表的公允性更为关心。二是美国联邦储备局要求申请商业票据贴现的工商企业必须递交经审计的财务报表,这使得财务报表审计的需求迅速加大。这些环境的变化,使政府部门、证券交易所、银行都认识到制定编制财务报表指南的必要性。

---

[1] 迈克尔·查特菲尔德. 会计思想史[M]. 文硕,董晓柏,译. 北京:中国商业出版社,1989:190.

尤其是审计职业界内部对缺乏一套可遵循的统一的会计、审计标准深感忧虑。就会计工作而言，企业自行选择会计方法，企业与企业之间缺乏可比性，没有规范化；就民间审计而言，审计人员没有可资借鉴的工作指南，而是根据自己的判断自行其是。因此，几乎是在探求公认会计准则的同时，民间审计将审计标准的开发也提到议事日程上来。1917年，应联邦贸易委员会的要求，美国会计师协会制定了题为《统一会计》的文件，这是第一个关于审计范围的权威性公告。1918年，《统一会计》又改名为《编制资产负债表的公认方法》，旨在促进资产负债表编制方法和资产负债表审计的标准化。① 以后，在此基础上所作的不断修改和发展，为规范审计程序提供了有效指导。从仅凭经验、各行其是到规范审计程序，这不仅为审计职业的规范发展奠定基础，也为审计理论的发展创造条件。

（三）制定审计准则

公认审计准则的制定和发布是审计理论研究发展的重要突破。1938年，美国爆发了令人震惊的麦克森·罗宾斯(Mckesson Robbins)重大舞弊欺诈案，它所引起的对政府监管部门、资本市场和审计职业界的震动是前所未有的。1941年2月，作为对麦克森·罗宾斯案件的最终调查结果，美国证券交易委员会发布了会计系列公告第21辑，对审计报告的内容要求做出了重要修改。公告规定：在审计报告的范围段，应声明审计是否根据当时情况下适用的公认审计准则进行的。这样就第一次向审计职业界提出了"公认审计准则"的概念和要求，但对什么是公认审计准则，怎样建立公认审计准则，则见仁见智、莫衷一是了。第二次世界大战结束后，美国会计师协会审计程序委员会经过大量研究后认为，审计准则应当是各种审计程序中存在的普遍原则，审计准则的形成应从相互毫无关系的审计程序中提炼出来；同时还应该从美国证券交易委员会的文件中寻找解释审计准则本质的线索。美国证券交易委员会认为，审计准则的制定应考虑审计人员的专业资格和审计程序。1947年10月，审计程序委员会发布了《暂行审计准则公告——其公认的意义和范围》(Tentative Statement of Auditing Standards: Their Generally Accepted Significance and Scope)，对审计人员的资质、审计程序和审计报告提出了具有理论指导意义的要求。1954年，经部分修订后，审计程序委员会发布了《公认审计准则——其意义和范围》(Generally Accepted Auditing Standards: Their Significance and Scope)，形成了影响至今的十条基本审计准则。如果说，审计程序的发展规范了审计实施的个别行为，那么审计准则的形成则规范了审计实施的整体行为，因而带有系统性，而更重要的意义在于其对审计程序的理性抽象化和提炼，这是审计理论研究发展的重要突破。

（四）建立审计理论体系

1961年，莫茨和夏拉夫出版的《审计理论结构》一书，标志着审计理论研究进入了建立审计理论体系的阶段。自20世纪60年代初开始，审计理论研究获得了迅速发展，研究成果层出不穷。除了前述莫茨和夏拉夫的成名专著，AAA出版了ASOBAC，1978年查尔斯·尚德尔(Charles Schandel，以下简称尚德尔)出版了《审计理论——评价、调查和判断》(Theory of Auditing: Evaluation, Investigation and Judgment)。这些研究成果对推动审计学科体系的建立做出了重要的贡献，因而在审计理论发展史上具有里程碑式的意义和地位。在莫茨和夏拉夫的研究成果出版之前，一直到20世纪50年代，在审计文献中，都很难找到论述审计理论的文章和专著，所以很多人认为，审计职业主要是依靠审计实务来保持其地位，并没有一套

---

① 文硕.世界审计史[M].北京：中国审计出版社，1990：371-372.

科学的审计理论体系来支持审计实务。莫茨和夏拉夫也认为,审计要真正成为一门科学,就必须探索一套相应的坚实的审计理论,否则,审计就只是一门实践学科。经过研究后他们敏锐地发现,在审计行为和思维的背后,存在着理论根据和基本原理;将这些根据和原理抽象化、系统化,对于解决审计实践问题是至关重要的。为此,莫茨和夏拉夫第一次从哲学的高度系统地、科学地对审计理论进行了探索,他们运用哲学中的一些概念和方法,对各种审计活动进行了哲理性的思索、提炼和升华,认为审计理论有其特有的假设、概念和方法,并对审计假设、审计概念等审计基础理论问题进行了充分的阐述,创造性地提出了八条审计假设和五个审计基本概念(即证据、应有职业关注、公允表达、独立性和职业道德),建立了崭新的审计理论体系。莫茨和夏拉夫的成功使他们赢得了审计理论界的盛誉。国外专家评价称"没有哪一部审计专著能像《审计理论结构》一样,会产生如此深刻的影响,并被如此广为引用"。国内专家评价称"近几十年来审计领域出现的著作很少能与它相比,它像一座灯塔,引导着审计理论研究航向"[①]。

(五) 评价验证理论体系

审计理论研究可分为规范研究和实证研究两大类,一般规范研究的重点放在"审计活动应该怎么样",实证研究的重点放在"审计是什么"。当20世纪60年代至70年代的规范性审计理论研究取得了丰硕成果、建立了科学的理论体系、有效地解释了"审计活动应怎样进行"的问题后,自80年代初起,审计理论界开始了大量的实证研究活动,研究审计活动的本质和带来的后果。例如,审计独立性是审计理论中一个非常重要的概念,但对哪些因素会影响审计独立性、每一种因素对审计独立性会产生什么样的影响结果,无法在规范研究中予以解释,因而需要进行实证研究。于是,审计法律责任对审计独立性的影响,非审计服务对审计独立性的影响,会计师事务所规模对审计独立性的影响,初次审计收费低于成本对审计独立性的影响等命题及其检验就产生了,并获得了较有价值的研究成果。同样,对于审计报告究竟对决策有什么影响也是规范研究能确定但无法证实的,于是理论界对审计报告的信息含量,包括对投资者投资决策的影响、对信贷决策的影响等进行了实证研究,结果同样令人信服。实证研究运用问卷调查、实地访谈、案例研究、实验研究、统计资料等手段获取信息和数据,运用计量经济学和统计学等分析工具进行定量分析,为验证审计理论体系的科学性和合理性做出了贡献。

二、审计理论框架结构研究

从系统论的观点看,任何事物都由若干要素组成,各要素之间的相互联系、相互作用构成了事物的结构,所以研究一个事物,既要研究事物的要素,也要研究事物要素之间的结构。审计理论结构的研究就是探索影响审计活动的基本要素以及它们之间的相互联系。

(一) 国内外几种较有影响的审计理论框架结构模式

自莫茨和夏拉夫对审计理论结构进行了奠基性的研究以来,国内外审计学术界对此进行了广泛的规范研究,虽然对审计理论结构应包括哪些基本要素、哪一要素是审计理论结构的逻辑起点、各要素之间的逻辑联系等问题的认识不尽一致,但他们对审计理论结构的持续研究所起的启发作用是毋庸置疑的。下面我们分别从不同的逻辑起点来探讨几个有代表性的审计理论结构模式。

---

① 文硕. 世界审计史[M]. 北京:中国审计出版社,1990:404-407.

1. 以哲学基础为起点的审计理论结构

对审计理论结构研究做出突出贡献的首要人物是莫茨和夏拉夫,他们在《审计理论结构》一书中以哲学基础作为逻辑起点,构建了哲学基础导向型的审计理论结构模式。他们认为,审计是一门科学学科,因而他们运用科学的科学,即哲学的概念和方法,来阐述审计理论体系,将审计理论结构建立在坚实的哲学基础之上,构建了由"哲学基础→审计假设→审计概念→审计规则→实际运用"五个要素组成的审计理论结构模式。他们认为,审计作为一门独特的学科,有其独特的假设和概念,这是审计理论研究及建立审计学科体系首先需要解决的问题,因此他们从大量审计实践中提炼出了八条审计假设和五个审计基本概念。在此基础上,才能制定审计准则和进行具体运用。莫茨和夏拉夫的审计理论结构非常规范,充满哲理,特别是其独特的审计假设体系和概念体系,给所有审计理论研究者留下了深刻印象。

2. 以审计假设为起点的审计理论结构

尚德尔在其《审计理论——评价、调查和判断》一书中,以莫茨和夏拉夫的审计理论为基础,对审计理论结构做了进一步的研究,提出了以审计假设作为逻辑起点的审计假设导向型审计理论结构模式。他认为,审计假设既是审计活动得以开展的前提条件,也是审计理论演绎的起点。所以审计理论结构的逻辑起点应是审计假设,并构建了由"审计假设—审计定理—审计理论结构—审计原则—审计标准"这些要素组成的审计理论结构模式。尚德尔试图从语义哲学、传播理论和思维心理学的角度对审计理论结构模式进行大胆创新,但人们对其模式中的审计定理和审计理论结构两个新要素的理解和接受似乎较为困难。所以尽管人们对尚德尔的著作较为肯定,但其审计理论结构模式的影响程度则较为一般。

3. 以审计目标为起点的审计理论结构

加拿大的罗德尼·安德森(Rodney Anderson,以下简称安德森)教授在其1977年出版的《外部审计》(*External Auditing*)一书中,提出了以审计目标为逻辑起点的审计理论结构模式。他认为,审计目标是审计活动的出发点,因此审计理论结构的建立应以审计目标作为逻辑起点,并提出了由"审计目标→审计准则→审计概念→审计假设→审计方法→审计过程"六个要素组成的审计目标导向型审计理论结构模式。这一审计理论结构模式的建立第一次将审计理论研究与审计实务更紧密地联系起来,不仅将审计目标看作是审计活动的出发点,同时也将其视为审计理论研究、建立审计理论结构的出发点,因而更有实践指导意义。但安德森对审计准则、审计概念、审计假设之间的逻辑关系的理解仍值得商榷和讨论。

4. 以审计本质为起点的审计理论结构

英国的汤姆·李(Tom Lee)教授和大卫·弗林特(David Flint,以下简称弗林特)教授以及我国的蔡春教授等都提出了以审计本质作为逻辑起点的审计理论结构模式。汤姆·李在其1986年出版的《公司审计》(*Company Auditing*)一书中认为,审计理论结构应由"本质和目标、假设、概念"三个要素组成。弗林特在其1988年出版的《审计哲理》(*Philosophy and Principles of Auditing*)一书中认为,审计理论结构应由"本质和目标、假设、概念、标准"四个要素组成。我国的蔡春教授在其1994年出版的《审计理论结构》一书中也认为,审计理论结构应由"审计本质、审计假设、审计目标、审计信息、审计规范、审计控制手段与方法"六个要素组成。虽然三位教授对审计理论结构的要素组成看法不尽一致,但他们都认为,审计本质是建立审计理论结构的逻辑起点。

(二) 以审计环境为起点的审计理论框架结构模式

前述四种模式从不同的逻辑起点对审计理论结构做出了探索,但受客观条件和认识的限制,都尚欠完善。任何事物的产生和发展首先都依赖于其所生存的客观环境,审计同样如此,所以审计理论研究首先必须研究其所赖以生存的环境,我们将其称为审计环境,只有这样,整个审计理论的构建才有扎实的基础。基于此,我们认为,审计环境应是审计理论结构中的一个要素,并认为审计环境是构建审计理论框架结构的逻辑起点。

本书以审计环境为起点,按照思维逻辑,将进一步探讨审计目标、审计假设、审计概念、审计规范、审计基本方法、审计报告和审计责任,并认为这八个要素是审计理论研究所需解决的最基本问题,它们构建起了一个以审计环境为逻辑起点的审计理论框架结构(这一审计理论框架结构可参见本篇开篇的"现代风险导向审计理论循环")。

在这一审计理论框架结构中,审计环境是产生审计及其理论需求的原动力,它回答了为什么需要审计;审计目标是特定审计环境条件下审计所要达到的目的;审计假设是实现审计目标所需具备的基本前提条件;审计概念是实现审计目标所需达成的基本共识;审计规范是在审计假设和审计概念基础上实现审计目标的基本要求;审计基本方法是按照审计规范要求、实现审计目标所实施的基本逻辑思维模式;审计报告是体现审计目标实现状况的载体,也是满足审计环境需求的最终成果;审计责任则是审计报告成果与审计满足环境要求之间的责任联系,它通过明确审计应承担什么责任以及审计履行了什么责任,来判断审计环境要求是否得到满足,其中审计应承担什么责任由审计目标、审计假设和审计规范所确定,审计履行了什么责任由审计报告所确定。这一框架,从审计环境出发,经过审计目标、审计假设、审计概念、审计规范、审计基本方法到审计报告,再经审计责任反馈给审计环境,构成了一个各要素之间相互联系、共同作用的审计理论循环。

本书从第二章至第九章,将分别介绍审计理论框架结构中的各要素的内涵。

 复习思考题

1. 审计理论研究历史发展的基本标志有哪些?莫茨和夏拉夫对审计理论研究的贡献是什么?
2. 审计理论结构研究有哪些代表性成果,各种审计理论结构模式的特点是什么?
3. 在世界范围内,有哪些审计需求理论观点?每种观点的基本含义是什么?
4. 对审计基本属性的认识有哪些传统观点?审计的基本属性是什么?

配套习题

第二章　审计环境

 本章要点

审计环境是指影响审计行业发展及审计理论与实务发展的各种环境因素的集合,包括宏观环境和行业环境。审计的宏观环境影响审计的需求,审计的行业环境影响审计的供给。审计环境的不断变化会影响审计行业、审计理论与审计实务的发展;反之,审计行业、审计理论和审计实务的发展也会对审计环境的改善产生促进作用。本章主要阐述审计的需求环境和供给环境,介绍审计的需求理论与供给理论的发展与现状。

 本章需要重点掌握的内容

形成审计服务需求的原因;审计服务的本质特征;影响审计供给的主要因素。

第一节　宏观环境对审计需求的影响

审计作为社会经济活动的一个重要组成部分,其产生和发展都受到其所处的各种环境因素的影响和制约,因此要研究审计的理论和实务问题,必须首先研究审计所处的特定环境,以把握审计研究的有用性和有效性。

宏观环境常指国家或地区的政治环境、经济环境、社会环境和技术环境等因素。中国自1981年1月1日恢复成立第一家会计师事务所——上海公证会计师事务所以来,已走过了40多年的恢复发展历程。到2024年5月,全国会计师事务所数量超过10 000家(含分所),注册会计师38万余人(含非执业会员),行业从业人员超过40万人;行业每年所服务的企事业单位超过420万家,2023年全行业业务总收入达1107亿元。① 是什么因素导致注册会计师行业在中国中断了20多年后,又得以恢复重建,且得到迅速发展,这是与我国的宏观环境的迅速发展所分不开的。宏观环境的变化是产生审计需求并促进审计发展的直接原因。

一、政治环境的发展对审计需求的影响

政治环境是指一个国家或地区的政治制度、体制、国家治理方针政策、法律法规等要素。政治环境会直接影响和制约审计在一个国家或地区的法律地位和社会作用。中国注册会计师

---

① 2024年7月14日,中国注册会计师协会会长赵鸣骥在"全国高端会计人才行政事业五期毕业活动暨新时代财会监督高质量发展"主题论坛上的演讲"充分发挥行业专业优势 助力财会监督提质增效"。

行业 100 多年的曲折发展历程，证明了政治环境的变化是影响审计需求及行业发展的重要因素。

中国注册会计师行业萌芽于 19 世纪中期西方列强入侵的年代。至 1902 年，仅英、俄、德、法、日、美六国对中国的投资就超过了 15 亿美元，控制了我国的金融、铁路、航运、矿山、贸易、工业等各方面。为适应其经济特权的需要，一些外国会计师事务所包括大美（Deloitte Haskins & Sells）、罗兵咸（Price Waterhouse）等先后在中国设立机构，为外资在华机构提供审计及其他服务，并将注册会计师审计及其他业务传入中国。① 这是早期中国注册会计师制度产生的重要政治环境因素。

中华人民共和国成立前的本地会计职业发展历史，可以追溯到 1918 年，以谢霖从北洋政府取得第一号会计师执照并随后创立正则会计师事务所为起始标志。谢霖留学日本，因才华出众，学成回国后，曾先后任大清银行（我国首家中央银行）总司账、交通银行总会计等职位。20 世纪初，我国民族资本的觉醒和发展，唤起了以谢霖为代表的中国第一代会计人的会计变革激情。谢霖一方面积极推进收支单式记账向借贷复式记账的变革，同时还根据当时环境发展的需要，积极推动建立中国的会计师制度，并身体力行，在获得当时的农商部和财政部批准后，积极在北京、天津创办会计师事务所，为当时迅速发展的民族资本企业提供审计、会计知识培训等各种服务。从此以后，中国的会计师行业有了较快的发展，出现了以"正则""立信""正明""公信"四大会计师事务所为代表的兴旺发展历史。

中华人民共和国成立之初，由于仍存在大量私营厂商，对会计师的服务仍有较大需求，中央人民政府对公共会计师的作用也十分重视。1949 年 9 月，当第一届中国人民政治协商会议在北京举行时，上海的徐永祚会计师作为自由职业界民主人士代表应邀参加这次盛会，这就是一个例证。但自 1953 年起，我国为了奠定社会主义工业化的基础，开始实施以第一个国民经济发展五年计划（1953—1957 年）为代表的计划经济制度，将经济发展的重心集中在国家的计划项目上，并对资本主义工商业进行生产资料私有制的社会主义改造，以把资本主义工商业逐渐纳入各种形式的国家发展的轨道中来。1956 年后，企业的社会主义改造基本完成，一切经济交易都成了"公对公"的交易。环境的变化使得职业会计师的工作失去了其存在的社会基础，于是会计师行业暂时性地默默退出了历史舞台。

中国注册会计师制度的恢复、重建和发展，是与中国实施改革开放、建立社会主义市场经济体制等基本国策紧密相关的。1978 年 12 月，中共十一届三中全会决定把国家工作的重点转移到现代化经济建设上来，确立了对外开放、对内搞活的重大战略方针。1979 年 6 月，第五届全国人大第二次会议通过并发布了《中华人民共和国中外合资经营企业法》，随之，我国的对外经济合作和外商来华投资都有了较大的发展。1980 年 12 月 14 日，财政部公布的《中外合资经营企业所得税法施行细则》第 20 条规定，合营企业在纳税年度内无论盈利或亏损，都应当按规定期限，向当地税务机关报送所得税申报表和会计决算报表，并附送在中华人民共和国登记注册的公证会计师的查账报告。根据这一改革开放环境的要求，财政部随即于 1980 年 12 月 23 日印发了《关于成立会计顾问处的暂行规定》②。1981 年 1 月 1 日，在以潘序伦为代表的老一辈注册会计师的努力下，上海公证会计师事务所正式成立（1983 年改名为上海会计师事务所），从而宣告了中国注册会计师制度的正式恢复。

---

① 谢荣. 市场经济中的民间审计责任[M]. 上海：上海社会科学院出版社，1994：11.
② 编者注：文件中"会计顾问处"即后来的会计师事务所。

1992年10月12日,中共十四大又做出重大决策,明确中国经济体制改革的目标是建立社会主义市场经济体制。1993年,第八届全国人大第一次会议将《中华人民共和国宪法》(以下简称《宪法》)第15条中的表述修改为"国家实行社会主义市场经济",第一次将社会主义市场经济写进中国的《宪法》。2003年10月,中共十六届三中全会审议通过了《中共中央关于完善社会主义市场经济体制若干问题的决定》,为进一步完善社会主义市场经济体制奠定了基础。社会主义市场经济体制的确立及实施,需要建立一整套完善的法律体系,分别于1993年12月和1998年12月制定并经多次修订的《中华人民共和国公司法》(以下简称《公司法》)和《中华人民共和国证券法》(以下简称《证券法》)则是其中两个最重要的法律。《公司法》是规范公司制发展的根本大法,《证券法》则是规范资本市场发展的根本大法。由于公司制环境中所有权与经营权的分离和投资的高风险,从保护投资者利益的角度出发,《公司法》和《证券法》都要求公司的财务报表必须经独立的注册会计师审计。社会主义市场经济体制的确立、公司制的发展及由此而导致的所有权与经营权的分离加速了对注册会计师审计的需求。顺应时代的要求,我国第八届全国人民代表大会常务委员会第四次会议于1993年10月31日通过并颁布了《中华人民共和国注册会计师法》(以下简称《注册会计师法》),以法律的形式正式规范和促进注册会计师行业的发展。

进入21世纪后,我国改革开放进一步深入,政治、经济和社会各领域发展速度越来越快,对国家治理的水平和能力提出了新的更高要求,注册会计师行业也开始承担起更重要的责任。2012年,习近平同志对注册会计师行业做出重要批示,要求"紧紧抓住服务国家建设这个主题和诚信建设这条主线",为注册会计师行业的发展指明了方向。2018年,我国首次成立中央审计委员会,习近平同志亲任中央审计委员会主任。中央审计委员会的职责是对审计工作开展顶层设计和统筹协调,为审计工作把方向、谋大局、定政策,为审计工作提供宏观指导,促使审计工作服务党和国家的中心工作,促进审计在党和国家监督体系中发挥重要作用,促进审计工作为国家各项事业的改革和健康发展保驾护航。中央审计委员会的成立,是推进国家治理体系和治理能力现代化的一场深刻变革,是推进审计管理体制改革的伟大创举,也是我国审计改革和发展的里程碑。

100多年来,中国注册会计师行业经历了从无到有、从有到无、再从无到有并得到蓬勃发展的历程,而每一历史阶段的演变中,政治环境的变化对审计需求产生了关键的影响作用。

二、经济环境的发展对审计需求的影响

经济环境是指影响一个行业或企业生存和发展的社会经济状况和国家经济政策。社会经济状况包括经济要素的性质、水平、结构、变动趋势等方面的内容。国家经济政策是指国家履行经济管理职能,调控国家宏观经济水平、结构,实施国家经济发展战略的指导方针等。经济环境,特别是其中资本市场因素的发展、信息资源要素的发展以及国家经济管理职能的发展,对审计需求产生了重要的影响作用。

资本市场的发展强化了对审计的需求。市场经济是以经济资源配置市场化为主要特征的经济制度。当我国实行改革开放并确立了社会主义市场经济的发展模式后,首要任务就是要培育和发展一个统一开放、平等竞争、法制健全、秩序井然、运转灵活的市场体系,包括商品市场、资本市场、劳务市场、技术市场、信息市场等,通过市场机制的作用达到生产要素和资源的最有效分配和利用。在整个市场体系的发展中,资本市场是最重要的经济要素市场,为了规范资本市场的发展、维护资本市场的有效性和公平性,需要按照市场的法则,分别对经营者和投

资者的责、权、利做出明确的规定。对经营者来说,需要在向投资者筹措资金时,将现有企业的财务状况、资金用途和发展前景等明确告知投资者,同时,为了确保经营者所提供的信息的可靠性,就需要独立的注册会计师对经营者提供的财务信息进行审计,从而产生了首次公开发行股票审计(IPO 审计)和增发股票审计的需求。对投资者来说,为了落实其投资责任,确保及时足额投入资本,就需要对其投入的资本进行审计;同时为了确保其投资的安全和享有公平的利益分配权利,就需要对反映被投资企业财务状况和经营成果的年度财务报表进行审计,以确保其公允性。资本市场在世界各国的迅速发展以及对资本市场规范化的要求是产生审计需求的重要经济环境要素。反之,审计在我国资本市场的发展中也发挥了巨大的作用。在 1981 年年初至 2020 年年底恢复重建的这 40 年中,注册会计师行业累计服务"三资"企业近 100 万家,吸引外资约 2.2 万亿美元,帮助各类资本市场主体融资超过 220 万亿元,为资本市场的发展做出了重大贡献。①

  信息资源的重要性及可靠性要求使公众产生了对审计的依赖。信息是继人、财、物之后的又一种重要经济资源。自 20 世纪 60 年代起,人类社会进入信息时代,信息及信息技术的发展对社会经济的发展产生了重要的推动作用。信息在经济决策中越来越重要的影响,使信息已成为人类经济生活所不可缺少的一种重要资源。无论是企业还是个人,在其融资投资、收购兼并、利益分配等决策活动中,都已离不开信息的支持。然而,在过去 100 多年世界经济和资本市场发展中,信息的失真、不可靠甚至欺诈,导致投资者、债权人、贸易伙伴遭受巨大经济损失的案例举不胜举。因此,在人类经济生活中,越重要的信息资源,人们对其质量和可靠性的要求就越高。在市场经济环境下,为了有效维护市场经济的秩序,确保企业提供的财务信息的可靠性,世界上大部分国家和地区的法律法规,都明确要求相关企业必须聘请独立的注册会计师对其提供的财务报表进行审计,并对财务报表的公允性发表意见,以使所有的企业相关者获得可靠的信息,并基此做出正确的决策。因此,信息资源特别是财务信息资源在市场经济环境中的重要作用和可靠性要求是产生审计需求的又一重要原因。

  政府经济管理职能的发展使审计已成为政府经济管理控制所不可或缺的手段。中国特色的宏观经济治理模式就是要建立一个有效市场和有为政府相结合的协调机制,让"看不见的手"和"看得见的手"共同作用,以推动我国经济的持续、稳定、有效发展。在这一机制中,有效市场的发展需要审计,有为政府的运作同样离不开审计。长期以来,传统政府对经济的集中管理导致了政府部门机构臃肿、效率低下。社会主义市场经济体制的确立使政府部门的管理职能从各自为政、无所不包的"万能型"转向抓管理规范、结构协调、追求效率的"控制型",从而将与生产经营管理相关的职能全部放权于企业,将一些专业技术性的管理职能转向于社会化,形成了新的管理格局。企业财务报表交由独立的注册会计师进行审计就是政府专业技术管理职能社会化的典型反映。在以往的政府经济管理活动中,一个企业至少要接受财政、税务、工商等政府部门以及银行对财务报表的审查监督。当企业缴纳所得税时,税务部门要对财务报表进行审查;企业向银行申请贷款时,银行要对企业的财务报表进行审查;此外,还有财政、工商等部门的年度审查监督。这种重复的审查,浪费了大量宝贵的人力、物力和财力,且效率低下。因此,当依照市场经济的管理模式,将这些专业技术管理职能赋予社会,由具有专业技术资格

---

① 程丽华. 奋力开创注册会计师行业发展新局面——在纪念中国注册会计师制度恢复重建暨行业改革发展 40 周年座谈会上的讲话[R/OL]. (2020-12-23)[2022-10-08]. http://www.mof.gov.cn/zhengwuxinxi/caizhengxinwen/202012/t20201229_3637756.htm.

的注册会计师来承担审查职责时,政府部门的管理效率就得到了有效的提高。审计已成为政府经济管理所离不开的帮手。截至2024年5月,注册会计师行业每年服务的企事业单位已超过420万家,并深度参与国家"一带一路"建设,为1.1万家中国企业在全球200多个国家和地区设点布局提供强有力的专业支持。

经济环境特别是其中的市场要素、资源要素,以及政府经济管理职能的发展,进一步刺激了对审计的需求及其发展。

三、社会环境的发展对审计需求的影响

社会环境是指一个国家或地区的人们共享的价值观、文化习俗、人口、教育及宗教信仰等因素。其中,社会价值观和文化习俗对审计的需求产生一定的影响作用。

价值观,特别是对诚信的共识,是产生审计需求的一个重要社会环境因素。所谓价值观,是一个人对周围事物的是非、善恶、对错和重要性的基本评价和判断。每个人对各种事物包括财富、幸福、自尊、诚信等的评价,在心中有轻重主次之分,这种主次的排列,构成了个人的价值体系。价值观和价值体系是决定人们期望、态度和行为的心理基础。在同一客观条件下,具有不同价值观的人会产生不同的行为。例如,有的人将诚信看得很重,将其视作立身之本;有的人则看得较轻,只贪图个人私利,这就是因为价值观不同所致。当大部分人对某一事物的评价达到一致时,就形成了社会共享的价值观,从而成为社会环境的一个重要组成部分。其中一个典型代表就是社会对诚信的共识和要求。

诚信,虽然是一个非常复杂的概念,在日常生活中也还没有一个统一的标准,但在一般的民事行为中,常指不以任何欺诈或虚构而是以忠诚和勤勉来行事为人。诚信已成为社会发展的基础和社会共享的价值观。然而,由于私有制和市场经济利益机制的存在,仍然经常会发生不诚信的行为,国内外资本市场上接连不断发生的财务欺诈案例就是不争的事实。为了提高和确保人们的诚信程度,我们在加强诚信意识教育的同时,必须加强制度建设,以防范不诚信行为的发生。国内外《公司法》《证券法》等法律法规普遍规定财务报表必须经注册会计师审计,以及对各种不诚信行为的严厉处罚,都是这种制度建设的表现。因此,诚信等社会价值观的强化是产生审计需求的一个重要社会环境因素。

文化习俗的发展是产生审计需求的又一社会环境因素。社会经济的发展会促进文化的发展,而世界各国的文化交流又使得各国人民都能分享世界文化发展的成果。其中守法守信、安全、风险等文化意识水平在世界各国的提高,形成了审计需求的又一动力。首先,对社会资源的经营者来说,为了证明其经营成果和财务状况的真实合法性,就有主动要求对由其编制的财务报表进行审计的动力,以显示其守法守信。其次,对投资者来说,为了确保其投资安全、降低其投资损失的风险,也有主动要求付费聘请独立的注册会计师对被投资企业的财务报表进行审计的动力。虽然法律的规定推动了审计需求的产生,但这是经营者的被动行为。而经营者及投资者的主动审计行为要求则是文化发展的表现。所以,文化的发展也促进了审计需求的产生。

可见,社会价值观和文化的发展是促进审计需求产生的重要社会环境因素。

四、技术环境的发展对审计需求的影响

技术环境是指影响人们日常生活和生产活动的科技要素,包括社会科技水平、科技能力、国家科技政策等。科技水平和科技能力的提高既可催生新兴企业或行业,也可导致现有企业或行业的淘汰衰亡。科技的新陈代谢推动着一个国家乃至整个世界各个方面特别是经济的不

断创新、发展,科技已成为第一生产力。与此同时,科技也推动着社会经济管理和企业财务管理中技术含量的不断提高,从而进一步促进和推动了独立审计演变成为一项专业服务。

17世纪欧洲国家出现股份公司,企业财务报表的审查早期是由股东们自己执行的。只有当股东们的能力不够时,才会聘请一些精通簿记的人来协助他们一起对财务报表进行审查。由于这些审查需要簿记知识,一些专门提供簿记服务和查账服务的个体会计师开始出现。但由于当时的报表审查业务还不多,所以大部分会计业务是由律师事务所来承揽的。[①] 一直到英国1844年第一部《合作股份公司法》出台,还未形成独立的审计职业。《合作股份公司法》规定:"董事应编制详尽且公允的年度资产负债表,并在上面签字,然后由一名或若干名股东代表加以审查。"[②]可见对企业财务报表的审查最早是由企业股东自己或他们的代表进行的。随着经济的发展,企业的经营活动日益复杂,企业财务管理特别是对会计核算的要求不断提高,复式簿记得到了广泛运用。1856年,英国《合作股份公司法》修订,其中明确要求企业应按复式簿记记账。复式簿记的广泛运用带来了会计技术的进步,但这种技术进步却使得股东们对企业的财务报表审查越来越力不从心,于是开始产生聘请专业会计师进行报表审计的需求,这推动了职业会计师行业的产生和发展。而随后160多年来会计核算技术的迅速发展,从历史成本计量到公允价值计量,从有形资产计量到无形资产计量,从市场融资到金融衍生工具的运用,从国内会计准则的发展到国际会计准则的发展,从手工记账到大数据、云计算、智能财务管理系统等,所有这一切在大环境发展推动下的会计技术的发展所引起的财务报表确认和计量的复杂性,进一步强化了对独立审计的需求。

除了企业管理和会计技术的发展推动审计需求的产生,审计本身技术的发展也强化了审计职业的地位和作用。当审计职业尚未形成时,会计师与律师的工作常常相互兼容,因为那时律师和会计师的主要业务是处理大量的企业破产清算事宜,所以律师和会计师均可承接这类业务。而伴随着会计技术的迅速发展和审计责任的日益加强,审计技术的发展已不可等闲,不仅审计理论界和政府监管部门十分重视,会计师职业团体和会计师事务所也在加强关注。各国审计准则的陆续颁布、实施和国际审计准则的迅速发展,以及制度基础审计、现代风险导向审计等审计基本方法的不断推陈出新,就是审计技术迅速发展的结果。这些技术的发展,一方面有效地提高了审计的效率和控制了审计风险,另一方面也有效地提高和保证了审计的质量。审计技术的高度专业化使独立审计已成为一个不可替代的职业。

而近几年来国内外以大数据、区块链、云计算、人工智能等为代表的信息技术的高速发展,对各行各业的影响都是巨大的,对审计行业的影响同样如此。智慧审计技术的研发及其应用已提上审计行业发展的议事日程,审计学术界已开始进行积极研究,虽然尚处早期,但业界的研究热情很高,收获良多;国际四大会计师事务所在这方面的积极投入和尝试,也已成果颇丰,正在改变传统的审计取证方式和效率。相信信息技术在审计中的广泛应用和智慧审计技术的开发,将对审计能力和效用的提升产生深刻影响。

技术环境的发展从又一个角度促进了对独立审计的需求。

综上对审计需求的宏观环境分析,我们可以看出,虽然影响审计需求的环境因素很多,但政治环境、经济环境、社会环境和技术环境是影响审计需求的四大主要环境因素,这四大环境因素的发展决定了审计需求的产生和发展方向,也促进了注册会计师行业的产生和发展。

---

① 文硕.世界审计史[M].北京:中国审计出版社,1990:205.
② 迈克尔·查特菲尔德.会计思想史[M].文硕,董晓柏,译.北京:中国商业出版社,1989:171.

第二节 行业环境对审计供给的影响

像所有行业的发展一样,审计行业的发展,也受到需求和供应两大方面的影响。当宏观环境的发展产生审计需求后,怎样形成一个能满足宏观环境需要的审计行业即审计的供应问题,就成了审计职业界和政府监管部门所共同关心的课题。

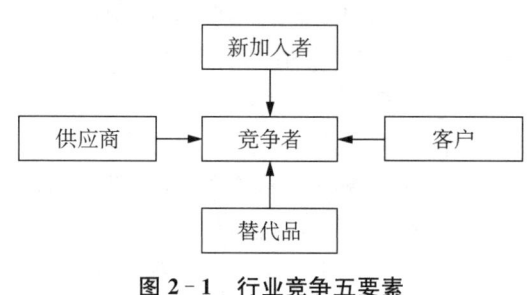

图 2-1 行业竞争五要素

当宏观环境的发展产生了对审计的需求、并明确了审计的基本属性即审计应该做什么后,就需要研究审计的行业发展环境,以利于形成一个健康有序的行业,来满足宏观环境的要求。行业发展环境对审计的供应产生重要影响。根据美国著名管理学教授迈克尔·波特(Michael Porter)的研究,行业竞争主要有竞争者、新加入者、替代品、客户和供应商五个要素,如图 2-1 所示。

而影响审计发展的行业环境则主要有竞争者、新加入者、客户和供应商等四个方面,虽然信息技术的迅猛发展对审计的未来提出了很多挑战,但由于审计的独特功能和作用,在较长的一个历史阶段中,还不可能被其他服务所替代,所以替代品这一因素目前对审计行业还没有重大影响。下面我们就着重分析影响较大的四个方面的行业环境因素对审计供应发展的影响。

一、竞争者

竞争是社会发展的动力,也是行业发展的动力。竞争能够推动技术进步,推动质量提高,推动成本降低,推动服务更优。从世界审计行业的发展来看,是在不断地竞争、合并中发展壮大的。从原来"八大"[①]国际会计师事务所的形成,到后来的"六大"[②]"五大"[③],一直到现在的"四大"[④](以下也称"国际四大"),都是在宏观环境需求和行业竞争的推动下,一步一步发展演变过来的。2022 财年,"国际四大"的财务年度业务收入已分别达到:德勤(DTT)593 亿美元、普华永道(PwC)503 亿美元,安永(E&Y)454 亿美元,毕马威(KPMG)346 亿美元。"国际四大"的迅速发展,一方面源于国际大环境发展的需要,超大型跨国公司的形成需要"四大"这样的事务所为其提供有效的服务;另一方面全球跨国公司的迅速发展及对审计服务的需求,也造就了"四大"的国际垄断地位。

我国自改革开放恢复重建注册会计师行业后,注册会计师行业内部的竞争也开始逐渐形成;进入 21 世纪以来,这种竞争就变得日益激烈。目前中国的注册会计师行业大致可分为三

---

① "八大"国际会计师事务所是指:Arthur Anderson,Arthur Young,Coopers & Lybrand,Deloitte Haskins & Sells,Ernst Whinny,Peat Marwick,Price Waterhouse,Touche Ross。

② "六大"国际会计师事务所是指 Arthur Young 与 Ernst Whinny 合并成 Ernst & Young、Deloitte Haskins & Sells 与 Touche Ross 合并成 Deloitte Touche Tohmatsu 后形成的"六大"公司。

③ "五大"国际会计师事务所是指 Coopers & Lybrand 与 Price Waterhouse 合并成 Price WaterhouseCoopers 后形成的"五大"公司。

④ "四大"国际会计师事务所是指 Arthur Anderson 破产后形成的"四大"公司:Deloitte Touche Tohmatsu(DTT),Ernst & Young(E&Y),Peat Marwick(KPMG),Price WaterhouseCoopers(PwC)。

个层次:一是"国际四大"在中国的成员所;二是"国际四大"成员所以外、主要服务于国内上市公司和各所有制类型大中型企业的本地大型事务所;三是上述之外的其他本地中小型事务所。从以上对中国注册会计师行业竞争格局的分析来看,中国会计服务市场的竞争格局大致如图2-2所示。

从图2-2可知,三个层次的力量分布较为清晰,其中第一层次为"国际四大"成员所,它们处于竞争较有利的地位;第二层次是国内大所,发展潜力很大;第三层次则为本地中小型事务所,具有量大面广的特点。每一层次都有自己的市场,谁也取代不了谁;但同时,相邻两个层次之间又有竞争。这种竞争虽然会增加各层次事务所

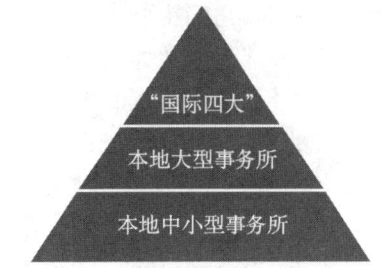

图2-2 中国会计服务市场的竞争格局

的生存压力,但会有利于改善整个会计服务市场的供应能力及促进其质量的提高。

"国际四大"在中国的发展可谓非常迅速,首先,这是因为改革开放后"四大"的国际跨国公司客户在中国的投资越来越多,国际跨国公司合并报表的要求,使其在中国的子公司自然而然地会聘请"四大"成员所来进行审计。其次,由于中国经济的迅速发展,特别是国内大量企业要去国际资本市场融资,需要精通国际会计准则、国际审计准则和具有各资本市场所认可的注册会计师,而"四大"在国际范围内各成员所之间的有效合作,使其具备了国内其他事务所无法比拟的条件,因而这又成了其很大的一块业务拓展优势。最后,伴随国内一些大型上市公司国际化的发展要求,"四大"有利的国际背景、庞大的国际网络、全方位的技术支持、内部较为规范的组织架构和对各行各业的胜任能力,使其在中国审计市场的竞争中处于极为有利的位置,其业务能力一度基本稳居中国会计师事务所的前四位。"四大"在中国的竞争发展,抓住了中国经济高速发展的机会,有效拓展了自己的市场;同时也帮助改善了中国投资环境和中国企业在国际资本市场上的融资能力;而"四大"的很多发展经验、管理模式、业务技术等也成了促进中国本地事务所发展的学习借鉴,推动了中国审计行业的迅速发展和审计整体水平的提高。从表2-1各大国际会计师事务所公布的2020—2022年财务年度收入排名的统计数据可以看出"国际四大"在国际审计行业中的影响和地位。

表2-1 2020—2022年国际会计师事务所前10位排名(根据财务年度收入,仅供参考)

单位:十亿美元

序号	事务所	2022年	事务所	2021年	事务所	2020年
1	Deloitte	59.3	Deloitte	50.2	Deloitte	47.6
2	PwC	50.3	PwC	45.1	PwC	43.0
3	Ernst & Young	45.4	Ernst & Young	40.0	Ernst & Young	37.2
4	KPMG	34.6	KPMG	32.1	KPMG	29.2
5	BDO	12.8	BDO	11.7	BDO	10.3
6	RSM	8.1	RSM	7.3	RSM	6.3
7	Grant Thornton	7.2	Grant Thornton	6.6	Grant Thornton	5.8
8	Crowe Global	4.9	Crowe Global	4.6	Nexia	4.5
9	Baker Tilly	4.5	Baker Tilly	4.2	Crowe Global	4.2
10	HLB	4.4	HLB	4.1	Baker Tilly	4.0

注:根据2020—2022年财务年度收入编写,仅供参考。

国内具有上市公司审计能力的会计师事务所是本地会计师事务所中的中坚力量,它们可以简称为"本地大所"。自20世纪90年代初中国资本市场诞生以来,这一层次的事务所开始得到迅速发展,它们主要服务于国内上市公司和各所有制类型大中型企业。受其发展历史背景的影响,大部分本地大型所的发展刚开始都较局限于本地区的审计业务,而各地区的经济发展不平衡,导致这一层次的事务所发展也很不平衡。但随着近20年我国经济的高速发展以及审计业务的发展不受区域限制,本地大所的发展势头愈发强劲,涌现出了以立信、天健等为代表的知名大所,它们的业务收入和规模已赶上或接近"国际四大"在我国的成员所水平。为了进一步做大做强、巩固自己的行业地位,这一批事务所之间的竞争合并还在不断加剧,这既是形势的需要,也充满风险。由于各事务所之间存在企业文化、发展基础、发展战略、利益架构等要素的较大差异,事务所之间合并成功或失败甚至惊心动魄的案例也时有发生,曾一度发展势头强劲的瑞华会计师事务所已名落中国注册会计师协会2020年的榜单,消失在市场经济和行业竞争的"滚滚硝烟"之中。一家事务所要具有行业竞争能力,就既要做大,又要做强,大是强的前提,强是大的目的。一家拼凑起来的事务所虽大但不强,原因是其没有结构,就像一支由小船拼凑起来的船队,虽然合起来吨位也不小,但没有结构,抵抗不了暴风巨浪。传统经济学原理告诉我们,生产效率的提升要依靠分工,而分工是需要规模的。事务所的服务同样如此,只有大型事务所才具备进行行业分工、为各行各业客户提供精细化服务的条件。所以,一个竞争力的大所,首先要发展规模,让一切沉入成本产生规模效应;其次在发展壮大规模的同时,必须不断优化内部的运营架构,细分行业服务分工,对每一行业钻深钻透,只有这样,才能真正做强。一家真正有竞争力的大所是一艘有结构的"巨轮"。

总的来说,本地大所这一层次的事务所发展潜力很大,机会很多,在今后较长的一个历史阶段中,将一直会是中国审计行业发展的中坚力量。为了进一步壮大自己,本地大所必须与时俱进,进一步厘清自己的发展战略,把握发展方向,提高服务能力,提高审计质量,防范审计风险,提高整体竞争能力。表2-2为中国注册会计师协会公布的2020—2022财务年度综合排名前20名事务所名单及收入状况。

表2-2 2020—2022年中国会计师事务所综合排名前20名收入状况(仅供参考)

单位:亿元人民币

序号	事务所	2022年	事务所	2021年	事务所	2020年
1	普华永道中天	79.2	普华永道中天	68.3	普华永道中天	61.2
2	安永华明	66.4	安永华明	54.9	安永华明	47.6
3	毕马威华振	51.2	毕马威华振	40.9	德勤华永	39.8
4	德勤	51.5	德勤	41.6	毕马威华振	34.2
5	立信	49.1	天健	35.0	天健	30.5
6	天健	40.3	立信	45.2	立信	41.1
7	容诚	26.6	大华	31.0	信永中和	23.7
8	信永中和	30.7	容诚	23.4	大华	25.4
9	致同	26.5	天职国际	27.7	天职	22.3
10	天职国际	31.2	信永中和	28.0	容诚	18.8
11	大华	33.6	致同	25.3	大信	18.3
12	中审众环	21.3	大信	18.6	致同	22.0

(续表)

序号	事务所	2022年	事务所	2021年	事务所	2020年
13	大信	15.8	中审众环	21.7	中审众环	19.5
14	中兴华	18.5	中兴华	16.9	中兴华	15.2
15	中汇	10.3	中汇	9.5	中兴财光华	12.5
16	上会	7.4	上会	6.2	中汇	7.3
17	中审华	8.4	天衡	6.6	亚太(集团)	8.9
18	苏亚金诚	4.4	亚太(集团)	10.0	中天运	7.8
19	众华	5.5	中兴财光华	13.2	中审华	8.1
20	利安达	4.5	中天运	7.5	上会	5.0

在我国,大量的事务所是本地中小所,这一层次的事务所数量有8 000多家,分布在全国各地,服务于数以百万计的中小企业。这些事务所最大的年收入可达数千万元,最小的年收入只有几十万元。中国注册会计师协会公布的2022年百所名单中,入围门槛约为3 500万元、总收入约为730亿元,可见行业总收入1 107亿元中,余下的300多亿元都是中小所的收入,约占整个行业的1/3,本地中小所也是我国经济发展和行业发展中一份不可缺少的有生力量。我国幅员辽阔,各地经济和无数中小企业的迅猛发展,给中小型事务所提供了广阔的生存和发展空间。但各地经济发展的不平衡,使得其中的一些事务所面临生存压力,因而竞争甚至恶性竞争在所难免。对于今后的发展,大部分仍然会以目前的方式继续生存和发展下去,也有一部分会与本地大所或其他事务所合并而进入上一层次,进一步发展壮大。

二、新加入者

新加入者作为行业环境的第一个因素,它既会增加竞争,也会提高审计服务的供应能力。任何行业的发展都需要吐故纳新,需要补充新鲜血液。有新事务所加入行业,能使行业在优胜劣汰的竞争机制中调整和改善行业结构和服务质量。目前,影响中国审计市场新加入者的因素主要有两个方面:一是中国加入WTO后对会计服务市场的影响,二是国内《中华人民共和国行政许可法》(以下简称《行政许可法》)《证券法》对行业发展的影响。

影响新加入者的第一个因素是中国自2001年12月11日正式加入WTO后,对注册会计师行业有影响的规定主要有《服务贸易总协定》(General Agreement on Trade in Services, GATS)及在GATS框架下的《会计服务业相互承认协定或安排指南》和《关于会计服务业国内规章方面的守则》。根据这些文件规定,我国作为WTO的成员必须遵循透明度原则、市场准入原则、国民待遇原则,开放会计市场,全面允许国外的注册会计师根据透明的程序进入我国,开办会计师事务所并承接业务。这些规定,会影响我国现有的对国际会计师事务所的管理规定及市场准入规定,从而对中国注册会计师行业特别是本土会计师事务所的发展带来一定的挑战。但从审计市场的总体供应来看,这些规定没有给我国带来很大的冲击。首先,我国在20世纪90年代早期就开始开放了会计市场,虽然这种开放是有限度的,但国际主要的会计师事务所几乎都已经进入了中国市场,加入WTO后,原中外合作会计师事务所的所有权结构和经营模式会略有变化,但总体供应情况不会有很大的突变。其次,除了"国际四大"会计师事务所有真正的分支机构在中国执业,国际会计师事务所中第二层次的事务所大多以吸收成员所的形式在中国发展,即使它们来华设立分支机构,它们要竞争的主要是市场中的国际跨国公司客户和中国赴海外资本市场融资的企业,所以它们的竞争对手主要是"国际四大"会计师事务所,其对本土会计师事务所的竞争威胁并不是很大。

影响新加入者的第二个因素是从 2004 年 7 月 1 日开始施行的我国《行政许可法》(2019 年 4 月 23 日修订)和从 2020 年 3 月 1 日起施行的新修订的《证券法》。在以往,会计师事务所的成立必须经地方财政厅局审查批准后方能设立,具有证券业资格的会计师事务所还必须同时经中华人民共和国财政部和中国证券监督管理委员会(证监会)审查批准后方可从事上市公司审计业务,因而国家行政部门对事务所的量的发展具有一定的控制力。至新修订的《证券法》实施时,我国具有证券业从业资格的会计师事务所有 40 多家。在《行政许可法》和新修订的《证券法》实施后,会计师事务所的成立由审批制改为备案制,会计师事务所从事证券业务也由原来向中国证监会和财政部申请批准改为双重备案,降低了会计师事务所进入资本市场的门槛。虽然《行政许可法》和新修订的《证券法》的实施大大方便了新事务所的成立和进入资本市场,但实际上,审计的质量要求和审计责任丝毫未降低。这一举措,一方面有利于提升证券审计市场活力,充分发挥市场机制的决定性作用,促进形成"有进有出""优胜劣汰"的良性证券审计市场生态;另一方面在取消准入限制的情况下,需要有关部门通过加强事中事后监管,压实会计师事务所"看门人"责任,督促提升审计质量,切实保障资本市场财务信息披露质量。2021 年 2 月 19 日,号称第一家依据新修订的《证券法》备案制进入资本市场的小事务所深圳堂堂会计师事务所审计*ST 新亿 2019 年年报一案,被证监会检查发现涉嫌违法违规行为,并被立案调查。这一事件告诫我们,市场竞争是有规则的,没有足够的能力和风险意识是不能轻易介入的。上市公司审计业务具有专业性强、执业风险大、违法成本高等特点,只有具备相当的专业能力和风险防范能力的会计师事务所才能胜任。所以,对于中小事务所来说,即使资本市场准入限制放开了,但绝不可投机取巧、急于求成,必须聚集力量,提升能力,要有长期发展的战略,而不是急功近利,否则,必将得不偿失。

尽管注册会计师行业的发展起伏波折、大浪淘沙,但从总体来看,除了不断有个别中小事务所会加入资本市场参与上市公司审计,新加入者的总量不会发生很大变化,行业基本格局也不会发生很大变化。因此,这一因素虽然会给新加入者提供方便,但大都只影响事务所之间的重新组合,而不会对总体供应量产生重大影响。

三、客户

客户是会计师事务所生存的根本。研究客户环境其中一个很重要的因素是判断不同的会计师事务所对客户的价格谈判能力,以此判断行业和事务所的服务能力、市场信誉和行业地位。由于不同的客户对审计的需求和事务所的要求不一样,而不同的事务所提供审计服务的能力也不一样,在长期的审计市场发展中,逐渐形成了审计市场的基本分布,具体情况如图 2-3 所示。

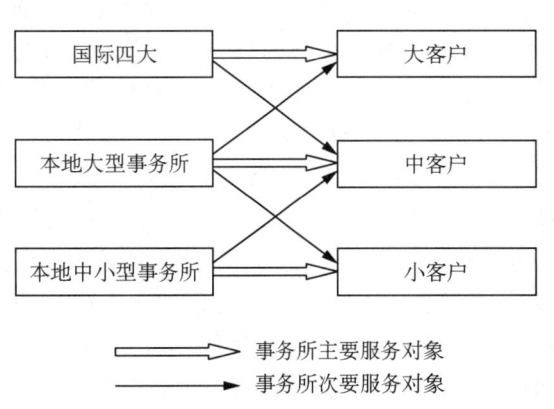

图 2-3 审计市场基本分布图

审计的市场格局基本是:"国际四大"主要服务大客户,虽然它们也服务一些中型客户甚至个别很有潜质的创新型小客户,但是大客户是主要的,如财富世界 500 强、央企和大型国企、大型民企中在境外的上市公司；本地大所主要服务各所有制类型的中型客户，虽然也服务个别大客户和某些有发展潜力的小客户，但主要的客户群是国内或地区性的客户；本地中小所则主要服务中小客户。虽然对于事务所的大、中、小规模及客户的大、中、小规模没有一个统一的划分标准，且事务所和客户的规模都在不断地发展，但我们也能从当时、当地人们的一般认识来得到基本的判断。

大客户选择"国际四大"是由社会经济发展的环境要求所决定的。在一个由经济全球化引导的全球经营和全球融资的跨国企业中，经营地域的广阔性和财务报表披露的及时性，要求跨国大企业必须聘请具有全球服务能力的会计师事务所来提供审计服务；而其全球融资的需要又导致跨国大企业必须聘请具有全球信誉度的会计师事务所。因而当事务所规模不足以提供这样的服务时，就会不断地考虑合并壮大，以满足大客户的需要，跨国大企业的发展造就了国际性的大型事务所；而国际性的大型事务所在全球范围内对跨国大企业所提供的服务，又有效地支持了跨国大企业在全球范围内的经营发展，因而两者相辅相成。在审计服务的价格谈判中，"国际四大"的全球服务能力和较好信誉常常使其处于较有利的地位；而跨国大企业强大的经营能力也使其能接受"国际四大"的较高收费标准，以确保其审计质量。

以审计国内上市公司和各所有制类型大中型企业为主要客户的本地大型所是一批在中国很具发展潜力的会计师事务所。中国资本市场的大发展和各所有制类型企业的大发展，为本地大型所的发展创造了良好的外部条件，而本地大型所对中国政治、经济、社会环境的熟悉和对企业经营环境的熟悉，使它们成了国内大量上市公司和各所有制类型大中型企业所青睐的审计机构。但由于本地大型所的规模和能力还在不断发展中，其为大客户提供服务的能力还相对有限，所以其客户大多局限在国内上市公司。尽管一些本地大型所也已开始加入国际网络，但由于其国际网络的竞争力也相对有限，其服务的境外上市公司也基本上是一些中型客户，很难与"国际四大"竞争大客户。本地大型所目前所面临的挑战主要有两个方面：一是国内资本市场审计服务的竞争日益激烈，大部分事务所在与客户的价格谈判中常常处于不利的地位，甚至出现购买审计意见的现象；二是审计服务能力的有限性导致一部分发展迅速的客户不断流向"国际四大"，以满足其国际融资和提高其企业形象的需要。因此，通过联合或收购兼并，继续扩大规模，提高服务能力，以与客户一起发展，是本地大所所要解决的重要问题。

在大部分经济发达国家，小型会计师事务所的业务主要是为社会个人提供纳税申报服务。在中国，个人纳税申报服务的市场需求很小，因而大部分小型事务所的业务也集中在审计和企业会计、税务服务上。虽然中国的小型会计师事务所服务能力相对有限，但中国经济发展的多元化、大量中小企业客户和新创业客户的存在及其对审计、会计和税务服务等的需求，仍为中小型事务所的生存提供了广阔的空间。中国小型事务所的收费相对较低、服务便捷，且遍及全国大部分县市，因而其仍然是中国审计市场的重要组成部分。在今后很长的历史阶段中，市场发展仍然离不开小型会计师事务所的服务。但由于小型事务所的竞争能力较差，因而在价格谈判中，经常处于较不利的地位。为了不断提高生存能力，在有条件的情况下，小型会计师事务所应通过各种形式不断地扩大事务所规模，提高服务能力，并建立起有效的市场竞争秩序，减少和避免各种恶性竞争，为提高服务质量和事务所品牌创造条件，以周到、及时的特色更好地满足中小客户的各项服务需求。

社会经济的发展必然会产生各种大、中、小型企业，不同规模的会计师事务所能根据自身的能力和特长在市场中找到属于自己的客户市场，并能对其提供优质的审计服务，这是整个行业发展的基础，也是每一家事务所赖以生存的基础。而与客户一起发展则是事务所发展的重要理念。

四、供应商

供应商在制造型企业中是一个很重要的行业环境因素,供应商将提供包括人、财、物的供应。但在像注册会计师这样一个高度知识密集型的现代服务行业中,它的含义主要是指注册会计师行业后备人才的供应,也就是人力资源的供应。对供应商环境要素的研究能判断注册会计师行业能否吸引足够的人才加入这一行业中来,以及行业发展的劳动力成本和行业发展的持续稳定性。

自改革开放特别是 20 世纪 90 年代初中国资本市场形成以来,注册会计师行业在社会经济生活中发挥的作用越来越大、地位越来越高。注册会计师行业的迅速发展已使其成为众多大学生择业时热门职业之一。进入 21 世纪以来,注册会计师职业资格考试人数之多、热情之高,已足见这一行业在社会上的吸引力。至 2024 年 5 月底,我国已有执业注册会计师 10 万余人,另有已取得注册会计师资格的非执业注册会计师约 28 万人,这是注册会计师行业发展重要的后备人才。此外,每年尚有数百万人次参加注册会计师考试,将源源不断地为注册会计师行业提供优秀的后备人才。大量优秀青年加入或准备加入注册会计师行业,大大提高了这一行业的年龄结构和素质结构,使行业发展充满生机和活力。

注册会计师行业发展前景好,且一般都能获得高于社会平均工资水平的报酬,所以劳动力资源的供应也较充足。而人力资源的充足供应又从另一个侧面有效地制约了劳动力成本的迅速提高,使会计师事务所的工资成本能控制在合理的范围内。但从各事务所的具体情况来看,事务所之间的发展不平衡,使得事务所之间的人才流动开始不断增多。虽然这会增加发展相对缓慢的事务所的竞争压力,但对整个行业的人力资源配置是有益的。行业前景好,劳动力资源供应充足,使注册会计师行业的劳动力成本能得以合理控制,也为注册会计师行业的稳定发展奠定了基础。

通过对注册会计师行业内部发展环境的分析,我们能客观地了解行业内部的发展和服务供应情况,从而为整个行业的发展和各事务所的发展制定正确的战略。

复习思考题

1. 哪些宏观环境因素会影响审计需求的产生和发展?每一宏观环境要素会对审计需求产生什么样的影响?
2. 影响审计发展的行业环境有哪些?当前行业竞争的基本格局是什么?

配套习题

第三章 审计目标

> 📖 **本章要点**
>
> 审计目标是审计活动的既定方向和要达到的预定成果。自审计产生以来,审计目标的确定一直受到宏观环境需求的重要影响,并随着宏观环境需求的变化而变化。所以,一个时代的审计目标可概括地反映该时代社会对审计的要求,同时也反映人们对审计的认识程度。审计目标可分为审计总目标与审计具体目标。本章主要探讨审计总目标的意义、确定审计目标的影响因素和影响力量、审计目标的发展演变,以及对确立我国审计目标的研究。
>
> 📝 **本章需要重点掌握的内容**
>
> 审计目标的意义;审计目标确定的影响因素;影响审计目标确定的主要力量;审计目标的发展演变;我国现阶段的审计目标。

第一节 审计目标的意义和影响因素

在宏观环境产生了对审计的需求并明确了审计的本质属性后,为了使审计能很好地履行自己的职责和发挥自己的作用,审计的发展就需要明确审计的目标是什么。

审计目标是特定环境中审计活动的既定方向和要达到的预定结果。自审计产生以来,审计目标的确定,一直受到宏观环境需求的重要影响,并随宏观环境需求的发展而发展。所以,一个时代的审计目标可概括地反映该时代宏观环境对审计的要求,同时也可反映人们对审计作用的认识程度。审计目标可分为审计总目标和审计具体目标,审计总目标是对财务报表整体进行审计所要达到的目标,审计具体目标是对交易事项进行审计所要达到的目标。审计总目标主要与特定环境中的社会期望和审计责任相关,审计具体目标主要与管理认定相关。审计总目标引导审计具体目标,审计具体目标支持审计总目标,两者相辅相成。由于审计具体目标在以往审计教材中已有阐述,本章主要讨论审计总目标(以下简称审计目标)的意义与特征、影响审计目标确定的主要力量、审计目标的演变和我国的审计目标的确定等内容。

一、审计目标的意义

审计目标是审计理论结构的重要组成部分。20世纪70年代以来,审计目标的研究开始在西方审计理论界引起重视。加拿大著名审计学家安德森教授研究的以审计目标为导向的审计理论结构体系独具特色。安德森教授认为,审计理论结构应由六大要素组成:审计目标、审计准则、审计概念、审计假设、审计技术和审计程序;同时,审计目标是审计理论结构的逻辑起点。这一审计理论结构模式认为,审计目标是一切审计活动的方向,只有先确定审计目标,才能制定完成审计目标所必需的审计准则,产生一系列审计概念和各类审计技术。若没有审计目标,则审计准则的制定、审计概念和审计技术的产生将失去理论依据,无法自成体系。

审计目标又是审计理论联系审计实践的桥梁、审计职业联系审计环境的纽带。审计目标直接反映宏观环境的需求,所有影响和制约审计的外部环境的变化,都会提出调整审计目标的要求,进而引起审计实践的变革。与此同时,审计目标对审计人员的审计责任有着直接的影响,有什么样的审计目标,就有什么样的审计责任。例如,审计目标是揭弊查错,审计人员的审计责任就要揭露被审单位的舞弊和差错。若被审单位发生重大舞弊和差错,审计人员由于种种原因未能查出,这就意味着审计人员的失职,对此应承担相应的责任。因此,不同时间、不同国家的审计人员的审计责任,因审计目标的差异而有所不同。

二、影响审计目标确定的两大因素

审计目标并不是一成不变的,它是特定社会宏观环境的产物。审计目标的确定主要受两方面因素的影响:一是社会的需求,二是审计自身的能力。前者对审计目标的确定起着根本性的导向作用,后者则对审计目标的确定起着决定性的平衡作用。因此审计目标的确定是社会需求与审计自身的能力两者之间的有机统一。

(一) 社会需求是确定审计目标的根本因素

需求是生产之母,也是服务之母。无论在什么制度环境下,生产和服务的目的总是围绕着社会需求这一根本中心而确定的,并随着社会需求的变化而变化。

审计作为一种服务职业,其目标自然受社会需求的重要影响。当审计产生之初,由于经济业务较简单,控制手段较原始,财产所有者对财产经管者最关心的是其诚实性,审计目标主要是对财产经管者的诚实性进行检查。也就是说,"早期审计是检查受托人个人的诚实性,而不是检查他们的会计账簿的质量,只有在认为可能存在舞弊行为的情况下,才对簿记的正确性与公允性加以验证"。[①] 通过审计活动,受托者更加诚实。

步入19世纪下半叶,英国一些企业相继倒闭,包括1878年格拉斯哥市银行的大破产和1887年利兹地产建筑投资公司诉谢泼德事件的出现,人们对审计的目标产生新的要求。在利兹地产建筑投资公司诉谢泼德一案的法庭审理判决中,法官认为:审计人员的职责是检查管理者编制的资产负债表的"实质上的正确性",而不仅仅是检查算术上的正确性。这一判决明确了两点:一是审计人员应该对编制财务报表之前的会计记录进行检查;二是只有对公司资产的存在和价值的正确性认为满意时,才能签发证书。[②] 法庭对审计目标和审计职责的阐明,使英国的审计目标转向验证会计记录及报表实质上的准确性。

19世纪末,美国的资本市场还相当有限,公司资金的周转主要依赖银行贷款,而不是通过发行股票向社会筹资。申请贷款者发现,如果报送经专家和没有利害关系的第三者加以证明的资产负债表,则较容易获得银行的信用。因此,为取得银行信用而对资产负债表的正确性的审计就成了开展审计业务的主要目标。到了20世纪第二次世界大战前后,美国及世界资本市

---

① 迈克尔·查特菲尔德. 会计思想史[M]. 文硕,董晓柏,译. 北京:中国商业出版社,1989:169.
② 迈克尔·查特菲尔德. 会计思想史[M]. 文硕,董晓柏,译. 北京:中国商业出版社,1989:176.

场的迅猛发展、广大投资者对投资收益情况的关心,使人们的主要兴趣又迅速从资产负债表转向收益表。而且对此感兴趣的人也越来越多,政府、投资者及潜在投资者都对收益表表示了极大的关注,使对收益表的审计成为审计新的主要内容。同时,人们对财务报表提供的信息的可靠性也日益重视,从而使对财务报表是否公允表述的审查成了审计的主要目标。

20世纪70年代起,国际范围内一系列重大舞弊案件,特别是21世纪初美国安然、世通等特大案件的发生,以及它们对资本市场的巨大冲击,使人们真切意识到现代资本市场中审计对揭露企业财务报表中重大舞弊差错的重要性,从而又将揭弊查错确定为审计目标。

从上述审计目标演进的简单分析中可以看出,社会需求的发展一直在引导审计目标的发展,所以社会需求对审计目标的确定起着根本性的影响。

(二) 审计能力是确定审计目标的制约因素

宏观环境对审计需求的发展引导着审计目标的发展,但并不是所有的社会需求马上就能成为审计目标,因为审计目标的确定还受到审计能力的影响。社会需求的不断扩展和对审计作用的过高期望,常常使人们卷入不愉快的责任诉讼纠纷。这是因为审计能力是相对有限的,当审计所能完成任务的能力不能达到社会的全部期望时,或者说当社会与审计职业界对审计的目标和要求的认识不一致时,就出现了"期望差"(expectation gap),这是双方在目标一致性上所存在的差距。这种期望差不消除,无论对审计职业界还是财务报表使用者都是不利的。因此所有与审计事项有利害关系的人都应对此有所认识,从而恰当地进行目标调整。实际上,自审计产生至今,审计能力始终处于一种被动状态,始终在为满足社会需求而努力,但也始终无法达到完全满足社会需求的程度。这是因为,当旧的审计需求满足了,新的审计需求又产生了,而要满足不断出现的新的审计需求,在审计能力上需不断提高,但这又需要有一定的过程和时间,甚至技术上、理论上的突破。在这方面最典型的代表就是审计关于揭弊查错的要求和能力的争论。20世纪中期起,重大舞弊案件的层出不穷,对审计揭弊查错提出了强烈要求,但因审计能力的限制,审计职业界一直无法接受将揭弊查错作为审计目标,否则审计责任无法承受,直到内部控制、风险管理技术不断成熟,并在审计中得到应用,揭弊查错才在20世纪70年代开始被逐渐确认为审计目标。因此审计在某一阶段能满足社会需求的能力是相对的,而不是绝对的。

影响审计能力的因素是多方面的,主要有审计技术方面的原因、审计人员素质方面的原因、审计时间限制的原因,以及审计委托人所能承担的费用方面的原因等。其中既有主观原因,也有客观原因。审计能力的有限性制约了审计满足社会要求的程度,因此,它在审计目标的确定中是一种起平衡作用的制约因素。也即只有当审计具备了满足社会需求的能力时,这种社会需求才能成为审计目标。

第二节 影响审计目标确定的主要力量

著名会计史学家查特菲尔德认为,美国和英国的审计发展受到国家法律、法庭判决和会计团体三个方面的重要影响。[①] 在确立审计目标方面,同样受到这些力量的重要影响。

---

① 迈克尔·查特菲尔德. 会计思想史[M]. 文硕,董晓柏,译. 北京:中国商业出版社,1989:189.

一、国家法律对确定审计目标的影响

国家法律对民间审计的影响以英国的《公司法》，美国的《证券法》《证券交易法》为主要代表，这些法律的颁布，产生了法定审计，从而从法律高度确立了民间审计的社会地位，同时也明确了审计的目标。例如，1900年以前的英国《公司法》，根据当时的社会需求规定，公司审计的主要目标是揭露欺诈舞弊和差错。① 到了1948年，根据宏观环境的变化，在新修订的《公司法》中对审计目标的规定就从揭露欺诈舞弊和差错转向对报告的财务会计信息的质量提出一个专家意见。这时的《公司法》认为审计目标首先是对每年向股东公布的会计信息的质量提出一个意见，其次是证实会计数据的可靠性，而揭露欺诈舞弊和错误成为次要的目标。② 而1985年的《公司法》，对审计的目标做了更具体的规定，以至于汤姆·李认为："现代公司审计已成了多目标的工作，除了对公司的主要财务报表提出一个专家意见，还要检查财务报表与董事会报告的一致性，报告任何不一致的地方，并对持保留意见的审计报告的公司的红利分配的合法性提出单独的报告，……"③但是最主要的目标仍然是就财务报告中会计信息的真实和公允性发表一个独立意见。在美国，《证券法》和《证券交易法》以及其他法律如《反国外贿赂法》(The Foreign Corrupt Practice Act)等对审计目标的确定也有类似的影响。

国家法律根据社会的发展对审计目标的规定，带有一种强制性，要求审计人员必须做到，因而是审计人员必须遵守的法定职责。

二、法庭判决对确定审计目标的影响

在英美等海洋法系国家，法庭对诉讼案例的判决结果及判决原则被看成是一种习惯法(common law)。查特菲尔德认为："审计范围和审计责任通过法庭对一系列划时代案件的判决而得到明确。"④例如，英国法庭在1887年的利兹地产建筑投资公司诉谢泼德事件的判决中，法官判定了审计人员的职责是检查管理者编制的资产负债表的"实质上的正确性"，表明审计目标最主要的是检查报表反映的情况的真实性，即是否有欺诈舞弊行为。1925年在美国"Craig V. Anyon"一案中，事务所在5年的审计中，未揭露公司一职员盗窃公司财产达100万美元的事件，结果法庭对注册会计师未揭露这种重大舞弊行为判定犯有过失罪，应赔偿原告的损失金额。⑤ 此案的判决再次表明，揭露重大的舞弊行为是审计的目标。由于法律对审计目标的阐述比较抽象，许多具体的细节都要通过法庭的判决加以明确。而且，在许多情况下，法庭的判决要根据社会对审计要求的变化及其合理性，以及考虑审计的能力，因此法庭的判决也随着环境的变化而变化，从而对不断明确审计目标和审计责任产生了积极的作用。

三、会计团体对确定审计目标的影响

会计团体主要是指会计师职业团体和独立审计准则制定机构。会计师职业团体在确立审计目标和缩小期望差中所发挥的作用可以说是最重要的。虽然必须较多地考虑其自身的能

---

① Tom Lee. Company auditing[M]. 3rd ed. [S.I.]: Van Wostrand Reinhold Co. Ltd., 1986:22-23.
② Tom Lee. Company auditing[M]. 3rd ed. [S.I.]: Van Wostrand Reinhold Co. Ltd., 1986:25.
③ Tom Lee. Company auditing[M]. 3rd ed. [S.I.]: Van Wostrand Reinhold Co. Ltd., 1986:34.
④ 迈克尔·查特菲尔德. 会计思想史[M]. 文硕,董晓柏,译. 北京:中国商业出版社,1989:175.
⑤ 迈克尔·查特菲尔德. 会计思想史[M]. 文硕,董晓柏,译. 北京:中国商业出版社,1989:197.

力,并清楚地知道,目标的扩大就意味着责任的扩大,但为充分发挥审计的社会作用,会计师职业团体在尽力向社会解释审计作用和能力的有限性、以求得社会对审计作用的正确理解的同时,总是以积极的姿态根据社会的需求调整其审计目标。20世纪70年代至21世纪初,美国AICPA所制定的许多新的审计准则公告中对审计目标的不断修正就是一个很好的例子。

20世纪60年代的诉讼爆炸以及公众对审计人员揭露公司财务报表中重大差错、舞弊和非法行为要求的日益强烈,充分显示公众对审计的期望与审计人员的认识之间存在着很大差距。为了确切了解掌握这种期望差的存在情况,AICPA于1974年成立了一个独立的由律师Manuel Cohen为主席的审计人员职责委员会(The Committee on Auditors' Responsibilities, 后又称Cohen委员会),专门调查这种期望差究竟是否存在,如存在应怎样解决等问题。1978年,该委员会提出了一份简称"Cohen调查报告"的报告,报告的引言中提出:"经过大量的调查研究,本委员会认为,这种期望差确实存在,但是主要责任不在财务报表的使用者。"[1]该委员会还认为:"造成这种期望差的主要原因是注册会计师职业没有对美国商业环境的迅速变化作出相应的反应,及没有与这种变化保持同步的发展。所以,本委员会的报告所提出的建议是针对怎样加快职业界的发展步伐,并使得职业界对今后环境的变化作出更敏感的反应。"[2]Cohen调查报告的公布,在会计师职业界引起了强烈的反响,它对与审计责任相关的一系列问题的精辟阐述直到现在还有重要影响。

在Cohen委员会对审计责任问题进行研究的同时,另一些研究人员对日益扩大的期望差也进行了民意抽样测验,他们就审计人员揭露公司的舞弊和非法行为的责任,调查了会计公司的合伙人和小公司的注册会计师、银行的信贷经理、财务分析家和公司的财务经理,调查结果表明,审计人员与其他三组人员对审计人员的责任的理解存在着重大差异。经过这一系列的研究之后,AICPA的审计准则委员会于1977年1月发布了第16号审计准则公告《独立的审计人员揭露差错和舞弊的责任》(*The Independent Auditors' Responsibilities for the Detection of Irregularities*)和第17号审计准则公告《客户的非法行为》(*Illegal Acts by Clients*)。这两个公告的发布表明,会计师职业界开始正式接受公众的要求,将揭露差错舞弊及客户的非法行为又一次根据社会的需求列作审计目标(而在这之前,由于受审计能力的限制,审计职业界认为揭弊查错不属于审计的目标范围),要求审计人员将对客户的舞弊和非法行为的揭露列入审计计划。

1988年,根据环境的新变化,AICPA的审计准则委员会又公布了第53至第61号《审计准则公告》,特别是分别取代上述第16、第17两号的第53、第54两号审计准则公告,以及1997年2月发布的以取代第53号准则公告的第82号审计准则公告《财务报表审计中对舞弊的关注》,以及2002年10月发布的以取代第82号审计准则公告的第99号审计准则公告,又分别对审计人员揭露差错、舞弊和非法行为的目标作了新的修正。这一系列公告的发布,为缩小社会公众与审计人员之间关于审计目标的期望差发挥了较重要的作用,同时也为进一步明确审计责任提供了依据。

21世纪以来,由于欺诈性财务报表所造成的社会影响的日益巨大,以及会计师职业团体在审计准则制定中的作用的局限性,审计准则制定的功能正在从会计师职业团体走向独立的审计准则制定机构,如美国的公众公司会计监督委员会(Public Company Accounting

---

[1] Cohen Report "Introduce" P XII。
[2] David Gwilliam. A survey of auditing research[M].[S.I.]:Prentice hall International,1987:49-50.

Oversight Board，PCAOB)等。

我国的审计目标主要由财政部颁发的《中国注册会计师审计准则》来规定,在制定这些准则中,中国注册会计师协会及其下属的审计准则委员会发挥了至关重要的作用。我国自1995年12月25日由财政部颁布了第一批注册会计师审计准则以来,几经修订,日臻完善,对审计目标的阐述和定位也越来越明确和到位。

综上分析,审计目标是不同时期社会需求与审计能力的协调统一,当社会公众与审计人员对审计目标、作用的认识不一致时就产生期望差。在缩小期望差、明确审计目标的过程中,国家的法律、法庭的判决和会计师职业团体和独立审计准则制定机构分别发挥了重要作用。

第三节 审计目标的发展演变

有什么样的审计目标,就有什么样的审计责任。审计目标会随时代的不同、宏观环境的变化发生变化,因而审计职责的范围也在不断变化。对于审计目标的发展演变,许多专家学者根据不同的目的要求做出了不同的划分。汤姆·李在《公司审计》(1986年版)一书中,对英国公司审计目标的演变根据社会环境的发展进行了划分,他认为,英国公司审计的目标主要受公司法的影响,根据英国1844年第一部《公司法》公告起一直至1985年《公司法》的修订过程中对审计目标的要求变化,可将这100多年的审计目标分为六个阶段如表3-1所示。[①]

表3-1 审计目标的六个阶段

期间	主要目标	次要目标	目标变化原因
1840—1880年	揭弊查错		企业员工不忠行为的增加
1881—1900年	揭弊查错	验证财务会计记录的准确性	对会计师这一技术性职业的逐步认识;若干会计师职业团体的建立
1901—1921年	揭弊查错	验证财务会计记录的准确性 鉴证财务报表的可信性	财务报表编报技术的进步和会计信息使用的增加
1921—1940年	揭弊查错 验证财务会计记录的准确性	鉴证财务报表的可信性	财务会计实务和报告技术的持续进步和公司管理层对其揭露和防范舞弊差错责任的逐渐意识
1941—1960年	验证财务会计记录的准确性 鉴证财务报表的可信性	揭弊查错	公司管理层对其揭露和防范舞弊差错责任的普遍接受和对会计和审计有重要影响的公司法的重要修订
1961—1985年	鉴证财务报表的可信性	揭弊查错	公司法、财务报告和会计实务的进一步改进;报告和审计实务规范的不断完善

美国R. Gene Brown在《Changing Audit Objectives and Techniques》(1962)一文中,根据审计技术和对内部控制的认识的发展,对审计目标的演变进行了划分,如表3-2所示。[②]

[①] Tom Lee. Company auditing[M]. 3rd ed. [S.I.]: Van Wostrand Reinhold Co. Ltd., 1986:31.
[②] Brown G R. Changing audit objectives and techniques[J]. The Accounting Review, 1962,37(4).

表 3-2　审计目标的演变

期间	审计目标	验证程度	内部控制的重要性
1500 年以前	揭露舞弊	详细审查	未认识
1500—1850 年	揭露舞弊	详细审查	未认识
1850—1905 年	揭露舞弊 揭露差错	开始抽查 主要详查	未认识
1905—1933 年	确定所报告的财务状况的公允性 揭弊查错	详查和抽查相结合	稍有认识
1933—1940 年	确定所报告的财务状况的公允性 揭弊查错	抽查	认识到其重要性
1940—1960 年	确定所报告的财务状况的公允性	抽查	实质性重视

本书对审计目标的发展演变则结合审计责任进行划分,根据社会公众对审计责任的理解以及审计责任与审计目标的互动关系,审计目标的演变大致可分为三个阶段:第一阶段,以揭弊查错为主的审计目标;第二阶段,以验证财务报表的真实公允为主的审计目标;第三阶段,验证财务报表的真实公允与揭弊查错并重的审计目标。①

(一) 以揭弊查错为主的审计目标

这一阶段起始于民间审计产生之时,一直至 20 世纪 30 年代财务报表审计形成方告结束。这一阶段,社会对审计需求的主要原因是公司股东需要通过审计来了解掌握公司管理人员履行其经管职能(stewardship)的情况,即是否忠诚老实(honesty & integrity)地履行其职责,因此审计的目的就是揭露管理人员在业务经管过程中有无舞弊行为。汤姆·李认为:"自 1854 年爱丁堡会计师协会开始,会计职业组织相继建立、大量会计人员的增加,使公司审计开始起用独立的职业会计师。公司审计的主要目标仍是揭露欺诈舞弊和差错。"②"在 1900 年英国《公司法》修订版颁布后的 20 年间,揭露欺诈舞弊和差错仍继续是公司审计的主要部分。"③在美国,享有盛名的 Montgomery 的《审计理论与实务》一书,在其 1912 年、1916 年与 1932 年的版本中也都将揭弊查错作为审计的主要目标。④

与这一阶段的审计目标相对应,审计人员的职责就是揭露舞弊和差错。虽然以后人们逐渐认识到,审计人员不可能承担揭露所有的欺诈舞弊和差错的责任,公司管理部门也有责任采取措施预防欺诈、舞弊和差错的发生,就像当时的法官对审计作用的认识,认为审计人员仅是门卫(watch dog),而不是侦探(bloodhound),但对重大的舞弊和差错,审计人员有责任予以揭露,这是毫无疑义的,否则就会被认定为没有履行其职责、没有达到审计目标。说明这一责任的有影响的案例有前已引用的 1887 年的"利兹地产建筑投资公司诉谢泼德"一案和 1925 年美国的"Craig V. Anyon"一案,特别是后者,法庭判决审计人员应对其没有查出公司雇员盗用 100 万美元的重大舞弊事件负责,并赔偿相关的损失。

值得指出的是,在这一阶段中,自 20 世纪初资产负债表审计的出现开始,虽然揭露舞弊和

---

① 谢荣. 市场经济中的民间审计责任[M]. 上海:上海社会科学院出版社,1994.
② Tom Lee. Company auditing[M]. 3rd ed. [S.I.]: Van Wostrand Reinhold Co. Ltd., 1986:22.
③ Tom Lee. Company auditing[M]. 3rd ed. [S.I.]: Van Wostrand Reinhold Co. Ltd., 1986:23.
④ David Gwilliam. A survey of auditing research[M]. [S.I.]: Prentice hall International, 1987:160.

差错仍然是审计的主要目标,但社会环境的变化使得审计目标开始向验证资产负债表的真实公允方向转换。资产负债表审计一词最早由蒙哥马利提出。他在1911年的《美国经营手册》(The American Business Manual)一书中指出,资产负债表审计是指对资产和负债是否正确地反映了公司真实的财务状况进行的审计。引起这一转换的主要原因是资产负债表开始在经济环境中所产生的重要作用。19世纪末的美国,其资本市场远非今日情形,企业资金的筹措主要依赖银行贷款,债权人是资本市场的主要保护对象,充分了解借款人的偿债能力成为银行贷款决策的一个决定性因素。为了提高借款人报送的资产负债表的可靠性,银行逐渐要求借款人报送经审计的资产负债表。当经过审计的资产负债表更能为银行家所相信时,这种对资产负债表的审计就开始盛行。资产负债表审计的产生标志审计目标开始扩展,因此从20世纪初开始的30年间,审计的责任就开始逐渐扩大。但是审计目标从揭露舞弊差错向验证财务报表的真实公允转换是一个漫长的过程,它一直到20世纪30年代利润表审计的出现才真正完成。

(二) 以验证财务报表的真实公允为主的审计目标

第二阶段的审计目标是验证财务报表的真实公允性。这一阶段始于20世纪30年代中期一直到20世纪80年代。在这一阶段中,审计的目标转向对财务报表是否真实公允地反映了公司的财务状况和经营成果发表一个具有专家权威的鉴证意见,因此审计人员必须对其发表的意见的正确性、可靠性负责。

引起第二阶段审计目标以验证财务报表的真实公允性为主的原因是多方面的。第一个原因是宏观环境的变化,20世纪以后,以美国为代表的资本主义经济开始迅速发展,特别是股份公司的大量涌现,使经济生活出现了两个新变化。一是企业管理者受托经济责任的范围扩大,企业管理的责任不再仅仅表现在与股东和债权人的关系上,而且表现在与其他许多利益相关者的直接关系上,包括工人的就业、顾客的消费权利、潜在投资者、债权人的投资安全保障等。这种关系集中地表现在对企业财务信息的需求上,因而随着管理责任的强化,社会对企业财务信息的需求也日益增加。二是企业的筹资逐渐由银行转向证券市场,使企业风险的承担者由银行转为广大的股东。虽然银行仍然是企业的重要债权人,仍然关心企业的财务状况,但对企业更有影响的大量股东的出现,使整个社会对企业会计信息最重要的关注从财务状况迅速转向盈利能力。[①] 上述两个变化的出现推动了审计目标的转换,而1929—1933年震撼整个资本主义世界的大危机的爆发,则加速了这种转换的完成。大危机的爆发,使无数的投资者倾家荡产,整个美国经济陷入一片混乱和恐慌之中。为医治产生这种危机的病根,美国政府先后于1933年和1934年颁布了以保护投资者利益和维护正常的经济秩序为目的的《证券法》和《证券交易法》,对证券的发行和交易、公司财务状况的披露、财务报表的审计等问题做了明确的规定。1934年的《证券交易法》规定,发行有价证券的公司必须向联邦贸易委员会进行证券发行登记,并报送经由独立的注册会计师验证过的财务报表,从而强制证券上市公司必须委托注册会计师对其财务报表进行审计。同时,《证券交易法》还规定,任何购买证券者,如发现经审计过的财务报表对重要事项有不实表述、或故意隐瞒为使报表不被误解所必须说明的重要事实而遭受损失时,可对执行该项审计业务的注册会计师提起诉讼。这些规定表明审计人员的职责不再是以揭弊查错为主,而是对被审财务报表的真实性、公允性负责。对此,会计师职业界也做出积极反应。1934年1月,美国注册会计师协会与证券交易所合作的特别委员会(后续

---

① 文硕.世界审计史[M].北京:中国审计出版社,1990:238.

简称特别委员会)发表了名为《股份公司报表的审计》(Audit of Corporate Accounts)的文件正式建议,在审计报告意见段中运用"所附资产负债表和收益表按照公认会计原则……公允地反映了公司的财务状况和经营成果"的表述。1936 年,经过对上述文件的修订,特别委员会又发布了修订版《独立注册会计师对财务报表的审查》(Examination of Financial Statements by Independent Public Accountants),明确规定应审查财务报表,特别是损益表,并向股东报告。至此,"财务报表审计"作为一个具有特定意义的专有名词正式形成,审计目标也正式转向"对财务报表的真实公允性进行验证和报告。"

  引起审计目标转换的第二个原因是审计新技术的发展。自 20 世纪 20 年代开始,投资者的盈利欲望以及对投资安全的考虑,使整个社会对企业财务报表的关心超过了对揭弊查错的关心,特别是广大投资者只要保证其盈利能力,即使存在一些小的舞弊行为,他们也若无其事;只有当这些舞弊行为严重地影响其收益时,他们才会表现出极大的关注。同时对审计人员来说,由于企业规模的扩大和经济业务的日益复杂,再要像以前那样全面的详细审计已极为困难。而激烈的商业竞争又使得企业不可能支付巨额的审计费用。在这种情况下,审计人员也需要寻求新的出路。内部控制理论的出现及其在实务中的运用,对审计产生了两个重要影响。一是审计界开始认为,欺诈舞弊可通过建立完善的内部控制制度来予以控制,因而防止欺诈舞弊主要是企业管理部门的职责。20 世纪 30 至 40 年代,这一观点就已被广大公司的管理部门接受。汤姆·李表示:"在 20 世纪 30 年代和 40 年代,公司的管理部门,特别是大公司的管理部门正式接受揭弊查错的责任,他们通过在公司内部建立内部财务和会计控制制度使舞弊行为发生的可能性降到最低程度。"①二是内部控制理论的建立,使审计技术发生了重大的变革。由于企业业务的扩大和审计费用的相对有限,抽查方法已在当时得到运用,但由于仅凭经验判断,抽查结论的正确性就受到怀疑。内部控制理论的出现,将当时已存在的抽查方法建立在对内部控制制度的测试基础之上,这样不仅可提高工作效率,而且对保证审计的质量起了相当大的影响。揭弊查错的职责由审计人员转向公司管理部门,又将抽查方法建立在对内部控制制度的评价基础之上,使审计人员对财务报表的真实公允进行验证不仅具有可能性,而且又具有现实性,从而使审计目标的这一转变正式完成。1939 年 AICPA 的第 1 号审计程序公告《审计程序的扩展》指出:"为对财务报表发表一个意见而进行的审查,不是也不可能去揭露贪污盗窃和其他舞弊。"②1951 年,AICPA 编纂的《审计程序汇编》指出:"独立注册会计师对财务报表实施验证的主要目标是对其公允性表示意见。"1961 年,审计程序委员会发布的第 30 号审计程序公告进一步重申了这一观点。③ 英国 1948 年的《公司法》也正式确认了这种转变,在对审计人员的职责、权利的阐述中指出:"特别应予指出的是,审计人员报告的职责应强调审计目标的转变(switch),即从揭弊查错转为对报告的财务会计信息的质量发表一个专家意见。"④在这种情况下,审计目标就不再以揭弊查错为主,而是着重对财务报表表述的公允性发表意见。

(三) 验证财务报表的真实公允与揭弊查错并重的审计目标

  第三阶段是以验证财务报表的真实公允与揭弊查错并重为审计目标的阶段。这一阶段的开始可以 AICPA 第 53、第 54 号审计准则公告的发布为标志。促使揭弊查错重新成为审计主

---

① Tom Lee. Company auditing[M]. 3rd ed. [S.I.]: Van Wostrand Reinhold Co. Ltd., 1986:23.
② David Gwilliam. A survey of auditing research[M]. [S.I.]: Prentice hall International, 1987:160.
③ Brown G R. Changing audit objectives and techniques[J]. The Accounting Review, 1962, 37(4):52-52.
④ Tom Lee. Company auditing[M]. 3rd ed. [S.I.]: Van Wostrand Reinhold Co. Ltd., 1986:24.

要目标的原因有4个,其中首要原因是20世纪60年代后期开始涌现出的大量企业管理人员欺诈舞弊案及诉讼爆炸。以前,企业发生欺诈舞弊的情况主要由员工所致,而防止雇员舞弊是企业管理部门的职责。但现在是管理人员参与欺诈,这种情况对社会造成的危害则是巨大的。因此,到了20世纪八九十年代,社会对独立审计人员应承担揭弊查错的责任的呼声越来越强烈。实际上,从社会公众的观点来看,揭弊查错一直是他们对独立的审计师提出的要求,而职业界之所以尽量降低其揭弊查错的责任,主要是受审计能力的限制,包括:①雇员之间串通作案使得对审计人员揭露舞弊的期望很不现实。②高级管理部门涉足欺诈活动使得审计人员揭露欺诈实际上不可能。③揭露精心策划的欺诈需要投入大量时间和精力进行审计测试。①尽管如此,社会公众的强烈要求与自然界"适者生存"的法则,使得会计师职业界不得不对此予以重新考虑。

促使这种转变的第二个原因是法院的判决几乎一直倾向于社会公众的要求,如美国在20世纪六七十年代较有影响的"Continental Vending(1969)"和"Hochfelder(1974)"两案都认为独立的审计人员有责任揭露重大的欺诈舞弊。

促使这种转变的第三个原因是政府管理机构的压力,美国证券交易委员会于20世纪70年代一直重申和强调独立审计人员有揭露欺诈的职责,并对此不断施加压力。

促使这种转变的第四个原因是职业界本身对推卸揭弊查错责任的批评。莫茨和夏拉夫在《审计理论结构》一书中,猛烈地抨击AICPA的"审计程序委员会"在第一版《审计程序汇编》中对审计人员不承担揭弊查错的责任的看法,他们指出:"原版《汇编》采取了过于强硬的立场来推卸独立审计师揭弊查错的责任。它的这种立场仰仗于一些难以认为是正确的声明和观点。首先,应该质问:既然专业文献中有充分的证据说明独立审计师曾经把发现舞弊行为和工作差错作为其职责的重要组成部分,那么,仅仅作一简单的声明,独立审计师是否就能免除自己的这种责任呢? 其次,应该质问,在不发生高得使人不敢接受的支出时,难道就不可能对舞弊行为和工作差错进行某些有益的追查吗? 第三,内部控制和保证契约是否确实起到了满意的防范作用? 第四,当产生疑问时,审计人员应扩展其审计工作的责任范围,对此难道不能用更为有益的方式解除自己的疑虑? 最后,隐含于上段引语中的关于职业责任的基本态度是否适宜于审计职业的成长和发展? 虽然1961年发布的'审计程序公告'第30号对此作了重大改进,明确承担了揭露舞弊行为和工作差错的部分责任,但这种责任只局限于下列情况,即审计人员在根据公认审计准则进行检查时怀疑存在重大舞弊行为和工作差错,而且已影响到他对财务报表发表意见的程度。"②同时,他们也指出:"尽管汇编的修订版《审计程序说明》第30号似乎对原版措辞有了实质性的改进,但我们感到,它改得还不够。在修订版中,仍然存在着一种极力减轻责任的强烈愿望,也就是说,仍然墨守明哲保身的态度。"③最后,他们指出:"审计职业有必要,也有可能肩负起更多的责任。作为一种职业,独立审计应该承担恰当的责任,并应以积极进取的态度承担这样的责任"。④

1974年,AICPA成立了独立的"审计人员职责委员会",该委员会经大量的调查和深入的研究后建议:"审计应设计适当的程序以合理地保证财务报表不受重大欺诈的影响,并合理保证管理部门履行其对大量公司资产的经管责任。在财务报表的审计中,独立的审计人员应考

---

① David Gwilliam. A survey of auditing research[M]. [S.I.]: Prentice hall International,1987:161-162.
② 莫茨,夏拉夫. 审计理论结构[M]. 文硕,肖泽忠,贾丛民,等,译. 北京:中国商业出版社,1990:151.
③④ 莫茨,夏拉夫. 审计理论结构[M]. 文硕,肖泽忠,贾丛民,等,译. 北京:中国商业出版社,1990:152.

虑客户防止欺诈的控制措施的适当性,且有责任查找欺诈行为,并要求揭露出那些通常通过实施应有的职业关注能予以揭露的欺诈行为"。①

在各方面的共同作用下,AICPA 于 1977 年发布了前已述及的第 16、第 17 号审计准则公告"独立的审计人员揭露差错和舞弊的责任"和"客户的非法行为",开始将揭弊查错和揭露非法行为纳入审计的目标和职责范围,以期缩小所存在的期望差。但这两项公告只朝前迈出了一小步。例如,第 16 号审计准则公告指出:"在按照公认审计准则进行的财务报表审查中,独立审计人员的目标是对财务报表是否按照公认会计准则公允地表述企业的财务状况、经营成果及财务状况的变化发表一个意见,因而,根据公认审计准则,独立的审计人员有责任将查找对财务报表有重大影响的舞弊差错引入其审查计划,并在审查过程中实施应有的职业关注。审计人员查找重大的舞弊和差错一般是通过实施根据其判断认为在那环境中对财务报表形成一个意见所适当的审计程序来完成的,只有当审计人员的审查表明有可能存在重大的舞弊和差错时,才要求扩充审计程序。"②从这一公告中可看出,审计职业界虽然已注意或承认了要承担揭弊查错的责任,但对这种责任的认识还是非常被动的且未予完全的肯定。同样,第 17 号公告承认,根据公认审计准则实施的审计不能保证企业管理人员的不法行为全部被揭露,但是该公告要求审计人员在开展该项工作时,注意不法行为产生的可能性。此外,要求审计人员询问客户预防不法行为的措施。③

第 16、第 17 号公告虽然有意识要承担揭弊查错和揭露非法行为的责任,但对此责任的接受还较勉强,因而到了环境迅速发展的 20 世纪 80 年代,社会公众与职业界之间的期望差不仅更大了,而且向不同方向发展。一些财务机构的评论员开始将公司的经营失败等同于审计的失败,他们认为,如果一个公司趋于经营失败,该公司的财务报表审计应及早地对该公司财务状况的恶化作出警报。④ 面对这种复杂的环境变化,1985 年,美国注册会计师协会(AICPA)、美国会计协会(AAA)、内部审计师协会(IIA)、财务总经理协会(Financial Executive Institute)和全国会计师协会(NAA)共同达成协议,发起设立了一个独立的"全国反编制欺诈性财务报告委员会",由前任证券交易委员会委员詹姆斯·特雷德韦(James Treadway)任主席,因而该委员会也简称 Treadway 委员会。该委员会就管理欺诈(management fraud)削弱财务报告完整性的程度、欺诈行为可预防的程度、独立的审计人员在揭露管理人员欺诈中的作用,以及审计准则是否应作必要修改等问题进行了认真调查和研究。经过两年多时间的努力,Treadway 委员会于 1987 年提交了最终研究报告,即 Treadway 报告,就上述有关问题及其解决途径提出了许多富有建设性的建议。建议内容广泛,其中包括对公开招股公司(public company)的建议、对证券交易委员会的建议、对教育的建议和对独立审计人员的建议。对独立审计人员的建议包括两项内容:一是关于揭露编制欺诈性财务报表的责任;二是有关提高审计人员的揭露欺诈行为的能力。对于前者,他们建议审计人员应勇于承担责任,积极考虑存在蓄意舞弊的可能性,并设计专门的审计程序测试舞弊的风险。为此,Treadway 报告中建议,审计准则委员会必须修改审计准则,重新阐述独立审计人员揭露欺诈性财务报告的责任。同时要求独立的审计人员:①在每项审计中采取积极的步骤评价这种欺诈性报告的潜在可能性;

---

① Cohen Report, p36。
② AICPA, Codification of SAS, 1988, p646。
③ 佚名. 蒙哥马利审计学[M].《蒙哥马利审计学》翻译组,译. 北京:中国商业出版社,1989:91.
④ David Ricchiute. Auditing: Concepts and Standards[M]. 2nd ed. London:South Western Publishing, 1989:85-86.

②设计测试程序,对这种揭露提供合理的保证。① 对于后者,该委员会提出了两个建议:一是有关在审计程序中应设置分析性程序,包括各种比率分析和简单的相关账户的比较,如销售账户与应收账款的比较等。根据其建议,审计准则委员会发布了第 56 号公告《分析性程序》(Analytical Procedures),要求审计人员在编制计划和所有审计的检查阶段运用分析性程序。二是有关及时检查的建议,即对客户的季度财务数据予以及时检查。

根据 Tradeway 报告的建议及职业界对审计责任的新认识,AICPA 审计准则委员会于 1988 年发布了 9 个新的审计准则公告作为缩小期望差的重要措施,其中的第 53、第 54 号分别取代了以前的第 16、第 17 号审计则公告,分别阐述了审计人员揭露和报告客户舞弊、差错的责任和揭露非法行为的责任。第 53 号公告指出:"审计人员必须评价舞弊和差错可能引起财务报表严重失实的风险,并依据这种评价设计审计程序,以合理地保证揭露对财务报表有重大影响的舞弊和差错。"该公告同时指出:"审计人员必须:①在拟订审计计划、实施审计程序及对其结果进行评价时履行应有的职业关注;②履行适当程度的职业怀疑态度以合理地保证重大舞弊和差错被发现。"②第 54 号公告对审计人员揭露客户非法行为的责任也进行了阐述。在该公告中,将非法行为分为两类,第一类是对财务报表所列项目的金额有直接重大影响的非法行为,对这类非法行为的揭露,审计人员有与揭露舞弊差错相同的责任;第二类是对财务报表有间接影响的非法行为,对这类非法行为,只有当这些情况发生并引起审计人员注意时,才有责任对其做出评价。

如果说第 16、第 17 号审计准则公告对揭露舞弊、差错及非法行为仅作为审计人员对财务报表发表意见而进行审查的一个组成部分的话,那么第 53、第 54 号审计准则公告已将揭露舞弊、差错及非法行为看成是审计人员在财务报表审计中的重要审计目标,并由此而成为审计人员的直接职责。

第 53 号审计准则公告的进步显而易见,但它其实并没有有效缩小审计期望差。美国公众监督委员会(Public Oversight Board)在 1993 年 3 月发布的题为《为了公众利益》(In the Public Interest)的报告中尖锐地指出,社会公众最关注和期望的是注册会计师能够揭露管理层舞弊并承担审计责任,而事实上注册会计师并未做到。因而,在 1995 年颁布的《个体证券诉讼改革法案》(Private Securities Litigation Reform Act of 1995)中,又进一步明确了注册会计师应承担鉴别和揭露重大舞弊行为的责任。该法案最突出的一点是,在相关条件具备时,注册会计师必须直接向 SEC 报告客户的非法行为,而不再受保密性条款的限制。显然,这种独立性的提高是以注册会计师承担更大的责任为前提的。基于此,AICPA 在 1997 年 2 月以第 82 号审计准则公告《财务报表审计中对舞弊的关注》(Consideration of Fraud in a Financial Statement Audit)取代了第 53 号审计准则公告,进一步明确注册会计师应承担鉴别和揭露某些舞弊行为的责任,并向注册会计师提供在报表审计中考虑重大舞弊的操作指南。

然而,进入 21 世纪后发生的一系列重大财务欺诈舞弊案件,又促使 AICPA 于 2002 年 10 月发布了第 99 号审计准则公告《财务报表审计中对舞弊的关注》,全面替代了第 82 号审计准则公告,以更有效地提高揭露财务舞弊欺诈的能力。第 99 号审计准则公告从一个更全面、更系统的角度对舞弊审计做了详细的阐述。它具体包括了以下 10 个部分:①舞弊的描述与特征;②实施职业怀疑的重要性;③审计小组成员间讨论因舞弊导致重大错报的风险;④获取识

---

① David Ricchiute. Auditing: Concepts and Standards[M]. 2nd ed. London: South Western Publishing, 1989: 98-99.
② AICPA, Codification of SAS, 1988, p56.

别因舞弊导致重大错报的风险所需要的信息；⑤识别因舞弊可能导致重大错报的风险；⑥在考虑对被审计单位有关计划及控制的评价情况后评估已识别的风险；⑦对风险评估结果做出反应；⑧评价审计证据；⑨与管理当局、审计委员会及其他方面沟通舞弊情况；⑩记录审计人员对舞弊的考虑。

继 AICPA 发布了 SAS No.99 后，国际会计师联合会（IFAC）下属国际审计与鉴证准则委员会（IAASB）也于 2004 年 2 月发布了 ISA240《审计师在财务报表审计中对舞弊的责任》，并不断进行修订，试图建立较为完善的反舞弊标准和体系。

从 AICPA 和 IAASB 相关审计准则的变迁、修订中可以看出，对揭弊查错的审计目标和审计责任的认识在环境的变化中获得了不断的深化。

第四节 对确立我国审计目标的研究

前三节中对英美等国审计目标与审计责任的相互作用的历史分析，对我国审计目标的确定不仅具有借鉴意义，而且还具有现实意义。我国资本市场发展的历史虽然不长，但舞弊欺诈事件时有发生，从最早的深圳原野、琼民源，到 21 世纪初的银广夏、蓝田，再到 2020 年的康美药业、康得新等，造假手段越来越精，造假金额越来越大。伴随舞弊欺诈案件调查审理的深入，相关审计责任的纠纷和诉讼也日益复杂。由于社会经济环境的变化日益加快，审计目标需要不断调整，有必要对我国审计目标确立的原则和现今审计目标的定位展开进一步的阐述。

一、确立我国注册会计师审计目标的基本原则

（一）满足社会发展需求的原则

任何一项职业，从发展的观点看，它都应该以满足社会的需求为出发点，这是这一职业能够生存和发展的最基本要求。注册会计师审计，作为一门专业服务职业，它的目标必须能体现我国社会主义市场经济发展特别是资本市场发展和国家宏观管理发展对审计的需求，只有满足了这种需求，才能充分体现我国审计职业的社会价值。21 世纪来，资本市场投资者和监管部门对上市公司欺诈舞弊行为的深恶痛绝和严厉打击，给审计行业带来了巨大挑战，我们在审计目标的确立中必须予以正面回应。

（二）考虑审计能力的原则

审计目标是审计职业界与公众对审计活动所能达到的结果的共同认识，是衡量审计责任的一个依据。因此，在确定审计目标时，除了需考虑宏观环境的需求，还必须考虑我国整个审计职业界的现实审计能力。审计目标的确定必须为审计职业界所理解和接受，并能通过运用适当的审计技术和方法使目标得以实现。当审计的能力与社会需求存在差异而产生期望差时，审计职业界应积极地研究发展审计新技术、新方法，不断提高自己的审计能力，以尽力满足社会的需求，如当前正在开展的大数据、云计算、区块链、人工智能等现代信息技术在审计中的应用，对提升审计能力提供了积极帮助。任何因循守旧、不思进取的想法和做法，都不能代表现时的审计能力。

（三）与国际审计准则趋同的原则

我国经济全球化的发展趋势，要求为宏观经济服务的审计职业也不断趋向国际化。国际

会计师联合会所属的国际审计与鉴证准则委员会(IAASB)承担了发布国际审计准则的职责,为协调各国的审计标准做出了重要贡献。我国自2005年年底与国际审计准则趋同以来,已陆续建立了一套与国际审计准则趋同的审计准则体系,其中就包括对审计目标的趋同,这不仅有利于我们正确理解国际审计目标的实质和发展趋势,确保我国的审计质量水准,还有利于世界各国的审计职业界和实业界对我国审计目标的理解。

二、我国现阶段的注册会计师审计目标

根据我国现阶段社会环境的要求和国际审计准则的发展现状,以及我国注册会计师审计的发展水平,我国现阶段审计目标主要有以下两个。

(1) 对客户提供的财务报表是否真实公允地反映了企业的财务状况、经营成果和现金流量发表一个独立、公正的鉴证意见。

这一目标的含义是:审计的直接对象是反映企业财务状况、经营成果和现金流量的财务报表;审计的要求是判断财务报表的编制是否"真实公允",其中"真实"表示是否与客观事实相符,"公允"表示是否与法定的编制要求即企业会计准则相符并合理运用;审计人员的职责是发表一个独立、公正的鉴证意见。

确立这一目标的理由是:首先,这是国家法律的要求。我国《公司法》规定,公司应当在每一会计年度终了时编制财务会计报告,并依法经会计师事务所审计。我国《证券法》则明确了中介机构的监督主体责任,从法律上赋予其权利和责任,并依法对违法行为实施惩罚。国家法律之所以要求会计师事务所对企业的财务报表进行审计,主要目的是规范企业行为、建立经济秩序、维护社会经济活动,特别是保持资本市场运行的有序性和稳定性。其次,这是社会公众的要求。无论是投资者、债权人还是其他利益相关者,都需要了解企业所提供的财务报表的可靠性,以便于他们做出正确的决策。因此他们对审计的作用看得很重要,将审计看作是自己的看门人、保护神,离开审计,他们就会受骗上当。但他们也明确,最终做出投资或交易决策的是他们自己,因而他们对审计人员的要求仅是对财务报表所反映的各项信息的可靠性发表一个鉴证意见,以提高这些报表的可信度。最后,这是国际环境发展的要求。当我们的经济不断走向国际市场,当我们进一步对外开放时,我们可看到,这一审计目标已成了国际社会的最普遍要求,它有助于我们的财务报表和审计报告被整个国际环境所理解和接受。确立这一审计目标不仅是社会各界的共同要求,同时也已成为审计职业界的普遍共识。

我国现行的《中国注册会计师审计准则第1101号——注册会计师的总体目标和审计工作的基本要求》(2022年12月22日修订发布)和《中国注册会计师审计准则第1501号——对财务报表形成审计意见和出具审计报告》(2022年12月22日修订)以及相关的指南解释,都确认了这一目标。从中我们也能清晰地看到:按照适用的会计准则编制基础(我国的企业会计准则或国际会计准则)编制财务报表是真实公允反映企业财务状况、经营成果和现金流量的前提,真实公允反映企业财务状况、经营成果和现金流量是按照适用的会计准则编制基础编制财务报表的目的。

(2) 揭露和报告对财务报表内容有直接影响的重大欺诈舞弊和非法行为。

这一目标的含义是,审计的内容和审计人员的责任是揭露和报告重大的欺诈舞弊和非法行为,不管这种欺诈舞弊行为和非法行为是由管理层造成的还是由企业员工造成的。同时,这种重大的欺诈舞弊行为和非法行为必须是对财务报表内容有直接影响的。这是因为如果不对财务报表内容有直接影响,审计人员就较难通过审计技术和方法予以揭露,因而审计人员的责

任范围必须规定为对财务报表有直接影响的重大欺诈舞弊行为。而对于较小的舞弊行为,由于在审计过程中很难发现,不能将其列入审计目标,审计人员也不承担专门的责任。

这一目标与前一目标既有联系又有区别,欺诈舞弊和非法行为会影响财务报表内容的真实性,因此两者有联系。但两者又有区别:对财务报表发表鉴证意见,着重于财务报表的编制是否符合公认会计准则的要求以及是否依据确切的凭证;而揭露重大欺诈舞弊则着重于企业内部控制的完善性及管理人员和企业员工行为的真实性。例如,车间领料员和审批人员串通作弊将领用的材料偷盗出厂销赃获利,对于这一事件,从会计的角度,将其列为费用支出是依据确切的领料凭证,因此根据第一审计目标要求在发表审计意见时,依据企业核算和编报手续的完善性,可认为是真实公允地反映了企业的财务状况。但根据审计的第二目标,还必须设计和实施一些专门的审计程序,分析和测试存在欺诈舞弊和非法行为的可能性,如对内部控制制度完善性的分析和测试,针对上述情况进行的对不同时期产品单位成本的比较分析和向职工了解生产消耗情况的变化等,以判断存在欺诈舞弊的可能性。当企业高层管理人员参与或主导编制欺诈性财务报表时,尽管从表面上看所有的会计记录都有凭证并且符合企业会计政策,但所反映的经济业务常常是虚假的或滥用会计政策。我国21世纪以来在资本市场上所发生的一系列重大舞弊欺诈案例就是典型的例子,这时就需要运用现代风险导向审计方法,通过自上而下对企业的全面深入了解分析和设计更有针对性的审计程序才能揭示管理层的欺诈舞弊。因此这一目标与前一目标的着重点不同,审计人员必须完成这两个目标,才能对财务报表的真实性、公允性发表一个总括意见。如果说以前职业界将防范欺诈舞弊和非法行为看成主要是企业管理部门的责任,那么目前的发展表明,会计师职业界同样具有不可推卸的发现企业可能存在的重大欺诈舞弊和非法行为的责任。对这一审计目标的明确及实施,不仅可有效地满足社会的需求,而且可有效地提高会计师职业界在经济社会中的职业地位。

我国现行的《中国注册会计师审计准则第1101号——注册会计师的总体目标和审计工作的基本要求》(2022年12月22日修订发布)也对这一目标进行了明确规定,要求"对财务报表整体是否不存在由于舞弊或错误导致的重大错报获取合理保证",此外,在《中国注册会计师审计准则第1141号——财务报表审计中与舞弊相关的责任》(2022年12月22日修订)和《中国注册会计师审计准则第1142号——财务报表审计中对法律法规的考虑》(2022年12月22日修订)更进一步明确了注册会计师有责任对财务报表整体是否不存在由于舞弊或错误导致的重大错报获取合理保证。审计准则对这一审计目标的确认,既明确了审计责任,又有效地缩小了审计目标与社会需求之间的期望差。

复习思考题

1. 审计目标的意义是什么?
2. 哪些因素影响着审计目标的确定?
3. 影响审计目标确定的主要力量有哪些?各有什么作用?
4. 审计目标有哪些发展演变?为什么会产生这些演变?
5. 确定我国审计目标的基本原则有哪些?
6. 试述我国现阶段的审计目标。

配套习题

第四章 审计假设

> **本章要点**
>
> 审计假设是有关审计学科的假设,它既具有理论意义又具有实践意义。从理论看,审计假设是审计理论体系的一个重要组成部分,是审计结构赖以建立的基础。从实践看,审计假设对审计目标的实现有重要的指导意义,并且是衡量审计责任的重要依据。本章主要探讨审计假设的意义、审计假设研究的发展及其局限性,以及建立我国审计假设体系的原则和设想。
>
> **本章需要重点掌握的内容**
>
> 审计假设的含义;审计假设的理论意义;审计假设的实践意义;审计假设研究的发展及其局限性;建立我国审计假设体系的原则和设想。

第一节 审计假设的含义

假设是一个既抽象而又具体的概念,说其抽象是因为其本身的是否存在还无法予以可靠地验证,而是人们对某一事物的某些基本特征的模糊认识;说其具体是因为几乎所有的学科,无论是自然科学还是社会科学的研究都会用到它、需要它。亚里士多德(Aristotle)曾说过,每一可论证的科学多半是从未经论证的公理开始的,否则,论证的阶段就永无止境。① 因此对假设的研究已成为每门学科研究所需解决的一个重要问题。

对于假设究竟是什么,人们的认识不尽一致。莫茨和夏拉夫在《审计理论结构》一书中表示,从逻辑学家和哲学家的著作中,能得出假设的五个一般特征,这些特征对我们理解假设及其作用是有益的。它们是:

(1)假设是任何知识学科的发展所必需的。
(2)假设是不能予以直接自我验证的假定。
(3)假设是推论的基础。
(4)假设是建立任何理论结构的基础。
(5)假设面临知识更新的挑战。②

---

① 莫兹,夏拉夫. 审计理论结构[M]. 杨树滋,文硕,校. 北京:中国商业出版社,1990:47.
② Mautz, Sharaf. Philosophy of Auditing[M]. Florida: American Accounting Association, 1961:37.

莫茨和夏拉夫对假设特征的代表性归纳，对帮助我们认识和理解假设是什么具有重要作用，但还未能帮助我们解决假设"是什么"这一问题。

我们认为，假设是人们在实践工作中归纳总结出来的、但目前还无法对其本身从逻辑上加以证明的、对某一客观事物基本特征的理性化的感性认识。这一定义的含义是：第一，假设并不是随意虚构的，而是具有客观事实基础，它是人们在各种实践活动中对某一事物特征的感性认识，是一种经验结晶，因此假设的正确与否可通过具体实践加以验证。如果假设无法通过实践加以验证，就会被抛弃而无法成为假设，所以假设是人们对某事物的某些特征的初步认识。第二，对假设本身目前还无法从逻辑上加以证明，也就是说我们只知道它是有用的或正确的，但还不知道为什么？即只知其然而不知其所以然，因而最多只是一种公理，而不是定理。第三，假设是对感性认识的抽象，因而具有理性认识的特征。假设在实践中的有用性或正确性，使假设能成为研究客观事物发展内在规律的一个重要组成部分；而它在逻辑上未能予以证明的缺陷则使人们对其内涵和外延的认识受到一定的影响。

从假设的定义引申到审计假设，可以将审计假设定义为：审计假设是人们在审计实践中归纳总结出来的、但目前还无法对其本身从逻辑上加以证明的、对审计基本特征的理性化的感性认识。审计假设的这一定义同样可以从三个方面理解：首先，审计假设并不是随意虚构的，而是具有审计实践基础，它是人们在审计实践活动中对审计特征的感性认识，是一种经验结晶，因此审计假设的正确与否可通过审计实践加以验证，审计假设是人们对审计特征的初步认识。其次，对审计假设本身目前还无法从逻辑上加以证明，也就是说我们只知道它是有用的或正确的，但还不知道为什么。即知其然而不知其所以然，因而最多只是一种公理，而不是定理。最后，审计假设是对审计感性认识的抽象，因而具有理性认识的特征。审计假设在实践中的有用性或正确性，使审计假设能成为研究客观事物发展内在规律的一个重要组成部分；而它在逻辑上未能予以证明的缺陷则使人们对其内涵和外延的认识受到一定的影响。

审计假设，它既具理论意义又具实践意义。从理论意义来看，审计假设是审计理论体系的一个重要组成部分，也是审计理论结构赖以建立的重要基础，没有审计假设，整个审计理论结构的逻辑联系就失去基点。这是因为，审计学科与其他所有学科一样，在本学科领域内也还存在着一些能感觉得到但还无法加以确证的最基本认识，如内部控制对揭弊查错的作用、财务报表可验证性的特征等。这些最基本认识在审计实践中的不可或缺性，使其自然成为开展审计工作所必须具备的前提条件即审计假设。

对于审计假设，虽然其自身无法从逻辑上加以证明，但对其正确性和有效性却可从以其为基点的整个理论体系所确立的逻辑推理中得到验证。即如果以其为基础无法通过适当的逻辑推理得出一套结构严谨的审计理论体系，则审计假设的正确性、有效性就会受到怀疑。同样，如果以其为基础并通过逻辑推理建立的审计理论无法解释审计实践，或无法被审计实践所验证，则审计假设的正确性、有效性同样将受到怀疑。因此，审计假设的正确性、有效性既需从以其为基础而进行的逻辑推理中得到验证，还需通过实践来加以验证。莫茨和夏拉夫也认为："如果假设是一致的和充分的，且整个推导过程符合逻辑和推理法则，那么，推论的结果无疑会是一致的和令人满意的，无法追溯到基本假设的结论或与假设不相协调的结论，均是站不住脚的。"[①]

---

① 莫茨,夏拉夫.审计理论结构[M].文硕,肖泽忠,贾丛民,等,译.北京:中国商业出版社,1990:49.

第二节　审计假设的研究发展及其理论意义

对于审计假设的理论研究,世界各国只是从 20 世纪 60 年代初以来才开始重视,因此时间还不长。在这方面有杰出贡献的人是莫茨和夏拉夫,他们在《审计理论结构》一书中提出的 8 条审计假设,60 多年来已成为人们对审计假设进行研究的基础。他们的研究启发、推动了整个世界审计学术界对包括审计假设在内的审计理论的研究,他们对审计理论研究所做的贡献,已载入审计理论发展的史册。在这方面有杰出贡献的还有汤姆·李、杰克·罗伯森和弗林特等。

一、莫茨和夏拉夫的审计假设

莫茨和夏拉夫认为,审计的基本假设有 8 条:①
(1) 财务报表和财务数据是可验证的。
(2) 审计人员与管理人员之间没有必然的利益冲突。
(3) 递交验证的财务报表和其他资料不存在串通作弊和其他异常舞弊。
(4) 建立完善的内部控制制度可减少舞弊的机会。
(5) 一贯应用公认会计原则可使企业的财务状况和经营成果得到公允表述。
(6) 如果没有明确的相反证据,对被查企业来说,过去被认为是正确的,将来也将被认为是正确的。
(7) 当为发表一个独立意见而对财务数据进行审查时,审计人员只充当审计师的角色。
(8) 独立审计人员承担着与其职业地位相匹配的职业责任。

对于以上审计假设,莫茨和夏拉夫认为:"它们既可用作审计理论的演绎基础,也可用来构建整个审计理论体系。"②但是,他们也客观地预见到:"曾被认为有效的和有用的假设,有可能在日后受到挑战,甚至被证明是不正确的。"③因而,我们在逐步建立假设体系时,需不断地修正。

莫茨和夏拉夫的审计假设在审计理论研究中的作用和地位是无与伦比的,著名审计学家杰克·罗伯森认为:"没有任何其他的理论结构能达到莫茨和夏拉夫的理论结构那样的深度和广度,因此,任何新的审计理论的发展都不可能超越莫茨和夏拉夫的理论结构。"④但是莫茨和夏拉夫的审计假设并不是完美无缺的,它们正在受到社会环境发展的历史检验。

二、汤姆·李的审计假设

汤姆·李在莫茨和夏拉夫所建立的审计假设的基础上又增加了新的内容,并将审计假设分成:审计必要性假设(justifying postulates)、审计人员的行为假设(behavioral postulates)和履行审计职能的假设(functional postulates)。⑤ 它们的内容如下。

---

① Mautz, Sharaf. Philosophy of Auditing[M]. Florida: American Accounting Association, 1961:42.
② 莫茨,夏拉夫. 审计理论结构[M]. 文硕,肖泽忠,贾丛民,等,译. 北京:中国商业出版社,1990:49.
③ Mautz, Sharaf. Philosophy of Auditing[M]. Florida: American Accounting Association, 1961:49.
④ David Gwilliam. A Survey of Auditing Research[M]. [S.I.]: Prentice hall International, 1987:48-49.
⑤ Tom Lee. Company Auditing[M]. 3rd ed. [S.I.]: Van Wostrand Reinhold Co. Ltd., 1986:84-85.

(一) 审计必要性假设
(1) 未经审计的年度会计信息缺乏充分的可信性。
(2) 对年度会计信息可信性的鉴证是最迫切的审计要求。
(3) 年度会计信息可信性的鉴证最能由法定审计达到。
(4) 年度会计信息的可信性是可被验证的。
(5) 股东和其他财务报告使用者自己通常不能验证年度会计信息的可信性。

(二) 审计人员的行为假设
(1) 审计人员和管理部门之间没有必然的利益冲突。
(2) 对审计人员不存在不合理的法律约束。
(3) 审计人员是适当独立的。
(4) 审计人员具有足够的技能和经验。
(5) 审计人员被要求对其意见的性质和工作质量负责。

(三) 履行审计职能的假设
(1) 审计人员可在合理的时间和成本范围内获取充分有效和可靠的证据材料。
(2) 年度会计信息中不存在重大的舞弊和差错。
(3) 具有计量和反映年度会计信息的公认的会计原则和方法。

汤姆·李的审计假设的第一部分分析了产生公司审计的原因,第二部分分析了对审计人员的要求,第三部分分析了履行审计职能的基本条件。与莫茨和夏拉夫的审计假设不同,汤姆·李的审计假设的主要特点是增加了产生审计需求的原因假设,这也是许多审计学家认为必须做出的假设。例如,汉密尔顿(Hamilton)认为任何审计理论必须能解释产生审计需求和提供审计服务的原因。[①] 但是,对于汤姆·李的审计假设也认为这些假设是否在莫茨和夏拉夫的审计假设的基础上有任何重大进步是不清楚的,事实上对它们不加鉴别地接受可能会损害审计理论的发展。[②] 因此,审计界对汤姆·李的审计假设的积极意义的看法不尽相同。

三、杰克·罗伯森的审计假设

杰克·罗伯森并没有提出自己的全套审计假设,而是对莫茨和夏拉夫的审计假设进行了一些重要的修改和补充。他认为,莫茨和夏拉夫的假设结构体现了当时的审计实务。例如,财务报表不存在串通作弊和异常舞弊的假设和审计人员与管理部门之间不存在必然的利益冲突的假设都体现了这一特点,而根据目前的发展,这两个假设应予重写并应合并为:"审计人员和被审企业的管理人员之间始终存在潜在的利益冲突。"[③]而最重要的是他提出了一条新的假设作为对莫茨和夏拉夫的假设的补充。这条假设是:"审计过的信息比未经审计的信息更有用。"他将此条假设称为经济效益的准则,因而被列在莫茨和夏拉夫的假设的最前面。虽然这条假设未明确指出"有用"的对象,但是这条假设沟通了审计理论与代理理论之间的直接联系,[④]因而与汤姆·李的原因假设相比更简单明了。

---

① David Gwilliam. A Survey of Auditing Research[M].[S.I.]: Prentice hall International,1987:48.
② David Gwilliam. A Survey of Auditing Research[M].[S.I.]: Prentice hall International,1987:48-49.
③ David Gwilliam. A Survey of Auditing Research[M].[S.I.]: Prentice hall International,1987:48.
④ ACCA. Auditing[M]. London: Longmam Group UK Ltd., 1989.

四、弗林特的审计假设

弗林特一改上述专家只从财务审计的角度研究审计假设的做法,他根据现代审计的发展,从社会的观点综合考察研究了广义的审计假设,即这些假设不仅适用于财务审计,也适用于管理审计、经营审计和社会责任审计等。他提出的 7 条审计假设如下:①

(1) 产生审计需求的首要条件是经济责任关系或公共经济责任的存在。

(2) 经济责任的含义是如此的模糊、复杂,解除经济责任是如此的重要,以至于没有审计就无法予以解释。

(3) 审计必须具备的特征是其地位的独立性和在调查和拟写报告中的免受约束。

(4) 审计的主要内容,如行为、业绩、成果、事项的记录或实务的说明,以及与这些内容相关的事实或说明,都可被证据予以证实。

(5) 可为承担责任者制定经济责任的标准,如行为、业绩、成果和信息质量的标准,实际的行为、业绩、成果和信息质量可予计量,并可与确立的标准进行比较,计量和比较的过程需要专门的技能和实施判断。

(6) 应充分弄清被审财务报表和其他报表的意义、重要性和目的,以使作为成果的审计报告所给予的可信性能被清楚地表述和传递。

(7) 审计可产生经济效益或社会效益。

弗林特的审计假设为建立广义的审计理论结构提供了一个可予参考的基础,但对这些假设的完整性和有效性还须经受逻辑的和实践的检验。

以上我们列示了西方审计学界在审计假设方面所取得的有代表性的研究成果。对这些假设进一步分析,我们可看到,它们可分成两种类型。第一类是用以说明产生审计需求的社会原因的假设,属于这类假设的有:杰克·罗伯森的"审计过的信息比未经审计的信息更有用"的假设、汤姆·李的第一部分说明审计必要性的假设,以及弗林特的第(1)(2)条假设和第(7)条假设。这类假设是推定审计目标的基础,即审计目标的确定是以这些假设为逻辑依据的。第二类是说明实现审计目标和实施审计程序所需具备的基本条件假设,如莫茨和夏拉夫的假设,汤姆·李的行为假设和职能假设,弗林特的第(3)至(6)条假设。这类假设是建立审计准则以保证审计目标得以实现的逻辑依据,没有这些假设就无法从理论上推定审计准则的合理性和正确性。

第三节　审计假设的实践意义

本章第二节中我们着重分析了审计假设的发展及其理论意义,本节我们分析审计假设的实践意义,即它们对审计实践的指导性和对审计责任的有效衡量。其他几位学者几乎都只从理论意义的角度研究审计假设,但莫茨和夏拉夫还特别重视审计假设对判断审计责任的重要意义的研究,可以说莫茨和夏拉夫的每一条假设都与判断审计责任有关。

莫茨和夏拉夫认为审计假设与审计责任有必然联系,他们认为几乎所有的假设均与审计人员的责任有着直接的联系。② 这是因为,审计是一项注重验证的活动,审计验证的对象虽然

---

① See David Flint. Philosophy and Principles of Auditing[M]. [S.l.]: Macmillan Education Ltd., 1988:23-39.
② 莫茨,夏拉夫.审计理论结构[M].文硕,肖泽忠,贾丛民,等,译.北京:中国商业出版社,1990:63.

以会计信息为主,但在会计信息的背后是一个复杂的经济组织。这个组织与社会环境的千丝万缕的联系以及经营活动上的连续性,使得审计要对该组织在某一特定时点的财务状况和某一特定期间的经营成果等是否得到正确的表述做出判断变成一件十分棘手的事。因此,对某些情况根据经验总结做出合理的假定,即合理地确定审计人员的职责范围是必然的。这是审计人员履行其职责所需的前提条件,因此审计责任与审计假设具有直接联系。

第二节末曾提到,审计假设可分为两类,而与审计责任相关的主要是第二类假设,即履行审计职责的条件假设。在这方面最具代表性的是莫茨和夏拉夫的假设,虽然其他学者又在他们两人的启发下进行了许多研究,但就假设的抽象性、有用性、正确性和完整性来说,几乎都没有能超越他们,因此本书以他们的 8 条假设为主分析审计假设与履行审计职责的关系。

一、财务报表和财务数据是可验证的

这条假设的含义至少应包含三方面内容:第一,财务报表和财务数据的记录和汇总是客观的,即反映经济业务的凭证和对凭证进行分类登记的账簿以及反映综合情况的报表之间存在着一种逻辑联系。第二,存有判断财务报表和财务数据及其形成过程合理性的客观标准。第三,审计人员能在合理的时间、人力和费用范围内取得足够的证据并得出有效的结论。这三方面内容相辅相成、缺一不可,缺少任何一条,都表明审计的验证工作无法进行,即审计人员无法履行其职责。因此,这条假设看似简单,似乎人尽皆知、多此一举,实际非常重要,因为它是审计人员履行审计职责的必备条件。尤其值得赞赏的是,莫茨和夏拉夫的这条假设字面简单明了,含义却较为丰富,言简意赅。这与汤姆·李、弗林特等人将同样的理论分成几条假设的做法相比,更具抽象性、综合性。

基于这条假设,审计人员就能够履行其一系列的职责,特别是可对财务报表的公允性发表意见,无论是肯定的还是否定的。同时,为了表明验证过程的合理性、有效性,需要发展和建立审计的证据理论和证明理论,包括审计程序和抽样理论在审计中的应用等技术和方法。特别值得指出的是审计人员可依据这条假设拒绝接受那些无法予以验证的业务[①],或对个别无法予以验证的项目在审计报告中发表保留意见等,从而有效地界定审计人员的责任。因此这条假设是审计假设中最本质的。

二、审计人员与管理人员之间没有必然的利益冲突

这条假设的含义是:审计人员对管理人员提供的财务报表的可靠性进行验证,既是社会公众的需求,也是管理人员的需求,因为通过审计可有效地解除管理人员的受托责任。因此,审计人员与管理人员对审计的看法有着本质上的一致性,因而没有必然的利益冲突。如果没有这一条假设,他们之间存在着严重的利益冲突,管理人员就不可能真心地配合审计人员,审计人员也就无法有效地进行工作。即使勉强进行验证,如果认为管理人员所提供的报表、凭证都是不可相信的,也同样无法达到对财务报表的公允性进行验证的目的,因此这条假设是开展审计工作的环境条件假设。

然而,自 20 世纪 80 年代以来,这一假设正受到大量管理层欺诈诉讼案的冲击,大量管理层舞弊案件的产生导致公众对管理人员的信任感降低,进而导致了公众对审计目标的重新认识,因此这条假设的现实意义和正确性受到了怀疑。管理人员试图以舞弊的手段达到特殊的

---

① Cohen Report, p38.

目的或获得更多的利益,而审计人员如不查出这种对报表使用者利益有重大影响的舞弊行为,就需承担法律责任,这种对财务报表的互不相容的目的,使他们的利益关系产生了严重的矛盾。因此,如果说这条假设当时是正确的,那么现在或今后将被淘汰,因为宏观环境对审计的要求、对审计目标的认识发生了变化。

三、递交验证的财务报表和其他资料不存在串通作弊和其他异常舞弊

和第2条假设一样,这条假设也面临严峻的考验。第2、第3条假设的形成主要是受20世纪30年代至50年代会计师职业界对审计目标的认识的影响。这一时期,正是审计目标从原始的揭弊查错转向对财务报表的公允性发表意见的时期。会计师职业界普遍认为,揭弊查错是企业管理人员的职责,认为不仅采用抽样审计的方法难以揭露舞弊行为,即使采用详细审计的方法,要将舞弊差错全部揭露出来也是不可能的。加之揭弊查错的重要性在当时环境下逐渐被财务报表的公允性替代,揭弊查错就不再是审计的主要目标。当然,审计人员在实施审计过程中仍应保持应有的职业关注,一旦发现存在重大舞弊差错的可能,则应扩大审计程序予以查明。揭弊查错审计目标的改变,使审计人员不再对此承担主要责任,那么就必须设立这一假设,否则就无法解释为什么审计人员不承担揭弊查错的责任。然而具有讽刺意味的是,当这条假设刚刚问世,就接二连三地发生了大量因欺诈舞弊引起的诉讼案,其影响程度几乎达到了"爆炸"程度,而且在20世纪70、80年代一直到21世纪越演越烈。社会公众对审计人员应继续承担揭弊查错责任的强烈要求,法庭对审计人员揭弊查错责任倾向公众意见的判决,以及政府机构对审计人员揭弊查错的要求迫使会计师职业界对审计目标重新认识,也即应重新考虑社会的要求,承担起揭弊查错的责任。美国注册会计师(American Instistute of Gereified Public Accountant,AICPA)发布的1988年第53、第54号审计准则公告、1997年发布的第82号审计准则公告和2002年第99号审计准则公告对审计目标的认识发展,以及国际审计与鉴证准则委员会(IAASB)发布的ISA240《国际审计准则》对审计目标特别是对因各种舞弊引起的财务报表重大错报审计目标的认识和定位,将揭露重大舞弊差错及非法行为重新列为审计主要目标。这些决定表明,莫茨和夏拉夫的这条假设已完成了它的历史使命,即在当前的环境中该条假设已失去了正确性和有效性,因此也就不再是实施审计过程的基本条件。

四、建立完善的内部控制制度可减少舞弊的机会

这是一条十分重要的假设,而且其重要程度仍在上升。这条假设的含义是,如果一家企业建有完善的内部控制制度,并得到有效的实施,这家企业的财务报表发生重大舞弊和错报的可能性就小;反之,如果没有完善的内部控制制度,财务报表发生重大舞弊和错报的可能性就大,财务报表的可靠性就低。因此,依据这条假设,审计实质性测试就能够以对内部控制制度的测试评价为基础,形成制度基础审计,并使制度基础审计建立在有效的假设基础之上。而欺诈舞弊及非法行为案的频繁发生又使得建立完善的内部控制制度不再是企业可有可无的工作,而是一种法定要求。1977年,由美国前总统卡特签署的《反国外贿赂法》(*The Foreign Corrupt Practice Act*)明文规定,任何单位必须设计和保持一套内部会计控制制度,以合理地保证:

(1) 根据管理部门的一般授权和专项授权进行交易。

(2) 交易必须予以记录,以利于按照公认的会计原则或任何其他的适用标准编制财务报表以及保持对资产的经管责任。

(3) 只有根据管理部门的一般授权和特殊授权才能允许接近资产。

（4）所记录资产的经管责任人应按合理的间隔与实有资产进行比较，并对其差异采取适当的措施。①

对于违反上述规定的单位可处以 10 000 美元的罚款或判处 5 年以内的监禁或两者同处。②

2002 年 7 月，由美国前总统布什签署的《萨班斯—奥克斯利法案》(Sarbanes-Oxley Act)第 404 条款，再次重申了企业管理层应保持一套有效的内部控制制度并于会计年度末对其有效性进行评估的责任。

内部控制制度与揭弊查错之间如此密切的内在联系，使审计人员对内部控制制度完善与否的关心程度越来越高，当揭弊查错重新成为审计的主要目标时尤为突出。因此，审计人员评价内部控制制度的目的已不再只是为确定实施审计实质性测试的程度，而是具有双重意义：一是决定实施审计程序的程度；二是揭露和防止舞弊差错，因为通过对企业内部控制制度的评价，审计人员可对企业存在重大舞弊差错的可能性实施有效的预测。

但是，我们也应认识到，完善的内部控制制度可减少舞弊的机会，这只是审计实践的经验总结，目前还无法对其因果联系从逻辑上加以证明，因此只能是一种假设。这一假设的重要性使其已成为现代审计必须具备的一个基本条件，没有它，一切有关对内部控制测试和评价的要求都将失去逻辑的理论依据。因此，审计人员不仅技术上需要，而且有责任对内部控制制度进行检查评估，只有切实进行了这种评估和测试，审计人员才算是履行了其职责。

同时，由于内部控制所能防范的舞弊主要是员工舞弊，对于高级管理层来说，他们常常可凌驾于内部控制之上，所以内部控制防范公司高级管理层欺诈舞弊的作用非常有限。对于公司高级管理层的欺诈舞弊，只有通过建立和强化有效的公司治理才能防范，所以，在新环境中，这一条审计假设的局限性就显现出来了，因而需要加以修正。

五、一贯运用公认会计原则可使企业的财务状况和经营成果得到公允表述

公认会计原则是审计人员判断财务报表表述是否公允的唯一标准，如果没有公认的会计原则，审计人员的意见就失去了通用的"语言"，因而对任何人都无价值可言。③ 所以莫茨和夏拉夫认为，如果舍弃这一假设，将剥夺独立的审计人员所有判断公允性的标准。④ 可见这条假设的重要性。公允表述要求必须遵守公认会计原则，这是毫无疑义的，但遵守公认会计原则是否就必定达到了公允表述的要求呢？以前人们对这一观点可能不抱任何怀疑，但自 20 世纪 70 年代后期开始情况就不一样了。美国柯恩委员会(Cohen 报告)报告(1978)认为：管理部门的责任是根据具体的业务选择适当的会计原则予以反映并提供报表，但由于在许多场合往往具有多种可供选择的具体原则或方法，因此，常常会出现这种情况，即所选择和采用的会计原则对具体的个别业务是适用的，但总体所导致的财务报表则常常会是片面的或是误解的。⑤ 因此，现在管理人员常常通过玩弄会计原则来达到欺诈舞弊目的。所以 Cohen 报告强调：审计人员必须对管理部门在编制财务报表中所做出的判断包括选择的会计原则和做出的

---

① David Ricchiute. Auditing: Concepts and Standards[M]. 2nd ed. London: South Western Publishing, 1989:95.
② David Ricchiute. Auditing: Concepts and Standards[M]. 2nd ed. London: South Western Publishing, 1989:96.
③ 莫茨,夏拉夫. 审计理论结构[M]. 文硕,肖泽忠,贾丛民,等,译. 北京:中国商业出版社,1990:60.
④ 莫茨,夏拉夫. 审计理论结构[M]. 文硕,肖泽忠,贾丛民,等,译. 北京:中国商业出版社,1990:61.
⑤ Cohen Report, p19 - 21.

预计事项的总体影响做出评价。① 从 Cohen 报告发布以来,虽然 40 多年过去了,审计能力不断提升,但国内外操弄会计原则进行管理欺诈舞弊,甚至造假一条龙的案例仍层出不穷,这对此条假设和审计师能力提出了巨大挑战。

虽然离开公认会计原则就无法判断财务报表的公允性,但一贯运用公认会计原则是否能成为公允表述企业财务状况和经营成果的充要条件?这仍然是一个值得关注的问题。同时,21 世纪来,随着揭露重大欺诈舞弊重新回归到审计目标中,审计人员在对财务报表的公允性发表意见时,除了要考虑是否符合公认会计准则,还要考虑是否存在因员工舞弊或管理层舞弊而导致的财务报表的重大错报。因此,对这一假设的表述本身必须加以修改,至少应反映由重大欺诈舞弊导致的财务报表重大错报问题,方可成为履行审计职责的基本条件。

六、如果没有明确的相反证据,对被查企业来说,过去被认为是正确的,将来也将被认为是正确的

设定这一假设的主要理由是解决企业经营业务及会计反映的连续性与审计行为的阶段性之间的矛盾。我们知道,任何企业的经营活动都是连续不断的,从而形成会计核算中的持续经营假设。而会计的反映尽管可划分会计期间,对企业经营状况分段进行反映,但从前后会计期间反映的财务报表的逻辑联系来说也具有连续性,因此,上期期未收到的应收账款仍可成为本期的应收账款,上期采购但还未耗用的存货仍可成为本期的存货。但审计行为却是阶段性的,即只对本期发生的业务的真实性负责。因此这一假设是必不可少的,没有这一假设,就无法确定审计对象范围和界定审计责任范围。只有有了这一假设,审计人员才能认为根据上期审计过的资产负债表的期末余额(如已经审计并发表无保留意见审计报告)转记过来的本期期初余额是可信的。因而只需对本期发生的业务进行审计,只承担鉴证本期发生的业务的真实性的责任。

七、当为发表一个独立意见而对财务数据进行审查时,审计人员只充当审计师的角色

这一假设的含义是,职业会计师可提供多种服务,包括审计、会计服务、税务服务、管理咨询等。审计以外的其他服务都只对客户负责,审计服务却要对整个社会负责,因此责任性更大。为了确保职业会计师在提供审计服务时能保持职业所需的独立性,职业会计师在接受审计业务委托时,就不能再接受同一家客户其他会影响审计独立性的业务委托,如管理咨询、会计服务等。这样审计人员除了可达到形式上的独立性,还可保持实质上的独立性,从而使其发表的意见更正确可靠,更能提高被审财务报表的可信度。虽然这条审计假设在 20 世纪八九十年代管理咨询大发展时代受到社会的广泛质疑,但 21 世纪初以来所发生的一系列重大欺诈舞弊案例,特别是安达信国际会计公司因同时向安然公司提供审计和管理咨询服务而丧失独立性所导致的最终崩溃,证明了这是一条正确的并经得起实践验证的假设,因而是一条很有价值的假设。

八、独立的审计人员承担着与其职业地位相匹配的职业责任

首先,这条假设阐明了审计职业地位与职业责任之间的重要联系。审计人员要不断提高自己的职业地位,就必须勇于承担社会责任;在社会责任的驱使下,就可提高审计质量;提高了

---

① Cohen Report, p21.

审计质量又可提高其职业地位。因此,这是一个审计地位—审计责任—审计质量—审计地位间的良性循环。反之,一个不愿承担社会责任的职业是不可能取得其社会地位的,因此强调职业责任特别重要。其次,没有这一条假设,社会公众对审计质量不可能有基本信任,整个会计师职业界对其审计质量也不可能有最基本的保证。同时,这一假设还表明,审计人员所承担的职业责任不是无限的,而是与其职业地位所相称的,因此判断职业责任时,就能够以审计人员是否遵守其职业道德准则、遵守公认审计准则等为依据,只要遵守了这些准则,就意味着审计人员基本履行了其职责,因此这是一条重要的假设。

除了莫茨和夏拉夫的审计假设对履行审计职责较有影响,弗林特的第(3)条假设也较重要,这条假设的内容是审计必须具备的特征是其地位的独立性和在调查和报告中不受限制,汤姆·李也有类似的假设(如汤姆·李行为假设(二)(三)条),这是一条重要的假设,与莫茨和夏拉夫的第(7)条假设相比,这条假设更有意义。首先,它直接提出了独立性的要求,使一切影响审计独立性的因素都被包括在内,因而更具抽象性、概括性;其次,提出了进行审计调查和报告的一个重要条件,就是不受限制,以保证审计人员能独立地依据自己的判断进行调查和报告。如果没有这一条假设,审计意见的独立性、正确性就得不到保证。

从上述对审计理论发展史上最具代表性的8条审计假设的分析可知,正确的、有用的审计假设是实施审计工作和履行审计职责的基本条件。缺乏这些假设,不仅使审计工作的实施缺乏逻辑依据,也使审计责任的范围难以界定。所以如果没有审计假设,对审计责任的追究也就无可止境。例如,如果没有莫茨和夏拉夫的第(1)条假设"财务报表和财务数据是可验证的",审计人员就无理由拒绝那些乌七八糟的业务,而一旦接受这些业务,为发表一个肯定意见,就必须对会计信息进行重新调整,为了使这种调整符合GAAP的要求,审计人员和企业管理者还须重新制定符合企业环境的会计制度,等等,这样审计的责任也就无法限定。有了这条假设,就分清了审计的责任与企业管理部门的会计责任,即提供可验证的财务报表和财务数据是企业管理部门的责任,如果审计人员发现企业提供的财务报表和财务数据无法进行验证,就可拒绝接受该业务,直至企业管理部门重新编制出可予验证的财务报表为止。同样,如果财务报表中的个别项目无法被验证,审计人员就可发表保留意见的审计报告,对财务报表中的个别项目的真实性持保留意见,这样就可有效地限定审计人员的责任。又如,如果没有莫茨和夏拉夫的第(6)条假设"如果没有明确的相反证据,对被查企业来说,过去被认为正确的,将来也将被认为是正确的",我们就没有理由相信企业财务报表的期初余额是正确可靠的;没理由相信固定资产的期初余额是正确的,就没理由相信应收账款的期初余额是可回收的,也没理由相信期初存货仍然是有用的,其价值的计量是正确的,等等。这样,审计范围和责任就无止境。有了这一条假设,审计的范围有了明确规定,审计责任也就明确了,即以前被验证的资料不仅当期有效,如无确切的相反证据,以后各期同样有效。

上述分析表明,审计假设不仅为审计的实施提供了前提基础,还为明确审计人员的基本责任界限提供了理论依据,没有审计假设,审计人员的责任界限就没有立足点。

第四节　符合我国国情的审计假设

民间审计在市场经济中的作用表明,民间审计承担着广泛的社会责任,因此努力提高审计质量和审计水平,更好地促进市场经济的发展是审计职业界所需研究的一个重要问题。加强对审计假设的研究既可为促进整个审计理论体系的建立创造条件,又可为正确判断审计人员的职业责任提供理论依据。

一、确立我国审计假设的基本原则

总结西方国家在审计假设研究中所取得的成果,分析我国在审计实践和理论探索方面所取得的进展,我们认为研究和确立审计假设应遵循如下原则。

1. 抽象性

这一原则的含义是,一条假设所表达的内容应具有综合的代表性,即它所表达的内涵应是对大量同类事物或事物的同类特征的高度概括和抽象,因而是对事物基本特征的表述。表述的形式应是简明扼要、言简意赅。

2. 完整性

审计假设整体也是一个系统,它由若干条反映审计学科不同特征的假设组成,各条假设之间既有联系又有区别,但不能相互包含和相互矛盾,它们之间也有一个系统的结构,因此审计假设整体必须完整。审计假设的完整性无论是作为审计理论结构的逻辑基础还是作为审计责任的判断依据都有重要意义。

3. 务实性

审计是一门应用学科,因此它的理论必须具有实践指导性。审计假设虽是审计基础理论研究,但它对审计责任的特殊意义,以及对审计准则的指导意义,要求它必须具备可操作的特点,这是注重理论研究的人们往往容易忽视的。务实性原则要求建立的每一条假设必须言之有物,既有针对性,又可操作,而不是空洞的束之高阁的装饰品。

4. 有效性

审计假设一旦建立,并不是一成不变的,它随环境的变化、审计目标的变化而变化,因此应根据不同时期的环境条件和目标的变更对审计假设体系进行不断地修正,这是社会科学的普遍特征。因此,对于失效的审计假设应及时舍弃,并根据实际情况和需要不断总结提炼新的假设。

二、建立我国审计假设体系的基本构想

根据以上建立审计假设的原则,我国的审计假设体系可包括审计必要性假设和审计条件假设两个方面。现分述如下。

(一) 审计必要性假设

审计必要性假设(即原因假设)回答社会为什么需要审计,或者说是审计的作用问题。社会之所以需要审计,是因为审计在市场控制机制中能发挥一定的作用,市场机制越完善,审计作用也就越大。但是对于审计的作用问题,各家的认识不尽一致,仁者见仁、智者见智,有信息论者,有代理论者,有行为论者,还有保险论者,而影响较大的是信息论和代理论。信息论者着重从提高信息的可信性来论证审计的作用,如汤姆·李的审计原因假设,就是从信息论的角度来论述审计的作用和必要性的。代理论者着重从经管责任的解除角度来论证审计的作用,认为审计可促进履行经济责任和解除经济责任,如弗林特的审计原因假设(见第(1)、第(2)假设)就是从代理论角度论述审计的必要性的。从产生审计需求的原因看,两者的观点都没错,但也很明显,两者对审计原因的论述都只顾及一面,而根据前述建立审计假设基本原则的第(1)条的要求来看,还缺乏一种综合性和代表性,因此作为审计需求的原因假设两者都不典型。

编者认为，在审计原因假设研究中，提出最具抽象意义的假设的莫过于杰克·罗伯森。他的假设是："经审计过的信息比未经审计的信息更有用。"在这一假设中，"更有用"一词的含义既包含了提高信息的可信性，又包含了可解除经管责任，因此它综合了信息论和代理论的共同要求，因而更具抽象性。而且这一表述比其他表述都简单明白。但是这一假设未说明经"谁"审计过的信息更有用，也未说明"对谁"更有用，这样就显得不够完整，因此应作适当的修改。编者认为这一假设可修改表述如下："经注册会计师审计过的财务报表和信息比未经审计的财务报表和信息对其使用者更有用。"

可以说，这一假设已将产生审计需求的最主要原因都概括在内了，因此有了这一假设再结合社会需求就可推定和确立审计目标。

（二）审计条件假设

审计条件假设是在审计目标确立以后，对实现审计目标所必须具备的条件的设定，即如果没有这些审计条件的设定，审计工作就较难有效地进行。同时，为了确保高质量地达到审计目标，就需要建立一套为社会公众和职业界所能共同接受的质量标准，即公认审计准则。而建立公认审计准则的依据之一就是审计假设。因此审计条件假设是建立审计准则的一个重要依据。再者，审计条件假设也是判定审计责任的一个重要依据，因此，研究和建立一套完整的审计条件假设不仅具有理论意义，也具实践意义。

根据现阶段的审计环境，编者认为审计条件假设可确立如下几条。

1. 企业递交审计的信息资料是可验证的，重大舞弊差错及非法行为是可揭露的

这一假设包括两个方面：一是信息资料的可验证性；二是重大舞弊、差错及非法行为的可揭露性。前者的含义先前已予阐明，这里不再赘述。后者的含义是指，经过适当的审计程序，如通过对企业经营环境、经营活动、公司治理、公司战略和公司风险管理制度的了解，通过对公司内部控制制度的测试评价，通过实施具有针对性的分析程序以及实质性测试等措施，重大舞弊、差错及非法行为是可被发现的。

设立这条假设的理由是，如果这条假设所包含的条件不具备，那么审计人员就无法履行其职责。特别应予指出的是这条假设的后半部分。揭露重大舞弊、差错和非法行为是审计的主要目标之一，但它必须有个条件，即无论从审计技术上还是舞弊行为本身都可予揭露，如果这些重大舞弊、差错和非法行为是无法揭露的，如管理人员通过销毁凭证等进行舞弊时，审计人员就不应承担全部的揭露责任。所以这条假设对履行审计职责是非常重要的。

2. 审计人员具备执业所需的独立性和胜任力

独立性和胜任力是审计人员应具备的两个基本条件。独立性要求审计人员既要有形式上的独立又要有实质上的独立，即不仅要排除所有导致公众对审计人员的独立性抱有怀疑的外部因素，还要保证审计人员在编制审计计划、收集审计证据、撰写审计报告时都能根据自己的独立判断进行工作，而不受任何其他因素的限制和约束，这是提高审计报告可靠性的一个重要条件。胜任力是指审计人员特别是整个审计团队在履行审计职责过程中所具备的能力，包括技术、知识和经验等。审计人员在执行审计业务时，最重要的一条是要能随时对所遇到的问题、情况和环境做出判断和决策。正如有研究者表示："虽然有适合于审计人员的技术和方法，但现代职业审计是包括了一系列相互关联的判断在内的复杂的决策过程，所以，最有效的审计师不必定是那些熟练的技术能手，而是最有判断能力的决策者。"[1]所以是否具有判断能力和

---

[1] David Ricchiute. Auditing: Concepts and Standards[M]. 2nd ed. London: South Western Publishing, 1989:78.

决策能力已成为衡量审计人员素质的一条重要标准。这条假设的意义还在于,如果参与审计工作的审计团队整体不具备这些基本条件,那么就无法达到审计目标。

3. 如果没有确切的相反证据,过去被认为是正确的,将来也被认为是正确的

这条假设的含义前已阐明,这里不再重复。确立这条假设的目的,主要是确定审计的对象范围和责任范围,即与本期相关的前期资料如果以前已予审查,并认为是正确的,本期就不再重复审查。因而本期审计不承担有关前期资料的审计责任。除非有确切的相反证据证明前期资料有误时,才对那些对本期有影响的前期资料进行调整。所以这实际上是有关审计的对象范围和责任范围的假设,它对拟订审计计划及其实施有作用。

4. 完善的公司治理和内部控制可减少重大欺诈舞弊行为发生的机会

对于这条假设,我们在保留以前对内部控制在审计中的作用与价值认识的基础上,又根据审计环境的发展增加了公司治理对欺诈舞弊约束作用的认识。对于内部控制可约束欺诈舞弊行为发生的认识,前已述及。对于公司治理在防范企业重大欺诈舞弊中的作用,已愈来愈被人们所认识。20世纪90年代以来,经营环境和市场高度竞争的压力,使得企业管理层常常产生进行管理欺诈舞弊的动机,而企业管理层可凌驾于内部控制之上的特殊有利条件,又给企业管理层提供了进行欺诈舞弊的机会。管理欺诈行为的高层控制和隐蔽性使得对于管理欺诈的防范,不是一般内部控制所能及,而必须依赖于有效的公司治理结构。现代审计方法和技术发展的特点要求必须将审计建立在对企业实体及其经营环境的了解,以及对公司治理和内部控制制度的评价和测试基础之上,原因就在于它们与预防和揭露欺诈舞弊之间的密切联系。所以这条假设是确立现代审计方法技术的理论依据,是一条重要的审计技术方法的假设。

5. 一贯采用整体上适合于企业环境的公认会计准则,能使企业的财务状况和经营成果得到公允表述

这条假设前面也已讨论,应指出的是财务报表的各具体项目遵循会计准则并不等同于财务报表整体也遵守会计准则,因此常常会产生公允假象下不公允的实质。这就好比局部利益与整体利益常常存在矛盾,当追求局部利益最优时,其整体利益并不一定最优,有的甚至较差。因此在战略上为使整体利益达到最优就不得不放弃一些局部利益,这就说明判定一项政策优劣的标准是考察其整体利益而不是局部利益。对于企业所选择确认的会计政策恰当与否,同样要看能否从整体上合适地反映企业的财务状况和经营成果,而不是局部的合适性。只有从整体上说是合适的会计政策,据此反映的企业的财务状况和经营成果才是公允的。因此审计人员的职责不仅要评价企业所选择确认的会计政策是否遵守了公认会计准则,还要评价企业所选择的会计政策对反映企业财务状况和经营成果的整体上的合适性。同时,保持会计政策的一贯性可有效防范公司管理层操弄会计准则和进行舞弊欺诈,所以一贯性的要求非常重要。有了这条假设,就能正确判定审计人员的责任。

6. 遵守职业行为准则能确保审计人员审计目标的实现和社会责任的履行

审计人员所承担的社会责任是与其在社会经济结构中的地位相一致的。一项职业在社会上的作用越大、地位越高,责任也就越大。为了保证审计人员实现其审计目标和履行其社会责任,就要求审计人员严格按照最起码的职业道德标准和业务标准实施审计过程。也就是说,审计人员只有严格按照职业道德准则和审计准则的要求,才能保证其审计目标的实现,同时履行其审计责任。所以这条假设阐述了审计目标、审计责任与审计准则之间的关系。没有这一条假设,遵守公认审计准则的意义和作用也就难以明确。

综上假设,第1、第2两条假设是对审计客体和主体条件的设定,这也是最基本的条件假设;第 3 条是与审计范围及审计责任范围相关的假设;第 4 条假设是对审计主要方法和作用的设定;第 5、第 6 两条是对有关报告内容的意义的设定。这 6 条假设设定了开展审计工作的基本条件,每一条都具有务实性和时效性,且构成一个比较完整的条件假设体系。当然,对于这些假设的科学与否,还需经逻辑和实践的不断检验和修正。

 **复习思考题**

1. 审计假设的含义是什么?
2. 试述莫茨和夏拉夫的审计假设对审计理论研究的贡献及面临的挑战。
3. 审计必要性假设和审计条件假设的区别是什么?
4. 审计假设有什么实践意义?
5. 建立我国的审计假设体系应遵循哪些基本原则?
6. 试述我国现阶段应建立的审计假设体系内容。

配套习题

第五章 审计概念

本章要点

审计概念构成审计理论的最基本认知和观念。证据、应有的职业关注、公允表达、独立性、道德行为、重要性和风险是最基本的审计概念,它们在审计理论结构中占有重要的地位。证据是审计师发表审计意见的基础,即证据基础,应具有充分、适当两大特性;应有的职业关注要求审计师在执业过程中拥有并能运用合理的技能和经验,以做出相当于社会合理期望水平的判断;公允表达要求审计师注意会计上的妥当性、适当披露和审计职责三个层面,恰当运用职业判断、影响和促进适当披露并精于表达;独立性是审计的根本特征,既独立于委托人又独立于被审计单位是现代审计的前提,由于实质上的独立性难以观察和感知,能否保持形式上的独立性往往更受关注;道德行为是审计职业赢得公众信任和社会声誉的前提,"良知"也被美国注册会计师行业作为"谁来审计审计师"这一问题的答案;重要性是指审计师判断被审计单位错报(包括漏报,下同)的严重程度,这一程度在特定环境下可能影响信息使用者的判断或决策;风险是指财务报表存在重大错报,而审计师发表不恰当审计意见并承担审计责任的可能性。

本章需要重点掌握的内容

审计概念的意义;基本的审计概念及其含义;审计概念的理论价值和实践价值。

第一节 审计概念概述与概念探讨法

一、概念的意义

(一) 概念的性质

概念(concept)是从观察结果和实践经验中归纳出来的对事物的抽象认识。它是系统研究某一领域知识积累的核心,通过促进知识领域及其问题的交流,为学科领域的发展奠定基础。

在任何完善的理论结构中,概念均占据着重要的地位。没有概念,研究领域虽然也存在,但只是一堆毫无联系的观察结果。概念的最初出现,标志着特定领域知识、意识的开端;对已形成的概念进行反复推敲和严格检查,则表明该项知识领域达到了相当成熟的阶段。若干有力的概念,能使整个领域中的观察、实验和假设系统化并进而形成一门科学。1961年,莫茨和夏拉夫在合著的《审计理论结构》一书中提出,审计概念在审计理论结构中占有重要的地位,审计要成为一门成熟的学科,就应该努力使其知识得到系统化和条理化,而在系统研究知识的过程中,最为基础的是形成概念,并以概念为中心对知识加以系统化。

(二) 概念的形成

概念的形成可归纳为下列四个阶段:

(1) 观察与特定的活动领域相联系的事实。例如,观察审计师,并注意他们清点现金、询证应收账款、审查凭单所采用的程序以及被审计单位在汇总表或财务报表中披露财务资料的惯例。

(2) 根据观察到的事实进行抽象。例如,注意作为审计师判断前提的各种传统方法,并将通过实施这些方法获得的结果称作"证据",将各种在财务报表中表现财务活动结果的尝试称作"揭示",将独立性描述为"精神态度",将应有关注描述为"达到所有程序标准的通途"。

(3) 将抽象化的东西相互联系起来,形成一套相互弥补、逻辑自洽的概念群。这是学科系统化过程中最为重要的步骤,学科的"参照结构"得以形成。

(4) 对初步形成的概念进行细致的检查和推敲,这是形成概念的最后阶段。此阶段需要增加哲学分析,以确定概念的适当性、说服力、相互联系和意义,使之具有长远的价值。

二、概念的种类

(一) 哲学概念与本族概念

按照是否属于某学科,概念可分为哲学概念和本族概念。哲学概念具有普遍意义,不只属于某一特定的学科,如真理、证明和概率等概念。本族概念具有特定意义,产生于特定知识分支。当然并不是所有的本族概念均为某一学科所独有,有些本族概念由本质性的哲学概念转化而来,同时具有一般哲学概念的性质和本族概念的性质。由于每一领域只是在本族非常特殊的意义和标准上使用概念,相同的词汇在不同领域中被赋予了不同的特色和意义。以内部控制概念为例,它是一般控制概念的一部分,但特定学科只涉及该概念的有限方面:审计师关心的是控制系统的防护性功能,以及内部控制防止或发现各种舞弊行为的潜在能力;管理者把内部控制看作是掌握和了解公司活动的手段,强调及时为激发和传导企业活力提供信息;系统论专家着眼于内部控制组织、沟通和数据流程等影响系统健全性的方面。

(二) 理想概念和现实概念

按照涉及的性质,概念可分为理想概念和现实概念。理想概念并不意味着概念要尽善尽美,而是指它们可以虚构和不涉及实际现状,如经济人、稳健行为、完全竞争等。理想概念体现了有着现实基础的各种概念之间的逻辑联系,在理论分析和发展学科的过程中有着较为深刻的意义。如果不将理想概念作为衡量现实概念的标准,那么分析实际形成概念的有效性就没有任何基准。现实概念则指概念不是一种虚构,而是真实事物或事件的一般类别。审计是一门应用学科,主要但并不是只与现实概念有关。例如,独立性这一现实概念是审计师的行动依据,但还应从理论上或实践上对独立性概念进行修正。

三、概念探讨法

莫茨和夏拉夫指出,概念探讨法较之其他探讨法,对于建立完善的审计理论能发挥更大的作用。我们之所以持这样的主张,是因为审计学正处在需要对各种审计概念进行严格检查的阶段,是因为我们感到另一被广泛认可的探讨法,即数学法并不适用于审计学。

在概念探讨法的具体运用方面,布里奇曼(Bridgman)所倡导的操作主义因其精确性而受到广泛推崇。布里奇曼的基本观点是将所有科学概念与经验过程、操作过程联系起来:所谓概念不过是指一组操作而已,概念的第一个条件是它包括一组操作,或者由一组操作所构成;第二个条件是操作独一无二,操作的差别表明了概念的差别。"概念与相应的操作是同义的",一个概念的真正定义不能用属性,而只能用实际操作来给出;一个领域的"内容"只能根据作为方法的一整套有序操作来定义。科学上的名词或概念,如果要想避免模糊不清,最好能以我们"所采用的测量它的操作方法"来界定。凡是操作上不可确定的概念,应该清除出科学概念的范围。

布里奇曼所提倡的操作性定义与传统抽象定义的区别如表5-1所示。

表5-1 操作性定义与传统抽象定义的区别

项目	操作性定义	传统抽象定义
目标	具体:描述变量的具体行为、特征和指标	抽象:描述出变量的本质特征
作用	实用:可以借助它在研究中设计好内容	概括:介绍概貌,便于读者了解有关变量
方法	条件描述、行为描述、指标描述法等	经典定义、对等式定义、抽象定义、解释性定义等

布里奇曼所说的操作主要指实验操作,也包括非仪器的操作,即精神操作。他把精神操作分为两类,一类是"纸和笔的操作",指数学运算和逻辑运算;另一类为"言语操作",不仅包括科学家的全部言语活动,还包括他们的思维活动。他举例说明:物理学领域的三个基本概念"长度""时间""重量",都可以采用测量它们的操作方法来界定:可以界定"1米"的长度为测量从赤道到北极直线距离的1/10 000 000;"1小时"的时间长度为测量地球自转一周所需时间的1/24;"1克"的重量为测量1立方厘米纯水在摄氏4度时的重量。布瑞奇曼的操作性定义的观点和思想在20世纪三四十年代被物理学界普遍接受,1971年被美国的《科学》杂志列为世界五大哲学成就之一。

在概念探讨法运用时,了解数学法将更有利于读者理解审计概念。数学法是以数学为工具进行科学研究的方法,即用数学语言表达事物的状态、关系和过程,经过推导、运算与分析,以形成解释、判断和预测的方法。数学法具有三个基本特征:一是高度的抽象性和概括性;二是精确性,即逻辑的严密性及结论的确定性;三是应用的普遍性和可操作性。在对各种审计概念进行严格检查的阶段,概念探讨法对概念的形成更为务实,操作主义与审计的实操性要求相吻合,而数学法尚难达到要求。当然,除了描述、观察、衡量和记录某一现象的操作,还应把握和衡量隐藏在这些操作(即现象本身)背后的事物,这样才能最有效和最正确地对概念进行定义。

四、审计概念概述

莫茨和夏拉夫认为,证据、应有的审计关注、公允表达、独立性和道德行为是五个重要的审计概念。但他们同时指出,也许还有其他概念可以加入重要概念之列,希望其他人也加入这项分析工作,直到审计中所有有用的概念都得到阐述并能够经受哲学性检查为止。而事实上,概念也很少是完善的或固定不变的,大多数经验式概念从本质上讲是不完善的。例如,新的观察技术的形成,可以使我们观察到某事物或事件具有一些以前没有觉察出来的特征。

在以上五大审计概念的基础上,我们认为审计中还有两个被广泛接受的概念,即"重要性"和"风险"。"重要性"是审计师衡量错报严重程度的一把"尺子",离开这把"尺子",审计师在计划和实施审计工作、发表审计意见等审计流程中将寸步难行。"风险"是审计师思考和解决问题的出发点,现代风险导向审计的标准流程就是科学运用审计风险模型,在风险评估的基础上进行风险应对,以降低和控制审计风险。

第二节　审计证据

一、审计证据的特征与逻辑意义

(一)审计证据的特征

证据是证明的基础,是有助于形成对某一命题所持的态度和合理判断的事物。它的性质和构成,在很大程度上取决于所在领域的性质并受到使用证据目的的影响。审计证据是审计师在执行审计业务过程中,为形成审计意见所获取的证据。

审计与其他学科在证据特征上存在本质区别,审计证据特征及与其他学科证据特征的差异比较,如表5-2所示。

表5-2　审计证据及与其他学科证据的特征差异

重要特征	审计学	纯粹或精确科学(数学、形式逻辑)	自然科学(实验和观察性科学)	法学	历史学
与证据相关领域的特殊目的	保护财务报表用户的利益	对公认假设所支配的封闭系统中的所有重大关系进行阐述	建立支配自然界的一般法则	维护正义	解释和理解过去发生的历史事件
与证据相关的论题	财务报表中的声明	抽象关系	自然或物理现象	特定时间和地点发生的事件	事件和发展对人类组织和行为的影响
收集和形成证据的方法	由利害相关或无关的当事人提供;由独立的当事人收集或形成;推理	根据已确定的假设进行的演绎	根据实验和观察进行归纳、演绎、推理,结合演绎和归纳推论	当事人双方的申诉;合理的演绎推理和推论	收集现存的资料并进行严格查验
判断者在收集和形成证据中的作用	主动与被动兼而有之	主动	主动与被动兼而有之	被动	主动,但与数学和实验科学不同
关于证据研究的规则的性质	职业标准	形式逻辑定律	允许实验室重复实验的标准;统计推论规则;逻辑法则	符合逻辑的假设;证据许可性和相关性的规则	外在和内在批评法则

(续表)

重要特征	审计学	纯粹或精确科学(数学、形式逻辑)	自然科学(实验和观察性科学)	法学	历史学
时间对形成判断和收集证据的重要性	支配因素	无	无	支配因素	少许
证据对判断形成的强制性	从绝对到说服性均有	绝对	从绝对到可能不等,常可用数量方法计量概率	说服性	说服性

需要特别指出的是,现代风险导向审计将审计学、系统理论和经营战略结合起来,更加重视企业面临的风险,并因此拓宽了审计证据的获取范围:①经营风险及其在缺乏适当内部控制情况下对财务报表认定的潜在影响。②经营控制风险及其对财务报表认定的潜在影响。③特定的财务报表认定,如难以审计的会计估计和非常规交易所依据的计价和假设。④与处理常规交易相关的信息处理风险。⑤在企业层次,经营业绩所实现的水平。⑥在业务流程层次,经营业绩所实现的水平。⑦企业产生未来现金流量的能力。⑧企业报告盈利的质量和业绩。⑨企业的价值。可以预见,现代风险导向审计将使审计证据的以上特征进一步得到强化。

(二) 审计证据的逻辑意义

人们的观念或信念均可追溯到下列一个或多个源头:①他人的证言。②至少部分地根源于本能、感觉和欲望的直观。③根据一般原则进行的抽象推理。④感觉所获的经验。⑤有成功结局的实践活动。

这五个信念的来源分别对应于五种逻辑学说:①从他人的证言中获取信念的权威主义,最常使用,但最多只具有说服力。②通过本人的直观(经验、心理素质和想象力)获得信念的神秘主义,有用但单独来看并不是可靠的方法。③从普遍应用的假设出发的理性主义,从一般推论到特殊,是综合性的。④根据感官体验获取信念的经验主义,从特殊到一般进行推理,是分析性的。⑤与实践紧密相连的实用主义,用信念将产生的结果来检验信念。

对上述逻辑学说凝练总结得到的审计证据的逻辑意义及取证方法,如表5-3所示。

表5-3 审计证据的逻辑意义及取证方法

审计证据	逻辑方法	取证方法
以他人证言为基础的审计证据	权威主义	独立的第三者的询证、职员的陈述声明(人证)
		企业外部、内部编制的文书;辅助记录和详细记录(书证)
通过灵感获得的审计证据	神秘主义	通查(Scanning)
		分析性复核
通过演绎推理获得的审计证据	理性主义	重新计算(验算)
		制度基础审计
		逆查

(续表)

审计证据	逻辑方法	取证方法
通过感官经验获得的审计证据	经验主义	观察
		盘点
通过未来实践结果获得的审计证据	实用主义	追踪公司及其职员、客户等在资产负债表日后的行为

二、审计证据的特性及其考虑因素

（一）审计证据的特性

审计师应当运用专业判断，确定审计证据是否充分、适当，并在此基础上形成审计意见和出具审计报告。审计证据的充分性是指审计证据的数量足以使得审计师形成审计意见。审计证据、审计重要性和审计风险，相互呈反向关系：①审计重要性与审计证据。审计重要性水平越高，说明财务报表使用者对错报的可容忍程度越高，需要的审计证据越少。②审计重要性与审计风险。审计重要性水平越高，说明财务报表使用者对错报的可容忍程度越高，审计实际面临的审计风险越低。③审计风险与审计证据。期望的审计风险越低，说明可接受的检查风险越小，对财务报表错报的可容忍程度越低，需要的审计证据越多。

审计证据的适当性是指审计证据的相关性和可靠性。审计证据的相关性是指审计证据是否与审计目标相关联，审计证据的可靠性是指审计证据是否能如实反映被审计单位的客观事实。一般而言，当审计证据的相关与可靠程度较高时，所需审计证据的数量较少；反之，所需审计证据的数量较多。审计师获取审计证据时，可以考虑成本效益原则，但对于重要审计项目，不应将审计成本的高低或获取审计证据的难易程度作为减少必要审计程序的理由。对审计过程中发现的、尚有疑虑甚至矛盾的重要事项，应进一步获取审计证据，以消除疑虑和解决矛盾；若在实施必要的审计程序后，仍不能获取所需审计证据，或无法实施必要的审计程序，应视其审计范围受限程度出具保留意见或无法表示意见的审计报告。

（二）审计证据应考虑的因素

审计证据是否充分、适当，应当考虑下列主要因素：①审计风险。②具体审计项目的重要程度。③审计人员及其业务助理人员的审计经验。④审计过程中是否发现错误或舞弊。⑤审计证据的类型与获取途径。

通过内控测试获取审计证据时，应当考虑以下主要事项：相关内部控制制度是否存在；相关内部控制制度是否有效；相关内部控制制度在所审计期间是否一贯得到遵循。

通过实质性程序获取审计证据时，应当考虑以下主要事项：①资产、负债在某一特定时日是否存在。②资产、负债在某一特定时日是否归属被审计单位。③经济业务的发生是否与被审计单位有关。④是否有未入账的资产、负债或其他交易事项。⑤资产、负债的计价是否恰当。⑥收入与费用是否归属当期，并相互配比。⑦会计记录是否正确。⑧财务报表项目的分类反映是否适当，且前后一致。

审计证据的可靠程度通常可参照下述标准来判断：①书面证据比口头证据可靠。②外部证据比内部证据更为可靠。③审计师自行获得的证据比由被审计单位提供的证据可靠。④内部控制较好时的内部证据比内部控制较差时的内部证据更为可靠。⑤不同来源或不同性质的审计证据能相互印证时,审计证据更为可靠。

第三节 应有的审计关注和公允表达

一、应有的审计关注

应有的审计关注是指审计师应持有慎重的实务家的观念,理智地运用所拥有的知识,在日常的执业中拥有并能运用相应的技能,认识并适当注意自己的经验,作出符合社会合理期望水平的判断。

应有的审计关注主要包括:①采取措施获取可得的知识,能预见到不合理的风险或对他人的危害。例如,审计师要对内部控制进行彻底的审查,还要审查通过保险来保护公司财产的程序、职员的招募和监督程序,以及内部审计和报告程序等事项。②只要审计经验、审计师自身的或他人的经验、被审计公司的历史等,表明在职人员的工作、部门、业务类型或资产方面存在着特别风险,审计师就应该对这种危险给予特别的关注。③在制订审计计划和实施审计阶段,应考虑各种异常情况和关系。④认识不熟悉的情况,并且采取与环境相适应的正当的预防措施。如果术语、实务和关系等均有点超乎寻常并且对审计师来说十分陌生,或者难以获取充足的信息,审计师应采取特别的预防措施。⑤采取一切适当的措施消除自己对事关审计意见的事项的疑虑(对所有会带来严重后果的附注和问题,应获得充分的信息)。⑥跟上专业领域的发展,竭力认识、掌握有关舞弊、差错、隐瞒及其发现方法的知识。审计师应在执业之前确认具备令人满意的技能,并采取必要的措施熟悉审计领域的新进展。⑦认识到检查其助手工作的必要性,并在充分理解其重要性的基础上进行这种检查。审计师应尽力向助手们说明指派业务的性质和目的,并应检查他们的工作和结论,明确他们是否理解了自己的指示,是否令人满意地实施了审计业务。

二、公允表达

公允表达是指审计师恰当运用职业判断,影响和促进适当披露,并精于表达,具体包括会计上的妥当性、适当披露和审计职责三个层面。

(一) 会计上的妥当性

会计上的妥当性是指审计师判断管理层提交的财务报表的表述是否做到了"公允表达"。会计妥当性有两个构成因素:①使用认可的会计处理方法,如权责发生制和将收入和费用进行合理配比,真实反映已发生的企业经营活动及其结果;②使用认可的财务报表表达方法,不带偏见和偏向、尽可能公正地向与企业财务状况和经营成果有合法利害关系的人报告。认可的会计处理方法和认可的财务报表表达方法,共同构成了公认会计原则。

一般认为,通过一贯地使用公认会计原则,企业的财务状况和经营成果将能够得到公允表达。当然,公认会计原则也存在以下局限性:体系不完整;不具有绝对的权威性;建立过程中不需要得到一致的支持,甚至无需得到大多数人的支持;通常事后才建立起来;只具有据以推断的能力,而不具有反映财务状况和经营成果的确定能力。

因而,会计妥当性的决定最终是审计判断的问题,审计师只能有保留地从会计中借用公认会计原则来判断会计上的妥当性。

（二）适当披露

在会计上的妥当性的基础上，适当披露并不直接反映报告资料的真实性，而是指应予披露的会计信息的详细程度（质量）与范围（数量、种类）两个方面。在确立适当披露的概念方面，所有与企业财务资料有关的利害关系人都有发言权，保护性披露（protective disclosure）观念已经深入人心。长期以来，审计在促进金融市场信息流动等方面发挥了重要作用，通过对公布信息的检查，影响和促进着企业的适当披露。

（三）审计职责

即使是表述上的细微差别，也可能成为审计师用来解除自己某些法律责任的关键。作为审计职责，审计师应精于表达，以不含糊的、明确的和专业性语言反映所检查活动的性质，用直截了当的语句表达审计判断。

第四节 独立性

一、独立性的内涵

（一）独立性的意义

独立性是审计师的灵魂和最值得珍贵的美德。迈克尔·普莱特（Michael Pratt）曾形象地指出："没有独立性，审计人员将成为无足轻重的人，事实上比没有审计人员更坏，因为他可以对财务报表赋予不应有的可信性，就像给臭蛋糕覆上一层糖衣。"审计对独立性日益重视的现象源于这样一个事实，即在审计中，存在着许多反映在被查财务数据中的经济利害关系，其中一些经济利害关系是相互抵触的。如果某一方面的经济利害关系者所施加的影响生效，就必然会导致审计师的检查在其他经济利害关系者中失去信誉。从检查资料的性质、与审计业务有关的问题的性质和判断的性质考虑，审计师都必须保持不偏不倚的公正立场。

（二）对独立性的认识

莫茨和夏拉夫指出，独立性包括实务人员的独立性和职业的独立性两个方面。实务人员的独立性是指审计师在实施审计过程中的事实上的独立性，包括：①制定审计计划的独立性，在选择审计技术、审计程序和确定应用范围时不受控制和干扰；②实施检查业务的独立性，在选择应检查的范围、活动、人际关系和管理政策方面不受控制和干扰；③编制审计报告的独立性，在陈述经检查明确的事实，对检查结果提出建议和意见时不受控制和干扰。职业的独立性是指审计师作为一种职业团体的外观上的独立性。独立性的外在跟独立性的实质一样重要。财务报表使用者既关心职业的独立性，也关心审计人员的独立性。

托马斯·希金斯（Thomas Higgins）将独立性概括为两种：①实质上的独立性，又称精神上的独立性，要求审计师在执行委托业务时，不偏不倚，保持客观的态度，不受外界或他人意见左右；②形式上的独立性，相对第三者而言，审计师保持一种超脱于被审计单位的姿态。

布林克（Brink）和威特（Witt）认为，没有人自己可以成为一座孤岛，独立性是一个相对的概念，或者强一些或者弱一些，但绝不会是绝对的。我们必须充分认识到绝对的独立性永远也不会达到的事实，因为总存在一些影响因素在某种程度上限制了独立性。

二、对独立性的威胁

(一)独立性的潜在威胁

美国独立准则委员会(ISB)发布的独立性准则研究概念框架草案指出,一般存在自身利益威胁(self-interest threats)、自我检查威胁(self-review threats)、协从威胁(advocacy threats)、亲密关系威胁(familiarity or trust threats)、胁迫威胁(intimidation threats)等五类可能损害审计师独立性的潜在威胁:①自身利益威胁,表现在会计师事务所或审计小组成员能够受益于审计客户(被审计单位)内的经济利益或受益于与审计客户发生冲突的其他自身利益,如过分依赖某一客户、担心失去业务、或有收费。②自我检查威胁,表现在会计师事务所或审计小组成员检查自己或内部其他人完成的工作,如提供管理咨询、曾是客户的前重要雇员。③协从威胁,表现在会计师事务所或审计小组成员将客户的地位或意见抬高到或被认为抬高到一定程度,如经营或促销客户证券,担任客户的辩护人等。④亲密关系威胁,表现在会计师事务所或审计小组成员与客户存在密切关系,从而与客户的利益过于一致,如直系亲属或近缘亲属、前合伙人、长期的个人关系、接受贵重礼品或招待。⑤胁迫威胁,表现在会计师事务所或审计小组成员受到客户的实际威胁或由于感受到威胁而影响客观行事和运用职业谨慎,如购买会计原则。

(二)审计职业内在的与独立性相悖的因素

1. 与客户间的密切关系

审计师的很大一部分收入直接来自客户。与客户保持密切关系,是公共会计和审计活动的明显特征。这种亲密关系导致外界很难将审计看成是充分独立于客户的。此外,保持保密关系从职业角度来说显然是非常重要的,甚至是职业的支柱。但是,这种保密关系不是法律所要求的,而是有关当事人自愿形成和接受的。旁观者能否理解密友之间既相互保密同时又完全相互独立呢?简单地说,守口如瓶即意味着相当程度的亲密。另外,审计师重视在管理方面为客户提供服务,委托方的管理者是唯一与审计师有直接联系的利害关系者,例如审计师与管理人员的代表共同讨论审计报告,一起出席股东大会,合作起草年度报告,站在管理者的立场应对税务诉讼,这些都削弱了审计职业外观上的独立性。

2. 职业组织的倾向

难以否认的事实是,会计和审计业务已高度集中,发展成为有限的几个大型会计公司(例如"四大")寡头垄断的局面。这种趋势有其客观原因,如美国普遍存在的是大型公司,小型会计公司难以胜任。但是,大型会计公司的发展也带来一些问题:公司规模越大,对小型委托人就会越不关心;委托人和会计公司的规模越大,其业务就会越来越多地由雇员完成,与审计合伙人本身的独立性和职业声望相关的人的标准也许很高,但他的团队成员能否保持同等水平的标准是有疑问的。在审计之外,审计师往往会向客户推销其非审计服务,而推销行为与职业精神是相矛盾的,它给人的印象不是服务,而是以赚钱为基本动机。如果丧失了职业精神这一显著特征,审计无疑将难以长久地为经济社会提供服务。

三、管理咨询与审计独立性

从20世纪40年代起,各大会计师事务所开始发挥自身的专业优势,逐步开拓低风险、高收益的管理咨询业务市场。1999年,美国注册会计师协会(AICPA)专门发表了题为"将审计业务拓展成咨询服务"的指导性文章,鼓励会计师事务所进一步拓宽咨询服务。但在拓展咨询业务的同时,行业却没有对如何减少因过多关注咨询而影响审计独立性的问题给予足够的重视,这为后来社会公众指责注册会计师行业埋下了伏笔。

赞成公共会计师进行管理咨询的理由是:委托人习惯于从同一会计公司得到多种服务,它扩大了服务的机会,如果突然中断这种正在稳定发展的关系,对委托人和会计职业无疑都是巨大的损失。独立性是一种精神状态,有能力的审计师无论与审计委托人存在怎样的联系,都能在履行审计契约中保持独立性的职责。在向管理当局提建议与开展管理当局本身的活动之间,无论在现实上或本质上,均有区别。提供管理咨询的会计师甚至认为,正是自己的独立性才使得他们的建议具有价值。如果说审计服务是为了证明蛋糕是否切得合理,让委托人和代理人都能得到应得的一块,实现资源配置效率,那么非审计服务则是做大蛋糕,让每个人能够得到更大的一块。为了把最优秀的人才吸引到审计行业,会计师事务所必须能提供咨询服务,必须给他们提供从事咨询职业的潜在途径。

不赞成注册会计师自由地、毫无节制地开展管理咨询活动的理由是:要为这种服务确立职业标准很困难,各种形式的管理咨询活动与审计业务是不相容服务的结合,管理咨询无论对职业的独立性还是实务人员的独立性,均会产生重大负面影响。例如,注册会计师担心出具严厉审计意见的后果被放大,不仅失去审计收入,还会失去利润更为丰厚的管理咨询收入,严重威胁到自身利益。同时,注册会计师审查财务报告也是对自己参与或至少影响的管理决策的结果进行评价,产生自我检查威胁。任何一种职业,从本质上讲必须有界限。任何不能坚持其成员具有同一性的职业,都需要承担职业界限模糊和资格不确定的成员所犯的违法行为给整个职业造成的不良影响。审计职业的决策者应清醒认识到职业的局限性和潜在力量,并充分评估它所涉及的知识领域,没有一种职业可以不认真考虑潜在的危害就把自己投入到许多不同类型的,甚至相互冲突的活动中去。美国证券交易委员会(SEC)主席阿瑟·利维特(Arthur Levitt)认为,审计与管理咨询融合是导致审计独立性下降的罪魁祸首,"贪婪与狂妄"已经使注册会计师偏离合理保证财务报告质量的传统使命。他沉重地指出,"当我从洛根机场走过时,大型会计公司的诸多广告吸引了我,他们似乎在炫耀自己的IT人才、公司的融资能力和财务计划工具。但是,我几乎没有发现一个广告向公众和客户传达这样的激情:实现对公众义务的承诺,保证会计数字的神圣和不可侵犯,更不用说广告词有哪一处提及公众利益了。"

解决审计独立性的最好办法,是坚定而大胆地承认审计这一熟练团体(proficiency groups)的地位。为了审计职业的未来着想,必须将审计从公共会计师的其他职能中分离出来,成为单独的职业。会计师事务所可以考虑循序渐进,逐步实现业务分工。首先,会计公司的合伙人以下级别的其他职员都应明确自己是审计师还是非审计师,并且专门从事特定的工作。其次是将合伙人划分为审计合伙人和非审计合伙人。从整个职业的角度考虑,最后应将大型公共会计师事务所划分为审计职员和非审计职员两大部分。一种办法是将会计师事务所一分为二,另一种办法是分设两大独立的部门。一家会计师事务所不能向同一家客户同时提供审计和管理咨询服务,以确保审计的独立性。

第五节 道德行为

一、职业道德责任

(一) 职业道德的内涵

亚伯拉罕·弗莱克斯纳(Abraham Flexner)提出了识别职业的六条标准:①伴随着重大

个人责任的智力作业。②从科学和学术中吸取原理。③实际运用这些原理。④可通过教育传播的技术。⑤通过行业自治进行组织的趋势。⑥逐渐增强的利他主义动力。上述职业标准第①、第⑤、第⑥条，是职业人员的道德责任，分别是对委托人的责任、对同行的责任和对社会的责任。

职业人员的道德责任，最终可以归纳为一个根本的要求，即促进职业及其服务的不断发展。假如职业人员忽略了其中某种责任或者允许某种责任与其他责任不协调，那么，他实际上并没有做到恰当地履行职责。如果我们要为社会的公共利益而维持独立审计职业，就必须经常以大众最佳利益为重的原则来解决价值和专业化水平问题。

审计职业道德是一般道德观念的具体应用，在道德行为领域中与实施审计业务时应有的审计关注概念相类似。审计师需要具备与其职业地位相称的职业态度和思想，承担着遵守一系列具体的行为规则的责任和义务。每位审计师都应有智慧、知识、经验和义务理解职业的理想和职能，考虑自己的活动对职业可能产生的影响，并避免做那些妨碍职业健康发展的事情。审计作为一种职业，应对所有依赖其工作的人承担责任，只有接受这些社会责任，才会确立其作为一种职业的地位。

（二）道德行为的意义

各种职业为使他们的服务质量取得社会公众的信任，都会要求高水平的职业标准和道德标准。由于审计在维护社会公众利益方面承担着特殊的责任，社会期望审计职业人员的品行水准应高于其他成员。如果审计师被指控有罪，公众的失望感将远超非职业人员的同等行为。审计师通常与审计的主要受益人没有直接的联系，相反与聘用和支付报酬的客户却有频繁的接触和持续的交往。要取得客户和外部财务报表使用者对审计服务质量的信任，审计师须具有相应的胜任能力且正直无偏。审计职能是在重视道德行为的"荣誉制度"下实现的，审计师的价值标准起着决定性的作用。对每次审计检查，若无详尽的行为规则和衡量标准可供借鉴，仍要保证令人满意的业绩，就必然依靠审计师的职业责任感。国际会计师联合会（IFAC）特别任命的、独立的"重塑公众对财务报告的信心"特别工作小组报告指出，"未能意识到将诚信放在首位，是最近几年发生的会计丑闻事件的主要原因。"

二、道德风险

（一）偷懒与欺骗

按照信息论的观点，只有高质量的审计才能保证高质量的财务报告，进而增加经济价值；低质量的审计不仅不能增加经济价值，反而会纯粹成为一种浪费。如果审计是高质量的，社会更愿意为增加价值的活动支付报酬，那么所有的审计师都会拥有良好的声誉和更高的审计收费。然而，单个审计师却总是面临偷懒和欺骗这两种有利可图的诱惑：一是低成本策略（偷懒），即省略审计程序，减少审计成本，在与其他审计师竞价时获取成本优势；二是滥用审计意见（欺骗），即允许企业管理层违反会计核算与披露规则，以争取新客户或维持现有客户。当其他审计师都遵守规则并提供高质量的审计时，采取这些策略会获得极高的回报。总之，在信息不对称的情况下，不论平均审计质量如何，对单个审计师而言，在某一阶段低质量审计的报酬可能相对高于高质量审计，因而单个审计师具有提供低质量审计的动机。极端的结果可能是"劣币驱逐良币"，即不遵守规则的审计师运用其竞争优势反而可能将审计质量高的审计师排挤出市场，降低审计市场的服务质量。

(二) 规则与监管失灵

在引入行业自律机制的情况下,仍有两个核心问题需要解决:一是承诺的可信性(规则),二是监督实际表现的能力(监管)。承诺的可信性来自审计准则,完善的审计准则便于监督承诺是否兑现,对审计质量的提高起着正面作用。但在客户本身权力很大时,还需要有一个完善的制度网络来保证审计准则的执行。监督实际表现的能力,取决于职业团体和准则制定机构,它们对于维持高质量审计很有必要,但由于监督的执行成本问题,除非审计师认同并自觉遵循制定的审计准则,否则就需要外部监管的介入。

三、职业道德准则

职业道德是指职业品德、职业纪律、专业胜任能力及职业责任等的总称。审计职业道德准则是审计职业在行为、专业胜任能力、责任、纪律等方面应达到的道德水准,它向社会昭示审计职业作为一个整体的形象和信誉,是审计职业取信于社会的前提。一项审计准则无论有多完美,也无法弥补供应链上的某个薄弱环节。因此,审计行业要赢得并保持公众信任,最好的、最正确的、唯一的办法就是遵循高质量的职业道德准则,而行业成员应带头以强烈的职业道德意识,客观、诚信地执业,提升行业价值。

以下简要介绍我国发布的注册会计师审计职业道德基本准则的主要内容。

1. 一般原则

注册会计师应当恪守独立、客观、公正的原则。执行审计业务,应当保持形式上和实质上的独立。如与客户存在可能损害独立性的利害关系,不得承接其委托的审计业务。执行审计业务的注册会计师如与客户存在可能损害独立性的利害关系,应当向所在会计师事务所声明,并实行回避。注册会计师不得兼营或兼任与其执行的审计业务不相容的其他业务或职务。执行业务时,应当实事求是,不为他人所左右,也不得因个人好恶影响分析、判断的客观性;正直、诚实,不偏不倚地对待有关利益各方。

2. 专业胜任能力与技术规范

注册会计师应当保持和提高专业胜任能力,遵守审计准则等职业规范,合理运用会计准则及国家其他相关技术规范。会计师事务所和注册会计师不得承办不能胜任的业务。执行业务时,应当保持应有的职业谨慎;妥善规划,并对业务助理人员的工作进行指导、监督和检查。注册会计师对有关业务形成结论或提出建议时,应当以充分、适当的证据为依据,不得以其职业身份对未审计事项发表意见,不得对未来事项的可实现程度做出保证,对审计过程中发现的违反会计准则及国家其他相关技术规范的事项,应当按照审计准则的要求进行适当处理。

3. 对客户的责任

注册会计师应当在维护社会公众利益的前提下,竭诚为客户服务,按照业务约定履行对客户的责任;对执行业务过程中知悉的商业秘密保密,并不得利用其为自己或他人谋取利益;除有关法规允许的情形外,会计师事务所不得以或有收费形式为客户提供审计服务。

4. 对同行的责任

注册会计师应当与同行保持良好的工作关系,配合同行工作;不得诋毁同行,不得损害同行利益;不得雇用正在其他会计师事务所执业的注册会计师;不得以个人名义同时在两家或两家以上的会计师事务所执业;不得以不正当手段与同行争揽业务。

5. 其他责任

注册会计师应当维护职业形象,不得有可能损害职业形象的行为。注册会计师及其所在会计师事务所不得采用强迫、欺诈、利诱等方式招揽业务;不得对其能力进行广告宣传以招揽业务;不得以向他人支付佣金等不正当方式招揽业务,也不得向客户或通过客户获取服务费之外的任何利益;不得允许他人以本所或本人的名义承办业务。

第六节 重要性与风险

一、重要性

(一)重要性的含义

重要性是指被审计单位财务报表中错报的严重程度,这一程度在特定环境下可能影响财务报表使用者的判断或决策。重要性提供的是一个界限或者说是一个临界点,是一项修正性惯例,而不是一条信息有用的最基本的性质特征。在确定审计程序的性质、时间和范围及评价审计结果时,审计师应当合理运用重要性原则。

对重要性的评估是注册会计师的一种专业判断。审计师在运用重要性原则时,应当考虑:①错报的金额和性质。小额错报的累计,可能会对财务报表产生重大影响,注册会计师对此应当予以关注。②财务报表层次和相关账户、交易层次的重要性。③重要性与审计风险之间存在的反向关系。重要性水平越高,实际的审计风险越低;重要性水平越低,实际的审计风险越高。审计师应当保持应有的职业谨慎,合理确定重要性水平,将重要性水平的确定过程及结果记录于审计工作底稿。

(二)编制审计计划时对重要性的评估

审计师在编制审计计划时,应当对重要性水平做出初步判断,以确定所需审计证据的数量。重要性水平越低,应当获取的审计证据越多。审计师应当综合考虑以下主要因素,并结合审计经验,对重要性水平做出初步判断:有关法规对财务会计的要求;被审计单位的经营规模及业务性质;内部控制与审计风险的评估结果;财务报表各项目的性质及其相互关系;财务报表各项目的金额及其波动幅度。

审计师应当合理选用重要性水平的判断基础,采用固定比率、变动比率等确定财务报表层次的重要性水平,判断基础通常包括资产总额、净资产、营业收入、净利润等。实务中,用来判断重要性水平的一些参考数值是:净利润的5%～10%(净利润较小时用10%,较大时用5%,一般适用于经营稳定、回报正常的企业);资产总额的0.5%～1%(一般适用于金融、保险等资产规模较大的企业);净资产的1%(一般适用于金融、保险等净资产规模较大的企业);营业收入的0.5%～1%(一般适用于微利企业和商业企业)。如果同一期间各财务报表的重要性水平不同,由于财务报表彼此关联,并且许多审计程序经常涉及两个或两个以上的报表,审计师应当取其最低者作为财务报表层次的重要性水平。例如,审计师将利润表的重要性水平确定为100万元,将资产负债表的重要性水平确定为200万元,最终财务报表层次的重要性水平应确定为100万元。在编制审计计划时,如果被审计单位尚未完成财务报表的编制,审计师应当根据期中财务报表推算为年度财务报表,或者根据被审计单位经营环境和经营情况变动对上年度财务报表作必要修正,以确定财务报表层次的重要性水平。审计师在制定账户或交易的审计程序前,可将财务报表层次的重要性水平分配至各账户或各类交易,也可单独确定各账户或各类交易的重要性水平,分配的对象一般是资产负债表账户。审计师在确定各账户或各类交易的重要性水平时,应当考虑以下主要因素:各账户或各类交易的性质及错报或漏报的可能性;各账户或各类交易重要性水平与财务报表层次重要性水平的关系。

在确定拟实施的审计程序后,如果审计师决定接受更低的重要性水平,那么审计风险增加,审计师应当选用以下方法控制审计风险至可接受的水平:扩大符合性测试范围或追加符合性测试程序,以降低对控制风险的初步判断水平;修改计划实施的实质性测试程序的性质、时间和范围,以将检查风险降低至可接受的水平。如在审计过程中修改审计计划,审计师应当重新考虑部分或全部账户及交易的审计风险与重要性水平。

(三) 评价审计结果时对重要性的考虑

审计师评价审计结果时所运用的重要性水平,可能与编制审计计划时所确定的重要性水平初步判断数不同,如前者大大低于后者,审计师应当重新评估所执行审计程序是否充分。审计师在评价审计结果时,应当汇总已发现但尚未调整的错报,以考虑其金额与性质是否对财务报表的反映产生重大影响。注册会计师在汇总尚未调整的错报时,应当包括已发现的和推断的错报,并考虑期后事项、或有事项是否已进行适当处理。如果尚未调整的错报的汇总数超过重要性水平,审计师应当考虑扩大实质性测试范围或提请被审计单位调整财务报表,以降低审计风险。如果被审计单位拒绝调整财务报表或扩大实质性测试范围后,尚未调整的错报的汇总数仍超过重要性水平,审计师应当发表保留意见或否定意见。如果尚未调整的错报的汇总数接近重要性水平,由于该汇总数连同尚未发现的错报可能超过重要性水平,审计师应当实施追加审计程序,或提请被审计单位进一步调整已发现的错报,以降低审计风险。

二、风险

(一) 风险概念及审计风险

"风险"一词的由来,最为普遍的一种说法是,在远古时期,以打鱼捕捞为生的渔民们,每次出海前都要祈祷,祈求神灵保佑自己能够平安归来,这些祈祷主要的内容就是让神灵保佑自己在出海时能够风平浪静、满载而归;他们在长期的捕捞实践中,深深地体会到"风"给他们带来的无法预测无法确定的危险,在出海捕捞打鱼的生活中,"风"即意味着"险",因此有了"风险"一词。"RISK"一词是舶来品,比较权威的说法是来源于意大利语的"RISQUE"一词。在早期的运用中,这个词被理解为客观的危险,如自然现象或者航海遇到礁石、风暴等事件。直到大约19世纪,在英文的使用中,"风险"一词常常用法文拼写,主要应用于与保险有关的事情上。

现代意义上的"风险"一词,已经大大超越了"遇到危险"的狭义含义,而是"遇到破坏或损失的机会或危险"。"风险"一词越来越被概念化,并随着人类活动的复杂性和深刻性而逐步深化,被赋予了从哲学、经济学、社会学、统计学到文化艺术等多个领域的更广泛更深层次的含义,且与人类的决策和行为后果联系越来越紧密,"风险"一词也成为人们生活中出现频率很高的词汇。

审计风险通过最后的审计结论与预期的偏差表现出来,但这种偏差是由多方面的因素引起的,审计活动的每一个环节都可能导致风险因素的产生。审计风险具有普遍性,它存在于审计过程的每一个环节,任何一个环节的审计失误,都会增加最终的审计风险。

(二) 传统审计风险模型

审计风险是指财务报表存在重大错报或漏报,而审计师发表不恰当审计意见的可能性。

1983年美国审计准则委员会发布审计准则公告第47号,提出"审计风险＝固有风险×控制风险×检查风险"这一风险模型,要求审计师在充分评估固有风险和控制风险的基础上确定检查风险,最终将审计风险控制在可接受的水平。其中,固有风险是指假定不存在相关内部控制时,某一账户或交易类别单独或连同其他账户、交易类别产生重大错报的可能性。控制风险是指某一账户或交易类别单独或连同其他账户、交易类别产生错报,而未能被内部控制防止、发现或纠正的可能性。检查风险是指某一账户或交易类别单独或连同其他账户、交易类别产生重大错报,而未能被实质性测试发现的可能性。

在传统审计风险模型中,审计风险是由会计师事务所风险管理策略所确定的,谨慎行事的会计师事务所往往将其确定为较低水平;固有风险和控制风险则与企业有关,审计师可以通过了解企业及其环境以及评价内部控制对两者做出评价,在此基础上确定检查风险,并设计和实施实质性程序,以将审计风险控制在会计师事务所设定的可接受的水平。

1. 固有风险的评估

在编制总体审计计划时,审计师应当对财务报表整体的固有风险进行评估。在编制具体审计计划时,审计师应当考虑固有风险的评估对各重要账户或交易类别的认定所产生的影响,或者直接假定这种认定的固有风险为高水平。审计师应当合理运用专业判断,考虑下列事项,评估固有风险:①管理人员的品行和能力,管理人员特别是财会人员的变动情况。②管理人员遭受的异常压力。③业务性质,影响被审计单位所在行业的环境因素。④容易产生错报的财务报表项目,如待摊费用、递延资产、预提费用、产品销售成本、其他应收款、其他应付款。⑤需要利用专家工作结果予以佐证的重要交易和事项,如退休金计划、油田开采、宝石及油画买卖。⑥确定账户金额时,需要运用估计和判断的交易和事项,如固定资产折旧、无形资产和递延资产摊销、存货跌价准备、坏账准备、材料成本差异、或有损失。⑦容易受损失或被挪用的资产,如现金、有价证券、存货。⑧会计期间内,尤其是临近会计期末发生的异常及复杂交易。⑨在正常的会计处理程序中容易被漏记的交易和事项,如销售退回及折让、购货退回及折让、应收及应付利息的计提、成本与市价孰低核算、权益法核算。

2. 控制风险的评估

1) 初步评估

审计师了解内部控制并评估固有风险后,应当对各重要账户或交易类别的相关认定所涉及的控制风险做出初步评估。出现下列情况之一时,审计师应当将重要账户或交易类别的部分或全部认定的控制风险评估为高水平:①被审计单位内部控制失效。②审计师难以对内部控制的有效性做出评估。③审计师不拟进行控制测试。

审计师对某一财务报表认定的控制风险进行初步评估时,如果同时出现下列情况,不应将控制风险评估为高水平:①相关的内部控制可能防止、发现或纠正重大错报。②审计师拟进行控制测试。

2) 控制测试

如审计师拟信赖内部控制,应当实施控制测试程序,以评估控制风险。初步评估的控制风险水平越低,审计师就应获取越多的关于内部控制设计合理和运行有效的证据。审计师可实施以下控制测试程序:①检查交易和事项的凭证。②询问并实地观察未留下审计轨迹的内部控制的运行情况。③重新实施相关内部控制程序。

出现下列情况之一时,审计师可不进行控制测试,而直接实施实质性程序:①相关内部控制不存在。②相关内部控制虽然存在,但注册会计师通过了解发现其并未有效运行。③控制测试的工作量可能大于进行控制测试所减少的实质性程序的工作量。

审计师应当根据控制测试结果,评估内部控制的设计和运行是否与控制风险初步评估结论相一致。如果存在偏差,应当修正对控制风险的评估,并据以修改实质性程序的性质、时间和范围。如持续接受委托,审计师可利用上期对内部控制的研究与评价资料,但应对其予以更新。审计师应当了解内部控制在所审计会计期间的运用是否得到一贯执行。如发生显著变动,应当考虑分别进行测试。期中审计如已进行控制测试,审计师在决定完全信赖其结果前,应当考虑以下因素,以进一步获取期中至期末的相关审计证据:①期中审计控制测试的结论。②期中审计后剩余期间的长短。③期中审计后的内部控制的变动情况。④期中审计后发生的交易和事项的性质及金额。⑤拟实施的实质性程序。

3)最终评估

终结审计之前,审计师应当根据实质性程序的结果和其他审计证据,对控制风险进行最终评估,并检查其是否与控制风险的初步评估结论相一致。如不一致,应当考虑是否追加相应的审计程序。

3. 检查风险的评估

在既定的计划审计风险水平下,检查风险可计算确定为:审计风险/(固有风险×控制风险)。由于控制风险与固有风险相互联系,审计师应当对固有风险与控制风险进行综合评估,并据以作为检查风险的评估基础。固有风险及控制风险的评估对检查风险有直接影响,固有风险和控制风险的水平越高,审计师就应实施越详细的实质性程序,并着重考虑其性质、时间和范围,以将检查风险降低至可接受的水平。不论固有风险和控制风险的评估结果如何,审计师均应对各重要账户或交易类别实施实质性程序。如实施有关审计程序后,审计师仍认为某一重要账户或交易类别认定的检查风险不能降低至可接受的水平,应当发表保留意见或无法表示意见。小规模企业的内部控制通常比较薄弱,固有风险和控制风险较高,审计师应当主要或全部依赖实质性程序获取审计证据,以将检查风险降低至可接受的水平。

(三)审计风险模型的修订

审计师在运用传统审计风险模型时,通常难以对固有风险做出准确评估,往往将固有风险简单地确定为高水平,转而将审计资源投向控制测试和实质性程序。由于忽略对固有风险的评估,审计师往往不注重从行业状况、监管环境、企业的性质、企业的目标战略与相关经营风险等宏观层面上了解企业及其环境,而仅从较低层面上评估风险和注重对账户余额和交易层次风险的评估。然而,企业作为整个社会经济生活网络中的一个重要组成部分,所处的经济环境、行业状况、经营目标、战略和风险都将最终对财务报表产生重大影响。如果审计师未能深入考虑财务报表背后的渊源,就难以对财务报表项目余额得出一个合理的期望。而且,当企业管理当局串通舞弊时,内部控制是失效的。如果审计师不把审计视角扩展到内部控制以外,就很容易受到蒙蔽和欺骗,不能发现由于内部控制失效所导致的会计报表存在的重大错报和舞弊行为。

2003年,国际审计与鉴证准则理事会(IAASB)通过了修订后的《审计风险准则》,从财务报表审计的目标和基本原则、审计证据、了解被审计单位及其环境并评估其重大错报风险、对评估的重大错报风险实施的审计程序四方面强调审计风险。

(1)财务报表审计的目标和基本原则:①审计师应当保持职业怀疑态度计划和实施审计工作,充分考虑可能存在导致财务报表发生重大错报的情形。②在计划和执行审计时,审计师既不应假定管理当局是不诚实的,也不应假定其是完全诚实的。③修改审计风险模型,将固有风险和控制风险合并为重大错报风险,审计模型相应修改为"审计风险=重大错报风险×检查风险",以利于审计师执行风险评估程序,使之更加符合审计的实际情况。审计师必须要运用风险评估程序,全面了解被审计单位及其环境(包括但不限于内部控制),评估其重大错报风险,在此基础上进行风险应对。

(2) 审计证据:①审计师应当充分运用各类交易、账户余额以及表达与披露的认定,作为评估被审计单位重大错报风险、设计与执行进一步审计程序的基础。②将审计师获取审计证据的程序区分为总体审计程序和具体审计程序,总体审计程序包括风险评估程序、控制测试和实质性程序,具体审计程序包括检查记录和文件、检查有形资产、观察、询问、函证、重新计算、重新执行和分析性程序。

(3) 了解被审计单位及其环境并评估其重大错报风险:①风险评估程序以及有关被审计单位及其环境(包括内部控制)的信息来源。风险评估程序是审计师为了解被审计单位及其环境而应当实施的审计程序,项目组要讨论被审计单位财务报表存在重大错报的可能性。②了解被审计单位及其环境。审计师需要了解被审计单位及其环境,以及内部控制的组成要素的特定方面,以识别和评估其重大错报风险。③评估被审计单位的重大错报风险。审计师应识别和评估财务报表总体层次和认定层次的重大错报风险,考虑被审计单位及其环境,包括内部控制,以及财务报表中的各类交易、账户余额和列报,以识别存在的重大错报风险。④将识别出的风险与认定层次可能发生的错报联系起来,考虑风险的重大性和可能性。审计师需要确定所识别的风险是否是需要特别考虑的重大风险,或是通过实质性程序本身并不能提供充分、适当审计证据的风险。审计师还应当评价被审计单位针对这些风险的控制设计,并确定这些控制是否得以贯彻执行。⑤与负责公司治理的机构和管理当局沟通。涉及内部控制相关事项,审计师需要与负责公司治理的机构和管理当局的沟通。

(4) 对评估的重大错报风险实施的审计程序:①总体应对程序。审计师针对财务报表总体层次的重大错报风险制定总体应对措施。②针对认定层次的重大错报风险实施的审计程序。审计师对评估出的认定层次的重大错报风险设计和实施进一步的审计程序,包括测试控制的执行有效性以及实质性程序。③评价所获取审计证据的充分性和适当性。审计师评价风险评估的结果是否适当,并确定是否已经获取充分、适当的审计证据。

复习思考题

1. 审计理论为什么需要审计概念?审计有哪些基本概念?
2. 有哪些主要的逻辑学说可用来判断证据的逻辑意义?审计证据有何特殊意义?
3. 什么是应有的审计关注?公允表达的含义是什么?应有的审计关注和公允表达具体有哪些表现?
4. 独立性对审计而言有何特殊意义?有哪些可能损害审计师独立性的潜在威胁?如何解决管理咨询对审计独立性的影响?
5. 审计职业道德和审计职业道德准则有何特殊意义?
6. 重要性的含义是什么?审计怎样判断重要性?
7. 什么是审计风险?对审计风险模型的认识有哪些发展?

第六章 审计规范

本章要点

审计规范是指注册会计师在审计工作中应当遵守的业务标准和行为准则,包括审计法律法规、职业道德规范、执业准则、质量控制准则和职业后续教育准则等。审计规范体系是建立有序的注册会计师行业所不可缺少的环境条件,也是衡量注册会计师职业水平和是否履行其法律责任的重要依据。本章主要阐述审计规范体系、审计规范的主要内容及审计规范相互之间的关系。

本章需要重点掌握的内容

审计规范体系,审计规范的主要内容及相互关系。

第一节 规范与审计规范的含义

本节介绍规范的含义和特征,在此基础上,再分析审计规范的含义。

一、规范的含义和特征

从词源上说,"规范"一词由"规"和"范"二字构成的。在古汉语中,"规"常与"矩"连用。"规"是指画圆形的工具,"矩"则是画方形的工具。所谓"不以规矩,不能成方圆",讲的就是人类活动必须遵循一定的标准,否则就难以达到既定的目标。"范"在古汉语中是指用来浇铸金属的模具,引申为人类行动的楷模。根据《辞海》的解释,"规范"一词有两种含义:①标准、法式,如道德规范、技术规范、语言规范。②模范、典范。

作为人类活动的标准,规范具有如下特征:①目的性。任何规范都是为了一定的目的而制定的。通过这些规范,指导和约束人类活动,以保证社会活动的有序进行。②动态性。任何规范都产生于一定的社会经济环境,受其制约,并随着社会经济环境的变化而演变。③指导性。规范是由约定俗成的标准或明文规定的标准构成。它告诉人们应当做什么,应当如何去做,从而对人们的行为起到约束作用。④权威性。规范无论是约定俗成的标准,还是明文规定的标准,都必须具有权威性,否则难以约束人们的行为。

二、审计规范的含义

为了保证审计质量,保证审计人员正确地履行自己的职责,保证审计行业的良好秩序和在社会公众中的职业形象,就必须建立起一套从事审计活动所必须遵守的行为标准和技术标准,这就是审计规范。所以,我们认为,审计规范是指审计人员在审计工作中应当遵守的业务标准和行为准则,包括审计法律法规、执业准则和职业道德规范等。

从上述关于审计规范的定义中,我们可以看出:首先,审计规范约束的是从事审计工作的主体,即审计机构和审计人员;其次,审计规范只包括约束审计主体的行为规范和技术规范,与审计工作无直接关系的则不属于审计规范体系的内容。例如,财政部制定的《注册会计师统一考试规则》《会计师事务所会计核算办法》《会计师事务所财务管理若干问题的暂行规定》等,它们只是规定了注册会计师资格考试和会计师事务所内部核算,显然与审计工作没有直接关系,因而不能纳入审计规范体系。

第二节 审计规范体系

本节介绍审计规范体系,包括审计规范的制定主体和内容、审计规范体系的特点、审计规范的体系结构。

一、审计规范的制定主体和内容

审计规范体系是由一个国家不同层次的管理主体制定和颁布的用以约束审计主体的各种行为规范和技术规范的总体,由多个组成部分共同构成一个有机整体。制定和颁布审计规范的主体,包括立法机关、最高行政机关、审计工作的主管部门和审计职业的行业协会等。制定和颁布的主体不同,审计规范的权威性也不一样。从制定审计规范的主体的法律地位来看,审计规范呈现出明显的层次结构。

在审计规范中处于第一层次的是由国家立法机关制定和颁布的审计规范,如英国议会1983年制定的《国家审计法案》,加拿大议会制定的新的《审计法》,我国人大制定和颁布的《注册会计师法》和《审计法》等。这些与审计相关的法律对审计机构的设置和权限范围、审计对象、审计范围、审计责任等均做出了明确的规定,为审计机构和人员履行其职责提出了法律要求和法律保障。由立法机构制定和颁布的审计法律是最高层次的审计规范,其权威性也最高。

由最高行政机关制定和颁布的审计规范处于审计规范体系的第二层次。例如,我国在1986年颁布的《注册会计师条例》和1988年颁布的《审计条例》等。《注册会计师条例》和《审计条例》现已上升为《注册会计师法》和《审计法》。总的来说,在我国处于这一层次的审计规范数量不多。

审计主体的中央主管部门或审计行业协会制定的审计规范处于审计规范体系的第三层次。在我国,这一层次审计规范的制定主体主要是审计署、财政部和中国注册会计师协会等。这一层次的审计规范为数众多。例如,审计署制定和颁布的《中华人民共和国国家审计准则》,由中国注册会计师协会拟定、经财政部批准实施的注册会计师鉴证业务基本准则、相关执业准则、注册会计师职业道德规范、质量控制准则和职业后续教育准则及针对具体事项制定的各种实施办法和指南等。

从内容上看,审计规范主要包括审计主体的行为规范和技术规范。例如,为了使注册会计师承担起对社会的责任,需要制定注册会计师职业道德规范,以明确审计师对被审单位、社会和同行等各方的责任。为了保证注册会计师的工作质量,需要制定执业准则,对业务执行过程中计划的编制、证据的获取、结论和意见的形成和报告的编制等进行规范,作为注册会计师工作的技术标准,以指导其工作。同时,为了保证注册会计师工作的质量,需要制定质量控制准则,将其作为会计师事务所的管理标准,用以规范会计师事务所的管理工作,确保执业准则得以实施。为了提高注册会计师的业务能力和素质,保证其具有足够的专业胜任能力,需要制定职业后续教育准则。注册会计师职业规范体系由执业准则(鉴证业务基本准则、相关执业准则)、注册会计师职业道德规范、质量控制准则和职业后续教育准则构成。

二、审计规范的特点

(一) 审计规范的权威性

审计规范是人们在特定时期对审计工作基本要求的共识,尽管审计规范体系具有一定的层次结构,各层次的审计规范的效力也不尽相同,但由于不同层次的审计规范分别具有法律的强制性或技术的公认性,因而它们都具有权威性。没有权威性的审计规范是没有约束力的,也不可能产生预期的效果。审计规范要达到预期的效果,首先审计规范本身必须具有科学性和针对性,其次需要有一套实现机制来确保审计规范的实施,以维护审计规范的权威性。

(二) 审计规范的指导性

审计规范体系具有鲜明的实践指导性。任何一个审计规范,都是应审计实践的需要而产生的。没有审计实践的需要,就不可能形成有生命力的审计规范。审计规范来源于审计实践,是审计实践经验的总结和升华,审计规范随审计实践的发展而发展。通常来说,审计规范经历了一个从简单到复杂的演变过程。正是由于审计实践的发展才导致了审计规范的演变。审计规范是用来指导审计实践活动的,审计实践需要审计规范的指导和约束,没有审计规范约束的审计实践容易导致审计失败和舞弊。这一点可从中外的审计失败和舞弊的案例中得到充分的证明。审计规范的实践性要求审计规范能切实指导审计实务,在指导中提高审计实务,约束审计实务。

(三) 审计规范的动态性

受特定时期环境和人们认识的影响,几乎所有的审计规范都会表现出其时代的局限性。随着环境的变化和人们认知的变化,审计规范就会显露出其局限性、不完善性和滞后性,因而为了保证审计规范的权威性和实践指导性,就需要根据环境的变化不断地加以修订、补充和完善。审计准则、审计职业道德乃至审计相关法律的不断修订,就是人们认识环境变化和努力适应环境变化的积极举措。审计规范的不断发展演变过程,显示了审计规范动态性的特点。

三、审计规范体系结构

由于注册会计师职业规范体系具有典型性,本章主要讨论注册会计师职业规范体系。根据审计规范体系的定义和特点,我们认为,注册会计师职业规范体系主要是由审计法律法规、职业道德规范、执业准则、质量控制准则、职业后续教育准则等构成的一个有机整体。其构成如图 6-1 所示。

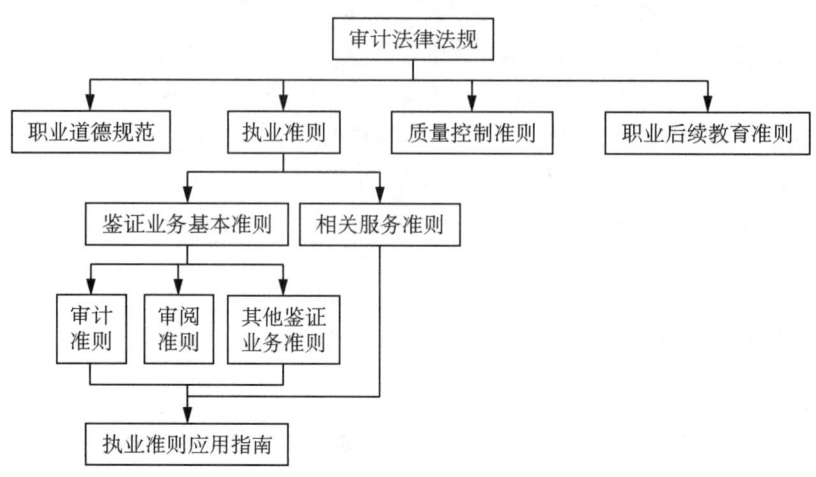

图 6-1 注册会计师职业规范体系

(一) 审计法律法规

审计法律法规是指由国家最高权力机构和最高行政机构制定的审计规范。在我国,约束注册会计师行为的审计法律法规主要指由全国人民代表大会通过的《审计法》和《中华人民共和国注册会计师法》。这些法规对审计机构的设置、审计机构的职权、审计活动、审计责任等都做出了原则的规定。这是审计规范的高级层次,具有很强的权威性,其他审计规范不得与之相抵触。此外,财政部和审计署还颁布一些审计方面的部门规章。

(二) 职业道德规范

职业道德是指审计人员职业品德、职业纪律、专业胜任能力及职业责任等的总称。审计职业道德规范通常由主管注册会计师审计的机构或审计职业团体制定。审计职业道德主要用于规范审计主体的职业道德行为,为审计人员履行职业责任提供具体的指导。在我国,经财政部批准,中国注册会计师协会于 1996 年 12 月印发了《中国注册会计师职业道德基本准则》,2002 年发布了《中国注册会计师职业道德规范指导意见》;2009 年 10 月又重新修订印发了《中国注册会计师职业道德守则》,对注册会计师的职业道德要求做出了规范,有效地促进了整个注册会计师行业的健康发展;2020 年 12 月,中国注册会计师协会又修订并发布了《中国注册会计师职业道德守则(2020)》和《中国注册会计师协会非执业会员职业道德守则(2020)》。

(三) 执业准则

执业准则一般是由主管注册会计师审计的机构或审计职业团体制定和颁布。在我国,经财政部批准,中国注册会计师协会从 1995 年起开始制定和发布《中国注册会计师执业准则》。当时称之为独立审计准则。独立审计准则包括三个层次:第一层次,独立审计基本准则;第二层次,独立审计的具体准则与独立审计实务公告;第三层次,执业准则应用指南。其中第一、第二层次是依据《中华人民共和国注册会计师法》制定,根据《中华人民共和国注册会计师法》第 35 条规定,由中国注册会计师协会负责拟定独立审计基本准则、具体准则和实务公告,报财政部批准后印发实施,是注册会计师执行审计业务,对外出具审计报告的法定要求。第三层次是中国注册会计师协会负责制定和发布,是注册会计师执行独立审计业务、出具审计报告的具体指导,注册会计师应当参照执行。经过近十年的努力,我国已初步建立起独立审计准则体系。

为了顺应全球经济一体化的趋势,适应审计技术由制度导向审计模式向现代风险导向审计模式的转变,以及实现我国注册会计师职业技术规范与国际注册会计师职业技术规范的协调,我国于2006年2月对原有的独立审计准则进行了修改和完善,并制定了一批新的准则,形成了新的注册会计师职业规范体系。新的注册会计师职业规范体系于2007年1月1日起实施。在新的注册会计师职业规范体系中,职业技术规范主要由鉴证业务准则和相关服务准则组成。在鉴证业务准则体系中,鉴证业务基本准则处于第一层次,审计准则、审阅准则和其他鉴证业务准则处于第二层次。2010年在财政部的领导下,中国注册会计师协会又参考国际审计准则,对2006版审计准则进行了一次全面的修订,共修订了38项准则,废止了原先的35项准则,并相应地修订了执业准则应用指南用以指导注册会计师的执业活动。2019年又修订了《中国注册会计师审计准则第1101号——注册会计师的总体目标和审计工作的基本要求》等18项审计准则。2022年,中国注册会计师审计准则经历了一系列重要修订,以适应不断变化的审计实践和监管要求。以下是一些主要的修订内容:

(1) 重大错报风险的识别和评估。我国修订了《中国注册会计师审计准则第1211号——重大错报风险的识别和评估》,强化了对被审计单位内部控制体系各要素的了解程序,特别是组织文化和管理层的诚信、道德和价值观。此外,修订明确了在风险评估流程的最终阶段进行总体评价的要求,并对保持职业怀疑的规定进行了进一步细化。

(2) 会计估计和相关披露的审计。我国修订了《中国注册会计师审计准则第1321号——会计估计和相关披露的审计》,完善了与会计估计和相关披露有关的风险评估程序的要求,明确了与控制测试有关的要求,并提出了更具体的应对重大错报风险的要求。同时,强调了实施审计程序之后的总体评价和保持职业怀疑的重要性。

(3) 审计准则的一致性修订。我国对《中国注册会计师审计准则第1101号——注册会计师的总体目标和审计工作的基本要求》等23项准则进行了一致性修订,以确保整个审计准则体系的内在一致性。

(4) 审计业务约定条款的修订。我国修订了《中国注册会计师审计准则第1111号——就审计业务约定条款达成一致意见》,规范了注册会计师确定审计前提条件的存在以及与管理层就审计业务约定条款达成一致意见的过程。

这些修订旨在提升审计质量,加强风险导向审计,并保持中国审计准则与国际准则的持续动态趋同。修订后的准则自2023年7月1日起施行。

(四) 质量控制准则

审计质量控制准则是指为了确保会计师事务所的所有审计工作符合审计准则和其他规范的要求而建立和实施的政策和程序的总称。它紧紧围绕质量控制,包括了各种质量控制工作应达到的要求。它与审计准则密切联系,以共同提高审计工作的质量。经财政部批准,中国注册会计师协会于1996年制定和颁布了《中国注册会计师质量控制基本准则》,并于2006年修订发布了《会计师事务所质量控制准则第5101号——业务质量控制》,2010年又根据环境的发展要求,修订发布了《会计师事务所质量控制准则5101号——会计师事务所对执行财务报表审计和审阅、其他鉴证和相关服务业务实施的质量控制》,为会计师事务所的质量控制行为提供了规范指导。2020年11月,颁布了新的审计质量准则体系,这套准则由三个准则组成:《会计师事务所质量管理准则第5101号——业务质量管理》《会计师事务所质量管理准则第5102号——项目质量复核》《中国注册会计师审计准则第1121号——对财务报表审计实施的质量管理》。

(五) 职业后续教育准则

职业后续教育是指审计人员为保持和提高其专业胜任能力与业务水平,掌握和运用相关新知识、新技能、新法规所进行的学习与研究。审计职业后续教育准则通常也是由审计的主管部门或职业团体制定和颁布的。在我国,经财政部批准,中国注册会计师协会制定发布了《中国注册会计师后续教育基本准则》。该准则根据《中华人民共和国注册会计师法》制定,是用来规范注册会计师职业后续教育的审计规范,其目的在于提高注册会计师的专业胜任能力与执业水平。中国注册会计师协会非执业会员的职业后续教育,除有特定要求者外,应当参照该准则办理。

第三节 职业道德规范

为了使注册会计师切实担负起对社会公众的责任,为社会公众提供高质量的、可信赖的专业服务,在社会公众中树立起注册会计师的良好职业形象和职业信誉,就必须大力加强注册会计师的职业道德教育,强化注册会计师的道德意识,提高注册会计师的道德水准。在我国注册会计师尚未普遍树立强烈的责任意识和道德意识的情况下,强调注册会计师的职业道德教育,就更有其深刻的现实意义和深远的历史意义。本节简要介绍国际会计师联合会职业道德规范、美国注册会计师协会职业道德规范及中国注册会计师的职业道德规范。

一、国际会计师联合会职业道德规范

国际会计师联合会为了协调国际职业会计师的职业道德规范,专门成立了国际会计师道德准则委员会,制定和发布《职业会计师道德准则》,该准则包括三部分:第一部分为国际会计师联合会职业道德基本准则,适用于所有从事会计职业的会计师(professional accountants)。职业会计师是指国际会计师联合会的成员组织的会员,不论其在执行公共业务(包括个人执业者、合伙所或公司),还是在工业部门、商业部门、政府部门或教育部门工作。第二部分仅适用于执行公共业务的会计师(professional accountants in public practice),执行公共业务的职业会计师是指向客户提供各种专业服务(如审计、税务或咨询)的注册会计师、相似职位的人或事务所的雇员,以及在执业过程中负有管理职责的职业会计师。该词也经常指从事公共业务的会计师建立的事务所。第三部分适用于受雇于工业部门、商业部门、政府部门或教育部门的职业会计师(professional accountants in business)。这里我们主要介绍适用于执行公共业务的职业会计师(即注册会计师)的职业道德准则,即国际会计师联合会职业道德准则的第一部分和第二部分的相关内容。

(一) 国际会计师联合会职业道德基本准则

1. 公正

公正原则要求所有职业会计师在处理所有职业关系和业务关系中必须履行正直和忠诚的义务,保持公平和诚实。当职业会计师觉得某些报告、收益和信息包含有重大的虚假和误导陈述、粗制滥造的信息和陈述,或遗漏或模糊某些需要披露以免引起误导的信息时,职业会计师绝不能故意地参与其中。当职业会计师发现自己正在被牵连其中时,必须采取措施,尽快撤离。

2. 客观

客观原则要求所有职业会计师在其进行职业判断时必须履行不受偏见、利益冲突或他人不正当要求影响的义务。职业会计师在各领域提供专业服务,执行公共业务的职业会计师承接鉴证业务,并提供税务及其他管理咨询服务,其他职业会计师则在工业、商业、公共及教育部门中从事财务报表编制、内部审计或财务管理工作,所有的职业会计师在任何情况下均应保持客观性。如果某种环境或关系不正当地影响了会计师在提供服务时的职业判断或导致其产生偏见,职业会计师必须停止提供该项专业服务。

3. 专业胜任能力和职业谨慎

专业胜任能力和职业谨慎原则要求所有的职业会计师履行如下义务:①保持与其工作岗位相匹配的职业知识和技能,以确保为客户和雇主提供具有胜任能力的专业服务;②当提供专业服务时,按照适用的技术和专业准则谨慎行事。

具有胜任能力的专业服务要求会计师在提供服务时必须运用专业知识和技能做出正确的判断。专业胜任能力可以分为两个独立的阶段:第一,专业胜任能力的获取。获取专业胜任能力首先需要高水平的普通教育,继而需要进行与专业相关学科的专门教育、培训和考试,而且需要一定时间的工作经验。这是培养职业会计师的一般模式。第二,专业胜任能力的保持。保持专业胜任能力需要不断了解会计职业以及商业环境的发展。参加职业继续教育是保持胜任能力的重要途径。

职业谨慎指会计师必须按照工作岗位的要求细致地、完整地、及时地履行其职责,必须采取切实措施确保任何会计师的工作都得到适当的培训和督导。必要时,职业会计师还应向客户、雇主和其他相关人士说明其服务的局限性。

4. 保密

保密原则要求所有职业会计师有义务对其在专业服务过程中获取的有关客户或雇主事务的信息予以保密。这一保密责任在职业会计师与客户或雇主的关系终止后仍应继续。职业会计师应始终遵守保密的原则,除非获得专门的信息披露权,或具有法定或专业的披露责任。职业会计师有义务确保在其管理下的员工以及提供建议和帮助的人员也遵守保密原则。保密不仅仅涉及信息披露,还要求职业会计师不能出于个人或第三方的利益使用或被合理认为使用了在执业过程中获得的信息。

5. 职业行为

职业行为原则要求所有职业会计师有义务遵守相关的法律法规,避免任何有损行业声誉的行为发生。在推介自己及其工作时,职业会计师必须保持忠实和真诚,不能毁坏行业声誉,不能夸大其所能提供的服务能力,不能夸大其所拥有的职业资格及已获得的职业经验,不能贬损他人或与他人的工作做无确实证据的比较。

(二)专用于执行公共业务的职业会计师(注册会计师)的职业道德准则

这部分准则主要介绍注册会计师应怎样将前述的职业道德基本原则运用于其工作实践。注册会计师在工作实践中会碰到各种各样有损于遵守职业道德基本原则的情况,对于这些情况,必须多加关注。注册会计师不能故意违背注册会计师职业道德基本准则,去从事那些有损于公正、客观和行业声誉的业务、工作和活动。有损于遵守职业道德基本原则的情况,常常是由一系列环境和关系引起的,这种损害的性质和重要性常常不同,完全取决于注册会计师是否向其审计客户提供其他服务以及该客户是否是公众公司,是否向非审计客户提供其他鉴证服务,或是否向非鉴证客户提供服务。

损害遵守职业道德基本原则的情况主要有以下几类:

(1)利益相关。例如,鉴证团队与其客户之间有直接的经济利益或重要的商业联系,事务所的收入主要来自某个重要客户,或担心会失去某个重要客户等。

(2) 自我审查。例如,事务所为客户设计并实施财务信息系统后又对系统运作的有效性提供鉴证报告,事务所为客户编制财务记录提供原始数据后再提供鉴证服务,原审计团队中的成员最近已被聘任为客户的董事或高管等。

(3) 中介服务。例如,向审计客户推销股票,代表审计客户就与第三方的诉讼或争端进行辩护等。

(4) 家族关系。例如,鉴证团队成员有直系亲属担任审计客户的董事或高管,审计客户的董事或高管曾是该事务所的合伙人,审计人员接受客户的礼物或其他好处等。

(5) 胁迫。例如,客户为得到满意的审计意见,威胁要辞退审计师、降低费用、提起诉讼,或取消已计划的其他非鉴证业务合约等。

为了有效地应对各种有损职业道德基本原则的情况,需要通过制定法律法规及行业措施来保证会计师遵守职业道德基本原则,同时,事务所、项目团队也应采取积极的措施,例如,通过加强职业培训、完善事务所治理机制、强调遵守各类职业准则的重要性、加强职业纪律和职业监督以及内外部的质量检查等措施,将各种潜在的损害影响控制在可接受的范围内。

为此,国际会计师联合会职业道德准则委员会又从客户委托、利益冲突、额外意见、收费或其他形式报酬、市场营销、礼物和招待、客户资产的保管、客观性和独立性等方面制定了较具指导性的守则,要求事务所及项目团队必须遵守。

二、美国注册会计师协会职业道德规范

美国注册会计师协会制定的职业道德规范较为全面,因而已成为许多国家会计职业组织制定职业道德规范时的重要参考。美国注册会计师协会专门设立了职业道德部,负责职业道德规范的制定工作。美国注册会计师协会的职业道德规范由职业道德原则、行为守则、行为守则解释和道德细则四部分组成。

(一) 职业道德原则

职业道德原则是对注册会计师的行为和应当具备的品质做出的一般规定,包括责任、公众利益、正直、客观和独立、应有的谨慎、服务范围和性质六个方面。职业道德原则是注册会计师提供服务和履行职责时,据以判断职业行为的主要依据,也反映了职业道德基本信条。这些原则要求,即使牺牲个人利益也要履行职业责任,坚持正确的行为。具体要求如下:

(1) 责任。注册会计师在履行其职责时,应当对其从事的业务活动保持高度的职业敏感和道德判断。

(2) 公众利益。注册会计师在履行其职责时,应全心全意为公众利益服务,以赢得公众的信赖,并履行对职业界的义务。

(3) 正直。为了保持和增强公众的信任,注册会计师应当以最强烈的正直感履行所有的职业责任。

(4) 客观和独立。注册会计师在履行职责时,应当保持客观和避免利益冲突;在提供审计和其他鉴证服务时,应保持实质上和形式上的独立。

(5) 应有的谨慎。注册会计师应当遵守执业准则和道德准则,不断地提高专业能力和服务质量,尽最大努力履行职业责任。

(6) 服务的范围和性质。在确定所提供服务的范围和性质时,注册会计师应当充分考虑自己的专业胜任能力和保证审计独立性。

(二) 行为守则

美国注册会计师协会的章程要求，所有会员必须遵守《职业道德守则》，并对偏离守则的行为做出合理的解释。行为守则是注册会计师执业行为的基本要求，具有强制性。行为守则的具体要求如下：

守则101：独立。执行公共业务的注册会计师应当遵守准则制定机构发布的准则要求，在提供专业服务时保持独立。

守则102：正直和客观。在提供任何专业服务的过程中，注册会计师都应当保持客观和正直，独立于利益冲突之外，不歪曲事实或者使自己的判断屈从于他人。

守则201：一般标准。注册会计师应当遵守以下标准，以及理事会认可的团体发布的关于标准的解释。

（1）专业胜任能力。只承接注册会计师或所在会计师事务所预期可以胜任并能完成的专业服务。

（2）应有的职业谨慎。在提供专业服务的过程中保持适当的职业谨慎。

（3）计划与监督。充分地计划与监督专业服务的履行。

（4）充分、相关的资料。获取充分、相关的资料，为专业服务的结论或建议提供合理的依据。

守则202：遵守标准。提供审计、审阅、编表、管理咨询、税务或者其他专业服务的注册会计师应当遵守理事会认可的团体发布的标准。

守则203：会计准则。注册会计师应当揭示与会计准则不一致的情况，在一些特殊情况下，应说明原因及对财务报表的影响。

守则301：为客户信息保密。执行公共业务的注册会计师未经客户的特别准许，不得披露客户的任何机密信息。

守则302：或有收费。执行公共业务的注册会计师不得免收费用或根据结果收费，而应根据工作量和服务的复杂程度来确定费用标准。

守则501：辱名行为。注册会计师不应发生有辱职业名誉的行为。

守则512：广告与其他招揽客户的方式。执行公共业务的注册会计师不应以错误、误导或欺骗的广告或其他方式招揽客户。禁止使用威逼、欺诈或骚扰等行为招揽客户。

守则503：佣金与推荐费。

（1）禁止的佣金。执行公共业务的注册会计师不应为了佣金而向客户推荐或提及任何产品或服务，或者为了佣金而推荐或提及客户所提供的任何产品或服务。

（2）允许的佣金的披露。执行公共业务的注册会计师在本规则没有禁止的情况下，为了佣金而提供服务，以及被支付或将被支付佣金的注册会计师，应当向其推荐或提及与佣金有关的产品或服务的个人或主体披露该事实。

（3）推荐费。向个人或主体推荐或提及其他注册会计师的服务而接受推荐费、或支付推荐费以获得客户的注册会计师，应当向客户披露接受或支付推荐费的情况。

守则505：组织形式与名称。注册会计师执行公共业务时应当采用州法律或规章所允许的、符合理事会决议的组织形式。注册会计师在执行公共业务时，不应使用具有误导性的会计师事务所名称。除非其全体所有者都是美国注册会计师协会的会员，否则，会计师事务所不得称其是"美国注册会计师协会会员"。

(三) 行为守则解释

由于经常有注册会计师就某一具体守则提出问题，因而有必要对行为守则做出公开解释。

美国注册会计师协会职业道德部成立了一个主要由执行公共业务的执业人员组成的委员会，由委员会对行为守则做出解释。在解释最终定稿之前，要向职业界征求意见。虽然解释不具有强制性，但注册会计师要在纪律检查听证会上证明背离解释的正当理由。

（四）道德细则

道德细则是美国注册会计师协会职业道德部执行委员会根据一些具体的实际情况做出的解释，也是行为守则及其解释在具体情况和案件中的应用。同行为守则解释一样，也不具有强制性，但要求注册会计师说明任何背离的理由。

三、中国注册会计师的职业道德规范

中国注册会计师协会一直非常重视注册会计师的道德标准建设和道德教育。1992年，中国注册会计师协会发布了《中国注册会计师职业道德守则》（试行）。1996年12月26日，经财政部批准，中国注册会计师协会印发了《中国注册会计师职业道德基本准则》（以下简称《职业道德规范》），并于1997年1月1日起施行，以代替《中国注册会计师职业道德守则》（试行）。

2009年10月18日，中国注册会计师协会又修订发布了《中国注册会计师职业道德守则》（以下简称《职业道德守则》）。《职业道德守则》包括五个组成部分，即《中国注册会计师职业道德守则第1号——职业道德基本原则》《中国注册会计师职业道德守则第2号——职业道德概念框架》《中国注册会计师职业道德守则第3号——提供专业服务的具体要求》《中国注册会计师职业道德守则第4号——审计和审阅业务对独立性的要求》和《中国注册会计师职业道德守则第5号——其他鉴证业务对独立性的要求》。《职业道德守则》已于2010年7月1日起施行。此次中国注册会计师职业道德守则的重大修订，在很大程度上实现了职业道德守则与国际会计师联合会职业道德准则的趋同。

为了顺应经济社会发展对注册会计师诚信和职业道德水平提出的更高要求，规范中国注册会计师协会会员的执业行为，进一步提高职业道德水平，维护职业形象，保持与国际职业会计师道德守则的持续动态趋同，中国注册会计师协会对《职业道德守则》（2009年版）进行了全面修订，形成了《职业道德守则》（2020年版）。《职业道德守则》（2020年版）仍由原有的五个部分组成。

（一）中国注册会计师职业道德基本准则

《职业道德规范》是规范注册会计师职业行为，提高注册会计师职业道德水平，维护注册会计师职业形象的基本要求。注册会计师必须遵守这些基本守则，履行相应的社会责任，维护公众利益。职业道德基本准则包括诚信、客观公正、独立性、专业胜任能力和勤勉尽责、保密、良好职业行为六个方面。

1. 诚信

注册会计师应当在所有的职业活动中，保持正直，诚实守信。注册会计师如果认为业务报告、申报资料或其他信息存在下列问题，则不得与这些有问题的信息发生牵连：①含有严重虚假或误导性的陈述；②含有缺少充分依据的陈述或信息；③存在遗漏或含糊其词的信息。注册会计师如果注意到已与有问题的信息发生牵连，应当采取措施消除牵连。

2. 客观公正

注册会计师应当公正处事、实事求是，不得由于偏见、利益冲突或他人的不当影响而损害自己的职业判断。如果存在导致职业判断出现偏差，或对职业判断产生不当影响的情形，注册会计师不得提供相关专业服务。

3. 独立性

注册会计师执行审计和审阅业务以及其他鉴证业务时,应从实质上和形式上保持独立性,不得因任何利害关系影响其客观性。会计师事务所在承办审计和审阅业务以及其他鉴证业务时,应当从整体层面和具体业务层面采取措施,以保证会计师事务所和项目组的独立性。

4. 专业胜任能力和勤勉尽责

注册会计师应当通过教育、培训和执业实践获取和保持专业胜任能力。注册会计师应当持续了解并掌握当前法律、技术和实务的发展变化,将专业知识和技能始终保持在应有的水平,确保为客户提供具有专业水准的服务。在应用专业知识和技能时,注册会计师应当合理运用职业判断。注册会计师应当保持应有的关注,遵守执业准则和职业道德规范的要求,勤勉尽责,认真、全面、及时地完成工作任务。注册会计师应当采取适当措施,确保在其领导下工作的人员得到应有的培训和督导。注册会计师在必要时应当使客户以及业务报告的其他使用者了解专业服务的固有局限性。

5. 保密

注册会计师应当对职业活动中获知的涉密信息保密,不得有下列行为:未经客户授权或法律法规允许,向会计师事务所以外的第三方披露其所获知的涉密信息;利用所获知的涉密信息为自己或第三方谋取利益。

注册会计师应当对拟接受的客户或拟受雇的工作单位向其披露的涉密信息保密。注册会计师应当对所在会计师事务所的涉密信息保密。注册会计师在社会交往中应当履行保密义务,警惕无意中泄密的可能性,特别是警惕无意中向近亲属或关系密切的人员泄密的可能性。注册会计师应当采取措施,确保下级员工以及提供建议和帮助的人员履行保密义务。在终止与客户的关系后,注册会计师应当对以前在职业活动中获知的涉密信息保密。

如果获得新客户,注册会计师可以利用以前的经验,但不得利用或披露以前职业活动中获知的涉密信息。在下列情形下,注册会计师可以披露涉密信息:①法律法规允许披露,并且取得客户的授权。②根据法律法规的要求,为法律诉讼、仲裁准备文件或提供证据,以及向监管机构报告所发现的违法行为。③法律法规允许的情况下,在法律诉讼、仲裁中维护自己的合法权益。④接受注册会计师协会或监管机构的执业质量检查,答复其询问和调查。⑤法律法规、执业准则和职业道德规范规定的其他情形。

在决定是否披露涉密信息时,注册会计师应当考虑下列因素:①客户同意披露的涉密信息,是否为法律法规所禁止。②如果客户同意披露涉密信息,是否会损害利害关系人的利益。③是否已了解和证实所有相关信息。④信息披露的方式和对象。⑤可能承担的法律责任和后果。

6. 良好职业行为

注册会计师应当遵守相关法律法规,避免发生任何损害职业声誉的行为。注册会计师在向公众传递信息以及推介自己和工作时,应当客观、真实、得体,不得损害职业形象。注册会计师应当诚实、实事求是,不得有下列行为:夸大宣传提供的服务、拥有的资质或获得的经验;贬低或无根据地比较其他注册会计师的工作。

(二) 不利于遵守职业道德基本原则的因素及其防范措施

在注册会计师执业实践中,常常会碰到各种不利于注册会计师遵守职业道德基本原则的情况,为此,《中国注册会计师职业道德守则第2号——职业道德概念框架》专门就这些不利因素进行了分析,并对其防范措施提出了要求。

注册会计师对职业道德基本原则的遵循可能受到多种因素的不利影响。不利影响的性质和严重程度因注册会计师提供服务类型的不同而不同。可能对遵循职业道德基本原则产生不利影响的因素包括自身利益、自我评价、过度推介、密切关系和外在压力等。

如果发现存在可能违反职业道德基本原则的情形,注册会计师应当评价其对职业道德基本原则的不利影响。在评价不利影响的严重程度时,注册会计师应当从性质和数量两个方面予以考虑。如果认为对职业道德基本原则的不利影响超出可接受的水平,注册会计师应当确定是否能够采取防范措施消除不利影响或将其降低至可接受的水平。

注册会计师应当运用判断,确定如何应对超出可接受水平的不利影响,包括采取防范措施消除不利影响或将其降低至可接受的水平,或者终止业务约定或拒绝接受业务委托。在运用判断时,注册会计师应当考虑:一个理性且掌握充分信息的第三方,在权衡注册会计师当时可获得的所有具体事实和情况后,是否很可能认为这些防范措施能够消除不利影响或将其降低至可接受的水平,以使职业道德基本原则不受损害。应对不利影响的防范措施包括下列两类:法律法规和职业规范规定的防范措施;在具体工作中采取的防范措施。

(三)职业道德守则对提供专业服务的具体要求

在提供专业服务的过程中,可能存在许多对职业道德基本原则产生不利影响的情形,注册会计师应保持高度警觉,并采取有针对性的防范措施。为了提供更具操作性的指导,《中国注册会计师职业道德守则第3号——提供专业服务的具体要求》提出了提供专业服务的具体要求,并要求遵照执行。若遇到该守则未列举的情形时,注册会计师应当运用职业道德概念框架予以解决。注册会计师不得在明知的情况下从事任何损害或可能损害诚信原则、客观公正原则以及职业声誉的业务或活动。职业道德守则对提供专业服务的具体要求主要包括以下九个方面。

1. 专业服务委托

专业服务委托包括接受新客户,承接新业务,客户变更委托。在接受客户关系前,注册会计师应当确定接受客户关系是否对职业道德基本原则产生不利影响。注册会计师应当考虑客户的主要股东、关键管理人员和治理层是否诚信,以及客户是否涉足非法活动(如洗钱)或存在可疑的财务报告问题等。注册会计师在承接新业务时,应当遵循专业胜任能力和应有的关注原则,仅向客户提供能够胜任的专业服务。在承接某一客户新业务前,注册会计师应当确定承接该业务是否对职业道德基本原则产生不利影响。如果应客户要求或考虑以投标方式接替前任注册会计师,注册会计师应当从专业角度或其他方面确定应否承接该业务。如果注册会计师在了解所有相关情况前就承接业务,可能对专业胜任能力和应有的关注原则产生不利影响。由于客户变更委托的表面理由可能并未完全反映事实真相,根据业务性质,注册会计师可能需要与前任注册会计师直接沟通,核实与变更委托相关的事实和情况,以确定是否适宜承接该业务。

2. 利益冲突

注册会计师应当采取适当措施,识别可能产生利益冲突的情形。这些情形可能对职业道德基本原则产生不利影响。注册会计师与客户存在直接竞争关系,或与客户的主要竞争者存在合资或类似关系,可能对客观和公正原则产生不利影响。注册会计师为两个以上客户提供服务,而这些客户之间存在利益冲突或者对某一事项或交易存在争议,可能对客观和公正原则或保密原则产生不利影响。

3. 应客户要求提供第二次意见

在某客户运用会计准则对特定交易和事项进行处理且已由前任注册会计师发表意见的情

况下,如果注册会计师应客户的要求提供第二次意见,可能对职业道德基本原则产生不利影响。如果第二次意见不是以前任注册会计师所获得的相同事实为基础,或依据的证据不充分,可能对专业胜任能力和应有的关注原则产生不利影响。不利影响存在与否及其严重程度,取决于业务的具体情况,以及为提供第二次意见所能获得的所有相关事实及证据要求。如果被要求提供第二次意见,注册会计师应当评价不利影响的严重程度,并在必要时采取防范措施消除不利影响或将其降低至可接受的水平。

4. 收费

会计师事务所在确定收费时应当主要考虑下列因素:①专业服务所需的知识和技能。②所需专业人员的水平和经验。③各级别专业人员提供服务所需的时间。④提供专业服务所需承担的责任。在专业服务得到良好的计划、监督及管理的前提下,收费通常以每一专业人员适当的小时收费标准或日收费标准为基础计算。收费是否对职业道德基本原则产生不利影响,取决于收费报价水平和所提供的相应服务。注册会计师应当评价不利影响的严重程度,并在必要时采取防范措施消除不利影响或将其降低至可接受的水平。

5. 专业服务营销

注册会计师通过广告或其他营销方式招揽业务,可能对职业道德基本原则产生不利影响。所以,在向公众传递信息时,注册会计师应当维护职业声誉,做到客观、真实、得体。注册会计师在营销专业服务时,不得有下列行为:①夸大宣传提供的服务、拥有的资质或获得的经验。②贬低或无根据地比较其他注册会计师的工作。③暗示有能力影响有关主管部门、监管机构或类似机构。④做出其他欺骗性或可能导致误解的声明。注册会计师不得采用强迫、欺诈、利诱或骚扰等方式招揽业务。注册会计师不得对其能力进行广告宣传以招揽业务,但可利用媒体刊登设立、合并、分立、解散、迁址、名称变更和招聘员工等信息。

6. 利益诱惑

利益诱惑是指影响其他人员行为的物质、事件或行为,但利益诱惑并不一定具有不当影响该人员行为的意图。利益诱惑范围广泛,小到注册会计师和客户之间正常礼节性的交往,大到可能违反法律法规的行为。利益诱惑可能采取多种形式,例如:礼品;款待;娱乐活动;捐助;意图建立友好关系;工作岗位或其他商业机会;特殊待遇、权利或优先权。某些法律法规禁止在特定情况下提供或接受利益诱惑,如有关反腐败和反贿赂的法律法规。注册会计师应当了解并遵守相关法律法规的规定。然而,即使法律法规未予禁止,在某些情况下,注册会计师提供或接受利益诱惑仍可能对职业道德基本原则产生不利影响。

7. 保管客户资产

除非法律法规允许或要求,注册会计师不得提供保管客户资金或其他资产的服务。如果注册会计师保管客户资金或其他资产,应当履行相应的法定义务。保管客户资金或其他资产可能对职业道德基本原则产生不利影响,尤其可能对客观和公正原则以及良好职业行为原则产生不利影响。如果某项业务涉及保管客户资金或其他资产,注册会计师应当根据有关接受与保持客户关系和具体业务政策的要求,适当询问资产的来源,并考虑应当履行的法定义务。如果客户资金或其他资产来源于非法活动(如洗钱),注册会计师不得提供保管资产服务,并应当向法律顾问征询进一步的意见。

8. 对客观和公正原则的要求

在提供专业服务时,注册会计师如果在客户中拥有经济利益,或者与客户董事、高级管理人员或员工存在家庭和私人关系或商业关系,应当确定是否对客观和公正原则产生不利影响。

对客观和公正原则的不利影响及其严重程度,取决于业务的具体情形和注册会计师所执行工作的性质。注册会计师应当评价不利影响的严重程度,并在必要时采取防范措施消除不利影响或将其降低至可接受的水平。在提供鉴证服务时,注册会计师应当从实质上和形式上独立于鉴证客户,客观公正地提出结论,并且从外界看来没有偏见、无利益冲突、不受他人的不当影响。

9. 应对违反法律法规行为的要求

注册会计师在向客户提供专业服务的过程中,可能遇到、知悉或怀疑客户存在违反法律法规或涉嫌违反法律法规的行为。当注册会计师知悉或怀疑存在这种违反或涉嫌违反法律法规的行为时,可能因自身利益或外在压力对诚信和良好职业行为原则产生不利影响。注册会计师应当运用职业道德概念框架识别、评价和应对此类不利影响。在应对违反法律法规或涉嫌违反法律法规行为时,注册会计师的目标是:遵循诚信和良好职业行为原则;通过提醒客户的管理层或治理层(如适用),使其能够纠正违反法律法规或涉嫌违反法律法规行为或减轻其可能造成的后果,或者阻止尚未发生的违反法律法规行为;采取有助于维护公众利益的进一步措施。

(四)注册会计师审计和审阅业务对独立性的要求

注册会计师在执行审计和审阅业务时应当遵守相同的独立性要求。客观和公正原则要求审计项目组成员、会计师事务所、网络事务所与审计客户保持独立。独立性包括实质上的独立性和形式上的独立性,实质上的独立性是一种内心状态,使得注册会计师在提出结论时不受损害职业判断的因素影响,诚信行事,遵循客观和公正原则,保持职业怀疑态度;形式上的独立性是一种外在表现,使得一个理性且掌握充分信息的第三方,在权衡所有相关事实和情况后,认为会计师事务所或审计项目组成员没有损害诚信原则、客观和公正原则或职业怀疑态度。

在审计客户是上市公司的情况下,职业道德守则所称审计客户包括该客户的所有关联实体。在审计客户不是上市公司的情况下,守则所称审计客户仅包括该客户直接或间接控制的关联实体。注册会计师应当根据职业判断,定期就可能影响独立性的关系和其他事项与会计师事务所的治理层沟通,以使治理层能够:①考虑会计师事务所在识别和评价独立性的不利影响时做出的判断是否正确;②考虑会计师事务所为消除不利影响或将其降低至可接受的水平所采取的防范措施是否适当;③确定是否有必要采取适当的措施。

会计师事务所应当制定政策和程序,指定专门岗位或人员对本所连续为公众利益实体审计客户执行审计业务的年限实施跟踪和监控。如果会计师事务所为某一公众利益实体审计客户连续执行审计业务的时间达到十年或以上,会计师事务所应当在事务所层面采取防范措施消除不利影响或将其降低至可接受的水平。

如果审计客户属于公众利益实体,会计师事务所任何人员担任下列一项或多项职务的累计时间不得超过5年:项目合伙人;项目质量复核人员;其他属于关键审计合伙人的职务。任期结束后,该人员应当遵守《中国注册会计师职业道德守则第4号——审计和审阅业务对独立性的要求》第十二章第四节有关冷却期的规定。此外,在任期内,如果某人员继担任项目合伙人之后立即或短时间内担任项目质量复核人员,可能因自我评价对客观公正原则产生不利影响,该人员不得在2年内担任该审计业务的项目质量复核人员。

注册会计师应当记录遵守独立性要求的情况,包括记录形成的结论,以及为形成结论而讨论的主要内容。

第四节 执业准则

执业准则是注册会计师职业规范体系的重要组成部分,是注册会计师在执行鉴证和相关服务业务过程中应当遵循的行为准则,是衡量注册会计师工作质量的权威标准。注册会计师执业准则是在 20 世纪 40 年代开始出现的。美国是世界上最早制定注册会计师执业准则的国家。之后,不少国家也纷纷仿效,陆续开始制定本国的注册会计师执业准则体系。为了加强国际的经济交流,创造良好的国际投资环境,指导和规范国际审计和鉴证业务,国际会计师联合会(IFAC)下属的国际审计与鉴证准则理事会代表国际会计师联合会制定和发布国际审计与鉴证准则。下面着重介绍我国注册会计师执业准则的主要内容。

中国注册会计师执业准则是中国注册会计师职业规范体系的重要组成部分。中国注册会计师协会从 1995 年开始分批制定中国的独立审计准则体系,经过十多年的努力,初步形成中国注册会计师执业准则体系。为了适应形势的发展和审计技术的变革,实现中国注册会计师职业规范体系的国际协调,我国于 2006 年 2 月制定和颁布了新的注册会计师执业准则体系,2010 年又进行了重大的修订,并于 2012 年 1 月 1 日起实施。

为了提高注册会计师审计报告的信息含量,满足资本市场改革与发展对高质量会计信息的需求,保持我国审计准则与国际准则的持续全面趋同,中国注册会计师协会于 2017 年 12 月颁布《中国注册会计师审计准则第 1504 号——在审计报告中沟通关键审计事项》等 12 项准则,分批实施。

为了回应包括审计行业监管机构在内的社会各界对审计质量的关切,顺应经济社会及信息技术发展对会计师事务所管理提出的新要求、新挑战,提高质量管理能力,中国注册会计师协会针对会计师事务所质量管理方面的突出问题,并借鉴国际质量管理相关准则的最新成果,中国注册会计师协会于 2020 年 12 月颁布了修订后的审计质量准则,包括《会计师事务所质量管理准则第 5101 号——业务质量管理》《会计师事务所质量管理准则第 5102 号——项目质量复核》和《中国注册会计师审计准则第 1121 号——对财务报表审计实施的质量管理》,这些准则于 2023 年开始实施。

尽管执业准则经历了多次修订变化,但是,总体来说,注册会计师执业准则体系由鉴证业务准则和相关服务准则构成。

一、鉴证业务准则

鉴证业务准则包括鉴证业务基本准则、审计准则、审阅准则和其他鉴证业务准则,其中鉴证业务基本准则是制定审计准则、审阅准则和其他鉴证业务准则的依据。

(一)鉴证业务基本准则

《中国注册会计师鉴证业务基本准则》(以下简称准则)于 2006 年发布,共九章六十条,以下简要介绍各章的主要内容。

1. 总则

第一章总则部分主要明确了鉴证业务基本准则制定的目的和依据、鉴证业务的类型以及注册会计师在执行鉴证业务时应遵守的规范。准则规定,为了规范注册会计师执行鉴证业务,明确鉴证业务的目标和要素,确定中国注册会计师审计准则、中国注册会计师审阅准则、中国注册会计师其他鉴证业务准则(分别简称审计准则、审阅准则和其他鉴证业务准则)适用的鉴证业务类型,根据《中华人民共和国注册会计师法》,制定本准则。鉴证业务包括历史财务信息审计业务、历史财务信息审阅业务和其他鉴证业务。注册会计师在执行鉴证业务时,应遵守鉴证业务基本准则以及依据鉴证业务基本准则制定的审计准则、审阅准则和其他鉴证业务准则,应当遵守中国注册会计师职业道德规范和会计师事务所质量控制准则。

2. 鉴证业务的定义和目标

鉴证业务基本准则的第二章明确了鉴证业务的定义和目标。准则指出,鉴证业务是指注册会计师对鉴证对象信息提出结论,以增强除责任方之外的预期使用者对鉴证对象信息信任程度的业务。鉴证对象信息是按照标准对鉴证对象进行评价和计量的结果。鉴证对象信息应当恰当反映既定标准运用于鉴证对象的情况。如果没有按照既定标准恰当反映鉴证对象的情况,鉴证对象信息可能存在错报,而且可能存在重大错报。

鉴证业务分为基于责任方认定的业务和直接报告业务。在基于责任方认定的业务中,责任方对鉴证对象进行评价或计量,鉴证对象信息以责任方认定的形式为预期使用者获取。如在财务报表审计中,被审计单位管理层(责任方)对财务状况、经营成果和现金流量(鉴证对象)进行确认、计量和列报(评价或计量)而形成的财务报表(鉴证对象信息)即为责任方的认定,该财务报表可为预期报表使用者获取,注册会计师针对财务报表出具审计报告。这种业务属于基于责任方认定的业务。在直接报告业务中,注册会计师直接对鉴证对象进行评价或计量,或者从责任方获取对鉴证对象评价或计量的认定,而该认定无法为预期使用者获取,预期使用者只能通过阅读鉴证报告获取鉴证对象信息。如在内部控制鉴证业务中,注册会计师可能无法从管理层(责任方)获取其对内部控制有效性的评价报告(责任方认定),或虽然注册会计师能够获取该报告,但预期使用者无法获取该报告,注册会计师直接对内部控制的有效性(鉴证对象)进行评价并出具鉴证报告,预期使用者只能通过阅读该鉴证报告获得内部控制有效性的信息(鉴证对象信息)。这种业务属于直接报告业务。

关于鉴证业务的目标,准则将鉴证业务按保证程度不同分为合理保证和有限保证。合理保证的鉴证业务的目标是注册会计师将鉴证业务风险降至该业务环境下可接受的低水平,以此作为以积极方式提出结论的基础。如在历史财务信息审计中,要求注册会计师将审计风险降至可接受的低水平,对审计后的历史财务信息提供高水平保证(合理保证),在审计报告中对历史财务信息采用积极方式提出结论。这种业务属于合理保证的鉴证业务。有限保证的鉴证业务的目标是注册会计师将鉴证业务风险降至该业务环境下可接受的水平,以此作为以消极方式提出结论的基础。如在历史财务信息审阅中,要求注册会计师将审阅风险降至该业务环境下可接受的水平(高于历史财务信息审计中可接受的低水平),对审阅后的历史财务信息提供低于高水平的保证(有限保证),在审阅报告中对历史财务信息采用消极方式提出结论。这种业务属于有限保证的鉴证业务。

3. 注册会计师的业务承接和变更

准则的第三章对注册会计师的业务承接和变更进行了规范,明确了承接和变更鉴证业务的条件。准则规定,在接受委托前,注册会计师应当初步了解业务环境,包括业务约定事项、鉴证对象特征、使用的标准、预期使用者的需求、责任方及其环境的相关特征,以及可能对鉴证业务产生重大影响的事项、交易、条件和惯例等其他事项。在初步了解业务环境后,只有认为符合独立性和专业胜任能力等相关职业道德规范的要求,并且拟承接的业务具备下列所有特征,注册会计师才能将其作为鉴证业务予以承接:①鉴证对象适当。②使用的标准适当且预期使用者能够获取该标准。③注册会计师能够获取充分、适当的证据以支持其结论。④注册会计师的结论以书面报告形式表述,且表述形式与所提供的保证程度相适应。⑤该业务具有合理的目的。如果鉴证业务的工作范围受到重大限制,或委托人试图将注册会计师的名字和鉴证对象不适当地联系在一起,则该业务可能不具有合理的目的。

当拟承接的业务不具备规定的上述鉴证业务的所有特征,不能将其作为鉴证业务予以承接时,注册会计师可以提请委托人将其作为非鉴证业务(如商定程序、代编财务信息、管理咨询、税务服务等相关服务业务),以满足预期使用者的需要。

如果某项鉴证业务采用的标准不适当,但满足下列条件之一时,注册会计师可以考虑将其作为一项新的鉴证业务:①委托人能够确认鉴证对象的某个方面适用于所采用的标准,注册会计师可以针对该方面执行鉴证业务,但在鉴证报告中应当说明该报告的内容并非针对鉴证对象整体。②能够选择或设计适用于鉴证对象的其他标准。

关于鉴证业务的变更,准则规定,对已承接的鉴证业务,如果没有合理理由,注册会计师不应将该项业务变更为非鉴证业务,或将合理保证鉴证业务变更为有限保证的鉴证业务。

当业务环境变化影响到预期使用者的需求,或预期使用者对该项业务的性质存在误解时,注册会计师可以应委托人的要求,考虑同意变更该项业务。如果发生变更,注册会计师不应忽视变更前获取的证据。

4. 鉴证业务的三方关系

准则的第四章明确了鉴证业务的三方关系。准则指出,鉴证业务涉及的三方关系人包括注册会计师、责任方和预期使用者。

注册会计师可以承接符合准则规定的各类鉴证业务。如果鉴证业务涉及的特殊知识和技能超出了注册会计师的能力,注册会计师可以利用专家协助执行鉴证业务。在这种情况下,注册会计师应当确信包括专家在内的项目组整体已具备执行该项鉴证业务所需的知识和技能,并充分参与该项鉴证业务和了解专家所承担的工作。

在直接报告业务中,责任方是指对鉴证对象负责的组织或人员;在基于责任方认定的业务中,责任方是指对鉴证对象信息负责并可能同时对鉴证对象负责的组织或人员。责任方可能是鉴证业务的委托人,也可能不是委托人。注册会计师通常提请责任方提供书面声明,表明责任方已按照既定标准对鉴证对象进行评价或计量,无论该声明是否能为预期使用者获取。在直接报告业务中,当委托人与责任方不是同一方时,注册会计师可能无法获取此类书面声明。

预期使用者是指预期使用鉴证报告的组织或人员。责任方可能是预期使用者,但不是唯一的预期使用者。责任方与预期使用者可能是同一方,也可能不是同一方。

注册会计师可能无法识别使用鉴证报告的所有组织和人员,尤其在各种可能的预期使用者对鉴证对象存在不同的利益需求时。注册会计师应当根据法律法规的规定或与委托人签订的协议识别预期使用者。在可行的情况下,鉴证报告的收件人应当明确为所有的预期使用者。在可行的情况下,注册会计师应当提请预期使用者或其代表,与注册会计师和责任方(如果委托人与责任方不是同一方,还包括委托人)共同确定鉴证业务约定条款。

无论其他人员是否参与,注册会计师都应当负责确定鉴证业务程序的性质、时间和范围,并对鉴证业务中发现的、可能导致对鉴证对象信息做出重大修改的问题进行跟踪。

当鉴证业务服务于特定的使用者,或具有特定目的时,注册会计师应当考虑在鉴证报告中注明该报告的特定使用者或特定目的,对报告的用途加以限定。

5. 鉴证对象

准则第五章明确了鉴证对象和鉴证对象信息的形式、鉴证对象的特征及其影响以及构成适当的鉴证对象的条件。

准则指出,鉴证对象与鉴证对象信息具有多种形式,主要包括:①当鉴证对象为财务业绩或状况时(如历史或预测的财务状况、经营成果和现金流量),鉴证对象信息是财务报表。②当鉴证对象为非财务业绩或状况时(如企业的运营情况),鉴证对象信息可能是反映效率或效果的关键指标。③当鉴证对象为物理特征时(如设备的生产能力),鉴证对象信息可能是有关鉴证对象物理特征的说明文件。④当鉴证对象为某种系统和过程时(如企业的内部控制或信息技术系统),鉴证对象信息可能是关于其有效性的认定。⑤当鉴证对象为一种行为时(如遵守法律法规的情况),鉴证对象信息可能是对法律法规遵守情况或执行效果的声明。

鉴证对象具有不同特征,可能表现为定性或定量、客观或主观、历史或预测、时点或期间。这些特征将对下列方面产生影响:①按照标准对鉴证对象进行评价或计量的准确性。②证据的说服力。鉴证报告应当说明与预期使用者特别相关的鉴证对象特征。

适当的鉴证对象应当同时具备下列条件:①鉴证对象可以识别。②不同的组织或人员对鉴证对象按照既定标准进行评价或计量的结果合理一致。③注册会计师能够收集与鉴证对象有关的信息,获取充分、适当的证据,以支持其提出适当的鉴证结论。

6. 鉴证业务的标准

准则的第六章明确了鉴证业务的标准。准则指出,标准是指用于评价或计量鉴证对象的基准,当涉及列报时,还包括列报的基准。标准可以是正式的规定,如编制财务报表所使用的会计准则和相关会计制度;也可以是某些非正式的规定,如单位内部制定的行为准则或确定的绩效水平。

注册会计师在运用职业判断对鉴证对象做出合理一致的评价或计量时,需要有适当的标准。适当的标准应当具备下列所有特征:①相关性:相关的标准有助于得出结论,便于预期使用者做出决策。②完整性:完整的标准不应忽略业务环境中可能影响得出结论的相关因素,当涉及列报时,还包括列报的基准。③可靠性:可靠的标准能够使能力相近的注册会计师在相似的业务环境中,对鉴证对象做出合理一致的评价或计量。④中立性:中立的标准有助于得出无偏向的结论。⑤可理解性:可理解的标准有助于得出清晰、易于理解、不会产生重大歧义的结论。注册会计师基于自身的预期、判断和个人经验对鉴证对象进行的评价和计量,不构成适当的标准。

注册会计师应当考虑运用于具体业务的标准是否具备准则规定的特征,以评价该标准对此项业务的适用性。在具体鉴证业务中,注册会计师评价标准各项特征的相对重要程度,需要运用职业判断。标准可能是由法律法规规定的,或由政府主管部门或国家认可的专业团体依照公开、适当的程序发布的,也可能是专门制定的。采用标准的类型不同,注册会计师为评价该标准对于具体鉴证业务的适用性所需执行的工作也不同。

标准应当能够为预期使用者获取,以使预期使用者了解鉴证对象的评价或计量过程。其获取方式包括:①公开发布。②在陈述鉴证对象信息时以明确的方式表述。③在鉴证报告中以明确的方式表述。④常识理解,如计量时间的标准是小时或分钟。

如果确定的标准仅能为特定的预期使用者获取,或仅与特定目的相关,鉴证报告的使用也应限于这些特定的预期使用者或特定目的。

7. 鉴证业务证据的总体要求

准则的第七章明确了关于鉴证业务证据的总体要求,鉴证业务证据的特征,收集有关证据时应考虑的因素以及对重大事项记录的要求。

关于鉴证业务证据的总体要求,准则规定,注册会计师应当以职业怀疑态度计划和执行鉴证业务,获取有关鉴证对象信息是否不存在重大错报的充分、适当的证据。

所谓职业怀疑态度是指注册会计师以质疑的思维方式评价所获取证据的有效性,并对相互矛盾的证据,以及引起对文件记录或责任方提供的信息的可靠性产生怀疑的证据保持警觉。值得注意的是,鉴证业务通常不涉及鉴定文件记录的真伪,注册会计师也不是鉴定文件记录真伪的专家,但应当考虑用作证据的信息的可靠性,包括考虑与信息生成和维护相关的控制的有效性。如果在执行业务过程中识别出的情况使其认为文件记录可能是伪造的或文件记录中的某些条款已发生变动,注册会计师应当做出进一步调查,包括直接向第三方询证,或考虑利用专家的工作,以评价文件记录的真伪。

注册会计师应当及时对制定的计划、实施的程序、获取的相关证据以及得出的结论做出记录。

在计划和执行鉴证业务,尤其在确定证据收集程序的性质、时间和范围时,应当考虑重要性、鉴证业务风险以及可获取证据的数量和质量。

关于鉴证业务证据的特征,准则指出,证据应具备充分性和适当性。证据的充分性是对证据数量的衡量,主要与注册会计师确定的样本量有关。证据的适当性是对证据质量的衡量,即证据的相关性和可靠性。所需证据的数量受鉴证对象信息重大错报风险的影响,即风险越大,可能需要的证据数量越多;所需证据的数量也受证据质量的影响,即证据质量越高,可能需要的证据数量越少。尽管证据的充分性和适当性相关,但如果证据的质量存在缺陷,注册会计师仅靠获取更多的证据可能无法弥补其质量上的缺陷。

证据的可靠性受其来源和性质的影响,并取决于获取证据的具体环境。注册会计师通常按照下列原则考虑证据的可靠性:①从外部独立来源获取的证据比从其他来源获取的证据更可靠。②内部控制有效时内部生成的证据比内部控制薄弱时内部生成的证据更可靠。③直接获取的证据比间接获取或推论得出的证据更可靠。④以文件记录形式(无论是纸质、电子或其他介质)存在的证据比口头形式的证据更可靠。⑤从原件获取的证据比从传真或复印件获取的证据更可靠。在运用上述原则评价证据的可靠性时,注册会计师应当注意可能出现的重大例外情况。

如果针对某项认定从不同来源获取的证据或获取的不同性质的证据能够相互印证,与该项认定相关的证据通常具有更强的说服力。如果从不同来源获取的证据或获取的不同性质的证据不一致,可能表明某项证据不可靠,注册会计师应当追加必要的程序予以解决。

针对一个期间的鉴证对象信息获取充分、适当的证据,通常要比针对一个时点的鉴证对象信息获取充分、适当的证据更困难。针对过程提出的结论通常限于鉴证业务涵盖的期间,注册会计师不应对该过程是否在未来以特定方式继续发挥作用提出结论。

注册会计师可以考虑获取证据的成本与所获取信息有用性之间的关系,但不应仅以获取证据的困难和成本为由减少不可替代的程序。在评价证据的充分性和适当性以支持鉴证报告时,注册会计师应当运用职业判断,并保持职业怀疑态度。

在确定证据收集程序的性质、时间和范围,评估鉴证对象信息是否不存在错报时,注册会计师应当考虑重要性。在考虑重要性时,注册会计师应当了解并评估哪些因素可能会影响预期使用者的决策。注册会计师应当综合数量和性质因素考虑重要性。在具体业务中评估重要性以及数量和性质因素的相对重要程度,需要注册会计师运用职业判断。

在确定证据收集程序的性质、时间和范围,评估鉴证对象信息是否不存在错报时,注册会计师应当考虑鉴证业务的风险。鉴证业务风险是指在鉴证对象信息存在重大错报的情况下,注册会计师提出不恰当结论的可能性。

在直接报告业务中,鉴证对象信息仅体现在注册会计师的结论中,鉴证业务风险包括注册会计师不恰当地提出鉴证对象在所有重大方面遵守标准的结论的可能性。

在合理保证的鉴证业务中,注册会计师应当将鉴证业务风险降至具体业务环境下可接受的低水平,以获取合理保证,作为以积极方式提出结论的基础。在有限保证的鉴证业务中,由于证据收集程序的性质、时间和范围与合理保证的鉴证业务不同,其风险水平高于合理保证的鉴证业务;但注册会计师实施的证据收集程序至少应当足以获取有意义的保证水平,作为以消极方式提出结论的基础。

鉴证业务风险通常体现为重大错报风险和检查风险。重大错报风险是指鉴证对象信息在鉴证前存在重大错报的可能性。检查风险是指某一鉴证对象信息存在错报,该错报单独或连同其他错报是重大的,但注册会计师未能发现这种错报的可能性。注册会计师对重大错报风险和检查风险的考虑受具体业务环境的影响,特别受鉴证对象性质,以及所执行的是合理保证鉴证业务还是有限保证鉴证业务的影响。

证据收集程序的性质、时间和范围因业务的不同而不同。注册会计师应当清楚表达证据收集程序,并以适当的形式运用于合理保证的鉴证业务和有限保证的鉴证业务。

在合理保证的鉴证业务中,为了能够以积极方式提出结论,注册会计师应当通过下列不断修正的、系统化的执业过程,获取充分、适当的证据:①了解鉴证对象及其他的业务环境事项,在适用情况下包括了解内部控制。②在了解鉴证对象及其他的业务环境事项的基础上,评估鉴证对象信息可能存在的重大错报风险。③应对评估的风险,包括制定总体应对措施及确定进一步程序的性质、时间和范围。④针对已识别的风险实施进一步程序,包括实施实质性程序,以及在必要时测试控制运行的有效性。⑤评价证据的充分性和适当性。

合理保证提供的保证水平低于绝对保证。由于下列因素的存在,将鉴证业务风险降至零几乎不可能,也不符合成本效益原则:①选择性测试方法的运用。②内部控制的固有局限性。③大多数证据是说服性而非结论性的。④在获取和评价证据以及由此得出结论时涉及大量判断。⑤在某些情况下鉴证对象具有特殊性。

合理保证的鉴证业务和有限保证的鉴证业务都需要运用鉴证技术和方法,收集充分、适当的证据。与合理保证的鉴证业务相比,有限保证的鉴证业务在证据收集程序的性质、时间、范围等方面是有意识地加以限制的。

无论是合理保证还是有限保证的鉴证业务,如果注意到某事项可能导致对鉴证对象信息是否需要做出重大修改产生疑问,注册会计师应当执行其他足够的程序,追踪这一事项,以支持鉴证结论。

可获取证据的数量和质量受下列因素的影响:①鉴证对象和鉴证对象信息的特征。②业务环境中鉴证对象特征以外的其他事项。

对任何类型的鉴证业务,如果下列情形对注册会计师的工作范围构成重大限制,阻碍注册会计师获取所需要的证据,注册会计师提出无保留结论是不恰当的:①客观环境阻碍注册会计师获取所需要的证据,无法将鉴证业务风险降至适当水平;②责任方或委托人施加限制,阻碍注册会计师获取所需要的证据,无法将鉴证业务风险降至适当水平。

注册会计师应当记录重大事项,以提供证据支持鉴证报告,并证明其已按照鉴证业务准则的规定执行业务。对需要运用职业判断的所有重大事项,注册会计师应当记录推理过程和相关结论。如果对某些事项难以进行判断,注册会计师还应当记录得出结论时已知悉的有关事实。

注册会计师应当将鉴证过程中考虑的所有重大事项记录于工作底稿。在运用职业判断确定工作底稿的编制和保存范围时,注册会计师应当考虑,使未曾接触该项鉴证业务的有经验的专业人士了解实施的鉴证程序,以及做出重大决策的依据。

8. 鉴证报告

准则第八章涉及鉴证报告,明确了得出各种鉴证结论的条件及表述方式。准则规定,注册会计师应当出具含有鉴证结论的书面报告,该鉴证结论应当说明注册会计师就鉴证对象信息获取的保证。注册会计师应当考虑其他报告责任,包括在适当时与治理层沟通。

在出具无保留结论的鉴证报告时,对于基于责任方认定的业务,注册会计师的鉴证结论可以采用下列两种表述形式:①明确提及责任方认定,如"我们认为,责任方做出的'根据×标准,内部控制在所有重大方面是有效的'这一认定是公允的"。②直接提及鉴证对象和标准,如"我们认为,根据×标准,内部控制在所有重大方面是有效的"。

在直接报告业务中,注册会计师应当明确提及鉴证对象和标准。

在合理保证的鉴证业务中,注册会计师应当以积极方式提出结论,如"我们认为,根据×标准,内部控制在所有重大方面是有效的"或"我们认为,责任方做出的'根据×标准,内部控制在所有重大方面是有效的'这一认定是公允的"。

在有限保证的鉴证业务中,注册会计师应当以消极方式提出结论,如"基于本报告所述的工作,我们没有注意到任何事项使我们相信,根据×标准,×系统在任何重大方面是无效的"或"基于本报告所述的工作,我们没有注意到任何事项使我们相信,责任方做出的'根据×标准,×系统在所有重大方面是有效的'这一认定是不公允的"。

对任何类型的鉴证业务,如果注册会计师的工作范围受到限制,注册会计师应当视受到限制的重大与广泛程度,出具保留结论或无法提出结论的报告。在某些情况下,注册会计师应当考虑解除业务约定。

如果存在下列情形,注册会计师应当视其影响的重大与广泛程度,出具保留结论或否定结论的报告:①注册会计师的结论提及责任方的认定,且该认定未在所有重大方面做出公允表达;②注册会计师的结论直接提及鉴证对象和标准,且鉴证对象信息存在重大错报。在承接业务后,如果发现标准或鉴证对象不适当,可能误导预期使用者,注册会计师应当视其重大与广泛程度,出具保留结论或否定结论的报告。如果发现标准或鉴证对象不适当,造成工作范围受到限制,注册会计师应当视受到限制的重大与广泛程度,出具保留结论或无法提出结论的报告。在某些情况下,注册会计师应当考虑解除业务约定。

当注册会计师针对鉴证对象信息出具报告,或同意将其姓名与鉴证对象联系在一起时,则注册会计师与该鉴证对象发生了关联。如果获知他人不恰当地将其姓名与鉴证对象相关联,注册会计师应当要求其停止这种行为,并考虑采取其他必要的措施,包括将不恰当使用注册会计师姓名这一情况告知所有已知的使用者或征询法律意见。

9. 附则

准则第九章附则,明确了准则的适用范围和生效日期。

(二) 审计准则

审计业务是注册会计师提供的主要服务之一。中国注册会计师协会在2010修订发布的审计准则体系的基础上,2017年修订了审计报告相关准则,2020年修订了审计质量相关准则。截至2020年底,有效的审计准则如下:

《中国注册会计师审计准则第1101号——注册会计师的总体目标和审计工作的基本要求》

《中国注册会计师审计准则第1111号——就审计业务约定条款达成一致意见》

《中国注册会计师审计准则第1121号——对财务报表审计实施的质量管理》

《中国注册会计师审计准则第1131号——审计工作底稿》

《中国注册会计师审计准则第1141号——财务报表审计中与舞弊相关的责任》

《中国注册会计师审计准则第1142号——财务报表审计中对法律法规的考虑》

《中国注册会计师审计准则第1151号——与治理层的沟通》

《中国注册会计师审计准则第1152号——向治理层和管理层通报内部控制缺陷》

《中国注册会计师审计准则第1153号——前任注册会计师和后任注册会计师的沟通》

《中国注册会计师审计准则第1201号——计划审计工作》

《中国注册会计师审计准则第1211号——通过了解被审计单位及其环境识别和评估重大错报风险》

《中国注册会计师审计准则第1221号——计划和执行审计工作时的重要性》

《中国注册会计师审计准则第1231号——针对评估的重大错报风险采取的应对措施》

《中国注册会计师审计准则第1241号——对被审计单位使用服务机构的考虑》

《中国注册会计师审计准则第1251号——评价审计过程中识别出的错报》

《中国注册会计师审计准则第1301号——审计证据》

《中国注册会计师审计准则第1311号——对存货等特定项目获取审计证据的具体考虑》

《中国注册会计师审计准则第1312号——函证》

《中国注册会计师审计准则第1313号——分析程序》

《中国注册会计师审计准则第1314号——审计抽样》

《中国注册会计师审计准则第1321号——审计会计估计(包括公允价值会计估计)和相关披露》

《中国注册会计师审计准则第1323号——关联方》

《中国注册会计师审计准则第1324号——持续经营》

《中国注册会计师审计准则第1331号——首次审计业务涉及的期初余额》

《中国注册会计师审计准则第1332号——期后事项》

《中国注册会计师审计准则第1341号——书面声明》

《中国注册会计师审计准则第1401号——对集团财务报表审计的特殊考虑》

《中国注册会计师审计准则第1411号——利用内部审计人员的工作》

《中国注册会计师审计准则第1421号——利用专家的工作》

《中国注册会计师审计准则第1501号——对财务报表形成审计意见和出具审计报告》

《中国注册会计师审计准则第1502号——在审计报告中发表非无保留意见》

《中国注册会计师审计准则第1503号——在审计报告中增加强调事项段和其他事项段》

《中国注册会计师审计准则第1504号——在审计报告中沟通关键审计事项》

《中国注册会计师审计准则第1511号——比较信息:对应数据和比较财务报表》

《中国注册会计师审计准则第1521号——注册会计师对其他信息的责任》

《中国注册会计师审计准则第 1601 号——对按照特殊目的编制基础编制的财务报表审计的特殊考虑》

《中国注册会计师审计准则第 1603 号——对单一财务报表和财务报表的特定要素、账户或项目审计的特殊考虑》

《中国注册会计师审计准则第 1604 号——对简要财务报表出具报告的业务》

(三) 审阅准则和其他鉴证业务准则

注册会计师执行的鉴证业务除审计业务外,还包括审阅业务和其他鉴证业务。注册会计师执业规范体系对审阅业务和其他鉴证业务也做出了规范,已颁布的审阅准则有财务报表审阅,颁布的其他鉴证业务准则有历史财务信息审计或审阅以外的鉴证业务和预测性财务信息的审核。

二、相关服务准则

注册会计师除了提供鉴证业务,还可以提供相关服务,包括商定程序、代编财务信息、管理咨询、税务服务等。为了规范注册会计师提供的相关服务,注册会计师执业规范体系对相关服务也做了规范,已颁布的相关服务准则包括对财务信息执行商定程序和代编财务信息。

第五节 质量控制准则和职业后续教育准则

一、质量控制准则

所谓质量管理是会计师事务所为确保服务质量符合业务准则的要求而制定和运用的控制政策与程序。如果说执业准则规定了注册会计师在业务活动中应遵循的技术规范和应达到的质量要求,那么,为了保证业务活动能遵循执业准则的要求,会计师事务所就要进行质量管理。为了指导会计师事务所的质量控制,国际会计师联合会和美国注册会计师协会都专门制定了相应的质量控制准则。为了规范会计师事务所质量管理,保证执业质量,根据《中华人民共和国注册会计师法》的规定,中国注册会计师协会拟定了《中国注册会计师质量控制基本准则》。经财政部批准,该准则于 1997 年 1 月 1 日开始执行。2006 年 2 月,对该准则进行了修订,颁布了《会计师事务所质量控制准则第 5101 号——业务质量控制》。2010 年又对该准则作了重要修订,并定名为"会计师事务所对执行财务报表审计和审阅、其他鉴证和相关服务业务实施的质量控制"。

为了回应包括审计行业监管机构在内的社会各界对审计质量的关切,顺应经济社会及信息技术发展对会计师事务所管理提出的新要求、新挑战,提高会计师事务所的质量管理能力,解决会计师事务所质量管理方面的突出问题,并借鉴国际准则的相关最新成果,中国注册会计师协会于 2019 年 2 月,启动对审计质量准则的修订工作,并于 2020 年 11 月颁布了新的审计质量准则体系,这套准则由三个准则组成:《会计师事务所质量管理准则第 5101 号——业务质量管理》《会计师事务所质量管理准则第 5102 号——项目质量复核》《中国注册会计师审计准则第 1121 号——对财务报表审计实施的质量管理》。这些准则的相关内容将于本书第十七章审计质量管理中介绍。

二、职业后续教育准则

注册会计师职业后续教育是指注册会计师为保持和提高其专业胜任能力与执业水平,掌握和运用相关新知识、新技能、新法规所进行的学习与研究。注册会计师接受职业后续教育是提高专业胜任能力与执业水平的重要手段。注册会计师职业较为发达的国家,都十分重视注册会计师的职业后续教育。国际会计师联合会发布了《职业后续教育指南》,各个国家的会计师职业团体也都制定了类似的执业后续教育准则。在所有国家和地区制定的职业后续教育规范中,国际会计师联合会的《职业后续教育指南》最为完整和全面。其内容涉及导言、目标、指南范围、课程领域、职业后续教育的程度、职业后续教育强制或自愿的方法与组织及监控、后续教育的筹资、实施等十部分的内容。

在我国,中国注册会计师协会拟定了《中国注册会计师职业后续教育基本准则》,经财政部批准于1997年1月1日起实施。《中国注册会计师职业后续教育基本准则》包括总则、一般原则、内容与形式、组织与实施、检查与考核、附则等部分。2006年,中国注册会计师协会发布《中国注册会计师继续教育制度》,自2007年1月1日起施行,2021年12月该制度有修订。下面,简要介绍这个制度的主要内容。

第一章总则。确定注册会计师继续教育的目的是保持和提升注册会计师的专业素质、执业能力和职业道德水平,加强注册会计师行业人才培养,建立一支在质量和数量上都能够满足我国经济和资本市场发展战略以及现代企业制度需要的执业队伍。并要求任何个人或机构不得以任何理由限制或剥夺注册会计师参加继续教育的权利,继续教育要贯穿于注册会计师的整个执业生涯,注册会计师应当按照本制度的要求接受继续教育。

第二章继续教育的形式与学时要求。有组织形式的继续教育包括:①中国注册会计师协会(以下简称中注协)或各省、自治区、直辖市注册会计师协会(以下简称地方协会)举办,或者委托专业培训机构举办的各种类型的培训班、专业论坛、研讨会、学术报告会等。②经所在地地方协会认可的会计师事务所(以下简称事务所)内部培训。③中注协或地方协会通过远程教育直播系统提供的注册会计师培训。④中注协或地方协会认可的其他方式。其他形式的继续教育包括:①完成专业著作或专业论文,并公开出版或发表。②担当中注协、地方协会举办或委托举办的注册会计师继续教育培训的授课人、研讨会的主持人或演讲人。③参加行业执业质量检查。④承担学术团体、行业、政府部门组织的专业课题研究,并取得研究成果。⑤在境外事务所实习期间接受当地组织的继续教育培训。⑥参加会计相关专业的在职学位教育。⑦经中注协或地方协会认可的专业论坛、研讨会。⑧中注协或地方协会认可的其他方式。

注册会计师继续教育每一年为一个考核周期,在每个考核周期内接受的继续教育时间累计不得少于40个学时。有关职业道德的培训,每个周期不得少于4个学时。

第三章继续教育的组织。中注协和地方协会可以自行举办继续教育培训班。中注协和地方协会可以委托专业培训机构举办继续教育培训班。

第四章继续教育学时的确认与考核。地方协会负责确认和登记本地区注册会计师参加继续教育的学时,并考核其完成情况。对未完成继续教育学时,且不符合本制度第十条规定情形的注册会计师,由地方协会进行公告,并限期接受强制培训。

第六节 审计规范各要素之间的关系

审计规范体系从不同的侧面规范了审计机构和人员的业务活动。由于注册会计师业务活动的各方面有着密切的联系,因而审计规范的各要素之间也存在着密切的联系。概括而言,审计规范各要素之间是既相互联系,又相互区别,共同在审计工作中发挥规范作用。

一、审计法律法规的主导地位

在审计规范体系中,审计法律法规处于最高层次,具有最高的权威性,它为其他审计规范的制定提供了依据,其他层次的审计规范不得违反最高层次的审计法律法规。从这个意义上说,审计法律法规在审计规范体系中处于主导地位。审计法律法规之所以在审计规范体系中处于主导地位,是因为审计法律法规具有权威性、原则性和抽象性的特点。

审计法律法规的权威性来源于其科学性。我们知道,在审计实践中,对某些审计工作最初制定的规范的层次往往不高。随着审计实践的发展,审计规范日益完善和成熟,审计规范的层次得以提高,最终形成审计法律法规。审计法律法规是其他审计规范提炼、升华后的结晶。审计法律法规的形成过程,保证了审计法律法规的科学性。正是因为其科学性,加之有国家权力为保证,所以审计法律法规具有权威性,这就决定了其他审计规范不得违反审计法律法规的规定。因为审计法律法规具有原则性的特点,而这些原则是长期实践经验和理论研究的结晶,所以审计法律法规能成为制定其他审计规范的依据。也正是因为审计法律法规具有抽象性的特点,为了使之具有可操作性,就需要其他审计规范将其具体化,对其进行必要的补充和解释。

二、职业道德规范、执业准则和质量控制准则之间的关系

审计职业道德规范、执业准则和质量控制准则是审计规范体系的主体,它们之间相互联系,又相互区别,共同构成了审计规范体系的主体。

(一) 三者之间的联系

从内容上看,三者相互渗透,相互包含,各有侧重。三者都是审计工作的规范,它们对审计工作存在着一些共同的要求,因此,三者的内容具有一定的共性。例如,三者都对审计的独立性提出了要求。审计职业道德强调审计独立性,是因为审计独立性是保证审计工作客观公正、取得社会公众信任的条件。因此,审计职业道德不仅要求审计人员保持实质上的独立,而且要求保持形式上的独立。鉴证业务准则强调注册会计师的独立性,是因为审计独立性是保证审计意见合法、真实、客观、公正的前提。因此,它要求审计人员在审计工作中独立地取证、独立地发表审计意见。质量控制准则强调独立性,是因为注册会计师的独立性是避免鉴证业务失误、降低鉴证业务风险的措施。因此,它要求审计机构在聘用、委派审计人员、检查鉴证业务工作质量时,应充分考虑独立性要求。

从作用上看,三者相互配合,相互促进,相辅相成。职业道德规范主要从思想观念上对审计人员的行为提出了职业要求,执业准则主要是从操作技术上对审计人员提出了要求,质量控制准则则主要从内部管理上对会计师事务所提出了控制要求。从所起的作用来看,三者都是为了保证审计工作的效率和效果,只是起作用的侧面不同。三者之间相互配合,相互促进,相辅相成。

(二) 三者之间的区别

职业道德规范、执业准则和质量控制准则之间也存在明显的区别,主要表现在以下几个方面:

(1) 规范的对象不同。审计职业道德规范的是审计机构和审计人员,重点是规范审计人员;执业准则是用来规范注册会计师的业务活动;质量控制准则是用以规范审计机构的管理控制工作。

(2) 适用的业务不同。职业道德规范适用于注册会计师所承接的各项业务,包括鉴证业务和相关服务;在执业准则中,鉴证业务准则适用于审计业务、审阅业务和其他鉴证业务;相关服务准则适用于注册会计师提供的非鉴证服务。质量控制则适用于会计师事务所的所有工作,包括承接的各项业务和机构内部的各项工作,如人员招聘、业务培训、奖励处罚等。

(3) 规范的侧重点不同。职业道德规范侧重于从道德上规范审计机构和审计人员,要求从事注册会计师职业,就应遵循职业道德的要求;执业准则侧重于从执业技术的角度规范审计人员,要求审计人员在从事具体审计工作时,应遵守操作规程;质量控制则侧重于从内部管理的角度来规范审计机构,要求审计机构在整个运作过程中,要做到全过程的质量控制。

(4) 规范的要求不同。职业道德主要从原则的角度来要求审计机构和审计人员,执业准则主要从操作的角度来要求审计人员;而质量控制则既具有原则性的要求,又具有操作性的规定。

(5) 规范的内容不同。职业道德规范的主要内容主要有职业道德原则、技术准则、对客户的责任、对同行的责任、业务承接等;执业准则的主要内容涉及业务操作的各层面;质量控制准则主要包括会计师事务所的全面质量控制和单项质量控制。

此外,注册会计师职业后续教育准则是指注册会计师为保持和提高其专业胜任能力与执业水平,掌握和运用相关新知识、新技能、新法规所进行的学习与研究的规范。这些准则通常要求注册会计师定期参加继续教育活动,以确保他们的专业知识和技能能够跟上行业发展和法规变化的步伐。职业后续教育准则与审计准则之间的关系在于,职业后续教育是注册会计师维持其专业资格和执行审计工作所必需的一个组成部分。审计准则规定了注册会计师在执行审计业务时必须遵循的专业标准和行为规范,而职业后续教育准则用于确保注册会计师具备实施这些标准和规范所需的知识和技能。通过职业后续教育,注册会计师能够更新其对独立审计准则、质量控制准则、职业道德准则等相关职业规范的理解和应用能力。简而言之,职业后续教育准则支持和补充了审计准则,帮助注册会计师在职业生涯中不断提升自身的专业素养,从而更好地遵守和执行审计准则,提供高质量的审计服务。

复习思考题

1. 什么是审计规范?审计规范有哪些特点?
2. 我国注册会计师审计规范体系的结构是什么?
3. 中国注册会计师职业道德规范的主要内容有哪些?
4. 中国注册会计师执业准则有哪些?
5. 什么是合理保证的鉴证业务,什么是有限保证的鉴证业务?两者的区别有哪些?
6. 试述我国会计师事务所质量管理准则有哪些。
7. 试述审计规范体系中各要素的关系。

第七章　审计基本方法

> 📖 **本章要点**
>
> 在审计规范的约束之下,审计师需要自主决定如何具体完成审计,从而达到审计目标。审计基本方法则是指在特定的时代、特定的审计目标和审计规范的约束下,审计师运用的最基本的逻辑化的审计基本技术方法。审计基本方法的发展主要取决于企业管理理论与实务、审计目标、审计规范以及审计职业界自身的发展状况。审计方法进展的主要动力来自如何提高审计的效率与效果。在审计方法发展的演进中,主要有三种基本审计方法:账项基础的详细审计、内部控制基础的制度基础审计、企业风险管理基础的现代风险导向审计。
>
> ✍ **本章需要重点掌握的内容**
>
> 审计基本方法的含义,账项基础的详细审计的特征与优缺点,内部控制基础的制度基础审计的特征与优缺点,企业风险管理的概念与现代风险导向审计的概念。

第一节　审计基本方法的发展

一、影响审计方法发展的决定因素

审计基本方法是审计师用主客观事实进行诊断、处理和推理的体系,它实质上反映的是审计师作为一种专门职业的一整套的抽象的知识体系。这一知识体系也是审计职业的核心所在。正如艾伯特(Abott)于1988年所指出的,一个特定的群体在社会环境的变化中,可能能够抓住机会开发出新的工作,或从其他职业获得一些工作,但是,这一群体要发展成一个职业,他们必须发展出一套抽象的知识体系(abstract knowledge)以保护和发展自己的职责范围(jurisdiction)。这一抽象的知识体系必须随着社会环境的变化而不断发展;否则,其他职业或新出现的团体就会吞并或蚕食已有职业的职责范围。

二、审计方法进展的特征

在审计基本方法发展的过程中,每一种基本审计方法都是要在当时的社会经济环境下,为达到审计的基本目标,利用自身已经掌握的技术手段,对被审计单位的经营管理进行调查取证,从而最后对反映被审计单位的管理绩效情况的财务报表发表恰当的审计意见。因此,审计基本方法受到审计职业内外部因素的影响，而这些内外部因素也表现出继承和创新的特征。在有重大创新时，审计基本方法也就发生了巨大的变化，从而体现出与上一个阶段的理论与实务显著不同的特点。

三、审计方法发展阶段的划分

审计方法一直在紧跟社会的需求，以及为了满足这种需求的会计体系的进化而发展。从根本上说，审计师发展审计方法是为了提高审计的功效，而可行的审计方法必须建立在客户本身的经营方式的基础之上。审计服务的发展也经历了三个重要的阶段①，如图 7-1 所示。

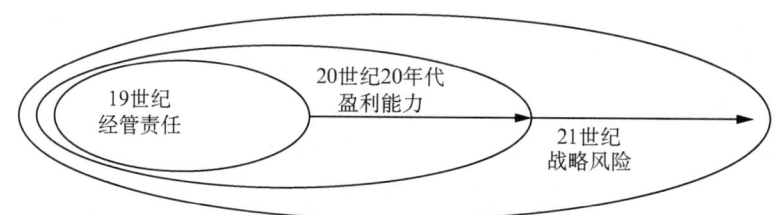

图 7-1 审计服务发展的三个阶段

巴兹尔·亚米于 1977 年在描述 16～19 世纪现代公司产生以前英国的会计信息使用者对信息需求的性质时说："会计和事实上的书面记录的起源可以从会计职员需要提交一份书面报告的需求中找到答案，这一报告是关于他代表他的雇主掌管的现金收入或其他资产以及代表雇主所支付出去的现金或其他资产的情况。对下级的诚实性和可靠性需要一个检查。"②

在企业运营主要着重于经管责任，而并不看重盈利能力时③，对于企业的审计也就采用着重会计账项的详细审计方法。这种审计主要是为了满足对于存量和流量的会计记录进行独立检查的需求，它事实上是保持下属或经管人诚实和可靠的行为的附加机制。审计师执行一系列的工作，包括观察经管人所报告的实物资产的存在，通过检查支持性的文件确认所有权，使用商业知识或向外部人询问以确认报告价值（通常为成本）的准确性。通过"数"在特定时点存在的现金或其他形式的资产并与上一期审计过的或以前没有经过审计的受托人最初所受托的资产比较，审计师可以确认会计记录的收支变化。

执行这一"详细审计"（也被称为"资产负债表审计"）所需要的知识体系包括对簿记方法和程序的理解，对业务活动性质的理解，以及对商人所交易的商品或经管人所保护的资产的成本和市场价值的理解。

---

① W. R. Knechel. Auditing: Assurance & Risk. second edition[M]. South-Western College, 2001. p10. Knechel 在原文中 21 世纪以后的观点为风险和控制(risk and control)，但他自己对这一提法并不满意，后来修正为"战略风险"。在 2017 年 Auditing: Assurance & Risk. fourth edition 中，Knechel 没有将关于鉴证服务的历史观点继续保留。

② 转引自 Timothy B Bell, Frank O Marrs, Ira Solomon, Howard Thomas. Auditing Organizations Through a Strategic-Systems Lens. KPMG monograph, 1997. p9. 原文见 B. S. Yamey, "Some Topics in the History of Financial Accounting in England, 1500—1900", reprinted in Studies in Accounting, edited by W. T. Baxter and S. Davidson (The Institute of Chartered Accountants, 1977), p11.

③ 当时的英国是审计最为发达的国家，企业主可以在殖民地获得大量财富。因此，对于当时的会计来说，只要记录财富的来源与去向就可以了，审计也就只要详细复核这一记录是否正确(Yamey(1977)，转引自 Bell et al. (1997))。

后来，随着股份制企业的出现，股东开始关注企业的盈利能力，而报告企业盈利能力的数据成为对于使用者来说至关重要的信息。贝尔等人在 1997 年对 19 世纪后的会计、审计的发展作了总结。19 世纪以后，会计和审计进入了一个快速发展的时期。西方文明由农业时代进入工业时代，机器的发明使粮食和其他商品与服务的大量生产成为可能；蒸汽机、火车、汽车和电话的发明，极大地方便了人类的交通出行与提升了沟通交流的速度和质量，加快了商品和劳务的流动性，从而使企业组织的规模和复杂程度达到了一个新的高度。同时，权益资本开始成为这些复杂的企业组织的资本来源，从而产生了对新型的会计信息和审计方法的需要。权益投资者（包括潜在的）开始需要了解其投资的盈利能力，而定期的利润成为衡量获利能力的重要指标。作为这些使用者的需求和为适应这些需求的会计信息系统变化的结果，审计从检查管理人员是否有未经审批的开支，或检查下属人员是否有不诚实的行为，扩大到检查一个企业报告的利润与财务状况的真实性。

蒙哥马利在审计学第一版（Auditing Theory and Practice，1912）中，对这两种审计方法及其所服务的不同的使用者的需求作了区分：①详细审计，在美国审计形成的早期，其目标是检查和防止舞弊与错误。②与企业有关的合伙人、股东、经理层、银行或投资者审计，确保真实的财务状况和盈利能力。蒙哥马利认为后者代表了"更为广泛的和更为重要的工作类型"，从而使得详细审计的目标"成为从属地位但并没有降低它的重要性"①。

20 世纪初，为了满足使用者对企业财务状况和盈利能力信息的需求，美国产生了新的会计概念和会计原则。1913 年，美国国会通过了所得税法，从而加速了计量企业利润方法的发展。虽然计量企业利润的方法在不断发展，但在实务中运用的审计方法依然着重于资产负债表。比如，20 世纪早期，美国的银行再次强调资产负债表审计，并要求商业贷款的申请者提交由审计师签名的资产负债表。

这时，股东和其他利益相关者不但需要关于企业真实的财务状况和盈利能力信息，而且希望提供这一信息的系统也有足够的控制，以保证信息生产的可靠性。内部控制的观念就此产生并开始实施，审计师开始改变全面检查报告收支的方法，转为有选择地测试会计交易，从而形成了基于内部控制的制度基础审计。这一时期，审计风险观念也被发展出来。1957 年《蒙哥马利审计学》第八版首次将"风险"这一概念与审计程序的设计紧密联系起来②，开始探索审计风险控制的措施和审计方法的改进。至 20 世纪 70 年代，基于审计风险观念上的审计方法开始在审计实务中被陆续采用③。美国审计准则委员会（ASB）于 1981 年发布的第 39 号审计准则公告《审计抽样》，在附件中提供了供参考的审计风险模型。1983 年，ASB 发布的第 47 号审计准则公告《审计风险与重要性》则在正文中对审计风险模型进行了阐述。在这些审计准则公告发布之前，虽然会计师事务所为了控制审计风险，已经开始在实务中运用类似的审计风险模型，但未形成能被职业界所广泛接受的公认的审计风险模型。而从 1984 年开始，ASB 要求审计师遵循第 47 号审计准则公告的要求，在审计中运用审计风险模型。这一审计准则的发布，是对这一审计方法的最终确认。这种基于审计风险模型，通过对财务报表固有风险和控制风险的定量评估来确定实质性测试性质、时间和范围的审计方法，有时被职业界称为风险导向

---

① Timothy B Bell and Arnold M Wright, eds. Auditing Practice, Research, and Education: A Productive Collaboration (AICPA, 1995), p. 15 and 16.

② 转引自 Bell，T B and Wright，A M. Auditing Practice, Research, and Education，1995. p20. 原文见 Lenhart and Defliese. Montgomery's Auditing, eighth edition, 1957. p50。

③ 同上，p40. 另见 POB. The Panel on Audit Effectiveness: Report and Recommendations, 2000. p178.

审计(risk-based audit approach)①。但在审计实务中,审计师所采用的依然是制度基础审计的基本方法,只是在原有方法的基础上增加了风险定量评估的内容,并将风险定量评估视作审计风险控制的一种重要手段。在这一方法下,审计对于风险的分析和评估还是一种狭隘的"会计观"(accounting lens)——这一观点将审计师的注意力和相关的分析、测试重点,主要地放在财务报表账户余额及发生额本身的风险和会计系统的可靠性上——审计过程采用的依然是一种"自下而上"(bottom-up)的审计思路,认为审计师只要通过对被审计单位财务报表各个项目及相关交易的各个"认定"的固有风险和控制风险的评估和测试,并加以实质性测试,就可以为审计意见提供充分适当的证据。从审计实施的角度看,审计方法、程序仍然是以业务层面和会计层面的内部控制测试和风险评价为导向,然后施以实质性测试对相关认定进行审计②。所以,周勤业等(1996)认为:"风险基础审计目前主要是一种观念上的审计程式,它并没有使审计过程和审计方法在审计实务方面产生巨大的变化。"因此,传统的风险导向审计只是在观念上对制度基础审计做出了一定的发展,还没有发展成为一种基本的审计方法以主导整个审计过程,它实质上是属于制度基础审计的一个高级阶段。

20世纪的审计方法囊括了审计方法发展的各方面的进步,包括发展出审计风险模型、将内部控制理论作为选择性测试的理论基础,从而最终于20世纪七八十年代形成基于审计风险模型、以内部控制为基础的传统风险导向审计方法。但是,早期资产负债表审计的最重要的方面仍然没有被改变——审计师的风险分析和测试的重点仍然被导向"数"企业财务报表的数目,测试单个的交易。审计师风险分析所关注的财务报表认定以及由权威部门发布的审计准则都是在单个交易或交易类别或账户余额层面进行的。

随着信息社会和知识经济的到来,经济全球化和企业经营战略变得越来越复杂和相互依赖③,原有的审计方法已经越来越难以适应社会环境的变化。国际性的大会计师事务所为了应对内外部环境的变化,开发出了以企业经营风险(business risk)为导向的现代风险导向审计④。

在世界审计发展的历史长河中,审计方法的发展是一个重要的侧面。日新月异的科学技术,越来越细的专业分工,不断变化的审计目标,使审计队伍不断改进审计方法,以适应新的形势对审计工作提出的新的要求。从以上审计方法的历史过程看,归纳起来,审计方法的发展大致经历了三个阶段:一是以账项为基础的详细审计阶段;二是以企业的内部控制为基础的制度基础审计阶段(包括将审计风险模型作为指导审计工作的重要手段的传统风险导向审计方法);三是以企业经营风险为导向的现代风险导向审计⑤。

---

① Bell et al.(1997),p12.风险基础或风险导向的审计方法被定义为"一个系统化的分析方法,在这一方法下,测试的性质、时间和范围由分析和评估财务报表认定被严重错报的风险决定"(Bell and Wright,1995,p11)。英文中的"risk-based auditing"有时被翻译为"风险导向",有时被翻译成"风险基础"。为叙述方便,本研究统一用"风险导向",下同。
② POB(2000,p178)指出,虽然审计师被要求遵循SAS No.47,但"审计个案和其他证据表明,审计依然是采用实质性测试的分析方法,对于审计风险模型所要求的风险分析的结果关注不多,这可能是由于这一模型的'疏忽',它允许假定风险是高水平的"。在我国,这一现象和美国相比,有过之而无不及。
③ G. Hamel and C. K. Prahalad(Competing for the Future[Harvard Business School Press,Boston,1994])和A. Brandenburger and B. Nalebuff(Co-Opetition[Doubleday,New York,1996])讨论了全球竞争和竞争战略,以及越来越被广泛使用的战略联盟的影响。
④ 我们将在第十章"现代风险导向审计方法概述"中对这一审计基本方法进行深入探讨。
⑤ 我们对审计基本方法的划分与文硕(1990)在《世界审计史》(中国审计出版社)中对审计基本方法发展的划分有所不同。文硕将传统风险导向审计作为一种基本审计方法,而我们认为传统风险导向审计是制度基础审计的一部分,不是一种新的审计方法。

第二节　账项基础的详细审计

一、账项基础审计的特点

早期审计工作的主要目的是查错防弊,这时,一般采用以会计账项为基础的审计方式,也称详细审计。这种审计方法是围绕着会计凭证、账册和报表的编制过程来进行的。它通过对账表上的数字进行详细核实来判断是否存在舞弊行为或技术性错误。这种以会计账项为基础的审计必须进行大量的检查、核对、加总和重新计算等工作,所以,要求审计师具备良好的簿记和会计知识。审计师对于财务记录以外的事项不感兴趣,审计师取得的证据主要是来自企业内部的会计部门。

当财务报表审计盛行之时,审计方法开始向以财务报表为基础的抽查方式发展。在这个阶段,审计工作主要是围绕财务报表项目来进行的。随着审计范围的扩大和组织规模的增大,审计师开始采用审计抽样技术,只是抽查数量仍然很大,而且在抽查样本的选择方面仍然以判断抽样为主。由于当时审计师并没有认识到内部控制系统的有效性,样本的选择带有很大的盲目性。

账项基础审计是审计方法发展的第一阶段,在审计方法历史上占据着十分重要的地位。时至今日,账项基础审计的很多方法仍然得到继承和发扬。但是,这种方法自身包含了难以克服的局限性,特别是20世纪40年代以后,这些局限性愈发凸显,使审计师进退维谷。

二、账项基础审计的缺陷

经过长时间的探索,审计师越来越清楚地认识到单纯围绕会计账项进行详细审查,既耗时又费力,已经无法圆满完成审计任务。为了保证审计质量,必须寻找更为可靠、更有效率的审计方法。在审计实践过程中,审计师们逐渐发现企业内部控制系统的可靠性对于审计工作来说具有非常重要的意义。当企业内部控制系统中责任明确、控制健全时,可以促进审计工作的进行,审计风险也很小;对一个存在缺陷、运转不顺利的内部控制系统进行审查时,不仅费时费力,而且存在很大的审计风险。于是,审计师开始将他们的注意力转移到企业内部控制系统的可靠性。

第三节　内部控制基础的制度基础审计

一、内部控制的发展

以对企业的内部控制的可信赖性进行评估为基础,从而决定实质性测试的性质、时间和范围的审计方法被称为制度基础审计(system-based audit)。它的出现与被审计对象经营方式的改变和审计目标的改变有很大的关系。随着被审计对象经营方式的改变,审计工作的主要目标已经不再是强调发现记账差错和揭发舞弊行为,而是验证财务报表是否真实、公允地反映了被审计单位的财务状况和经营成果,财务报表的外部使用者也将注意力越来越多地转向企业的经营管理层面,这就要求审计师对组织的内部控制有全面的了解。以内部控制为基础的审计方式改变了传统的对于经济业务结果进行详细检查的做法,强调对内部控制的评价。如果评价的结果证明内部控制值得信赖,那么,在实质性检查阶段只抽取少量样本便可以得出审计结论;如果评价结果认为内部控制不可靠,那么,就应根据内部控制的具体情况扩大检查范围。

从账项基础审计向制度基础审计的转换,与20世纪20年代以后经济和管理的种种变化有着深刻的关联。这主要表现在①:

(1) 20世纪20年代之后,西方资本主义国家出现了多种经营形式的大型企业,经济业务量愈来愈大,会计系统也愈来愈复杂,对每笔经济业务合理性的判断也因为经济业务环节的增加而愈来愈困难。在这种情况下,审计工作不得不依赖于企业内部控制的自身控制作用。

(2) 由于企业规模的不断扩大,统计抽样技术在审计工作中得到了广泛的应用。企业内部控制是否健全与可靠已经成为能否成功地应用抽样技术的先决条件。如果内部控制系统健全,那么,只需抽取少量样本就可以对全部经济业务做出评价。如果内部控制中存在许多薄弱环节,那么,就要相应扩大抽查范围和增加样本容量。

内部控制的历史发展并不长,虽然西方文明由农业时代进入工业时代,使企业组织的规模和复杂程度达到了一个新的高度,但由于20世纪20年代的英美等国的经济发展势头过于良好,人们不太关注企业的内部控制②。20世纪20年代末,也就是1929年,发生了人类历史上较大的经济危机。伴随股灾的还有企业舞弊,特别是克鲁格-托尔公司(Kreuger & Toll, Inc)舞弊促使美国制定了1933年的《证券法》和1934年的《证券交易法》,将上市公司的IPO审计以及定期年度报告的审计作为法定审计。

在此情况下,审计师为了提高审计的效率和效果,开始着重于内部控制,AICPA的前身AIA于1936年发布《独立公共会计师对会计报表的检查》,提出内部控制概念:为保证公司现金和其他资产的安全,检查账簿的准确性而采取的各种措施和方法。

当时对于内部控制和审计的理解,仍然着重于单纯的会计账户层面。但1938年、1939年的罗宾斯(Robbins)舞弊案彻底改变了审计理论与实务中关于审计与内部控制的概念,它实质上是英国传统的资产负债表审计的详细审计的终结。自Mckesson & Robbins舞弊案后,AIA于1939年5月发布特别报告《审计程序的扩展》,将存货盘点和应收账款的函证作为必要审计程序,这标志着审计准则的诞生。同时,该特别报告强调,审计并不仅仅是检查账户,而且要理解企业的经营。

对于企业经营的理解,传统审计将之等同于理解企业的内部控制。1949年,AIA特别报告对内部控制的定义:基于保护企业资产,检查其会计资料正确可靠,提高业务效率,促进企业经营方针,组织计划的贯彻执行而在企业内部采取的各种稽查措施……这一定义的内部控制的制度包括预算管理、标准成本、定期业务报告、统计分析与运用、职业培训计划等。

1958年,AICPA发布SAP No.33,将内部控制区分为内部会计控制制度和内部管理控制制度。内部管理控制包括但不限于:组织机构的计划、与管理部门如何进行批准决策有关的程序和记录。所谓的批准程序是指管理部门的一种责任,它与管理层承担组织目标的职责相关,

---

① 徐玉隶.审计技术的发展.中国财政经济出版社.1998。
② 20世纪20年代被称为"新时代",财富和机会似乎向刚在一战中获胜的美国人敞开自己吝啬的大门。"人人都应该富裕",通用汽车公司总裁发表了他对新时代的看法。胡佛总统也认为,"我们正在取得对贫困战争决定性胜利的前夜,贫民窟即将从美国消失。"机会和富裕成为20年代醒目的标志。

是对所有交易事项建立会计控制制度的出发点。

会计控制制度包括组织机构的设计,与财产保护和财务会计记录可信性,以及盈利真实性的直接相关的各种措施(根据管理当局一般授权或特殊授权处理交易,必要的交易记录,财务会计报告的编制以会计准则为依据,维护对财产受托责任的证明,财产收付需经管理当局批准,定期核对账面记录和实物资产并对差错采取适当措施)。20世纪70年代之前,与内部控制有关的活动大部分集中在制度的设计和审计方面,重在改进内部控制的方法和提高审计的质量和效率效果。随着美国企业经营国际化的发展,美国企业为了商业利益在国外贿赂外国政府官员,以获得经营利润。这种贿赂最终在水门事件中被揭发出来,针对调查的结果,美国国会于1977年通过了《反国外贿赂法》(Foreign Corrupt Practices Act,简称FCPA)。FCPA除了具有反贿赂的条款,还规定了与会计及内部控制有关的条款。法案首先规定不得对外国官员行贿,其次要求公司保持会计记录,建立内部控制。这一法案使得建立内部控制成为企业的法律责任。

虽然理论界和实务界一直在防范虚假财务报告上做不懈的努力,但欺诈性的财务报告仍然层出不穷。因此,美国在1985年成立全国反欺诈性财务报告委员会[National Commission on Fraudulent Financial Reporting,由美国证监会前主席特雷德韦(Treaway)牵头,也被称为Treadway Commission]。Treadway委员会的资金由美国注册会计师协会(AICPA)、美国会计教授会(AAA)、内部审计师协会(IIA)、财务经理协会(FEI)和管理会计师协会(IMA)提供。反欺诈财务报告委员会于1987年发布报告,认为高层管理层所确立的氛围(tone)影响公司环境,而财务报告则是在这一环境中产生的。防止虚假财务报告必须从报告产生的环境入手,即从高层管理当局开始。委员会建议所有上市公司需保持良好的内部控制,以发现和防止虚假财务报告行为。同时,委员会认为内部控制需要深入研究。

根据Treadway委员会的建议,美国反虚假财务报告委员会下属的发起人委员会(Committee of Sponsoring Organizations by Treadway Commission,以下简称COSO)于1987年成立,以对内部控制进行深入研究。

二、内部控制的主要内容及其发展演变

COSO经过相对较长时间的研究,于1992年发布了《内部控制——整体框架》。《内部控制——整体框架》认为内部控制是为实现企业经营效率和效果、财务报告的可信性及相关法令的遵循等企业目标而提供合理保证的过程。内部控制的实施者为企业董事会、经理层和其他员工。

内部控制不是为某个人或某个层级的人提出来的,专门针对某个人或某个层级的人的制度,它是整个企业设计的系统,没有人能脱离这一系统而独立运作。管理层、董事会、内部审计和其他员工都应该对内部控制承担责任。

《内部控制——整体框架》(1992)将内部控制总结为三种类型的目标(经营类、财务报告类、遵循类)、两个层级(公司整体和业务流程)以及五个要素(控制环境、风险评估、控制活动、信息与交流、监督)整合在一起的立方体。

图7-2 COSO内部控制框架图(1992)

1. 控制环境

控制环境构成一个单位的氛围,是内部控制的基础。它包括员工的诚实性和道德观,如关于可接受的商业行为、利益冲突、道德行为标准的行为准则等;员工的胜任能力,如雇员是否能胜任质量管理要求;董事会或审计委员会,如董事会是否独立于管理层;管理哲学和经营方式,如管理层对人为操纵的或错误的记录的态度;组织结构,如信息是否到达合适的管理阶层;授予权利和责任的方式,如关键部门的经理的职责是否有充分规定;人力资源政策和实施,如是否有关于雇佣、培训、提升和奖励雇员的政策。

2. 风险评估

风险评估是指管理层识别并采取相应行动来管理对经营、财务报告、遵循性目标有影响的内部或外部风险,包括风险识别和风险分析。风险识别包括对外部因素(如技术发展、竞争、经济变化)和内部因素(如员工素质、公司活动性质、信息系统处理的特点)进行检查。风险分析涉及估计风险的重大程度、评价风险发生的可能性、考虑如何管理风险等。

3. 控制活动

控制活动是指对所确认的风险采取必要的措施,以保证单位目标得以实现的政策和程序。实践中,控制活动形式多样,可将其归结为以下几类:①业绩评价,是指将实际业绩与其他标准,如前期业绩、预算和外部基准尺度进行比较;将不同系列的数据相联系,如经营数据和财务数据,对功能或运行业绩进行评价。这些评价活动对实现企业经营的效果和效率非常有用,但一般与财务报告的可靠性和公允性相关度不高。②信息处理,是指保证业务在信息系统中正确、完整和经授权处理的活动。信息处理控制可分为两类:一般控制和应用控制。一般控制与信息系统设计和管理有关,如保证软件完整的程序、信息处理时间表、系统文件和数据维护等;应用控制与个别数据在信息系统中处理的方式有关,如保证业务正确性和已授权的程序。③实物控制,也称为资产和记录接近控制,这些控制活动包括实物安全控制、对计算机以及数据资料的接触予以授权、定期盘点以及将控制数据予以对比。实物控制中防止资产被窃的程序与财务报告的可靠性有关,如在编制财务报告时,管理层仅仅依赖于永续存货记录,则存货的接近控制与审计有关。④职责分离,是指将各种功能性职责分离,以防止单独作业的雇员从事或隐藏不正常行为。一般来说,以下职责应被分开:业务授权(管理功能)、业务执行(保管职能)、业务记录(会计职能)、对业绩的独立检查(监督职能)。理想状态的职责分离是,没有一个职员负责超过一个的职能。

4. 信息与交流

信息与交流是指为了使职员能执行其职责,企业必须识别、捕捉、交流外部和内部信息。外部信息包括市场份额、法规要求和客户投诉等信息。内部信息包括会计制度,即由管理当局建立的记录和报告经济业务和事项,维护资产、负债和业主权益的方法和记录。交流是使员工了解其职责,保持对财务报告的控制。它包括使员工了解在会计制度中他们的工作如何与他人相联系,如何对上级报告例外情况。沟通的方式有政策手册、财务报告手册、备查簿,以及口头交流或管理示例等。

5. 监督

监督是指评价内部控制质量的进程,即对内部控制改革、运行及改进活动评价。包括内部审计和与单位外部人员、团体进行交流。

上述五个要素实际上内容广泛,相互关联。COSO在发布《内部控制——整体框架》的同时,发布配套的《内部控制——整体框架:评价工具》(*Internal Control——Integrated*

Framework Evaluation Tools),以供审计师在具体执行审计中对被审计单位的内部控制进行评价。

2013年,COSO认为,历经20多年的发展,企业和经营环境日趋复杂,技术驱动和全球化特征愈发显著。同时,利益相关者参与度提升,对支持经营决策和组织治理的内部控制的完整性寻求更高的透明度和受托责任。

因此,COSO更新了《内部控制——整体框架》。COSO认为新的框架可以使组织更为有效地开发和保持内部控制,从而提高目标达成的可能性,以适应企业和经营环境的变化。新的框架保留了内部控制的核心定义和五要素,五要素分析内部控制系统的有效性的要求基本保持不变。新的框架对原框架进行了增强和澄清,使其更易于使用和运用。增强的核心内容之一是将原框架中的基本概念正式化。原框架中的概念在新框架中变化为原则。这些原则和五要素相联系,为使用者在设计和执行内部控制系统,以及理解有效的内部控制的要求等方面提供清晰的指导。新框架在保留三种类型的目标、五要素的同时,将组织层级从原来的公司整体和业务流程两个层级扩展为公司整体、分部、经营单位和功能层面四个层级。新框架还通过扩展财务报告类型的目标,将诸如非财务和内部报告纳入财务报告类目标。新框架还反映了过去几十年的企业和经营环境的变化,包括:

(1) 治理监管的预期。
(2) 市场和经营的全球化。
(3) 企业的变化和更为复杂。
(4) 法律、规则、监管条例和标准的需求和复杂性。
(5) 胜任能力和受托责任的预期。
(6) 对不断进化的技术的使用和依赖。
(7) 预防和发现舞弊的预期。

在发布框架的同时,COSO还发布了《关于外部财务报告的内部控制——分析方法和示例纲要》(*Internal Control over External Financial Reporting: A Compendium of Approaches and Examples*),通过提供实践的分析方法和示例来列示要素和原则如何在准备外部财务报告中运用。

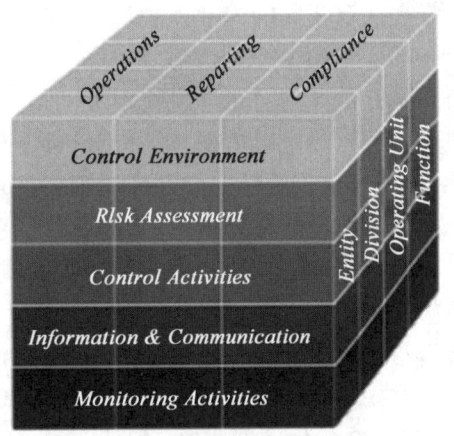

图7-3 COSO 2013版《内部控制——整体框架》

三、内部控制基础审计的主要特点及其缺陷

审计方法发展到20世纪80年代,其核心转向以审计风险模型为指导,以重要性概念为识别重大错报的基础,以内部控制为抽样审计的根据,形成了有时也被职业界称为风险导向审计(risk-based audit approach)的审计方法,但实质上它是一种审计风险导向的方法(audit risk methodology[①])。它的具体的方法可归纳为两点:

第一,审计师用审计风险模型定量化或从观念上指导审计师评估固有风险,根据内部控制测试评估控制风险,这一评估结果决定检查风险并根据检查风险决定实质性测试的性质、时间

---

① 见英国审计实务委员会(Auditing Practice Board,APB)主席WID Plaistowe为W. Morley Lemon, Kay W. Tatum and W. Stuart Turley. 2000. Developments in the Audit Methodologies of Large Accounting Firms 所写的前言。

和范围,将审计风险控制在审计师可以接受的范围内。

20世纪90年代我国的审计准则将审计风险定义为:"在财务报表存在重大错报或漏报,而注册会计师审计后发表不恰当审计意见的可能性。"①审计准则进而提出,"审计风险包括固有风险、控制风险和检查风险"②,审计风险＝固有风险×控制风险×检查风险,即 $AR = IR \times CR \times DR$。 在确定了上述审计风险模型后,审计准则继续指出,在"编制总体审计计划时,注册会计师应当对财务报表整体的固有风险进行评估。固有风险是指假定不存在相关内部控制时,某一账户或交易类别单独或同其他账户、交易类别产生重大错报或漏报的可能性"③。"在编制具体审计计划时,注册会计师应当考虑固有风险的评估对各重要账户或交易类别认定所产生的影响,或者直接假定这种认定的固有风险为最高水平。"④审计准则还规定了一些固有风险应该考虑的事项。在评估固有风险后,审计师"应当对各重要账户或交易类别的相关认定所涉及的控制风险作出初步评估"⑤,然后再根据符合性测试的结果决定控制风险的水平,从而根据总的可接受的审计风险倒推检查风险。检查风险越高,实质性测试的工作量就应该越少;检查风险越低,实质性测试的工作量就应该越多。

也就是说,审计师根据审计风险模型,首先假设一个审计师可以接受的审计风险,即 AR (如5%或10%);其次对财务报表认定的重大错报的固有风险,即 IR,进行定量评估;再对财务报表认定相关的内部控制进行测试,并根据测试的结果对控制风险,即 CR,进行定量评估;根据 $DR = AR \div (IR \times CR)$ 推导出检查风险 DR,再根据检查风险设计和执行实质性测试。而实际上审计师对审计风险模型的运用很可能只是观念上的,在实务中由于审计风险模型的定量分析比较难以把握,很多审计师主要是依靠实质性测试手段进行审计。

第二,以重要性概念判断错报的严重程度与审计风险。

所谓的重要性是指"被审计单位财务报表错报或漏报的严重程度,这一程度在特定的环境下可能会影响财务报表使用者的判断或决策"⑥。审计师应当考虑报表层次和相关账户、交易层次的重要性。同时,审计师还应该考虑重要性水平与审计风险之间的关系(重要性水平越高,审计风险越低;重要性水平越低,审计风险越高)。

这一基于内部控制和审计风险模型的审计方法从20世纪70年代开始在实务中运用,到20世纪80年代发展成熟,直到20世纪90年代中后期,该方法一直用于指导审计实务。应该说,确实做出了很大的贡献。但是,这一方法有其根本的缺陷。

首先,这一着重于财务报表账户及交易类别的审计方法采用的依然是传统审计简化主义的认知模式,将客户(也就是被审计企业)视为简单的系统组合,认为通过对财务报表各个不同认定的审计,就可以为审计师就财务报表整体发表审计意见提供充分适当的审计证据。这一审计方法在企业经营并不是十分复杂、企业所面临的经营风险并不会很快反映到财务报表中的情况下,是适当、有效的。但是,随着人类逐步迈入信息社会和知识经济,整个社会经济的各个组成部分之间的联系越来越紧密,形成了一个复杂的系统;企业与内外部环境之间的联系也

---

① 中国注册会计师协会.1997.《独立审计具体准则第9号——内部控制与审计风险》,第3条。本研究通篇认为漏报也是错报的一种,因此以"错报"涵盖准则中所述的"错报或漏报",下同。
② 同上。
③ 中国注册会计师协会.1997.《独立审计具体准则第9号——内部控制与审计风险》,第19条。
④ 同上,第20条。
⑤ 同上,第22条。
⑥ 中国注册会计师协会.1997.《独立审计具体准则第10号——审计重要性》,第2条。

越来越紧密,同样构建了一个复杂的系统。一方面,这些复杂系统表现出突变行为和复杂特征;另一方面,企业所面临的由于内外部环境变化而导致的经营风险(战略风险和环节风险)很快就对反映企业经营情况的财务报表产生直接的影响。在这一情况下,依然沿用传统风险导向审计的认知模式就不能达到信息社会与知识经济对审计师的新要求。

其次,审计风险模型虽然将审计风险分解成固有风险、控制风险和检查风险,但不论是在理论上,还是在实务中,都很难在固有风险和控制风险之间做出严格的区分,而且这三个风险之间并不是独立的,也不应该用数学公式的形式表示。因此,审计风险模型与其说是可运用的审计模式,还不如说只是一种指导审计师进行职业判断的观念。

再次,审计风险模型中的固有风险和控制风险实际上贯穿于整个企业的各个层次,而传统风险导向审计方法在企业层面仅需要评估固有风险,在账户与交易层面才对固有风险和控制风险进行评估,从逻辑上看,这种处理方式有巨大的缺陷。

最后,重要性水平实质上是会计中的概念,一项错报重要与否,是看它是否会影响或改变特定信息使用者的决策。审计师最根本的作用是将财务报表的错报水平限制在信息使用者可以接受的范围内。重要性水平是指导审计师发现错报的重要尺度,审计师应该在一定的审计成本限制范围内发现重大错报(significant or material misstatement)。因此,审计师应该关注的是重大错报风险(risk of material misstatement,RMM),也就是信息使用者可以接受的错报范围。这一风险与审计风险有关,因为如果经审计的财务报表所包含的错报超过了信息使用者的可接受范围,信息使用者就会追究审计师的责任。但是,传统风险导向审计的审计风险模型并没有直接体现这一联系,而是用固有风险和控制风险掩盖了重大错报风险与审计风险之间的相互关系。

第四节　企业风险管理框架与现代风险导向审计

一、企业风险管理观念的发展

20世纪80年代以后,全球经济格局深刻变革,科学技术日新月异,各种文化交融共生,市场竞争日益激烈,人类开始迈入较为成熟的信息社会和知识经济时代。在这种情况下,企业与其所面临的多样的、急剧变化的内外部社会环境之间的联系在急剧增强,内外部经营风险很快就会转化为财务报表错报的风险。这种环境的快速变化使审计师逐渐认识到被审计单位并不是一个孤立的主体,它是整个社会的一个有机组成部分。如果将被审计单位从其所处的广泛的经济网络中隔离,审计师就不可能有效地理解被审计单位的交易及其整体绩效和财务状况。因此,对于一套财务报表,只有研究其所反映的企业及其所处的整个"系统",审计师才能够对其取得充分理解。而制度基础审计方法(包括传统风险导向审计)由于其固有的内向型特点,主要以分析评价企业的内部控制制度作为审计的基础,较少考虑内外部环境风险对企业及其财务报表的影响,因而当企业规模愈来愈大、经营愈来愈复杂、世界经济发展愈来愈快时,其局限性就日渐明显。信息社会和知识经济的发展要求审计师寻找一种新的、更符合环境需要的审计方法。

当人类进入信息社会与知识经济后,企业管理也发生了深刻的变化,最主要的变化是从过程管理向战略管理转变①。在这种情况下,传统风险导向审计所赖以存在的基础(内部控制)正在被战略管理及其蕴含的企业风险管理所取代。COSO委员会为了适应企业风险管理(enterprise risk management,ERM)对企业管理理论与实务以及审计理论与实务的影响,于2003年开发出了《企业风险管理框架(征求意见稿)》并于2004年9月正式发布。战略管理最根本的着眼点就是分析企业所面临的风险,以及找出化解风险的对策。财务报表的风险实际上是企业战略风险及相关经营环节风险(统称经营风险)的副产品。所以要充分把握审计风险,审计师必须首先理解企业发展所依存的内外部环境、基于这些环境而制定的发展战略及相关风险与控制,从而理解内外部经营风险对于财务报表认定的影响。只有这样,审计师才能对财务报表认定做出合理的专业判断。战略管理理论和实践的发展,为新的审计方法的产生提供了重要的启示和实践基础。

二、企业风险管理框架的主要内容

COSO委员会开发的《企业风险管理——整体框架》认为企业风险管理的前提假设是每一个组织都必须为利益相关者创造价值。而所有的组织都要面对不确定性,管理层面临的挑战是在为利益相关者创造价值的同时,精准把控企业能够接受不确定性的最大限度。ERM则是为管理层提供了一个有效处理不确定性以及相关风险与机会②的框架,进而提高他们创造价值的能力。

不确定性使得管理人员不能很好地预测潜在事件发生的概率以及其所带来的后果。从战略制定到企业日常经营的一系列管理层决策都会创造、保持或腐蚀价值。决策的本质就是对风险、机会的识别,要求管理层考虑内外部环境,部署资源并根据环境的变化调整业务活动。

ERM从公司层面采用整合的观点识别、分析风险,可以使管理层:①使风险偏好③和战略相协调。②将成长、风险和报酬联系起来。③提高风险反应的决策能力。④减少经营的不确定性和损失。⑤识别和管理跨部门的风险。⑥提供对多种风险的整体反应。⑦抓住机会。⑧使资本需求和资本配置更为合理。

ERM本身并不是目的,它只是一个重要的手段。它不能也不会独立于企业。它与公司治理共同向董事会提供关于什么是最重要的风险,如何管理最重要的风险等信息;它与绩效评价和内部控制(ERM的一部分)一起,为管理层提供风险调整手段。

ERM是由董事会、管理层和其他人员执行的一个过程(process),它被运用于战略制定和整个企业的其他活动,被设计用于识别潜在的可能影响组织的事件,并根据风险偏好管理风险,从而为达到企业的目标提供合理的保证。

ERM的这一定义反映了一些基本的概念:ERM是一个过程,是达到目的的方法,但其本身不是目的;ERM是由人执行的,涉及组织中不同层面的人员,而不仅仅是政策、调查问卷和表格;ERM被运用于战略制定;ERM被运用于整个组织,包括每一个层面、每一业务单元;

---

① 郭咸纲.西方管理思想史[M].北京:经济管理出版社,1999:273.

② 有关风险理论对风险(risk)的定义有两种,一种是直接将风险等同于不确定性(uncertainty),这种不确定性如果发生,它的结果可能会给企业带来收益,也可能会给企业带来损失。另一种对于风险的定义则将风险等同于会给企业带来损失的不确定性,会给企业带来收益的不确定性则是机会(opportunity)。在ERM目前阶段,这两种观点都存在。但COSO委员会在开发ERM框架时,采用的是后一种观点。笔者认为这与董事会与管理层关注的重点是一致的。

③ 风险偏好(risk appetite),是指企业或其他组织在追求目标的同时,总体上可以接受的风险程度。风险程度则由两个方面的因素组成:风险发生的概率和风险发生后的影响程度。

ERM 采用组合的观点(portfolio view)看待风险;ERM 被设计为识别潜在的可能影响组织的事件,根据风险偏好管理风险;ERM 为董事会和管理层提供合理的保证;ERM 可以调节不同但相互重叠或冲突的目标。

ERM 经过数年的发展还没有形成一个系统的框架,COSO 委员会则希望终结 ERM 理论与实践混乱的局面。将 ERM 的要素归纳为四种类型的目标、八个要素和四个层级互相联系的立体组成部分。COSO 2004 版《企业风险管理——整体框架》如图 7-4 所示。

《企业风险管理——整体框架》将企业的目标分类为战略、经营、报告和遵循四类,将企业的层级分为企业整体层次、分支机构、业务单元和子公司,并将构成要素归纳为内部环境、目标设定、事项识别、风险评估、风险应对、控制活动、信息与沟通和监控。

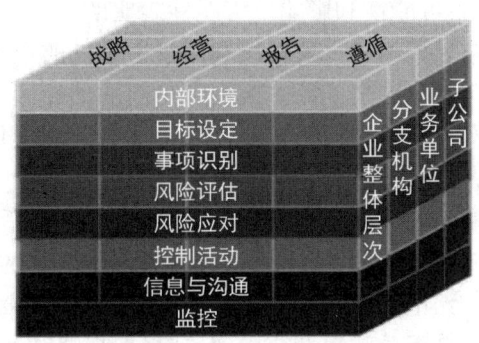

图 7-4　COSO 2004 版《企业风险管理——整体框架》

1. 内部环境

内部环境是企业风险管理其他组成部分的基础,它提供了有关的原则和结构。内部环境影响战略和目标的制定、企业活动的组织、风险识别、风险评估与风险反应。它还影响信息与沟通系统、控制活动、监督活动的设计和运行。内部环境包括企业的道德价值观、员工的能力和发展、管理层的经营风格以及企业如何分配权力和责任。董事会是内部环境的关键组成部分,可对内部环境的其他要素产生重要影响。管理层作为内部环境的组成部分之一,建立风险管理理念、企业的风险偏好以及风险文化,并将企业风险管理与相关目标联系起来。

2. 目标设定

根据业已确立的使命或愿景,管理层需要制定战略目标、选择战略并确定与战略相关的具体目标。这些最终确定的目标将在企业内部层层传达,并与战略紧密联系。在管理层能够识别潜在的可能影响企业目标实现的事件之前,企业必须已经有了目标。企业风险管理能够确保管理层按照已有的一套流程制定目标、将所制定的目标与企业使命/愿景紧密联系并保持其与企业风险偏好的一致性。企业的目标大体有以下四类:①战略——涉及较高层次的目标,与企业使命/愿景紧密联系并有效支持企业使命/愿景。②经营——涉及企业经营的效果和效率,包括业绩指标和盈利指标。由于管理层对企业结构和业绩评价的选择不同,制定的业绩指标和盈利指标将随之发生变化。③呈报——涉及企业呈报的有效性。包括内部呈报和外部呈报,可能涉及财务信息和非财务信息。④合规——涉及企业经营是否符合相关法律法规的规定。

3. 事项识别

管理层首先必须承认存在不确定性——也就是说企业无法确切地知道某个事件是否会发生,如果事件发生,那么何时发生或者结果如何。作为事件识别的一部分,管理层必须同时考虑影响事件发生与否的外部因素和内部因素。外部因素包括经济、行业、自然环境、政治、社会以及技术因素。内部因素反映了管理层的选择,包括基础设施、员工、流程和技术等等。一个企业的事件识别方法包括多种技术的组合以及支持这些技术的工具。事件识别技术需要同时关注过去与未来。关注于过去事件及其趋势的技术需要考虑诸如违约历史记录、商品价格变动等信息；关注于未来风险的技术需要考虑人员的流动、新市场和竞争者行为等。

4. 风险评估

风险评估可以使企业考虑潜在事件如何影响目标的完成。管理层从两个方面对事件进行评估：可能性和影响。可能性表明的是事件将会发生的概率，而影响表明的是如果事件发生，其结果如何。一般可以利用过去事件的数据获得风险概率和影响的估计值。这种方法提供的估计值比完全依靠主观判断得出的估计值更为客观。企业的风险评估方法通常包括定性分析技术和定量分析技术。当风险本身无法量化，或者无法获取进行定量分析的充分可信的数据，或者对数据进行分析不符合成本效益原则时，通常应采用定性分析方法。定量技术的典型特征是精确度要求更高，适合在比较复杂的活动中作为对定性技术的补充。企业无须对所有经营单元采用同一种评估方法。相反，选用的技术应当反映对精确度的要求以及经营单元的文化。无论如何，各个经营单元采用的评估方法应该有利于企业对其整体风险的分析。管理层经常趋于关注短期或中期风险，但战略和目标中的一些要素的时间跨度可能会比较长。因此，管理层需要意识到这种跨度较长的时间架构，不可忽略远期可能发生的风险。风险评估最先可运用于固有风险（管理层没有采取任何措施减少风险发生的概率或影响的风险）。一旦对风险采取了反应，管理层就可使用风险评估技术确定剩余风险（管理层采取行动改变风险发生的概率或影响之后剩余的风险）。

5. 风险应对

管理层首先识别风险反应可选择的方法，进而结合风险承受能力和成本效益分析考虑各种可选择方法对事件发生的概率和影响的作用，然后再设计并执行选用的反应方法。对风险反应的考虑以及选择并执行某一种方法是企业风险管理不可分割的一个组成部分。有效的企业风险管理要求管理层选择一种风险应对策略，该策略预期可将风险概率和影响控制在企业可以接受的风险承受能力范围内。风险反应分四类：规避、降低、分摊以及接受。在选择了一项风险反应之后，管理层在剩余风险概念的基础上重新计算风险。管理层应采用整体组合的观点考虑风险。管理层采用的方法需要每一个职能部门或经营单元的管理人员对其负责的单元风险进行综合评估并确定风险反应方法。管理层应当认识到一定程度的剩余风险总是存在的，它的存在不仅仅是由于资源有限，而且还因为未来固有的不确定性以及所有活动的固有缺陷。

6. 控制活动

控制活动是有助于风险反应正确执行的政策和程序。控制活动发生在整个组织的所有层面和所有职能中。控制活动是企业力争达成其经营目标的流程的一部分。它们通常包括两个要素：政策（确定应该做什么）和执行政策的程序。由于企业普遍采用信息系统，需要对重要的系统进行控制。信息系统控制活动可以分为两大类。第一类是一般控制，绝大部分应用系统可以运用此类控制，它将有助于确保系统的持续适当运行。第二类是应用控制，它包括应用软件中程序化的步骤，以控制所采用的技术。与其他手工过程控制（如果需要的话）结合在一起，这些控制可以确保信息的完整性、精确性和有效性。

7. 信息与沟通

相关信息（不论是来源于内部还是外部）必须以某种形式在某个时间内被识别、捕获和交流，从而使得相关人员可以履行他们的职责。长期以来，信息系统的设计和使用都旨在支持企业战略。为了支持有效的企业风险管理，企业捕获并利用历史数据和当前数据。历史数据允许企业追踪实际业绩，用来与指标、计划和预期值比较；当前数据可以让企业对某一特定时点的风险做出评估,并将风险保持在业已确立的风险承受能力范围内。信息是沟通的基础,沟通必须满足不同团体和个人的期望,使他们能够有效履行自己的职责。企业中最重要的沟通渠道包括高级管理人员和董事会之间的沟通。管理层必须给董事会提供最新的有关企业业绩、发展、风险、风险管理机能以及其他相关事件和问题的信息。沟通效果越好,董事会就越能有效履行其监督职能。

8. 监督

企业风险管理应该受到监督,这是一个对风险管理各组成部分的存在和功能以及风险管理执行质量进行评价的持续过程。可以采用两种方法进行监督:持续监控和定期评价。持续监控和定期评价都是为了确保企业风险管理能在所有层面和整个企业中持续应用。持续监控是企业日常经营活动的一部分。持续监控实时执行,可以对不断变化的条件做出动态反应,从而牢牢扎根于企业之中。因此,持续监控要比定期评价更有效。与经常在事后进行定期评价相比,持续监控程序可以更快地发现问题。尽管如此,许多已经采取了比较完善的持续监控活动的企业还是要进行企业风险管理的定期评价。定期评价的频率依赖于管理层的主观判断。进行决策时,需要考虑以下因素:内外部事件发生变化的性质、程度以及相关风险;执行风险反应和相关控制的员工的能力和经验;持续监控的结论。通常,持续监控和定期评价结合能够保证企业风险管理效力的持久性。

2017年,COSO认为自2004年的《企业风险管理——整体框架》发布以来,风险的复杂性发生了显著变化,新的风险已经出现,董事会和管理层增强了对ERM的认识和监督,并要求提高风险报告。因此,COSO对2004版ERM进行更新以反映ERM的进展和组织为应对持续进化的经营环境提高管理风险的方法的需求。更新版本的名称为《企业风险管理——整合战略与绩效》(*Enterprise Risk Management: Integrating Strategy and Performance*),这一命名强调了在战略设定和绩效驱动的同时考虑风险的重要性。新的版本的第一部分介绍了ERM正在进化的概念。在第二部分,框架被划分为五个易于理解的要素以适应不同的组织结构。

简而言之,新的框架强调了在设定和执行战略过程中ERM的价值;加强了绩效与企业风险管理的协调;提升了绩效目标的设定的重要性,从而满足对治理和监督的期望;新的框架认为由于市场和业务的全球化,企业的经营需要跨地区,因而需要采用一种共同的、但是量身定做的方法;新的框架扩大了报告目标的范围,以满足利益相关者对提高透明度的期望;新的框架更适应不断发展的技术以及数据和分析,从而促进决策的制定;新的框架为参与设计、实施和执行企业风险管理实践的各级管理层制定了核心定义、要素和原则。

(一) 新的ERM框架反映了当前正在进化的概念

1. 不断变化的风险格局

对风险本质的理解是我们现代经济的核心之一。我们在追求目标时做出的每一个选择都有其风险。从日常运营决策到董事会在不同选项的权衡,都涉及决策中的风险。在寻求优化一系列可能的结果时,决策并非简单的非黑即白。这就是为什么企业风险管理可以被称为艺术。但在制定组织战略和业务目标时充分考虑风险因素,有助于优化结果。

在过去的几十年里,我们对风险的理解和企业风险管理的实践有了显著进步。但我们面临的世界则"日益动荡、复杂和模棱两可"(世界经济论坛的评论)。利益相关者寻求更大的透明度和问责制,同时批判性地评估组织领导层实现机会的能力。组织即使取得了成功,也会有下行风险。例如,无法满足意外的高需求或保持预期业务增长势头的风险。

为了应对这些挑战,组织需要更加适应变化。他们需要从战略上思考如何管理世界日益加剧的波动性、复杂性和模糊性,尤其是在组织高层和董事会层面。企业风险管理将战略与绩效整合,为各种规模的实体的董事会和管理层提供了一个框架。框架演示了在企业风险管理实践中如何有助于加速增长和提高绩效。它还包含从战略决策到绩效管理过程中可以应用的原则。

2. 管理层企业风险管理指南

管理层在全面承担管理企业的风险的同时,还需进一步加强与董事会和利益相关者关于利用企业风险管理获得竞争优势的沟通。管理层需要部署企业风险管理能力,将其作为选择和改进战略的一部分。

值得注意的是,通过这一过程,管理层将更好地了解风险如何影响战略的选择。企业风险管理通过增加战略与组织的使命和愿景的契合程度,使管理层更有信心,这是因为他们已经考察了替代战略,并充分听取了组织中那些将实施所选战略的人员的意见。

一旦制定了战略,企业风险管理通过使企业更为适应可能影响战略的风险,为管理层履行其职责提供了有效途径。应用企业风险管理有助于在当前环境中建立信任并使利益相关者对企业的发展更有信心。

3. 董事会企业风险管理指南

每个董事会都发挥监督作用,帮助支持企业创造价值并防止其衰落。长久以来,企业风险管理在董事会层面发挥了强有力的支撑作用。现在,人们越来越期望董事会对企业风险管理进行监督。新的框架为董事会界定和处理其风险监督责任提供了重要参考。这些考虑包括治理和文化,战略和目标设定,信息与沟通,监督等,以提高实体绩效。

董事会的风险监督作用可能包括但不限于:①审查、挑战和批准管理层拟议的战略和风险偏好,将战略和业务目标与实体的既定使命、愿景和核心价值观保持一致;重大业务决策,包括并购、资本分配、融资和股息相关决策应对;对企业业绩或投资组合风险观的波动的应对;对偏离核心价值观事件的响应。②批准管理激励措施和薪酬。③参与投资者和利益相关者关系。

从长远来看,企业风险管理还可以增强企业预测和应对变化的能力。它帮助企业识别那些既揭示风险又预示变化的因素,以及这种变化如何影响绩效,战略如何转变以应对变化。通过更清晰地洞察变化,企业可以制定更精准有效的计划。

4. 有效的 ERM 的优点

所有组织都需要制定战略并定期调整战略,时刻注意不断变化地创造价值的机会和追求价值将面临的挑战。为此,他们需要优化战略和绩效的最佳框架。而这正是企业风险管理发挥作用的地方。将企业风险管理整合到整个组织中具有许多优点,包括但不限于:

(1) 增加机会范围:通过考虑所有可能性,管理当前机会相关的新机遇和独特挑战。

(2) 在整个企业范围内识别和管理风险:每个企业都面临着影响组织多个部分的无数风险。有时,风险可能源于企业的一部分,但会影响另一部分。

(3) 积极争取好的结果,但同时也要应对负面影响:企业风险管理使企业能够提高识别风险和建立适当反应的能力,减少意外相关成本或损失,同时从有利的发展中获利。

(4) 改进资源部署:每个风险都可以被视为对资源的要求。获得关于风险的有利信息,使管理层能够评估总体资源需求,优先部署资源并加强资源配置,合理使用有限的资源。

(5) 增强企业发展能力:企业的中长期生存能力取决于其预测和应对变革的能力,这不仅是为了生存,也是为了发展和繁荣。这在一定程度上是由有效的企业风险管理促成的。随着变革步伐的加快和业务复杂性的提高,它变得越来越重要。

综上所述,风险不应仅仅被视为制定和执行战略的潜在限制或挑战。相反,风险基础的变化和组织对风险的反应产生了战略机遇和关键差异化能力。

5. 战略选择中风险的角色

战略选择就是做出选择和接受权衡。风险是许多战略制定过程中的考虑因素。但风险的评估通常主要取决于其对已经确定的战略的潜在影响。换言之,讨论的重点是现有战略的风险:我们有一个战略定位,什么可能影响我们战略的可行性?

但是,在战略方面还有其他问题需要探讨,包括是否准确模拟了客户需求,供应链是否能按时按预算交付,是否会出现新的竞争对手,企业的技术基础结构是否能够完成任务等等。对这些问题的回应对于实施战略至关重要。

然而,所选战略的风险只是需要考虑的一个方面。正如新的框架所强调的,企业风险管理还有两个方面可以对企业的价值产生更大的影响:战略不一致的可能性,以及选择的战略的影响。

一方面,战略可能与组织的使命、愿景和核心价值观不一致,对于战略选择的基础决策至关重要。每个企业都有一个使命、愿景和核心价值观,它们定义企业的目标以及业务开展的方式。使命、愿景和核心价值观已经被证明在管理风险和在使企业在变革时期保持弹性方面至关重要。

企业所选择的战略必须支持组织的使命和愿景。如果战略不协调,即使战略得以成功实施,也会导致本组织可能无法实现其使命和愿景,或可能损害其价值观。因此,企业风险管理需要考虑战略可能与组织的使命和愿景不一致的风险。

另一个方面是所选战略的影响。当管理层制定战略并与董事会合作时,他们会根据战略固有的权衡做出决策。每个备选战略都有其自身的风险状况——这些都是战略产生的影响。董事会和管理层需要确定该战略是否与组织的风险偏好协同工作,以及它将如何帮助推动组织设定目标并最终有效地分配资源。

图 7-5 反映了企业使命、愿景、核心价值观,以及企业战略、经营目标和绩效,包括提高绩效过程中应当考虑战略不一致和所选战略本身风险的关系。

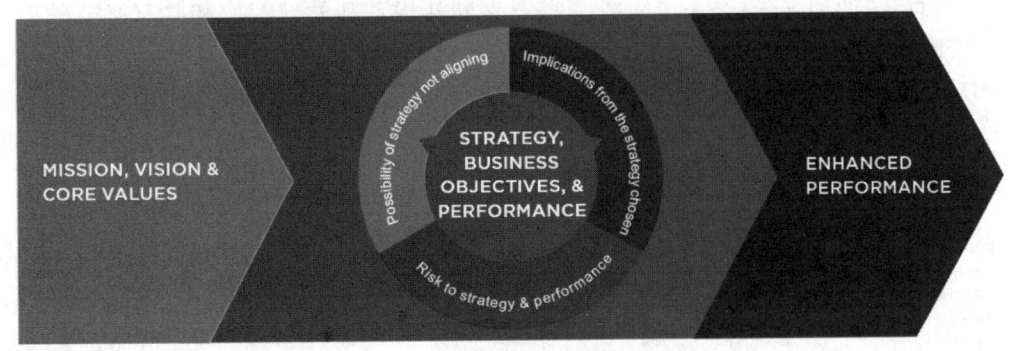

图 7-5 战略、风险管理与绩效图

企业风险管理通常帮助组织识别、评估和管理战略中的风险。但是,价值破坏的最重要原因在于战略可能不支持企业的使命和愿景。企业风险管理加强战略选择,分析风险,使资源与组织的使命和愿景一致。

（二）新的 ERM 框架聚焦的内容

1. 框架的主要内容

《企业风险管理——整合战略与绩效》明确了企业风险管理在战略规划中的重要性，并将其嵌入整个组织——因为风险管理影响所有职能部门的战略和绩效。

框架本身是一套原则，分为五个相互关联的组成部分，如图 7-6 所示。

图 7-6　2017 版 COSO 企业风险管理框架要素

（1）**治理与文化**：治理为组织定下基调，强化企业风险管理的重要性，确立企业风险管理的监督责任。文化涉及道德价值观、期望的行为和企业对风险的理解。

（2）**战略与目标设定**：强调企业风险管理、战略与目标设定在战略规划过程中的协同。企业需要建立风险偏好并与战略保持一致，通过业务目标将战略付诸实践，同时将风险偏好作为识别、评估和应对风险的基础。

（3）**绩效**：企业需要确定和评估可能影响战略和业务目标实现的风险，并将风险根据风险偏好按严重程度确定优先级，然后企业需选择风险应对，并采用组合的观点审查其承担的风险图。此过程的结果将报告给主要利益相关者。

（4）**复核和修订**：通过复核企业绩效，企业可以根据重大变化决定需要哪些修订来改进企业风险管理的运作情况。

（5）**信息、沟通和报告**：企业风险管理需要不断从内部和外部获取和共享必要的信息，这些信息在组织内部和外部流动。

更新后的框架中的五个组成部分由一套原则支持。这些原则可以被应用于不同组织（无论大小、类型），如图 7-7 所示。遵守这些原则可以为管理层和董事会提供合理的期望，使企业理解并管理与其战略和业务目标相关的风险。

Governance & Culture	Strategy & Objective-Setting	Performance	Review & Revision	Information, Communication, & Reporting
1. Exercises Board Risk Oversight 2. Establishes Operating Structures 3. Defines Desired Culture 4. Demonstrates Commitment to Core Values 5. Attracts, Develops, and Retains Capable Individuals	6. Analyzes Business Context 7. Defines Risk Appetite 8. Evaluates Alternative Strategies 9. Formulates Business Objectives	10. Identifies Risk 11. Assesses Severity of Risk 12. Prioritizes Risks 13. Implements Risk Responses 14. Develops Portfolio View	15. Assesses Substantial Change 16. Reviews Risk and Performance 17. Pursues Improvement in Enterprise Risk Management	18. Leverages Information and Technology 19. Communicates Risk Information 20. Reports on Risk, Culture, and Performance

图 7-7　企业风险管理框架组织部分与原则

2. 企业风险管理原则

治理和文化部分包含第(1)至第(5)五个原则:

(1) **行使董事会风险监督**——董事会对战略进行监督,履行治理责任,支持管理层实现战略和业务目标。

(2) **建立经营结构**——组织建立经营结构,追求战略和业务目标。

(3) **定义所需文化**——组织定义企业所需文化特征和预期行为。

(4) **展示对核心价值观的承诺**——组织展示对企业核心价值观的承诺。

(5) **吸引、培养和保留有胜任能力的人**——组织致力于按照战略和业务目标建设人力资本。

战略和目标设定部分包含第(6)至第(9)四个原则:

(6) **分析业务环境**——组织考虑业务环境对风险状况的潜在影响。

(7) **定义风险偏好**——组织在创造、保存和实现价值的背景下定义风险偏好。

(8) **评估替代战略**——组织评估替代战略和对风险状况的潜在影响。

(9) **制定业务目标**——组织在确定各级业务目标时考虑风险,以调整和支持战略。

绩效部分包含第(10)至第(14)五个原则:

(10) **识别风险**——组织识别影响战略和业务目标执行的风险。

(11) **评估风险的严重性**——组织评估风险的严重程度。

(12) **优先考虑风险**——组织将风险作为选择风险应对的基础。

(13) **实施风险应对**——组织识别和选择风险应对方案。

(14) **开发组合视角**——组织以风险组合视角评估企业面临的风险。

复核和修正包含第(15)至第(17)三个原则:

(15) **评估重大变化**——组织识别和评估可能严重影响战略和业务目标的变化。

(16) **复核风险和绩效**——组织复核企业绩效并考虑风险。

(17) **追求企业风险管理的改进**——组织追求企业风险管理的改进措施。

信息、沟通和报告部分包含第(18)至第(20)三个原则:

(18) **利用信息和技术**——组织利用企业的信息和技术系统支持企业风险管理。

(19) **沟通风险信息**——组织利用沟通渠道支持企业风险管理。

(20) **报告风险、文化和绩效**——组织在多个层次和整个企业中报告风险、文化和绩效。

(三) 新的框架对未来的展望

毫无疑问,企业将继续面对一个充满波动性、复杂性和模糊性的未来。无论企业的类型和规模如何,战略都需要忠于其使命。所有企业都需要敏捷的决策、以有凝聚力的方式做出反应的能力,以及在保持利益相关者高度信任的同时进行重新定位的适应能力。

展望未来,有几种趋势将对企业风险管理产生影响。首先,企业需应对数据的激增。企业风险管理需要适应越来越多的可用数据,以及数据分析速度的加快。数据将来自企业内部和外部,并将以新的方式进行结构化。数据高级分析和可视化工具将不断发展,并非常有助于理解风险及其影响。其次,企业风险管理将利用人工智能和自动化。我们已经进入了自动化流程和人工智能的时代。无论个人信仰如何,企业风险管理实践必须考虑这些现有和未来技术的影响,并充分利用。以前无法识别的关系、趋势和模式,现在都可以被发现,这为管理风险提供了丰富的信息来源。再次,企业需要管理风险管理的成本收益。企业高管经常关注的是风险管理、合规流程和控制活动的成本与获得的价值的比较。随着企业风险管理实践的发展,有效协调风险、合规、控制甚至治理的活动,为企业提供最大效益将变得非常重要。这可能是企业风险管理重新定义其对组织重要性的最佳机会之一；最后，企业风险管理将有助于建立更强大的组织。随着组织更善于将企业风险管理与战略和绩效相结合，这将有助于企业发展壮大。总之，企业风险管理需要改变和适应未来，并使组织对它们的未来充满信心。

三、企业风险管理是现代风险导向审计的基础

20世纪90年代以后，审计师普遍感觉到产生审计失败的根本原因是客户经营（比如急速变化的经营环境，全球化浪潮和技术进步等）的复杂性导致传统风险导向审计程序在发现重大错报方面力不从心。比如，传统风险导向审计程序在处理由于客户经营所导致的持续经营等问题时，效果比较差[1]。同时，由于信息技术的进步，常规交易出现差错的概率很小，而非常规交易和会计估计出现错报的概率较大。但传统风险导向审计采用审计风险模型对审计资源进行分配，并没有考虑这一方面的因素，从而导致审计的低效率甚至无效率。哈肯布罗克和克内切尔（Hackenbrack and Knechel，1997）[2]对一家国际性会计师事务所内部运作的研究发现，虽然事务所竭尽全力控制成本，但在审计过程中仍然做了大量不必要的工作，特别是分配给较低层次的审计师的常规任务。这一国际性会计师事务所采用基于全面质量管理的分析方法进行分析后，认为审计工作中的很大一部分并没有提高审计业务的鉴证水平，或为客户提供可以观测到的价值。因此，这一事务所认为需要认真考虑审计过程的性质。

由于审计职业在信息社会和知识经济时代早期没有根据内外部环境的变化及时进行调整，使审计职业在20世纪90年代初面临较为不利的环境。在这种情况下，传统风险导向审计所固有的效果缺陷和会计师事务所的效率压力使得很多审计师认识到审计可能需要一个新的范式。对传统风险导向审计效果与效率的反省，使审计师提出了一系列较有深度的问题。虽然很多问题并不是新出现的，但审计师越来越认识到其重要性，并以新的思路来思考这些问题。这些问题主要集中在以下几个方面。

（一）审计是否可以在不影响独立性的情况下对鉴证功能进行扩展

审计职业一直面临形式上的独立性和实质上的独立性之间的争论。这一争论的重要性不言而喻。但是，为审计增加价值的独立性问题最初并不是要扩展咨询服务，而是使审计对于客户和其他利益相关者更有价值。但20世纪七八十年代通过扩展咨询服务来增加价值的方法使独立性问题更为混乱，甚至是与独立性背道而驰。

（二）审计师在发现管理层舞弊上究竟应该承担多大的责任

在制度基础审计（包括传统风险导向审计）阶段，审计师坚定地拒绝承担发现客户管理舞弊的责任。而在重大的舞弊被社会公众所知悉时，人们总是要问"审计师在哪里"。审计师与社会公众在发现管理层舞弊的分歧一般被称为"期望差"，也就是说社会公众并不理解审计师的工作到底是什么。虽然审计师的垄断权力（主要的职责范围）是监管机构赋予的，但其来源是社会公众。因此，对于审计职业来说，最坏的情况是社会公众知道审计的工作性质与内容

---

[1] W. Morley Lemon, Kay W. Tatum and W. Stuart Turley. 2000. Developments in the Audit Methodologies of Large Accounting Firms, p.12.

[2] Hackenbrack, K and W. R. Knechel. 1997. An Empirical Examination of Time Usage in the Audit Process. Contemporary Accounting Research. Fall.

后,不再信任审计师①。

(三) 审计过程的结构化是需要将审计师的判断自动化或机械化,还是需要对判断进行组织

对审计过程进行结构化,一般采取正式的决策支持工具,比如检查表(checklist)、事先规定好的审计程序(一般是电脑化的)。在审计实务中,审计师对于主导他们行为的严格的决策支持工具虽然没有采用激烈的反抗措施,但事实上并不十分认同②。更为有用的是那些能够培养审计师使用职业判断的决策支持工具(如,认知决策支持等③)。

(四) 如何在与客户的员工进行必要的合作和保持必要的职业怀疑之间进行平衡

一般来说,审计师需要对通过询问客户所获得的证据持怀疑态度。但是,由于客户的交易和业务变得越来越复杂,审计师不得不大量依赖于客户的陈述,而不是第三方证据。比如,审计师对内部控制的理解一般是通过直接与客户负责具体经营环节的员工进行讨论。人的本性使得审计师容易相信以这些方式收集的证据,从而难以保持足够的职业怀疑。

(五) 内部控制到底意味着什么,它怎样影响审计过程

虽然审计师必须对财务报表的内部控制评价的观点已经有很长一段时间,而且审计准则和审计风险模型也都明确包含对内部控制的考量,但大量的证据显示审计师从来就没有成功地将对内部控制的依赖整合进审计过程(Waller,1993;Hackenbrack and Knechel,1997)。这一问题的部分原因可能是审计师倾向于着重细节性的流程控制,比如文件的可靠性,忽略了对管理层面的控制。事实上,管理层面的控制直接影响财务报表中非常规交易的判断和会计估计。由于技术进步的影响,很多书面的审计轨迹已经不存在,而且很多交易的处理也缺乏直观性,经营控制对有效的审计计划和执行变得越来越重要。

(六) 分析性测试是否可以提供与传统的实质性测试一样有效或更有效的审计证据

早期纳入审计过程的分析性程序主要是对会计指标进行横向或纵向的比较,它的一个基本逻辑是本年与往年一致。即使一个没有经验的审计员也可以很轻松地完成这一工作。因此,分析性程序一般被认为是简单和不健全的审计测试。但经验表明,复杂有效的分析性测试可以与传统的实质性测试一样耗费时间、成本高昂④。虽然需要会计师事务所对技术、数据库和培训进行大量的投资才可以使审计师具有足够的条件充分利用这些分析性测试技术,但它们在提供关于总体的证据,而不是总体中的单个项目的证据方面,要优于传统的实质性测试。

(七) 对大量的业务活动的部分交易抽查是否可以提供关于业务活动整体足够的保证

审计职业发展出审计抽样技术,作为对大量交易总体进行测试的基础。但是,审计师经常会发现他们面临两难处境:如果他们严格按照抽样模型的假设,样本量将非常大,以至于进行抽样测试不符合成本效益原则;但如果他们采用统计模型得到一个小的样本规模,结论的正确

---

① 关于这一问题的性质,参见"吴建友. 审计的社会涵义:从制度层面理解审计的作用. 上海国家会计学院未发表工作论文,2003"。

② Kachelmeier, S. J. and W. F. Messirer, Jr. 1990. An Investigation of the Influence of a Nonstatistical Decision Aid on Auditor Sample Size Decisions. The Accounting Review, January: 209-226.

③ Knechel, W. R. 2000. Behavioral Research in Auditing and Its Impact on Audit Education. Issues in Accounting Education, January.

④ 关于分析性程序在审计中的发展,以及学术研究在这一发展过程中的作用,见 Timothy B. Bell and Arnold M. Wright, eds., Auditing Practice, Research, and Education: A Productive Collaboration (AICPA, 1995)中的"分析性程序"。

性就会受到质疑。而且在发现错误或偏差时,统计模型一般推断风险水平是不可接受的,从而使得审计师要么扩大审计范围,要么将发现的不一致情况作为"个案"处理(即不根据结果推断总体特征)。因此,审计师经常使用判断抽样方法,因为这一方法最起码需要做的工作量较少。

(八) 传统的实质性测试是否很有效

虽然传统审计测试仍然极其有价值,但审计师对这一测试方法的非抽样风险很难完全理解。例如,在 Mini-Scribe 案例中,审计师对存货数量(纸箱)进行了仔细的清点,但最终发现,这些纸箱并没有装计算机硬盘,而是砖头(克内切尔,Knechel,2001)。那么,这一测试是否是一个错误的测试?很多情况下,审计师很认真地执行了测试,但最终却发现错误地理解了测试的结果,因为测试本身与财务报表的问题缺乏一致性。

会计师事务所对于这些问题最初的解决方法是在 20 世纪 80 年代末期至 90 年代初期对基本审计方法进行小的或中等程度的改进。这些改进并没有反映出对审计方法的深入思考。改进措施主要包括:雇佣教育背景更好的或更有经验的员工;对新的培训技术进行投资,购买笔记本电脑以支持技术分析;在审计师之间进行行业化分工,将事务所的业务按照行业条线划分;采用新的程序对新顾客的接受或老顾客的续约进行评估;减少对传统的账户细节的测试的依赖,采用更多的控制测试和分析性程序;发展新的审计程序,以全面的风险分析为基础,使审计测试更为合理。

这些改进都没有使审计理论与实务发生全面的转变。全面转变发生在 20 世纪 90 年代中期的"再造"(re-engineering)或"再创新"(re-inventing)浪潮。

在整个审计界对审计方法进行调整的同时,几家国际性的大会计师事务所坚信审计方法需要更多的改变,从而以较为激进的观点对传统风险导向审计进行了尖刻的检验。大约在 1994 年,一个看起来似乎较为简单的观点吸引了学术界和审计职业界的注意:经营风险驱动审计风险。简单地说,就是任何影响客户实现其经营目标的潜在风险,都是审计风险的来源。

审计师所要解决的审计风险来源于企业的经营风险这一观点给很多审计师极大的启示,它从根本上改变审计师的认知模式。虽然银行贷款坏账损失在一定程度上与经济的一般状况存在关联,这并不是一个令人震惊的新发现,但是这一观点确实对习惯于首先考虑会计错误的审计师来说,有醍醐灌顶的作用。虽然当时有一些会计师事务所的合伙人宣称他们已经认识到这一联系(目前一些中小会计师事务所的高级经理或合伙人也持有同样的观点),但他们对这种联系的认识实质上是不清晰的,并且很少在审计小组中对这些联系进行讨论。在很多时候,客户经营风险与审计风险之间的联系很含糊、微妙,如果审计师依然采用简化的认识模式,不太可能识别出这一联系。只有从复杂系统的角度考虑问题,将客户置于广泛经济网络之中,并以复杂系统的认知模式考虑问题,才能将经营风险与审计风险联系起来。

因此,客户经营风险导致审计风险这一观点虽然表面上看起来并不深刻,但它将很多审计师从以前简化主义认知模式产生的困境中解脱出来,从而以一种新的方法来看待审计。几乎是在同一时期,几大国际性会计师事务所联合学术界一起进行了新审计方法——现代风险导向审计方法的开发。

从上述审计基本方法发展的历史演进,我们可以看到审计方法发展的历史趋势。

账项基础审计模式仅仅是以账表论账表,不涉及企业的经营管理,而且费时费力,客户的负担亦重,所以,以账项为基础的审计模式已经基本被淘汰。

制度基础审计模式将重点放在企业自身的控制系统上,审计师不仅能得到更可靠的信息,而且能明晰控制的薄弱环节,估计出审计风险,使审计工作的质量不断提高。

现代风险导向审计模式是对制度基础审计的发展,代表了现代审计方法发展的最新趋势。它强调企业所面临的经营风险实质上也是审计风险的来源,从更为广泛的风险管理视角看待企业的经营风险。

第五节　信息技术对审计的影响[①]

一、信息技术的发展

第一台计算机在 1946 年被发明出来,距今已七十多年,如今计算机遍布世界各地。信息时代已到来,让过去的许多不可能成为可能,许多不敢想成为现实,科技发展的速度是我们无法估计的。随着信息技术的快速发展,各行各业的工作方式与工作方法都发生了不同程度的改变,大多数工作变得比过去更加便捷高效。过去我们面对的信息多是以纸质为媒介传递,耗费时间且浪费纸张。信息时代到来以后,计算机成为办公的主力军,工作效率得到提升。自我国恢复注册会计师制度以来已将近四十年,注册会计师作为一种职业,需要承担着重大的社会责任且面对和接受着各种戒律。面对信息时代带来的挑战,注册会计师应当勇往前进且不忘坚守自己的本分责任。信息化将是未来发展的大趋势,近年来,财务机器人、区块链条等话题广泛引起讨论,分析信息技术对审计的影响及对策可帮助注册会计师应对信息化带来的审计新风险,不被信息化时代淘汰。

二、信息技术对审计基本方法的影响

如前所述,审计方法是审计人员在长期的审计工作实践中总结出来的。随着现代社会经济的发展和科学技术的进步,审计方法一直紧跟时代的步伐而不断地改进和发展,并逐渐从账项基础审计过渡到制度基础审计,以及当前阶段的现代风险导向审计。

目前,审计的操作已逐步从手工制作往计算机操作的方面发展。现代信息技术的不断进步,计算机在信息处理和储存方面的便捷得到了大众的认可并在社会中普遍应用,不仅是会计信息,其他各种管理信息的处理方法与存储介质等也都发生了根本性的变化。如果在目前的社会环境与发展下,审计人员仍以传统的手工进行审计工作,忽视计算机并绕过计算机,将难以满足现如今信息快速发展的社会需要,无法达成审计的目标。审计人员应当将电子计算机作为执行审计职能的一种有力工具。如今社会,会计信息系统随处可见,审计人员可通过审计软件查看被审计单位的信息,审查其各项经济业务活动,并通过电子计算机获取审计证据,对被审计单位进行分析判断评价,得出较准确的审计结论与支撑结论的依据。在此方法下,能够有利于减轻审计人员的负担,提高审计工作效率,同时也可以减少人为的差错,提高审计的质量。

科学技术的进步、社会经济的发展以及审计环境的变化,导致审计方法由简单走向复杂、从低级走向高级、由单一走向系统,审计方法在不断地进步与完善。部分学者认为审计方法分为一般方法和个别方法;部分学者则认为审计方法分为基本方法和技术方法;还有学者认为审计方法包括审计态度和方法性程序。目前我国大多数审计工作者认为依旧难以为审计方法制

[①] 刘瑞华,庄伟珊. 信息技术对审计的影响及对策研究[J]. 商业经济,2020(01):171-175.

定一个统一的说法,因为审计方法不像会计方法一样有完整的体系。本书认为将审计方法分为审计基方法和审计技术方法较为恰当。

审计基本方法的发展与信息技术的发展相辅相成。在账项基础审计阶段,信息技术也仅仅停留在计算机产生和发展阶段。在这一阶段,计算机对审计方法基本没有影响,只是部分提高了被审计单位和审计师的数据计算能力。

在制度基础审计阶段,信息技术对企业内部控制的影响主要体现在以下几个方面[①]。

一是改善企业内部环境。在企业内部控制管理工作中,企业内部环境对内控工作开展及效率等有很大影响。而信息技术影响下,企业内部环境发生了很大变化。首先,企业实际管理结构发生改变,形成了扁平化管理模式,企业内部各项具体管理工作也随之变化,各部门与人员之间沟通协调效率大大提升,从而促进企业决策和执行工作效率的提高,使企业内部控制更加紧密、有效;其次,企业控制方式及管理理念有所改变。相对于传统管理方式和理念而言,信息技术作为一种新的手段和方法,具有更高灵活性,企业要运用信息技术进行各方面管理,首先就要转变传统管理理念,树立现代化管理观念,而反过来讲,企业在应用信息技术开展内控等管理工作中,感受到信息技术带给管理工作上的便利快捷及高效率后,其也会充分认识内控管理方式和理念改革发展的重要性,从而积极推动内控管理方式创新发展。信息技术影响下企业内部管理中这些方面的变化都会直接影响到企业内部环境,从而影响到内控管理工作的开展及效率。

二是提高企业风险评估水平。企业在经营发展过程中面临着来自各方面的运营风险,企业要在竞争激烈的市场中立足,就必须高度重视风险评估工作,全面做好风险防控,不断提高风险防御能力,风险评估是企业内控管理的重要内容。风险评估是一项非常复杂的工作,尤其是在市场环境日益复杂的情况下,企业风险评估工作开展面临更大难度。而信息技术应用于企业经营管理工作中后,企业运营模式得到优化及改善,风险评估影响范围得到进一步扩展,相关资料及数据收集及企业各方面信息反馈也更为方便、快速,从而为企业风险评估工作开展提供更好环境和条件。另外,风险评估影响范围的扩展也意味着企业能够考虑和关注到更多的运营风险隐患,从而提高做好防御准备,提高风险防控能力,为企业正常运营及发展提供更可靠保障。

三是提高企业财务管理水平。财务管理是企业经营管理的重点,也是企业进行内部控制管理的有效手段。信息技术在企业财务管理工作中的应用,不仅使得繁杂的财务管理工作变得简单,而且大大提高了财务管理工作的准确性、及时性,大幅度提升了企业财务管理质量和水平。企业会计信息化的转变与实现,彻底改变了会计的职能,企业财务管理工作得到进一步重视,企业内部领导及相关人员能够更加方便了解财务和会计工作重点,及时掌握企业财务实际情况,从而为经营投资决策提供重要参考。而财务管理水平及质量的提高有力促进了企业内控管理水平的提高,为内控管理实际工作开展提供了更好环境。

四是对企业各方面建设及管理工作提出了更高要求。信息技术的应用虽然给企业内部控制管理带来了很多积极影响,但是同时也对企业各方面工作提出了更高要求。首先是基础建设方面,信息技术的应用需要一定设备,因此企业应加快推进信息化网络建设工作,为信息技术在内控管理中作用的发挥提供基础保障;其次,对工作人员综合能力也有了更高要求,信息技术日新月异,更新换代非常快,企业工作人员只有及时掌握相关信息技术才能更好开展工

---

① 李少逸.信息技术对企业内部控制的影响和对策分析[J].现代商业,2020(27):119-120.

作。另外,信息技术给企业管理带来便利的同时,也对信息安全管理提出了更高要求。

信息技术一方面极大提高企业内部控制水平,另一方面也使内部控制的复杂程度急剧上升,使得审计职业界,尤其是美国注册会计师协会和COSO,越来越关注对内部控制的研究,并将研究成果体现在《内部控制——整体框架》和相关准则中,从而使基于内部控制制度的基础审计日臻成熟。在制度基础审计阶段,为了应对信息技术的挑战,审计师在审计技术方法上一方面采用计算机辅助审计技术,另一方面在职业内部分化出专门对信息系统进行审计的系统审计师(system professional auditor),以提高审计的效率和效果。

如前所述,进入20世纪90年代,随着互联网的蓬勃发展,人类进入了信息社会和知识经济时代,审计也面临更为严峻的挑战。信息技术也对企业风险管理产生了深远的影响。在此背景下,国际性大事务所引领审计职业界在对制度基础审计进行反思的基础上,重塑了审计基本方法,创造出现代风险导向审计,以应对信息社会和知识经济的挑战。虽然现代风险导向审计日臻成熟,但也面临着信息技术衍生出的新技术,诸如人工智能、区块链、电子货币等的挑战。比如,为应对区块链技术对审计的挑战,COSO于2020年发布了《区块链和内部控制——COSO的观点》,以指导审计师在区块链环境下如何分析评估企业的内部控制的有效性。

复习思考题

1. 审计基本方法发展的原因是什么?
2. 到目前为止,审计职业经历了哪些审计方法发展阶段?
3. 详细审计的社会经济基础是什么?详细审计的特点是什么?
4. 制度基础审计的社会经济基础是什么?制度基础审计的特点是什么?
5. 现代风险导向审计的社会经济基础是什么?现代风险导向审计的特点是什么?

配套习题

第八章 审计报告

> **本章要点**
>
> 注册会计师在运用审计基本方法完成审计工作之后,需要将审计的结果向委托人报告,也就是需要出具审计报告并承担不当审计报告的责任。审计报告的发展过程也就是从非标准化向标准化转变的过程。现代民间审计的审计报告的意见类型、内容和形式都已经标准化。本章主要阐述审计报告的历史沿革、审计报告的内容与形式、审计意见类型、其他重要事项的报告。
>
> **本章需要掌握的重点内容**
>
> 审计意见类型,审计报告的内容与格式,其他重要事项的报告。

第一节 审计报告的历史沿革

审计报告是注册会计师对被审计单位的财务报表是否公允地反映了其财务状况和经营成果及财务状况的变动表明专业意见的载体,也是注册会计师正式认可其对发表的审计意见之责任,从而限定自身责任的手段。所以,无论是对财务报表的使用者来说,还是对审计人员自身来说,审计报告均是十分重要的。由于审计报告的重要性,审计理论界和实务界对审计报告都进行了大量的研究和探索。这些研究和探索推动了审计报告的演进。

审计报告经历了一个多样化向规范化、标准化的演进过程。对审计报告演进过程,国内外都进行了深入的研究。在国外,研究审计报告演进过程的文献主要有:①G. Cochrane 的 *The Auditor's Report, Its Evolution in U. S. A* (Accountant,1950);②Tonya K. Flesher 和 Dale L. Flesher 的 *The Development of the Auditor's Standard Report in the U. S. A* (J. A.,1980);③D. R Carmichael 和 Alan J. Winter 的 The Evolution of Audit Reporting (Auditing Symposium Ⅵ, AICPA,1982)。在上述研究文献中,对审计报告的演进过程论述较为全面、系统的是 D. R Carmichael 和 Alan J. Winter 的 *The Evolution of Audit Reporting*。该论文将审计报告的发展从 20 世纪 20 年代至 80 年代初共分为十一个阶段,并以十一座里程碑的形式对 20 世纪以来美国审计报告的发展状况进行了深入细致的考察。在国内,研究审计报告演进的文献主要有:①文硕的《世界审计史》第五篇第五章(企业管理出版社,1996 年 11 月第 2 版,第 550~566 页)。②张立民主编的《西方审计学》第四章第四节(南开大学出版社,

1996年2月第1版,第87～93页)。③秦荣生的《审计报告的发展和我国审计报告准则的制定》(《注册会计师通讯》,1996年第3期,第26～35页)。文硕和秦荣生都将审计报告的发展分为四个阶段,即"非标准审计报告的发展阶段、标准审计报告的探索阶段、标准审计报告的确立阶段和标准审计报告发展阶段"。张立民的《西方审计学》则以1948年作为分界点,分别对审计报告的发展做出系统的阐述。本章主要从民间审计的各种不同类型审计报告的发展过程来讨论审计报告的演进。

一、无保留意见审计报告的发展

(一) 标准无保留意见审计报告的发展

正如我们所熟知的,民间审计起源于16世纪意大利的合伙企业制度,形成于英国的股份制企业制度,发展完善于美国发达的资本市场。尽管意大利是民间审计的发源地,但它对后来民间审计的发展影响不大。英国和美国在民间审计的创立和发展过程中起到关键性的作用。

1. 非标准审计报告的发展阶段

20世纪以前,民间审计报告的发展主要在英国。1721年,英国会计师查尔斯·斯内尔(Charles Snell)对南海公司出具的审计报告,一般被认为是近代民间审计最早的由会计师呈送的审计报告。英国的审计报告主要受公司法的影响。在19世纪,英国的《公司法》最早要求注册会计师对资产负债表的准确性做出审计报告,但并没有统一规定审计报告的标准用语和标准格式,也没有专业机构在审计报告的标准化上进行组织工作。所以当时的审计报告的格式五花八门,如许多审计报告没有标明审计日期,大部分审计报告没有收件人,审计报告通常没有标题,审计报告的用语也是因人而异。当审计人员对资产负债表感到满意时,常使用"正确而真实"(correct and true)、"真实而可靠"(true and faithful)、"公允而正确"(fair and correct)等词语来表达自己的审计意见。

20世纪初,英国会计师将审计实务引入美国。缺乏统一的标准和实务导致了各种各样的审计报告的出现,而且会计师经常出具描述性的长篇报告。著名的科恩报告(Cohen Report)对早期审计报告的发展曾作过如下描述:"早期的审计报告极具描述性,而且在措辞上具有很大的随意性。"这一阶段可称之为非标准审计报告的发展阶段。

2. 标准审计报告的探索阶段

非标准审计报告虽然在当时起到了重要作用,但其弊端也是很明显的。其缺陷表现在,不同事务所出具的审计报告缺乏可比性,审计报告措辞多样性容易令人产生误解。为了克服非标准审计报告的缺陷,人们开始了审计报告标准化的努力。1917年,美国联邦储备委员会(Federal Reserve Board,FRB)和美国会计师协会(The American Institute of Accountant,AIA)合作发布了名为"统一会计"(*Uniform Accounting*)的小册子,该份文件建议不仅应将检查工作标准化,而且应将审计报告标准化,其中推荐的审计报告被称为第一份由权威性指南所推荐的审计报告。尽管它不是一份标准的审计报告,但它是AIA精心考虑的结果,并被当时许多公开出版物广泛推荐。从1929年起,许多大型的民间审计机构采用了一种新型的审计报告。从结构上讲,该报告对审计范围和审计意见进行了初步的划分。从措辞上讲,将以前常用的"我们已审计了会计账簿"(audited the accounts)改为"我们已检查了会计账簿"(examined the accounts),但在表达意见时所用的措辞还是"我们已证明"这样的术语。厄特马斯事件发生后,尽管法院判决审计人员不构成欺诈,但是法院也指出,审计人员没有明确揭示其检查范围,没有将审计范围与审计意见明确分开,从而构成过失。针对法院的判决,民间审计界对审计报告进行了修正。将审计范围与审计意见进行了进一步的区分,在审计报告中删除了"我们已证明"这样的术语,改为"我们认为"这样的术语来表达审计意见。

3. 标准审计报告的确立阶段

1929—1933 年的经济危机后,社会各界普遍认为缺乏正确而可靠的财务报表是导致这场危机的重要原因之一。为此,纽约证券交易所(NYSE)与 AIA 合作推荐产生了一份首次被称为"标准报告"的报告。这份报告充分体现了 AIA 试图在报告语言上做到统一性的指导思想。AIA 认为报告语言的统一性可以完成以下两个目标:目标之一,使不同事务所出具的报告具有可比性,并减少报告措辞的多样性所产生误解的可能性;目标之二,使保留意见的审计报告更容易区分和辨认。除语言上标准化外,该报告还在以下几方面取得突破性的进展:①首次将财务报表而不是账簿或账户作为检查对象。②报告中清晰地提及测试(testing)这一重要概念。③意见段继续强调审计提出的是意见而不是担保。④将会计准则作为衡量"公允表达"的一条标准,并与"一致性"一起使用。由于该报告是 AIA 与 NYSE 合作的结果,因而可以在上市公司中强制实行。而且,非上市公司的审计报告如果不满足上述要求,常被认为有一定的缺陷。此后,标准化审计报告逐渐被运用于所有的审计合约中。

1948 年,一般公认审计标准(GAAS)正式发布。为适应 GAAS 的要求,AIA 又对审计报告进行了修订。修订的内容主要是:①在范围段中增加以 GAAS 作为审计依据;②删除"审计是以检查内部控制为基础"这一术语,因为检查内部控制已被认为是公认的审计实务。至此,审计报告结束了频繁的修订过程。标准审计报告的形式已基本确立。

4. 标准审计报告发展阶段

1948 年以后,审计报告进入较平稳的发展阶段,但另一种趋势却日益增强。即理论界和职业团体开始从理论的高度对审计报告进行更广泛、更深入的研究。特别是 1961 年莫茨和夏拉夫《审计理论结构》的出版,打破了长期以来"审计无理论"的禁锢思想。1972 年,被称为审计理论第二座里程碑的《审计基本概念公告》(ASOBAC)的发布,又为审计报告的研究奠定了更坚实的理论基础。1978 年,著名的科恩报告在总结以往研究成果的基础上,对改进审计报告提出了很多改进建议。之后,虽然体现科恩报告精神的修订后的审计报告格式在当时未得到实施,但它最终促成了 1988 年对审计报告的修订。这是 40 年来对标准审计报告的唯一的一次、也是最重大的一次修订。其目标是提高报告使用者对审计功能的理解,也是解决"期望差"的一条重要途径。主要修订的内容包括:①区分管理当局编制报表的责任和审计责任;②明确承认审计只是对财务报表是否存在重大误报提供合理的保证,而不是绝对的担保;③范围段中增加对审计性质的解释;④审计结论中,取消"在符合 GAAP 基础上公允表达"与"一贯性"的一起使用,而是增加"在所有重要方面"这一重要术语。AICPA 审计准则委员会认为过去一贯性的提及是多余的,因为 1971 年 APB Opinion No. 20—Accounting Changes 要求所有的重要的会计变更都应该在财务报表中恰当地披露。1988 年,修订后的审计报告对其他国家的审计报告发展有着意义深刻的影响,如英国、澳大利亚等国随后都对本国的审计报告进行了类似的修订。国际审计准则于 1994 年也对上述三点内容作了几乎相同的补充规定。

(二) 加说明段的无保留意见审计报告的发展

审计实施阶段结束后,注册会计师对被审财务报表感到满意,但可能觉得有必要对某些事项进行强调或解释,以提醒财务报表的使用者注意。在这种情况下,注册会计师就可以出具加说明段的无保留意见审计报告。

依据对现有的资料研究发现,AICPA 于 1972 年发布的 SAS No. 2 中,已包含对加说明段的无保留意见的规定。根据 SAS No. 2 的规定,加说明段的事项有以下几种情况:①依赖其他注册会计师的意见。②同意偏离已颁布的会计准则。③强调某一事项。SAS No. 2 对加说明段事项规定较少,也没有明确规定加说明段的方式。当时实务界很少采用这种报告,因为它容易被误解为保留意见的报告。

1988 年,SAS No. 58 对说明段的无保留意见审计报告进行了明确的规定。SAS No. 58 第 11 段中共规定了 10 项可以加说明段的事项:

(1) 部分依赖其他注册会计师的意见。
(2) 财务报表含有对 AICPA 理事会指定团体所颁布会计准则的偏离。
(3) 财务报表受与未来事件有关的不确定事件的影响,其结果在审计报告日不能合理地估计。
(4) 对被审单位持续经营能力有重大怀疑。
(5) 会计原则和所运用的会计方法有重大变更。
(6) 存在与可比财务报表的审计报告有关的事项。
(7) SEC 规则 S-K 所要求的季度财务信息被省略或未经复核。
(8) FASB 和 GASB 所要求的补充信息被省略,这些信息与 FASB 或 GASB 的规定不一致,审计人员不能对这些信息实施相应的审计程序或不能消除对这些信息是否与 FASB 或 GASB 是否一致的重大怀疑。
(9) 包含在已审财务报表文件中的其他信息与出现在财务报表中的信息存在重大差异。
(10) 强调某一事项。

SAS No. 58 第 12 段至 37 段分别对上述情况作了具体解释。1995 年 12 月修订后的 SAS No. 79 删除了上述第 3 条规定,对"不确定性"(un-certainties)作了新的解释,并对如何对"不确定性"加以报告进行了新的规定。SAS No. 79 还对上述第 2 条规定作了适当的修改。

二、其他意见类型审计报告的发展

在审计报告的演进过程中,不仅审计报告的措辞和格式日趋标准化、规范化,而且还出现了除无保留意见审计报告以外的其他意见类型的审计报告,报告的种类也逐步多样化,从而保证了审计人员在各种不同的情况下能将其审计意见准确地、简明地传达给财务报表和审计报告的使用者。在短式审计报告中,注册会计师可以发表的审计意见除无保留意见外,还包括保留意见、否定意见和放弃表示意见。

早期审计报告对审计意见的类型的划分并不明确。审计后,如果注册会计师对被审财务报表感到满意,他就可以出具完全肯定财务报表的审计报告。如果注册会计师认为被审计财务报表存在"会计缺陷"(accounting deficiencies),或者审计程序受到限制或存在其他类似的限制,审计人员一般在审计报告中会使用"鉴于"(subject to)一词而加以保留。这样一来,对有关问题严重程度的判断就留给了报告使用者。有些报告甚至包括一些审计人员对其所做工作的描述,而没有明确表示他对财务报表所承担的责任。这种状况不利于审计报告的使用者正确理解审计报告,也不利于注册会计师将审计意见准确地传达给报告的使用者。因此,审计职业界觉得有必要对审计意见的类型和发表某种审计意见的条件做出区分。

1939 年,审计程序委员会(Committee on Auditing Procedure)发表的 SAP No. 1—Extension of Auditing Procedure 介绍了一种新的意见形式——放弃发表意见(当时称为 Withheld Opinion)。SAP No. 1 包含以下被许多文献所广泛引用的内容,即"当注册会计师认为'例外事项'达到否定其意见的程度,或'检查'低于其认为所必要的范围,则不应该对财务报表是否在符合公认会计准则的基础上公允反映财务状况及经营成果发表意见。这种情况下，注册会计师只能在审计报告中陈述其发现，如果可能，应陈述其不能发表意见的理由"。

SAP No.1 允许注册会计师对财务报表是否公允表达保持沉默，但却没有明确拒绝发表意见。许多注册会计师仅仅在报告中详细描述其审计程序，而并不说明所描述的审计程序是否使其对财务报表的公允表达感到满意。这样一来，审计人员便可对财务报表不负任何责任。为进一步明确报告责任，审计程序委员会 1947 年发布了 SAP No.23—Recommendation Made to Clarify Accountant's Representations When Opinion Is Not Expressed。SAP No.23 对上述所引用的 SAP No.1 的规定修改为："……这种情况下，注册会计师应表明其不能对财务报表总体发表意见，并应明确地表示原因。"此外，SAP No.23 还明确规定了审计报告的三种意见形式，即无保留意见(unqualified opinion)、保留意见(qualified opinion)、拒绝发表意见(disclaimer of opinion)。

1954 年，美国一般公认审计标准(GAAS)增加了最后一条报告标准，并初步确定了"否定意见"(adverse opinion)的可能性。经过几年的讨论，1961 年，SAP No.31—Consistency 对"否定意见"给予了正式的确定。SAP No.31 规定，当违反一致性要求的会计原则或会计实务变更的影响是重要的，审计人员在其报告中，或者对财务报表发表保留意见，或者(如果非常重大)对财务报表总体发表否定意见……而且，由于审计人员根据一般公认审计标准执行检查工作，当对财务报表持否定意见时，不能拒绝发表意见。1962 年，SAP No.32—Qualification and Disclaimers 又从更广泛的角度对否定意见加以定义，并确定了发表否定意见的标准。另外 SAP No.32 还对"除外"(except for)和"鉴于"(subject to)两种保留意见进行了明确的区分。在此之前，except for 和 subject to 在各种情况下经常被交换使用。

1974 年 12 月发布的 SAS No.2 明确规定了发表保留意见的条件有 4 个：①偏离一般公认会计准则(GAAP)。②偏离会计准则的一贯性。③检查范围受到限制。④影响财务报表而又不能被解决的不确定性。前三个使用"except for"，后一个使用"subject to"。1988 年修订后的 SAS No.58 规定发表保留意见的条件只有 2 个，即"范围限制"和"偏离 GAAP"。"偏离一贯性"及"不确定性"被相应归入以上 2 个条件中。并取消了"subject to"型保留意见。1995 年 SAS No.79 对"不确定性"及其报告方式又给予了新的规定。

三、分片意见

分片意见(piecemeal opinion)是指审计报告对财务报表总体拒绝发表意见或持否定意见，而对财务报表某一部分持肯定意见。分片意见的审计报告经历了一个从引入到全面禁止的过程。1947 年 SAP No.23 介绍了一种新的意见类型——拒绝发表意见。由于"拒绝发表意见"对委托人来说是一种灾难。为补偿委托人对保护第三者利益的需要，1949 年，审计程序委员会在对 SAP No.23 的一份解释性文章中特别提及了分片意见，并将其正式确认为一种审计报告类型。1961 年，SAP No.31 介绍了"否定意见"后，分片意见又与"否定意见"一起使用。直到 1971 年，SAP No.46—Piecemeal Opinion 开始禁止分片意见与"拒绝发表意见"一起使用，1974 年 SAP No.2 又对分片意见进行全面禁止。1988 年的 SAS No.58 和 1995 年的 SAS No.79 都对禁止使用分片意见给予了专门的强调。至此，分片意见作为一种审计报告的类型已不复存在。

四、审计报告的国际进程

第二次世界大战以后，国际经济进入了一个新的发展阶段。国际商品、资本、知识、劳动力、信息的交流,达到了前所未有的规模。各国在经济上相互依赖、相互促进的关系日益明显。随着投资和企业经营的国际化趋势加强,任何一个国家的会计和审计方法及其所提供的信息,已不再局限于一国之内,会计和审计的国际化成为必然。一方面,国际投资者和关心跨国公司经营的会计信息的各国用户要求国家间的会计准则和审计准则趋于一致,以便使财务报表和审计报告具有可比性、可理解性和可靠性;另一方面,为了保护本国投资者的利益,注册会计师也开始跨国界执业,国际会计师事务所的崛起,使注册会计师的审计不再以一国的疆界为限。经济的全球化客观上要求会计和审计准则趋于协调和统一。审计报告的国际协调就是其中的一项重要内容。

在审计的国际化进程中,许多组织都做出了自己的贡献。如最高审计机关国际组织、国际内部注册会计师协会、国际会计师联合会、欧盟和证券委员会国际组织等。

对审计报告国际协调做出重大贡献的主要是国际会计师联合会下属的国际审计实务委员会(IAPC)。1983年10月,IAPC发布的《国际审计准则指南第13号》(ISA No.13)——审计人员对财务报表的报告,对审计报告的基本要素、格式、审计依据及发表意见的方式和运用的术语等方面进行了规定。IAPC于1989年和1994年又分别对ISA No.13进行了重新修订,其中1994年的修订主要以1988年美国SAS No.58及1993年英国修订后的审计报告准则为基础。另外,IAPC发表的与审计报告有关的准则还包括《国际审计准则指南第1号》(ISA No.1)——关于审计的目的和基本原则,《国际审计准则指南第24号》(ISA No.24)——特殊目的的审计报告,《国际审计准则指南第31号》(ISA No.31)——财务报表审计中对法规和法律的考虑,等等。

欧盟(EU)和证券委员会国际组织(IOSCO)对审计报告的国际协调也做出了一定的贡献。欧盟并不直接参与或组织审计准则的制定,而是通过发布指令对欧盟各成员国的会计和审计活动产生影响。其中与审计相关的有第4号和第8号指令。许多欧盟成员国都将第4号指令纳入在本国的法律之中。在审计报告方面,"真实和公允的观点"已作为对财务报表的一项根本要求。例如,1994年德国修改后的审计报告就充分体现了这一要求。IOSCO主要从证券发行和管理方面加强审计报告国际的协调,并承认和支持IAPC所做的努力和贡献。IAPC在制定和修改审计准则时也充分考虑IOSCO的意见和建议。由于IOSCO在国际证券发行和管理方面所处的重要地位,其对国际审计准则的参与和支持在审计报告国际协调方面产生了重要影响。

第二节 审计报告的内容观点和格式

一、关于审计报告内容的观点

审计报告的内容是审计报告的核心。审计报告的内容应尽量简化还是应包括一定的解释或说明,对于这一问题,审计理论界曾出现过两种截然不同的观点,即"符号论"和科恩委员会的观点。

(一) 符号论

该观点以莫茨和夏拉夫(1961),塞德尔(1974)和爱泼斯坦(Epstein,1976)为代表。他们主张审计报告应缩减到只包括"表明财务报表已审计过和发表审计意见",塞德尔甚至建议标准审计报告只包括两个词"Clean Opinion",形成所谓的"符号论(symbol)"。

1974年,塞德尔在一篇题为 *Symbolism and Communication in the Auditor's Report* 的文章中,采用实验研究(experimental research)的方法检查投资者对包含不同信息审计报告的看法,并假定老练的投资者和非老练的投资者都把审计报告当作一种"符号"。塞德尔通过调查结果显示:审计报告在措辞上的微小变化不会比审计报告作为一种"符号"传递更多的信息,只有在形式上及实质上的重大变化才能比"原先的符号"(the original symbol)传递有差别的意思。因此,塞德尔认为,如果想改变审计报告所表述的含义,必须在审计报告规模(size)、形状(shape)或其他外观上作重大改动。

1977年,爱泼斯坦在纽约证券交易所及美国证券交易所上市的股票中,对至少拥有一种股票的股东进行了一次随机调查。调查结果显示,25.2%的被调查者完全阅读审计报告,21.5%的被调查者认为当时的审计报告难以理解,13.3%的被调查者认为当时的审计报告对投资决策有所帮助,13.9%的被调查者期望审计报告能提供一些额外信息。作者通过分析后得出的结论为:投资者对审计报告的具体内容并不感兴趣,而只看其结论。

从上面的讨论中可以看出,"符号论"之所以认为审计报告可以简单到只有两个词的符号,或简单到只表明财务报表已审计过和发表审计意见,是因为他们认为审计报告的使用者并不阅读审计报告的细节,或不能理解其中的含义。

(二) 科恩委员会的观点

该观点以美国审计责任委员会(因其主席是 Manuel F. Cohen 因而也称为科恩委员会或 Cohen 委员会)为代表。他们认为,审计报告的使用者并不熟悉审计功能所存在的限制,以及管理当局责任和审计责任的区别,因而主张在审计报告中增加一些解释性的内容。科恩报告指出:"目前的标准报告明显想要传递几种单独的信息。有些信息表达得很清楚,如被审单位名称;财务报表的范围和所覆盖的期间;审计是依据 GAAS 进行的;审计是以测试为基础,而不是检查所有的数据……但其他信息必须需要推断,如依据审计人员的检查和审计人员的意见,推断财务报表是管理当局的责任;依据公允表达,推断会计政策在当时的情况下是适当的;依据审计人员所实施的必要的测试,推断审计人员在审计过程中使用了职业判断等。"科恩委员会认为审计报告应该清晰地表达上述信息,而不应该依赖使用者的推断(科恩报告,即 Cohen 报告)。

从上述可以看出,科恩委员会所持的理由是,审计报告几乎是教育和通知财务报表使用者关于审计功能的唯一正式方式。审计报告不应该将大量的技术成本压缩为几个词或几段话(科恩报告 P71)。

"符号论"和科恩委员会的观点都出现在 20 世纪 70 年代,美国在随后对审计报告修订中,并没有采纳"符号论",而是主要接受了科恩委员会的观点。

二、审计报告的格式

审计报告的格式是审计报告内容的表达方式。在确定审计报告的内容后,就需要采用适当的方式对这些内容进行报告。审计报告在格式上也曾有两种对立的观点,即"标准化"(standardized)的观点和"非标准化"(nonstandardized)的观点。

审计报告标准化的观点主要以 AIA 和 AICPA 为代表。他们认为,审计报告标准化有助于报告使用者对审计报告的理解;有助于报告使用者区分不同的审计意见类型。

审计报告非标准化的观点主要以科恩委员会为代表。他们认为,审计报告的使用者把审计报告看作一种符号而不阅读审计报告,会导致报告使用者容易忽视审计报告中发生的细微变化。

科恩报告也承认"使用标准化的语言可以避免无意义的措辞差别,而且有助于报告质量的统一"(科恩报告 P73),但科恩报告接下来引用了塞德尔关于"审计报告是一种符号(the report as a symbol)的论述。塞德尔认为"标准化报告的影响之一是,当一个人熟悉报告的措辞后,便不会每次都阅读。他会依赖于过去对报告的印象和理解,而只简单地浏览一下报告中是否存在与标准语言的背离之处,整个报告变成一个单一的(尽管是复杂的)符号而不再被阅读"(科恩报告 P73)。另外,艾斯特斯(Estes,1982)也极力赞成非标准化的审计报告,他认为投资者条件假说(the hypothesis of investor conditioning)是建立在标准化的审计报告格式和措辞基础上的。标准化的无保留意见审计报告的措辞由 AICPA 来进行确定,而且许多会计师事务所严格遵守这些规定,甚至保留意见的审计报告也尽量做到标准化。通过审计报告的标准化,会计职业界或许已经使得审计报告是令人乏味的。报告使用者很明显不会对审计报告产生兴趣,因而不会去阅读审计报告(Estes,1982)。他认为,所有标准化的措辞都应该被取消;审计报告针对每一项审计来说应具有创新性,并主张审计报告应回归到类似于长式审计报告。

最后,审计报告的格式综合了两方面的意见,基本采用标准格式的审计报告,但如发表非标准化意见时,必须详细说明发表非标准化意见的理由。

三、在审计报告中沟通关键审计事项

(一) 关键审计事项的含义与作用

关键审计事项,是指审计人员根据职业判断认为对当期财务报表审计最为重要的事项。关键审计事项可能涉及审计人员评估的重大错报风险较高的领域或识别出的特别风险、财务报表中涉及管理层重大判断(包括被认为具有高度不确定性的会计估计)的领域、当期重大交易或事项对审计的影响。关键审计事项应从审计人员与治理层沟通过的事项中选取。

在审计报告中沟通关键审计事项的作用为:

(1) 提高已执行审计工作的透明度,从而提高审计报告的决策相关性和有用性。

(2) 为财务报表使用者提供额外的信息,以帮助其了解被审计单位、已审计财务报表中涉及重大管理层判断的领域,以及审计人员根据职业判断认为对当期财务报表审计最为重要的事项。

(3) 为财务报表预期使用者就与被审计单位、已审计财务报表或已执行审计工作相关的事项进一步与管理层和治理层沟通提供基础。

根据《中国注册会计师审计准则第 1504 号——在审计报告中沟通关键审计事项》要求,审计人员在上市实体整套通用目的财务报表审计报告中增加关键审计事项部分,用于沟通关键审计事项。

(二) 在审计报告中沟通关键审计事项的原因

审计报告是注册会计师对财务报表发表审计意见形成的书面报告,同时也是注册会计师与财务报表使用者沟通审计事项的主要手段。审计报告是财务信息生成链条上关键的一环,对增强财务信息的可信性起着至关重要的作用。现行审计报告(指在《中国注册会计师审计准则第 1504 号——在审计报告中沟通关键审计事项》发布之前的审计报告)具有格式统一、要素一致、内容简洁、意见明确等优点,但也存在着信息含量低、相关性差等缺陷。

2008年全球金融危机发生后,国际上对提高审计质量、提升审计报告信息含量的呼声日趋强烈。2014年,欧盟出台新的审计指令,规定在对公众利益实体财务报表出具的审计报告中,应指出最重要的重大错报风险以及注册会计师应对措施等内容。同时,美国的审计准则制定机构也正在进行相关改革。2015年年初,国际审计与鉴证准则理事会(IAASB)发布新修订的审计报告相关准则,改革审计报告模式,增加审计报告要素,丰富审计报告内容。

国际审计准则对审计报告模式的改革,客观上要求我国及时借鉴新的国际审计准则,采用新的审计报告模式,实现我国审计准则的持续趋同。同时,随着我国资本市场的改革和IPO注册制的推行,政府部门、监管机构和投资者将对注册会计师执业质量提出更高的要求,期望注册会计师出具的审计报告将更具有相关性和决策有用性,以降低资本市场的不确定性和信息不对称带来的风险。为此,亟需我们借鉴国际审计报告改革的新成果,结合我国实际情况,对审计报告相关准则做出修订,做到在审计报告中沟通关键审计事项,其原因体现以下三个方面:

(1) 提高审计报告的信息含量,增强其相关性和决策有用性。在上市公司审计报告中增加关键审计事项部分,描述审计重点难点和审计工作的特定信息,提高审计报告的相关性和决策有用性。关键审计事项是指注册会计师认为在当期财务报表审计中最为重要的事项,可能包括注册会计师评估的重大错报风险较高的领域或识别出的特别风险、财务报表中涉及管理层重大判断的领域、当期重大交易或事项对审计的影响。在关键审计事项中,注册会计师需要说明该事项被认定为关键审计事项的原因以及如何实施审计工作的。

(2) 提高审计报告的沟通价值,增强审计工作的透明度。修改审计报告的内容和措辞,使财务报表使用者能更准确理解审计的定位、核心概念以及注册会计师、治理层和管理层各自的职责,弥合"期望差距"。审计报告会着重说明注册会计师和管理层对持续经营假设各自的责任,注册会计师对年报中除已审计财务报表和审计报告以外的其他信息的责任,"合理保证""重要性""风险导向审计"等审计核心概念的内涵,注册会计师对发现舞弊的责任,与治理层沟通的责任等,明确项目合伙人对审计质量承担的最终责任。

(3) 强化注册会计师的责任,回应财务报表使用者对持续经营、其他信息、注册会计师独立性的关注。一是强化注册会计师对持续经营的审计要求,当持续经营存在重大不确定性时,在审计报告中单设段落予以突出强调;二是提高注册会计师对被审计单位年度报告中其他信息的工作投入,在审计报告中单设段落报告工作的结果;三是要求注册会计师在审计报告中声明独立于被审计单位,并履行了职业道德方面的其他责任。

第三节 审计意见

审计意见是审计报告的关键内容。审计意见经历了一个不断的演变过程,目前已形成两种固定的意见类型,即无保留意见(包括无保留意见加说明段)和非无保留意见。

一、无保留意见

当注册会计师对被审单位财务报表发表无保留意见时,一般指财务报表总体上做到公允表达。公允表达(present fairly)最早出现于美国1934年推荐的审计报告中,当时英文的顺序为fairly present,1939年修订后的审计报告将其改为present fairly,并在随后的审计报告中一直沿用。英国 1948 年修订后的审计报告改用"真实和公允地反映"(give a true and fair view)来表达审计意见。《国际审计准则第 13 号》1983 年开始建议各国采用这两种术语之一来表达审计意见。到目前为止,接受这两种术语的国家越来越普遍。理解无保留意见的关键在于理解公允表达的含义。

(一) 公允表达的含义

根据牛津词典的解释,"公允"(fair)一词包括 just, unbiased, equitable, legitimate 等含义。但帕蒂略(Pattillo,1965)认为这些词之间存在循环解释的情况。

"公允"一词最早出现在审计报告中,但却是针对财务报表而言的。那么,财务报表怎样才能称作公允表达呢?不幸的是,审计界对此并无明确的解释。由于缺乏明确的解释,该术语在审计报告中出现后,一直受到社会各界的批评。AIA 也承认"公允表达"一词含义太广,以致法律界和批评性的文献对它有各种各样的解释。卡迈克尔(Carmichael)甚至认为"公允表达"是会计职业的一份不幸遗产。AICPA 在 1972 年及 1979 年(1972 年 AIA 改为 AICPA)曾两次试图在审计报告中取消"公允"一词,但都因遭到反对而未能成功。

就财务报表而言,"公允表达"一般有如下几种解释:
(1) 财务报表的表达只要符合 GAAP 就可称为公允表达。
(2) 财务报表的表达不仅符合 GAAP,而且表达是公允的。
(3) 财务报表的表达不仅符合 GAAP,而且 GAAP 被公允地运用。

上述三种解释中,第一解释最为简单,即财务报表的公允表达就是指财务报表符合 GAAP。如果按照第一种解释,公允表达的含义已经基本明确。第二及第三种解释都比较复杂,而且很难区分哪一种解释的含义更广。按照后两种解释,财务报表符合 GAAP 只是公允表达的一项基本要求,除此之外,还要求审计人员对财务报表在符合 GAAP 的基础上对是否公允表达做出专业判断,这样一来,对公允表达含义的解释及判断仍没有一个明确的标准。

1975 年 AICPA 发布准则,试图采取折中的办法统一人们对公允表达含义的认识,也试图为审计人员提供一项客观的判断标准。1975 年发布的 SAS No. 5 审计报告中"符合一般公认会计准则基础上公允表达"之含义,规定了判断财务报表公允表达的四条标准:
(1) 所使用的会计准则是一般公认的。
(2) 所运用的会计准则在当时的情况下是适当的。
(3) 财务报表的披露是适当的。
(4) 在大致的可接受范围内,财务报表反映了事件和交易的实质。

SAS No. 5 的发布似乎表面上平息了对公允表达含义的争论,但该准则对明确公允表达的含义到底起多大作用仍值得怀疑。正如卡迈克尔所述:"尽管 SAS No. 5 可能完成了为审计人员提供关于公允表达含义判断标准的目标,也确定了职业界对该术语的解释,但它对教育报告使用者很难说有多大贡献。"

(二) 无保留意见加说明段

在审计后,审计人员对财务报表总体感到满意,但认为有必要对某些事项或问题进行说明和解释,此时他就可以出具无保留意见加说明段的审计报告。

从本质上讲"无保留意见加说明段"仍属无保留意见,只是审计人员认为需要对有些问题进行解释和说明。但解释和说明的事项并不影响审计意见的保证程度,以及审计人员对财务报表承担责任的程度。由于解释和说明的事项不同于保留意见中的保留事项,所以从格式上讲,审计报告一般将说明段放在意见段之后(利用其他注册会计师的工作除外)。1988 年美国 SAS No.58 对需要加说明段的事项进行了明确的规定。

"无保留意见加说明段"解释和说明的事项并不表明财务报表与"既定标准"的符合程度低于标准无保留意见下财务报表与"既定标准"的符合程度。因此,就审计报告本身而言,当前有人认为"无保留意见加说明段"是介于保留意见和标准无保留意见之间的一种意见,这其实是一种误解。

二、非无保留意见

非无保留意见在西方国家一般称为对无保留意见的偏离(departures from unqualified opinion),包括保留意见、无法表示意见和否定意见。1988 年,美国 SAS No.58 修订前,发表这三种审计意见条件如表 8-1 所示。

表 8-1 修订前发表三种审计意见的条件

条件	重要	重大
偏离公认会计准则	保留意见	否定意见
偏离一贯性	保留意见	—
范围限制	保留意见	无法表示意见
不确定性	保留意见	无法表示意见

1988 年 SAS No.58 修订后,发表这三种审计意见的条件如表 8-2 所示。

表 8-2 修订后发表三种审计意见的条件

条件	重要	重大
偏离公认会计准则	保留意见	否定意见
范围限制	保留意见	无法表示意见

通过表 8-1、表 8-2 可以看出,发表何种非无保留意见,取决于两个因素:一是发表非无保留意见的条件;二是重要性。而且保留意见与否定意见及无法表示意见之间的差别仅在于重要性程度不同。以下分别讨论这三种审计意见形式。

1. 保留意见

1988 年以前,有两种形式的保留意见:一是"except for"型保留意见;二是"subject to"型保留意见。"except for"型保留意见主要针对表 8-1 中所指的前三种情况,"subject to"型保留意见主要针对表 8-2 中所指最后一种情况。这一规定出自 1962 年发布的 SAP No.32——Qualification and Disclaimer (Auditing Research Monograph,P29)。

导致保留意见条件变化的原因主要有两方面:一是 1971 年 APB Opinion No.20——Accounting changes 的发布。APB Opinion No.20 要求所有重要的会计变更都要在财务报表中作适当的披露,这使得"一贯性"成为会计准则的一项基本要求。被审单位财务报表如果违背"一贯性",即是违背公认会计准则。因而,ASB 将"偏离一贯性"与"偏离公认会计准则"进行合并。二是理论界对"subject to"型保留意见的批评(如 Carmichael 和 Cohen Report)。1988 年 SAS No.58 取消了"subject to"型保留意见,并对"不确定性"如何报告进行重新规定。这样一来,发表保留意见只剩下表 8-2 所示的两种情况。

《国际审计准则第 13 号》(1994 年 36 段)、《英国审计准则》(SASs 600,1993 第 33 段),与美国 SAS No.58 的规定基本相同。

2. 否定意见和无法表示意见

在了解保留意见之后,否定意见和无法表示意见就非常容易理解,因为否定意见、无法表示意见与保留意见的差别仅在于"例外事项"的重要性程度不同,表 8-1 和表 8-2 显示了保留意见与否定意见、无法表示意见之间的关系。

否定意见和无法表示意见实务中一般较少出现,因为这两种意见对被审单位、对审计人员保持与客户的关系,甚至对报告使用者都不利。美国 SEC 甚至对实务中出现的无法表示意见采取限制的态度。但从审计人员的法律责任角度来说,这两种审计意见却可以将审计人员的法律责任降低到最小的范围,也可以充分体现审计人员的独立性。

另外,否定意见和无法表示意见与保留意见在内容和格式、措辞上也有一定的差别。否定意见与保留意见的差别主要体现在意见段上,保留意见段的开头一般使用"除××之外"的术语,而否定意见段的开头一般则使用"由于上述原因的影响"等类似的术语。

无法表示意见引言段(我国为范围段)及意见段与保留意见及其他类型的审计意见都不同。美国 SAS No.79 规定,引言段的开头使用"我们接受委托对……进行审计",而不像其他几种意见类型那样,使用"我们接受委托审计了……"的术语。另外,引言段最后一句话——"我们的责任是对这些财务报表表达审计意见"也同时被省略。主要原因是审计范围受到限制,审计人员不能按公认审计准则完成必要的审计程序,也不能对财务报表总体发表审计意见。如果引言段与其他审计意见类型相同,不仅自相矛盾,而且可能会引起报告使用者的误解。

第四节 其他重要事项的报告

在审计中,注册会计师可能会碰到一些特殊的重要事项。这些事项包括被审计单位会计政策缺乏一致性、被审计单位存在重大的不确定性、注册会计师对被审计单位的持续经营存在重大疑虑、注册会计师同意被审计单位的会计处理偏离 GAAP、注册会计师需要强调某一事项、注册会计师的报告涉及其他注册会计师的工作等。当遇到上述情况时,注册会计师应当根据具体情况选择适当的报告方式。

一、缺乏一致性

根据会计准则要求,企业会计政策一经选定,不得随意变更。然而,情况总是不断变化的。为了更好地反映企业的财务状况和经营成果,企业也可以根据变化的情况对所用的会计政策进行变更。企业会计变更必须符合《企业会计准则第 28 号——会计政策、会计估计变更和差错更正》的要求。企业变更会计政策和会计估计后,要对会计政策和会计估计变更的原因和影响进行说明。如果注册会计师同意被审单位的会计变更,并且被审计单位的会计处理恰当、披露充分,注册会计师可以发表无保留意见。在美国,注册会计师应在审计报告的意见段后加上说明段对企业会计变更的情况进行说明,以提醒财务报表使用者的注意。如果审计人员不同意被审单位的会计变更或者会计变更的会计处理不恰当和披露不充分,审计人员就应视情节的轻重发表保留意见或否定意见。

二、重大不确定性

(一) 不确定性的含义和特点

不确定性一般包括一些具体的不确定事项以及与持续经营有关的不确定性。英文中,前者称为 uncertainties,后者称为 going-concern uncertainties。

1942年,AICPA发布了SAS No.15代表AICPA第一次正式考虑不确定性(包括与持续经营有关的不确定性)对审计报告的影响。

1988年,AICPA发布了SAS No.58将不确定性分为两类:一是与或有事项(contingency)有关的不确定性,二是与估计(estimates)事项有关的不确定性。

"不确定性"一般具有以下特点:

(1)"不确定性"的结果取决于未来可能发生的事件,因此在审计期间无法获得有关确定性结果的结论性证据。

(2)"不确定性"与过去的交易和事项存在一定的联系,因而管理当局可以依据过去的交易和事项对"不确定性"的存在情况、事件发生的可能性等方面做出判断,并在可能的情况下,对未来事件的结果进行合理估计。

(二) 对不确定性的报告方式

对不确定性发表审计意见,历史上曾有两种不同的要求:一是1988年SAS No.58修订以前对不确定性发表意见的方式,二是1988年美国SAS No.58修订之后对不确定性发表意见的方式。

SAS No.58修订之前,对不确定性的报告要求是:公司存在对财务报表有重要影响的不确定性时,审计人员应发表"subject to"保留意见,如果其影响非常重大,审计人员应发表拒绝表示意见。

SAS No.58修订后,对不确定性的报告要求是:审计人员应对发生可能性大,且金额重要的不确定性进行关注。当公司存在发生可能性大,且金额重要的不确定性时,审计人员收集证据检查管理当局对不确定性的估计的披露是否符合公认会计准则。如果审计人员在取得充分、适当的审计证据后,认为管理当局对不确定性的估计的披露符合公认会计准则,审计人员应发表无保留意见加说明段;如果审计人员在取得充分、适当的审计证据后,认为管理当局对不确定性的估计的披露不符合公认会计准则,审计人员应发表"除外"(except for)型保留意见或否定意见。另外,SAS No.58强调,由于在审计期间无法获得有关不确定性结果的结论性证据,审计人员不能将其视为"范围限制"而发表保留意见或拒绝表示意见。不确定性的范围限制是指,支持管理当局对不确定性进行估计和披露的证据已经存在或可以获得,而由于管理当局主观或客观的原因,使审计人员无法获得这些证据。此时,审计人员应发表"除外"型保留意见或拒绝表示意见。

三、对持续经营的重大疑虑

(一) 持续经营审计的特点

持续经营不确定性是不确定性的一种极端情况。一般表现为对公司持续经营能力产生不利影响的一些综合的事件和情况,包括连续的经营性亏损、营运资本的严重短缺、不能履行到期的借款合同,或者难以获得足够的资金等。持续经营不确定性与公司特定的或有事项有关,但有时并不指某一具体的不确定事项,它与企业的经营状况、所发生的事件及管理当局的改善计划都有密切的联系。在审计中,注册会计师应对企业持续经营的假设予以关注。在编制审计计划、执行审计程序及评价审计结果时,注册会计师应当考虑被审计单位编制财务报表所依据的持续经营假设的合理性。

持续经营不确定性进行审计有其特殊性,主要表现在:审计人员对持续经营不确定性获得的是一种"反面证据",而且,这种"反面证据"也不是有关被审单位未来能否持续经营的结论性证据。

"正面证据"和"反面证据"有着明显的区别:审计人员如果不能取得充分、适当的"正面证据",则不能对相关的财务报表或事项发表审计意见;而审计人员如果没有取得充分、适当的"反面证据",则表明公司不存在持续经营不确定性,或审计人员未对公司的持续经营能力持有"重大怀疑"。

由于持续经营不确定本身的特点,及对持续经营不确定性进审计的特殊性,使得对持续经营不确定性的报告方式也具有一定的特殊性。其特殊性主要表现在以下几个方面。

(1) 以"重大怀疑"作为审计报告修正的分界点。1989 年,修订后的 AU Section 341 将"重大怀疑"作为审计报告修正(modification)的分界点,这与以往的报告方式有着本质上的区别。在以往的报告方式中(如 1974 年发布的 SAS No.2 和 1981 年发表的 SAS No.34),对持续经营不确定性的报告着重强调影响企业持续经营能力的具体事件和情况(如连续的经营性亏损、严重的营运资本短缺、无法获得持续经营所需要的充分的财务支持、无法履行到期的贷款协议等),或管理当局的改善计划。这些具体的事件、情况或管理当局的改善计划是否使审计人员对企业持续经营能力有重大怀疑却没有被强调。审计人员只需对这些具体的事件、情况或管理当局的改善计划以"保留"等方式在审计报告中进行简单的罗列,而不需要明确表示:依据审计人员的职业判断,这些具体的事件、情况或管理当局的改善计划综合起来,是否使审计人员对持续经营能力产生重大怀疑。

除了美国 1989 年 AU Section 341,《国际审计准则第 23 号》(ISA No.23)(1993)、《中国独立审计具体准则第 17 号》(1999)都将"重大怀疑"作为审计报告修正的分界点。不存在"范围限制"问题,因而一般无须对无法表示意见进行规定。

(2) 审计人员不能将没有获得"反面证据"视为审计范围受到限制,因为审计人员对持续经营假设的"重大怀疑"是以获得一定的"反面证据"为基础的,审计人员如果没有获得反面证据",便不可能对公司的持续经营假设产生重大怀疑,或不可能确认被审单位存在持续经营不确定性,更不可能就持续经营不确定性发表审计意见。

(3) 既然对持续经营不确定性进行报告一般不存在"范围限制",那么审计人员针对持续经营不确定性就不应该发表无法表示意见(包括因"范围限制"而发表的保留意见),因为发表无法表示意见的原因是审计范围受到严重限制。因此,对持续经营不确定性进行报告,与对财务报表其他项目进行报告的最大区别是:对持续经营不确定性进行报告不会因审计范围受到限制而发表无法表示意见。

美国 1989 年 AU Section 341、《国际审计准则第 23 号》(ISA No.23)(1993)在规定对持续经营不确定性的报告方式时,也都没有明确规定审计范围受到限制而发表无法表示意见这种审计意见类型。不过,ISA No.23 在第 16 段正文规定后增加了一句解释,即不排除审计人员对持续经营不确定性发表拒绝表示意见。AU Section 341 虽然没有进行上述解释,但 1989 年 John E. Ellingsen,Kurt Pany 和 Peg Fagan 在对 Section 341 进行评价后,也认为"不应该排除审计人员对持续经营不确定性发表无法表示意见"。但是,无论 AU Section 341、

ISA No.23 还是 John 等,都未对审计准则为什么没有规定审计人员因为审计范围受到限制,而发表保留意见或拒绝表示意见的问题进行合理的解释,也没有解释为什么又"不排除审计人员对持续经营不确定性发表拒绝表示意见"。

(二) 我国对持续经营审计的规定

为了规范注册会计师对被审单位持续经营的审计工作,中国注册会计师协会于1999年拟定了《独立审计具体准则第17号——持续经营》,经财政部批准发布。2003年,中国注册会计师协会对该准则进行了修订。2006年2月,中国注册会计师协会对该准则又进行了修订,发布了《中国注册会计师审计准则第1324号——持续经营》(以下简称《第1324号准则》),2010年和2022年又再次对其进行了修订。

《第1324号准则》要求,在计划和实施审计程序以及评价其结果时,注册会计师应当考虑管理层在编制财务报表时运用持续经营假设的适当性。所谓持续经营假设是指被审计单位在编制财务报表时,假定其经营活动在可预见的将来会继续下去,可以在正常的经营过程中变现资产、清偿债务。可预见的将来通常是指资产负债表日后12个月。

被审计单位在财务、经营以及其他方面存在的某些事项或情况可能导致经营风险,这些事项或情况单独或连同其他事项或情况可能导致对持续经营假设产生重大疑虑。

《第1324号准则》规定,注册会计师的目标是:

(1) 就管理层编制财务报表时运用持续经营假设的适当性,获取充分、适当的审计证据。

(2) 根据获取的审计证据,就可能导致对被审计单位持续经营能力产生重大疑虑的事项或情况是否存在重大不确定性得出结论。

(3) 按照本准则的规定出具审计报告。

注册会计师的责任是针对管理层在编制和列报财务报表时运用持续经营假设的适当性获取充分、适当的审计证据,并就持续经营能力是否存在重大不确定性得出结论。

《第1324号准则》规定,在按照《中国注册会计师审计准则第1211号——通过了解被审计单位及其环境识别和评估重大错报风险》的规定实施风险评估程序时,注册会计师应当考虑是否存在可能导致对被审计单位持续经营能力产生重大疑虑的事项或情况。在进行考虑时,注册会计师应当确定管理层是否已对被审计单位持续经营能力做出初步评估。

如果管理层已对持续经营能力做出初步评估,注册会计师应当与管理层进行讨论,并确定管理层是否已识别出单独或汇总起来可能导致对被审计单位持续经营能力产生重大疑虑的事项或情况。如果管理层已识别出这些事项或情况,注册会计师应当与其讨论应对计划。

如果管理层未对持续经营能力做出初步评估,注册会计师应当与管理层讨论拟运用持续经营假设的基础,询问管理层是否存在单独或汇总起来可能导致对被审计单位持续经营能力产生重大疑虑的事项或情况。针对可能导致对被审计单位持续经营能力产生重大疑虑的事项或情况的审计证据,注册会计师应当在整个审计过程中保持警觉。

如果识别出可能导致对持续经营能力产生重大疑虑的事项或情况,注册会计师应当通过实施追加的审计程序,包括考虑缓解因素,获取充分、适当的审计证据,以确定是否存在重大不确定性。

这些程序应当包括:

(1) 如果管理层尚未对被审计单位持续经营能力做出评估,提请其进行评估。

(2) 评价管理层与持续经营评估相关的未来应对计划,这些计划的结果是否可能改善目前的状况,以及管理层的计划对于具体情况是否可行。

（3）如果被审计单位已编制现金流量预测，且对预测的分析是评价管理层未来应对计划时所考虑的事项或情况的未来结果的一个重要因素，评价用于编制预测的基础数据的可靠性，并确定预测所基于的假设是否具有充分的支持。

（4）考虑自管理层作出评估后是否存在其他可获得的事实或信息。

（5）要求管理层和治理层（如适用）提供有关未来应对计划及其可行性的书面声明。

注册会计师应当根据获取的审计证据，运用职业判断，确定是否存在与事项或情况相关的重大不确定性，且这些事项或情况单独或汇总起来可能导致对被审计单位持续经营能力产生重大疑虑。

如果注册会计师根据职业判断认为，鉴于不确定性潜在影响的重要程度和发生的可能性，为了使财务报表得到公允反映，有必要适当披露该不确定性的性质和影响，则表明存在重大不确定性。

如果认为运用持续经营假设适合具体情况，但存在重大不确定性，注册会计师应当确定：

（1）财务报表是否已充分描述可能导致对持续经营能力产生重大疑虑的主要事项或情况，以及管理层针对这些事项或情况的应对计划。

（2）财务报表是否已清楚披露可能导致对持续经营能力产生重大疑虑的事项或情况存在重大不确定性，并由此导致被审计单位可能无法在正常的经营过程中变现资产和清偿债务。

如果财务报表已做出充分披露，注册会计师应当发表非无保留意见，并在审计报告中增加强调事项段，强调可能导致对持续经营能力产生重大疑虑的事项或情况存在重大不确定性的事实，并提醒财务报表使用者关注财务报表的相关附注。

如果财务报表未做出充分披露，注册会计师应当按照《中国注册会计师审计准则第1502号——在审计报告中发表非无保留意见》的规定，恰当发表保留意见或否定意见。注册会计师应当在审计报告中说明，存在可能导致对被审计单位持续经营能力产生重大疑虑的重大不确定性。

如果财务报表已在持续经营假设基础上编制，但根据判断认为管理层在财务报表中运用持续经营假设是不适当的，注册会计师应当发表否定意见。

四、注册会计师同意偏离一般公认会计原则

在某些特殊的情况下，注册会计师可能会碰到这样的情况，即被审单位如果严格遵守一般公认的会计原则编制财务报表，所编制财务报表反倒可能会产生误导。在这种情况下，企业应选用能公允反映企业财务状况和经营成果的方法来编制财务报表，尽管此时企业所采用的方法可能偏离了一般公认的会计原则。如果企业在编制财务报表时采用的原则偏离了一般公认的会计原则，企业应在财务报表的附注中描述偏离的理由，包括为什么遵循一般公认的会计原则会产生误导以及偏离一般公认的会计原则的影响。在美国，注册会计师对这种情况应出具带说明段修正的无保留意见的审计报告，在说明段中对偏离一般公认的会计原则的性质和注册会计师同意这种偏离进行说明和强调。

五、强调某一事项

有时，某些事实或情况可能会对财务报表使用者解读财务报表产生重要影响（如被审计单位存在重要的关联方交易），注册会计师可能希望对这些事实或情况加以强调。此时，注册会计师通过在审计报告中增加说明段来对其意欲强调的事项或情况加以说明。

六、报告涉及其他注册会计师的工作

有时,一项审计工作是由多家会计师事务所共同完成的。例如被审计单位有许多在地理上分散的分支机构或存在多家子公司,由当地的会计师事务所进行审计会比由一家单独的会计师事务所进行审计更有效率,此时就会出现同一项审计业务由多家会计师事务所完成的情况。在这种业务中,会有一家会计师事务所是主审的会计师事务所,该事务所要对发布的审计报告负责。一般来说,主审的会计师事务所是完成该业务的大部分工作的会计师事务所或者是对母公司进行审计的会计师事务所。主审的注册会计师必须决定是否依赖其他注册会计师的工作以及是否在审计报告中提及其他注册会计师的工作。所谓主审注册会计师,是指利用其他注册会计师的工作,负责对被审计单位财务报表整体发表审计意见的注册会计师。所谓其他注册会计师,是指负责对被审计单位的一个或多个组成部分的会计信息实施审计的其他会计师事务所的注册会计师。所谓被审计单位的组成部分,是指被审计单位的部门、分支机构、子公司和联营公司等,其会计信息包含于主审注册会计师所审计的财务报表整体中。

主审注册会计师利用其他注册会计师的工作结果,必须承担其审计责任。在此情况下,主审注册会计师或签字注册会计师必须对其他注册会计师的专业胜任能力和独立性有充分的了解,在此基础上仍应对其审计结果进行必要的了解和审验,一旦有所疑虑或认为不能满足审计要求时,必须提请其他注册会计师实施追加审计程序或由主审(签字)注册会计师直接实施追加审计程序,绝对不能简单直接使用其他注册会计师的审计结果。

复习思考题

1. 试述审计报告的演变过程。
2. 简述审计报告的国际化进程。
3. 有人说,带说明段的无保留见是介于无保留意见和保留意见之间的一种审计意见。你认为这种说法是否正确?为什么?
4. 关于审计报告内容的观点有哪些?你赞成哪种观点?
5. 什么是关键审计事项?为什么要在审计报告中沟通关键审计事项?
6. 在审计报告中沟通关键审计事项的作用有哪些?
7. 其他重要事项有哪些?它应在审计报告中如何报告?

配套习题

第九章 审计责任

本章要点

审计责任是指会计师事务所及注册会计师在承办审计业务中所应履行的职责,以及因工作过失或舞弊造成公众损失而应承担的法律责任。前者为注册会计师审计的职业责任,后者为注册会计师审计的法律责任。对于注册会计师审计职业责任的研究,要解决两方面的问题:一是审计职业责任的范围问题,即审计应对什么负责;二是审计职业责任的对象问题,即审计应对谁负责。只有明确了对什么负责、对谁负责这两个基本问题,审计职业责任才能得以明确。对审计职业责任范围的确定可从是否实现了预定的审计目标和是否运用了恰当的审计技术和方法保证了其质量这两个方面进行分析,这两个方面从两个不同的维度对注册会计师审计的职业责任进行了界定,从而形成了一个二维审计职责域。审计职责域的第一维是由审计的目标范围所确定的;审计职责域的第二维是由审计的行为依据所确定的,其中,审计假设是审计职责域的起点或下限,公认审计准则是审计职责域的上限。注册会计师审计的责任对象包括对客户的责任和对第三者的责任。注册会计师审计在履行其审计职责过程中如果因过失(negligence)或欺诈(fraud)而导致客户或有关的第三者经济损失,那么就必须承担由此而引起的法律责任,包括民事责任、刑事责任以及行政责任。

本章需要掌握的重点内容

注册会计师审计的职责范围,责任对象;注册会计师审计的民事责任、刑事责任和行政责任;与法律责任相关的几个基本概念,包括法律依据、职业关注和审计过失、审计责任的诉讼要素及证据。

第一节 审计责任概述

审计责任既是一个理论问题,也是一个实践问题,同时也是各个时代职业界最为关注的热点问题。

"责任"一词在汉语中含义广泛,它既指一个人、一个组织或一项职业为完成某项工作或受托业务所应尽的义务和职责,也指一个人、一个组织或一项职业因失职触犯法律法规而应承担的法律责任,包括民事责任、刑事责任和行政责任。

在本章中,审计责任专指会计师事务所及注册会计师在承办审计业务中所应履行的职责,以及因工作过失和舞弊造成公众的损失而应承担的法律责任。为了便于下文的陈述,我们将前者称之为注册会计师审计的职业责任(auditor's responsibility)(以下简称"审计职责"),将后者称之为注册会计师审计的法律责任(legal liability)。

审计的职业责任和法律责任之间具有密切的联系,不明确审计的职业责任,就很难追究审计人员的失职或舞弊行为所应承担的法律责任。因此本章首先论述注册会计师审计的职业责任,然后再论述注册会计师审计的法律责任。

在我国,注册会计师审计作为一项职业,在接受审计业务委托时,它的专业职责究竟是什么,这是审计理论界和实务界以及社会各界颇为关注而又颇具争议的问题。引起职责不明及争论的原因,主要是对某些审计问题在理论上仍阐述不充分,法律上仍不够完善。例如在审计理论问题中,审计目标究竟是什么?审计在执行业务过程中究竟应遵循什么样的行为规范?审计究竟应对谁负责?等等,对诸如此类的问题,虽然审计准则都有涉及,但其所依赖的理论的解释还不充分和明确,因而造成对审计职业责任判断的困难。在法律方面同样如此,国内现有的法律体系对审计的职业责任范围也还未有明确的规定,判案也相对较少,因而对审计法律责任的判定也分歧较大。

在西方审计发达国家,审计职业的发展及审计责任的明确主要受到国家法律(成文法)、政府管理机构(例如美国的证券交易委员会)、法庭的判决(习惯法)以及审计理论研究成果的影响,因此审计责任的明确往往是几方面力量综合影响的结果。

对于注册会计师审计职责的研究,主要应解决两方面的问题:一是审计职责的范围问题,即审计应对什么负责;二是审计责任的对象问题,即审计应对谁负责。只有明确了对什么负责、对谁负责这两个基本问题,审计的职责才能得以明确。

第二节　注册会计师的审计职责范围

审计的职责范围是对审计人员在审计过程中应负什么责任的界定。由于受社会需求变化和审计职业自身发展的影响,审计的职责范围的界定往往是相对的,即在某一时期不属于审计职责范围的事项,在另一特定时期会被包括进审计的职责范围。在有些西方国家,当地方议会具有立法权时,不同地区的审计职责范围也可能因法律的不同而有所差别。因此,审计的职责范围不是一成不变的,它既可能受时间变化的影响,也可能受不同地区法律差别的影响。但也不可否认,在对审计职责范围的界定中必定存在一些带有规律性的东西,正是这种规律性的存在,使对审计职责的认识在世界范围内达到一定程度的趋同。

众所周知,无论是一个人还是一个组织,从事某项工作或执行某项业务,其一般职责是运用恰当的手段和技术方法保质保量地达到预定的目标。注册会计师审计作为一项职业,从事审计工作的职责也在于运用恰当的审计技术方法保质保量地实现审计目标。如果对这一基本判断予以肯定的话,那么,对审计职责范围的确定就可从是否实现了预定的审计目标和是否运用了恰当的审计技术方法保证了其质量这两个方面进行分析。这两个方面从两个不同的维度对注册会计师审计的职责进行了界定,从而形成了一个两维审计职责域,如图9-1所示,其中,横向表示审计目标的变化,纵向表示审计质量要求的变化。

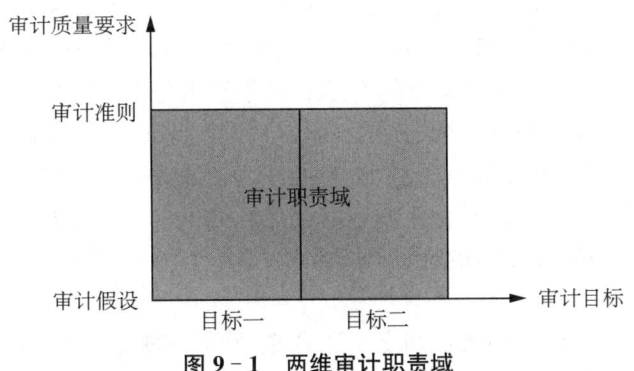

图 9-1 两维审计职责域

一、审计职责域的第一维是由审计的目标范围确定的

注册会计师审计业务根据是否受法律的约束可分为法定审计和非法定审计两大类。法定审计是由各国的法律规定必须办理的审计业务,例如英国《公司法》规定的所有注册的公司的审计,美国《证券法》和《证券交易法》所规定的股票公开发行和交易的公司的审计,我国按《公司法》设立的公司和按《证券法》发行股票的股份有限公司的审计业务。此类审计目标是根据社会的需求和审计能力予以确定,因而虽然不同时期的审计目标不完全相同,但就某一特定的时期,一个国家的法定审计的目标往往是统一的,它是社会与审计职业界对审计所要达到的预定结果的共识。非法定审计则往往是由社会的需求提出的以合同形式确定办理的审计业务,例如商定程序审计、离任责任审计等。在执行不同的审计业务时,审计的目标不一样,所需履行的职责也不一样。现分别就法定审计与非法定审计的目标范围对审计职责范围的影响讨论如下:

(一) 法定审计的目标范围对审计职责范围的影响

比较各国法定审计的目标,主要有两个:第一是就公司财务报表是否按照公认会计准则的要求真实公允地反映了公司的财务状况和经营成果发表一个专业意见;第二是揭露财务报表中可能存在的重大欺诈舞弊行为和非法行为。因而审计职责的研究就目标范围来说也主要是围绕着这两个方面进行的。

1. 审计人员在实施法定审计第一目标——发表专业鉴证意见中的职责

法定审计的第一目标就是对公司财务报表是否按照公认会计准则(GAAP)的要求真实公允地反映了公司的财务状况和经营成果发表一个专业意见。为了确保这一目标的实现,审计人员必须履行如下职责:

首先,审计人员必须对企业所制定的会计政策是否符合公认会计准则要求作出正确的评价。在这一评价中,应注意如下几点:

(1) 正确区分公司管理层的职责和审计人员的职责。企业管理层的职责是按公认会计准则的要求将企业的财务状况和经营成果真实公允地反映于公司的财务报表之上。而审计人员的职责则是对企业所选择的会计政策是否适合公司的业务环境作出判断,以确定其适当性。虽然企业管理层和审计人员都要对公认会计准则的适当性作出判断,但两者的目的和承担的职责是有区别的。

(2) 正确识别因公认会计准则的可选择性而造成财务报表形式上的公允性和实质上的片面性。当某些会计处理存在可供选择的不同会计方法或会计估计时,企业管理层常常会操纵

可选择的会计方法来调节其财务成果,对于这种表面上的合法性而事实上的不合理性,审计人员应予识别,审计人员必须对管理层所选择的会计政策的整体适当性作出判定。

(3) 正确判断因公认会计准则本身的不足对财务报表公允表述的影响。由于公认会计准则不可能及时地对一切经济事项和业务的处理作出包罗万象的规定和解释,特别像我国现阶段新兴产业、新兴企业和新兴业务不断涌现,只能参考类似事项和业务的处理原则进行处理,因此审计人员必须根据具体情况对企业制定的会计政策的恰当性作出评价。

其次,审计人员应对企业制定的会计政策在实际执行中的有效性进行调查,以最终发表评价意见。

企业管理层按公认会计准则要求制定了适合企业情况的会计政策,但在实施过程中是否得到有效执行,则需要通过对企业的报表、核算系统和凭证以及一切相关资料的审查予以确定。审查过程的关键是取证,即运用必要的审计技术和方法获取足以能支持其审计意见的证据。为此各国的公认审计准则都作出了具体的规定和要求,包括取证过程中的权利、义务,证的技术、方法,取证时间的有效安排以及证据的分类,证据有效性的判断,证据的评价、汇总等等,这些都为获取充分有效的证据提供了积极的指导。从审计人员的职责角度看,审计取证最关键的是应注意正确的判断和保持应有的职业关注。

"判断"是审计人员所应拥有的一种重要技能,它贯穿于审计过程的始终。从对企业经营环境的了解,企业会计政策适当性的评价,企业内部控制制度的调查、评价、测试,审计方案的制定,凭证有效性的确认,到凭证汇总,审计意见的形成,每一环节都需要审计人员的主观判断。判断能力的强弱是一个审计人员或整个审计团队素质的综合反映,它不仅需要拥有扎实的专业知识,还需要有实务能力和丰富的实践经验。审计过程的每一步都离不开职业判断,既要判断客观被审资料的真实性、公允性,又要判断主观审计行为、方法的适当性、有效性。审计报告意见段中,"我们认为(in my opinion)"一词就表明这是一种判断。因此怎样作出正确的判断是审计人员在审计取证过程中的一个重要职责。

"保持应有的职业关注(due professional care)"是审计人员在履行审计职责时应注意的又一问题。应有的职业关注与独立审计人员做什么和怎样做密切相关,它要求审计机构的每一人员以合理的关注和勤勉充分发挥自己的技能。它还要求对所做的工作和判断进行批判性的检查。应有的职业关注既是一个职业概念,也是一个法律概念。在西方的案例法中,常常对什么是应有的职业关注从法律上作出解释,例如在美国的麦克森—罗宾斯案件中,法官认为审计人员未对存货进行检查,未对应收账款余额进行征询,是一种没有保持应有职业关注的行为。在其他案例中还认为,如果审计人员对审计过程中发现的疑点,未进行扩大范围的审查,就是没有保持应有的职业关注。在现代审计中,对应有职业关注的要求常常在公认审计准则中予以明确,所以保持应有的职业关注就是必须按审计准则要求执行审计业务。

当审计人员获取了充分可靠的证据认为企业所选择的会计政策在整体上是符合会计准则要求的、并在会计处理和报表编制中得到了有效执行,审计人员就可对财务报表的真实公允性作出初步评价,并履行了对审计第一目标的职责。

2. 审计人员在实施法定审计第二目标——揭露重大舞弊差错和不法行为中的职责

财务报表编制中的欺诈舞弊行为是导致股东和其他报表使用者决策失误和经济损失的最重要原因,因而审计第二目标一直是社会各界对审计提出的要求。但自 20 世纪初以后,社会生产力的迅速发展,经济活动越来越复杂,加之一些管理人员为达到不可告人的目的,蓄意弄虚作假,使审计人员要将财务报表中的欺诈舞弊行为揭露出来的难度大幅上升,审计人员常常感到力不从心,因而"长期以来,审计人员所承担的审计职责只限于检查他们所审财务报表中含有的无意识的重大差错"[①]。从而在社会公众与审计职业界之间在审计目标上形成了"期望差"(expectation gap)。期望差的出现严重挑战了审计职业的地位和作用,故自20世纪70年代起,审计职业界开始高度关注这一问题。这种关注首先是从对"差错"与"舞弊"的差异的认识开始的。

根据最早的AICPA《审计准则公告》第16号的解释:"差错"是指财务报表中无意造成的错误,包括财务报表据以编制的基本记录和会计数据在计算或处理上的错误,选用会计原则方面的错误以及编制财务报表时对存在的事实的忽视或误解。

"舞弊"是指故意编造虚假的财务报表,如管理人员蓄意虚报或管理人员盗用财产等。财务报表中的舞弊形式多种多样:漏列或错误地反映事项和经济业务的结果,篡改、伪造记录或文件,从记录或文件中删除重要的信息,记录没有实现的交易,蓄意乱用会计原则以及为管理人员、雇员或第三者的利益随意侵吞资产等。在这些活动中可能伴随着使用虚假或容易使人误解的记录或文件,有时会涉及一个或更多的管理人员、雇员或第三者。

从这些定义中可看出,"差错"是一种无意的错误,而"舞弊"则是一种故意的蓄谋,因而差错容易发现,舞弊较难揭露,特别是一些串通起来的重大舞弊,揭露的难度就更大。但是,注册会计师审计是一种专业技术服务,它应随社会要求的发展而发展,只有这样,才能充分显示其价值,因而审计目标的确定应积极地向社会的期望趋近。基于此,美国AICPA于1977年1月发布了《审计准则公告》第16号"独立审计人员检查差错和舞弊的职责"和第17号《审计准则公告》"客户的非法行为",此后又陆续更新、发布了第53、54号审计准则公告、第82号审计准则公告,一直到21世纪初的第99号审计准则公告,不断明确揭弊查错是审计的目标和职责,审计人员必须以更有效的手段来提高揭露财务舞弊欺诈的能力。这一系列公告的发布,为缩小社会公众与审计人员之间关于审计目标的期望差发挥了较重要的作用,同时也进一步明确了审计揭露重大舞弊差错的责任。美国在审计第二目标上的认识和确立,在世界范围内产生了重要影响,目前国际审计职业界包括我国都已将揭露重大欺诈、舞弊和非法行为列入了审计的主要目标。应该承认,这是一种进步,但与此同时,审计人员的职责也比以前更大,范围也更广。

为了履行审计第二目标揭露重大舞弊差错和不法行为的职责,审计职业界要求提高审计人员特别是整个审计团队的审计能力,并开发出了现代风险导向审计等新方法,又制定了包括《了解被审计单位及其环境并评估重大错报风险》等的一系列审计准则,为提高审计能力提供了有益的指导。

(二)非法定审计的目标范围对审计职责范围的影响

非法定审计是指法律未予明确规定必须实施的审计。由于非法定审计的形式较多,其目标具有不确定性,因此不同的审计项目所承担的审计职责也不一样。对于这类审计的目标和职责,必须在委托合同或约定函(engagement letter)中予以详细说明。虽然在法定审计中为了让客户明确审计人员的职责范围,一般也都签有约定函,但由于法定审计的目标、职责等都有较为明确的规定和法律依据,因而约定函的内容都基本相同,只是作为一种法律手续予以履行。但在非法定审计中,审计的目标、审计人员的职责就必须在合同或约定函中规定清楚,以便发生责任事故时能够明确责任归属。因此,在非法定审计中,审计人员的职责范围完全是根

---

① 蒙哥马利.蒙哥马利审计学[M].10版.汤云为,文硕,译.北京:中国商业出版社,1985:85.

据具体的审计项目在约定函中所确定的目标决定的。

综上分析，审计目标对审计职责域的影响是随时间维度不断变化的，它决定审计职责域的宽度，即审计目标越多，审计职责的范围越广，因此要明确审计的职责范围首先须明确审计的目标范围。

二、审计职责域的第二维是由审计的质量要求所确定的

注册会计师审计的职责除了要达到预定的目标，还必须保证其工作质量，且其质量标准须建立在职业界与社会公众的共识之上。如果没有一个客观的、被大家所共同接受的质量标准作行为依据，那么要阐明审计的职责是很困难的。与审计职责相关的行为依据主要有审计假设和审计准则两个方面，其中审计假设是审计职责域的起点或下限，审计准则是审计职责域的上限，现对两者分别进行讨论。

（一）审计假设是审计职责域的起点或下限

审计假设是审计理论体系的基础，如果没有审计假设，就无法设定进行演绎推理的起点。因此，审计假设对于建立规范的审计理论体系具有举足轻重的作用。

审计假设同时也是判断审计职责的重要依据。审计假设自莫茨和夏拉夫开创研究至今，已取得了很大的进展，但还必须根据环境和时代的发展不断修正。尽管如此，就现有的成果，特别是莫茨和夏拉夫的假设，对判断审计职责具有相当重要的参考价值。莫茨和夏拉夫认为："几乎所有的假设均与审计人员的责任有着直接的联系。当然，其中一些比另一些与审计人员的职责有更紧密的联系。"[①]同时又指出："如果对审计所依赖的基本假设没有一个清楚的表述，那么，就根本不可能对审计人员的职责作出令人满意的规定。"[②]例如，对资产负债表各项目余额进行验证时，如果没有"缺乏确凿的相反证据时，被审单位过去被认为是真实的东西将仍然是真实的"这一假设，审计人员就必须对年初的余额进行验证，而年初的余额又涉及上一年的经济业务与上一年年初的余额，这样就必须无限往前推，审计人员的职责就无止境。只有确立了这条假设，审计工作才可在上年度已经审计的基础上被限定在检查当年的经济业务之内，审计的职责范围也可被限定在只对本年度发生的业务和期末余额的准确性进行检查之内。由于一切审计活动及与之相关的审计责任都建立在审计假设基础之上，所以审计假设是审计职责域的起点和下限。

审计假设在判定审计责任中的重要性，要求审计理论界必须不断探索研究建立适合环境所需的审计假设体系，并在实践中不断得到检验。尽管审计假设的正确性常常是相对的，它受时间、空间条件的限制，但如果没有有效的相反证据来否定某一审计假设的正确性，该假设就可被认为是正确的。就像牛顿的万有引力定理一样，在爱因斯坦的相对论发表之前，一直被人们认为是绝对真理，然而当相对论问世后，万有引力定理的局限性才被认识。所以，作为一定时期的各项审计假设，如果还没有相反的证据来否定它的正确性，那么我们完全可将其视为可靠的，具有指导意义的，因而可作为指导审计实践和判断审计职责的依据。

（二）审计准则是审计职责域的上限

审计准则是审计人员从事审计工作并进行质量控制所依据的标准，它是审计行为规范的

---

① Mautz, Sharaf. Philosophy of Auditing[M]. Florida: American Accounting Association, 1961:58.
② Mautz, Sharaf. Philosophy of Auditing[M]. Florida: American Accounting Association, 1961:58.

一个重要组成部分。审计行为规范包括职业行为准则和审计准则两个方面,前者是职业界全体人员在向社会提供各种专业服务时所应遵守的准则,后者则是职业界在执行审计业务时所应遵守的准则。两者既有区别又有联系,它们之间的区别是:职业道德准则是对职业界执业的总体要求,而审计准则则是职业界从事审计工作时所应遵守的技术标准,着重控制审计工作的质量。它们之间的联系是:两者都对审计人员的行为有所制约,因而常常相互包含,特别是为了保证审计准则的完整性,职业道德准则的基本要求在审计准则中一般都能得到体现,所以对影响审计职责的审计行为规范的阐述以审计准则为主。

审计准则是控制审计工作质量的技术标准,制定审计准则的目的,一方面是为提高审计工作质量,另一方面也是为了明确审计人员的职责。

1948年,AICPA首次公布了10条基本审计准则,为制定具体审计准则和提高审计工作质量提出了框架式的要求。自此以后,世界各国的审计职业界纷纷效仿,先后制定了各自的审计准则。科恩报告认为:"审计准则有两重作用,传递审计工作的要求和评价审计人员的工作。"[①]加拿大著名审计学家安德森(Anderson)认为:"将审计准则分为一般准则、外勤工作准则和报告准则三部分,反映了审计职责的三个方面:他是什么,他做什么和他报告什么。"[②]因此,在审计工作中认真遵守公认审计准则的要求,不仅是提高审计质量的基本保证,也是有效履行审计职责的标志。正如AICPA《审计准则公告》第16号第13段的说明中所指出的:审计人员不是担保人或保证人,只要审计工作遵循了公认审计标准,他就履行了自己的专业职责。

值得注意的是,审计准则是实施审计工作的指南,在实施审计工作时,必须依据准则的要求制定具体的审计程序或称审计方案。审计程序是实施审计工作的具体步骤,它根据每项审计业务所处的具体环境而进行相应的调整。因而审计准则是衡量审计工作的总尺度,它在相当长的一段时期内对各项审计业务都适用,且具有相对的稳定性;而审计程序则是审计准则在某一特定业务中的具体应用,具有针对性、灵活性。因此,审计程序的适当与否是判定审计工作是否遵循审计准则的具体依据。

审计准则是审计职业界和客户及社会公众共同期望所应达到的审计工作质量标准,所以具有公认性和可接受性。虽然它是最基础的审计质量标准,但只要达到了公认审计准则的要求,审计人员就履行了其专业职责,因而它是衡量审计职责的上限,也就是说,只有那些未达到审计准则要求的审计行为,才会被追究审计责任。

审计职责是一个由审计目标范围和审计行为依据所组成的二维职责域,其中第一维由审计目标的范围确定,第二维由反映审计行为依据的审计假设和审计准则确定。而具体判断审计职责履行情况的是依据审计准则要求为达到各项审计目标而制定的审计程序及其实施结果。

第三节 注册会计师审计的责任对象

前面我们已讨论了注册会计师审计在执行审计业务时应履行什么职责,解决了注册会计师审计的职责范围问题。接下来我们讨论审计人员的责任对象问题,即审计人员在执行审计

---

① Cohen Report, p123.
② Rodney J. Anderson. External Audit[M].[S.I.]: Copp Clark Pitman, 2007:83.

业务时应对谁负责问题。

关于注册会计师审计的责任对象问题,从20世纪60年代后期开始变得较为复杂,在这之前,注册会计师审计的责任对象主要是客户。但自60年代后期起,整个西方商业环境的变化、保护用户利益主义的发展以及对注册会计师审计作用的认识的发展(即审计保险论的产生,认为审计的作用就在于对投资者风险提供合理的保证),使审计职责的对象有了迅速扩展。公众的要求和法庭的案例判决迫使审计职业界认识到应对第三者承担法律责任,因此,就目前的发展状况而言,审计的责任对象既包括客户也包括其他利用财务报表和审计报告的第三者。

一、注册会计师审计对客户的责任

客户的含义是指公司及其股东,审计人员对客户的责任不仅要对公司整体负责,也要对构成公司实体的股东负责。

审计人员对客户的责任首先是建立在合同关系基础之上。但与其他商业合同不同的是,审计业务的委托常常没有严格意义上的合同,取而代之的是由各会计师事务所与客户签订的业务约定书(engagement letter),用以明确对审计的目标、范围以及审计人员与企业管理层的职责划分和理解。这种业务约定书能否作为正式的合同关系,还需从有关公司法的规定谈起。在英国、加拿大等国的《公司法》中,都有具体的条款规定:每个公司的股东在第一次股东大会以及以后每年一度的股东大会上必须通过一个一般决议(ordinary resolution,决议需有一半以上的股东同意)指定某个外部审计师负责执行公司的外部审计业务,直至下次股东大会结束。我国的《公司法》也有类似的要求。因此,委托审计人员进行外部审计是一种法定要求。鉴于这种社会环境,加拿大著名审计学家安德森认为:"当一个执业会计师接受这样一种作为审计人员的委托时,他就进入了一项提供有偿审计服务的合同约定。"[①]因此这种约定在西方国家都具有法律效力,都为法庭认可。

业务约定书在法律上所具有的合同意义,使得会计师事务所在接受审计业务委托时,向客户提交约定书以取得客户对审计工作的目标、范围、职责以及客户自身职责的理解和认可成为审计程序中的重要一环。

需要指出的是,在法定审计中,业务约定书的内容不得与法定审计的要求相悖,且对法定要求不得有任何的削减,即约定书的内容只能在法定要求的基础上增加客户的特殊要求。在非法定审计中,审计人员的所有权利、义务和责任完全由客户与审计人员协商而定,因而业务约定书的作用就更重要,一旦发生责任纠纷,就完全以业务约定书的条款作为判断依据,因此应更重视。

由于业务约定书阐明了审计人员的全部职责和义务,因此审计人员向客户承担的首先是约定书的合同责任。

审计人员除向客户承担合同责任,还承担着民事侵权责任。民事侵权责任是建立在民法基础之上的,在以往的诉讼中,几乎所有对审计人员侵权行为的控告均属虚假陈述一类,即由于发表错误的审计意见,造成客户的损失而引发的赔偿诉讼。关于审计人员的侵权责任将在下一节作进一步阐述。

由于审计人员对客户负有合同责任和民事侵权责任,客户有权依据审计人员的违约行为和民事侵权行为向法院提起诉讼,从而迫使审计人员不断提高审计质量、履行审计职责。这种

---

① Rodney J. Anderson. External Audit[M].[S.I.]: Copp Clark Pitman, 2007:72.

来自客户对审计人员的监督是促进提高审计质量、履行审计职责的一个重要因素。

二、注册会计师审计对第三者的责任

所谓第三者,是指与审计人员没有合同关系的一切报表使用者包括债权人、保险商、潜在投资者、银行、政府机构、企业职工以及财务咨询服务机构等。他们不像客户及股东一样与审计人员订有合同关系,但他们是信息资源的重要消费者。

审计责任向第三者扩展并不是偶然的,而是一系列环境因素变化所决定的。

首先,20世纪60年代开始的人类社会向信息社会的发展,使得信息成为重要的经济资源,因而信息像一切有形商品一样具有商业价值,而提供信息的服务也成了商业服务。其次60年代商品市场迅速发育,商品层出不穷,但其中也不乏伪劣商品,损害消费者的利益。为保护消费者的利益,引导商品市场向健康的方向发展,保护消费者(用户)利益主义(consumerism)得以盛行。这些环境的变化使大量依据信息进行决策的投资者、债权人有了保障。于是,60年代中期以后,由于信息"消费"中遭受损失而引起的控告审计人员的诉讼案件剧增,以致形成"诉讼爆炸"的局面。1968年6月15日《论坛》报道:"过去几个月发生控告审计人员的案件是前12年同类案件的总和。其主要原因是社会变化和法庭重新解释了普通法和联邦证券交易法,将对委托人的法律责任扩大到了大量各种类型的第三者。"而在"1965年以前,由第三者提起的声称因公证会计师玩忽职守而蒙受损失的诉讼一般是难以成立的。""到70年代中期,发生了数以百计控告审计人员的诉讼案,而由第三者提起的诉讼案则达到了顶峰。"[①]这种情况,一直到今天都居高不下,令人吃惊。

由第三者提起的诉讼案的迅速增多,要求审计职业界对第三者的责任引起足够的重视。审计人员对第三者负责出自三种情况:第一,出自成文法,如英国的《公司法》、美国的《证券法》和《证券交易法》所规定的责任。第二,第三者可通过某种法律手段使自己间接成为合同的一方,从而拥有合约人的权利。例如,某些特定的第三者可通过合同权利的取代成为合同的履约人,如保险公司,当投保客户的财产因职员的贪污而遭致损失时,保险公司有责任予以赔偿,但在赔偿的同时也获得了向法院起诉审计人员失职而要求赔偿的代理权,即代位求偿权。第三,在民事侵权法下审计人员对第三者的责任,这在西方是最重要的,因此有必要作进一步的探讨。

最先将对第三者负关注责任的观念引进民事侵权法的是1883年英国的Heaven V. Pender一案,此案的法官在判决中指出:"不管什么时候,当一个人处于这样一种境地即如果他在那种环境中的行动不运用一般的关注和技能就会引起对他人或他人财产的损害,那么运用一般的关注和技能以避免这种损害的责任就产生。"[②]但是在英国的法庭上,对这一观念的理解一开始都限制在由过失行为引起的有形物质的损害上。1889年Herry V. Peek一案的判决就认为,不存在对第三者负导致财产损失的语言过失的法律责任。[③]

首先提出对粗心大意的错误陈述应负法律责任的是美国法庭。1922年在美国Glanzer V. Shepard一案中,大法官Cardozo判决一个在过磅凭证上作错误记录的过磅员对其过失承担法律责任,因为提起诉讼的第三者是一个特定的已知的买者,他对这些凭证的依赖不

[①] 蒙哥马利. 蒙哥马利审计学[M]. 10版. 汤云为,文硕,译. 北京:中国商业出版社,1985:93.
[②] Rodney J. Anderson. External Audit[M]. [S.l.]: Copp Clark Pitman, 2007:98.
[③] Rodney J. Anderson. External Audit[M]. [S.l.]: Copp Clark Pitman, 2007:98.

仅仅是可预见的而且是事先已知的。但是9年以后的1931年,同是大法官Cardozo却在作为里程碑的Ultramares一案中否认审计人员因过失而对债权人负有法律责任,理由是债权人虽可预见,但这些债权人对于审计人员来说事先是不知道的。① 在此案中,原告轻信经被告审计过的财务报表,向无偿还能力的某公司贷款,原告声称审计人员犯有过失罪和虚伪陈述罪,未能查出应收款和应付款中的虚假余额。这两个案件明显看出,Cardozo认为,错误陈述者对第三者承担法律责任的条件是必须事先知道的特定的对象,在缺乏这一条件的前提下,追究审计人员对第三者的过失责任,就会使审计人员在不确定的时间、对不确定的人员承担不确定的责任,这样就会使审计职业承担很大风险而阻止人们从事这一对社会有重要意义的职业。②

此后,美国的习惯法按照Ultramares一案的判决开始认为审计人员应对特定的已知的第三者负有法律责任,但对大量仅仅可预见的但不明确的第三者则仍不负有法律责任。

从习惯法判决审计人员应对第三者承担民事侵权法律责任的发展历史看,这一问题是在英美两国法庭判案中相互促进的。当美国法庭在20世纪二三十年代的判决推动了审计人员责任的发展后,五六十年代英国法庭的判决又在此基础上将审计人员对第三者的责任向前推进了一步。

代表这种发展的案例首先是英国1951年的Candler V. Crane. Christmas一案。当法庭依据Ultramares一案的原则认为被告审计人员无罪时(该案的起诉人员是与审计人员没有合同关系的投资者),高等法院大法官Denning则大胆地否定了这一判决,他表示,如果会计师和审计人员对客户外的其他人不负责任,那么法律就不能为公众的最大利益服务,如果这就是法律,这将是很遗憾的,因为它意味着,注册会计师的证明将成为那些依赖其工作的人的陷阱。③ 但是,和Cardozo一样,Denning也认为,审计人员不应该对仅可预期的第三者承担法律责任。他表示,审计人员应对他们的委托人或客户负有责任,同时,也应对那些直接由审计人员将财务报表提交给他们的、或审计人员知道其委托人为鼓励投资而打算将财务报表呈送给他们、以刺激他们进行投资或采取其他行动的第三者承担法律责任。但是,Denning并不认为这种责任可进一步扩大到包括那些根本不了解情况的陌生人和那些未经审计人员得知委托人就报送的第三者。④

第二个案例是1963年的Hedley Byrne一案,这是一起广告代理商起诉银行家为其客户的财务状况作不实证明的案例。在这起案例的审判中,英国上议院坚持Denning的观点,虽然此案的判决由于银行家持有一份表明对其意见不负责任的不追索约定、而未予判决银行家应对广告商负法律责任,但此案的判决更重要的是司法议员们在此案判决后所加的意见:"任何人必须就其不当表述向第三者负责,即使在当时这第三者还不明确,但他们对提供的表述的依赖性可被合理地预见到。"⑤这一案的判决不仅否定了Ultramares一案中对那些事先不确知的第三者不承担法律责任的观点,也否定了早期的对第三者的法律责任只限于行为而不包括语言的观点。但是议员们也认识到,对未知第三者的责任的扩展也必须有一定限度。此后Hedley Byrne一案的判决原则在英国、美国、加拿大的司法判决中广为引用。它的原则可概

---

① Rodney J. Anderson. External Audit[M]. [S.I.]: Copp Clark Pitman, 2007:98.
② 蒙哥马利. 蒙哥马利审计学[M]. 10版. 汤云为,文硕,译. 北京:中国商业出版社,1985:97-98.
③ Rodney J. Anderson. External Audit[M]. [S.I.]: Copp Clark Pitman, 2007:99.
④ Rodney J. Anderson. External Audit[M]. [S.I.]: Copp Clark Pitman, 2007:99.
⑤ Rodney J. Anderson. External Audit[M]. [S.I.]: Copp Clark Pitman, 2007:100.

括为:"有权取得损失赔偿的第三者将限于那些由于会计师的过失、使依据其提供的财务报表做出决策而遭受财务损失的人,而这些人在当时环境下是知道的或应该知道的。"①Hedley Byrne 一案的进步在于将 Ultramares 一案对"特定的、已知的第三者"负责的原则推进到对"可合理预见到的第三者"负责的原则,这样审计人员对第三者负责的范围又扩大了。

现在,审计人员应对第三者负责的观点已被审计职业界接受,但其范围则仍由法庭根据具体情况来确定。但在 Ultramares 一案和 Hedley Byrne 一案中所确立的原则已成为法庭和人们判断审计人员责任的重要依据。

注册会计师审计的责任对象包括客户和第三者。尽管第三者的情况较为复杂,但对第三者应负法律责任是毫无疑义的,只是应根据具体的环境和具体的案情对第三者的范围作出合理的界定。

第四节 注册会计师审计的法律责任

注册会计师审计在其履责过程中如果因过失(negligence)或欺诈(fraud)而导致客户或有关的第三者经济损失,那么就必须承担由此而引起的法律责任,包括民事责任、刑事责任和行政责任。为了使对审计人员的法律责任的问题有比较好的理解,我们首先就与法律责任相关的几个概念予以论述,然后讨论审计人员的民事责任、刑事责任以及我国的法律责任。

一、有关注册会计师审计法律责任的几个基本概念

1. 法律依据

客户或第三者对审计人员提起诉讼,必须要有法律依据。在西方,法律主要有两种,一种是习惯法(Common law),也称为"不成文法",它是法院在以往的案例判决中所确定的原则。但是受环境及辩护律师以及法官的权威性及其观点的影响,不同地区、不同法院、不同时间的案例判决所确定的原则常有出入。因此习惯法随环境变化、人们认知水平的提高等因素在不断调整。尤其重要的是,习惯法往往是针对某一特定环境中的特定案例所确定的原则,因而在应用习惯法时必须考虑其适用性。另一种是成文法(Statutory law),它是由各地方议会和联邦议会按照立法程序制定和颁布的法律,如英国的《公司法》、美国的《证券法》和《证券交易法》等。在这些法律中,对审计人员的责任都有明确的规定,因此是当然的法律依据。在我国,没有习惯法,因而客户或第三者对审计人员提起诉讼的法律依据主要是成文法。我国对注册会计师审计等中介服务机构的职责和法律责任问题进行阐述的法律主要有《公司法》、《证券法》和《注册会计师法》等。所有这些都是研究我国注册会计师审计的法律责任以及客户和第三者对审计人员提起诉讼的依据。

2. 职业关注与审计过失

自莫茨和夏拉夫提出"职业关注"(due professional care)概念以来,审计人员在履行其职责时是否充分考虑了这一要求已与其所承担的法律责任紧密联系在一起。何谓职业关注?莫茨和夏拉夫认为是指"审计人员在实施检查时应予考虑的事项"。②"所谓应有的审计关注,指

---

① Rodney J. Anderson. External Audit[M].[S.I.]: Copp Clark Pitman, 2007:100.
② Mautz, Sharaf. Philosophy of Auditing[M]. Florida: American Accounting Association, 1961:170.

的是谨慎的审计人员在计划和实施审计业务时必须保持的关注。"[1]以后,《蒙氏审计学》(第十版)则更明确地指出:"对审计人员来说,应有的关注实际上就是指遵守公认审计准则。"[2]对于应有的关注与审计准则之间的关系,莫茨和夏拉夫则进一步阐明道:"如果审计人员在实施审计时,没有给予应有的关注,那么,他就没有达到职业技术标准(即审计准则——笔者注),因为应有关注概念要求至少实施标准的审计实务。如果审计人员在实施审计业务时保持了应有的关注……他就达到了职业标准,因而在这方面就不会有更多的责任可究。"[3]但是在审计工作中,常常由于各种原因,审计人员不能保持应有的职业关注,从而导致审计工作的过失(negligence),有的甚至欺骗,故意作错误陈述或故意隐瞒重要事实而导致欺诈行为的发生,使客户或第三者蒙受损失而导致诉讼发生。

审计人员在审计过程中未能保持应有的职业关注而引起的过失,根据其程度和情节不同可分为:一般过失(ordinary negligence)、重大过失(gross negligence)、推定欺诈(constructive fraud)和实际欺诈(fact fraud)四类,具体表现为:

一般过失是指审计人员在执业过程中缺乏"合理的关注"(reasonable care),即未能严格按审计准则的要求从事审计工作的情形,这是引起诉讼的最主要原因。

重大过失是指审计人员在执业过程中缺乏"最起码的关注"(minimum care),即在审计工作中没有遵守审计准则的最低要求的情形。

推定欺诈是非故意的欺诈,主要指没有合理的依据就相信财务报表的表述是真实、公允的情形,由于其过失特别严重,因而视作欺诈。

实际欺诈是指审计人员明知财务报表的虚假而故意地作不实证明或故意隐瞒重要事实的情形,这是最严重的。

对审计人员的失职行为作出上述区分,目的是有利于法庭根据情节轻重判定审计人员的法律责任,并明确责任对象,因为不同的过失所涉及的责任对象也不同。

3. 审计责任的诉讼要素及证据

法庭判决注重事实是众所周知的司法信条,而事实则需要证据,因此无论是原告还是被告,在起诉和辩护中都需要为自己准备足以能说清问题的证据,这是决定诉讼胜败的关键。就审计责任诉讼案例来说,所需要提供的证据涉及如下四个要素。

第一要素:因依赖审计过的财务报表及建议而导致的损失。重点是损失的程度,这种损失在不同的案例中情况不一样,它可以通过证券价值的下跌额、资产的损失额等来表示。这一要素的证据常常由原告提供。

第二要素:错误表述的财务报表或错误的建议。这是要求赔偿损失的依据,也是第一要素的逻辑前提。和第一要素的证据一样,第二要素的证据应由原告提供。

第三要素:导致的损失与错误的财务报表或建议之间的依赖关系。这是逻辑推理中的因果联系。对这一要素的证实可再分为两个既独立又相互关联的问题:①原告是否依据审计过的财务报表或建议进行决策,以证明因果联系是否存在。②依据审计过的财务报表或建议是否必定导致损失,证明因果联系的必然性。对于第①方面的证据,习惯法及美国的《证券交易法》认为应由原告提供。但是根据《证券法》,这些证据不一定必须由原告提供,被告(审计人

---

[1] Mautz, Sharaf. Philosophy of Auditing[M]. Florida: American Accounting Association, 1961:179.
[2] 蒙哥马利. 蒙哥马利审计学[M]. 10版. 汤云为,文硕,译. 北京:中国商业出版社,1985:95.
[3] Mautz, Sharaf. Philosophy of Auditing[M]. Florida: American Accounting Association, 1961:179.

员)有责任提供证据证明原告的损失并非因依赖审计过的财务报表或建议而引起。

第四要素:审计人员在实施审计中是否履行了应有的关注,以确定责任的产生及其对象问题。对于这方面的证据,原告和被告都需要提供,以分别阐明和佐证自己的观点。

上述四要素具有内在的逻辑联系,根据这些要素,谁能提供足够有效的证据谁就能胜诉。

明确了以上一些基本概念后,我们就可讨论注册会计师审计的民事责任和刑事责任问题。

二、注册会计师审计的民事责任

注册会计师审计责任受习惯法和成文法的制约,在不同的法律范围内,责任对象不一样。为使阐述更具条理性,我们分别就习惯法和成文法下的民事责任予以论述。

(一) 习惯法下注册会计师审计的民事责任

按照习惯法,审计人员执行审计业务须对客户及有关的第三者负责。但由于审计人员与客户之间存在合同关系,而与第三者之间没有这种关系,因此审计人员对客户与第三者的责任也有区别,现分别讨论如下:

1. 习惯法下注册会计师审计对客户的民事责任

在审计责任的对象一节里,我们对第三者已进行了分析,指出其中有些特殊的第三者,例如保险公司等,可通过代位求偿权取得与客户一样的合约人地位,因此这类第三者可视同客户,与审计人员之间存在一种合同关系。

注册会计师审计对客户的责任在习惯法下可分为两个方面:一是合同责任,二是民事侵权责任。

1) 合同责任

合同责任是指审计人员在执行审计业务中因违反合同条款而应予承担的法律责任。在合同法下,合约双方都拥有合同条款所确立的权利,他们之间的关系通常被称作"合法利益者之间的关系"(Privity),这种权利,在民事侵权行为中也存在,但它是根据法律建立起来的。审计人员一旦失职,客户就可依据这种权利进行起诉。值得注意的是,审计人员的同一错误、失职行为很可能同时导致违约和民事侵权,这样,他对客户的法律责任就要从两个方面予以追究。例如,在1939年美国 National Surety Co. V. Lybrand 一案中,前者告后者四条罪状:①没有按照合同规定适当地执行审计工作。②在报告中没有履行其保证事项。③工作失职。④在报告中欺诈性地错误陈述重要事实。[①] 其中,前两条属违约责任,而后两条属民事侵权责任。

在诉讼实践中发现,审计人员在执行审计业务时,就其合同责任而言,有两点教训是应予接受的。一是口头协议,或口头委托,即只提出审计需求,至于目标、范围、权力、职责等事项则一字不提,而一旦发生差错,客户或拥有代理权的第三者就可按照他们所理解的要求提起诉讼。这种情况往往出现在西方早期的审计实践中。二是合同或约定函的条款不清,造成审计人员错误地理解客户的要求,或者客户错误地理解审计人员的职能和作用,从而一旦发生失职情况,很容易引起诉讼。因此怎样认真地确定合同或约定函的条款,使订约双方对审计的目标、职责、范围、权利、义务等都有一致的认识,是每个审计人员应予注意的重要问题。

回顾审计发展历史,因没有订立明确的合同或因对合同的理解有误而导致的诉讼也不乏其例,现略举两例较有影响的诉讼案以说明合同的重要性。

---

① Hermanson, Roger H, Stephen E Loeb, et al. Auditing Theory and Practice[M]. Boston: Richard D. Irwin, 1983:80.

第一例是美国的"1136 Tenants' Corporation V. Max Rothenberg & Co."案。1963年8月，1136 Tenants' Corporation委托Max Rothenberg & Co.会计公司为其提供会计服务，这是一起口头委托的业务，商定每年的费用为600美元，Max Rothenberg & Co.每年根据1136 Tenants' Corporation管理层提供的记录和账簿进行检查和编制财务报表。但是在编制报表过程中，会计师没有发现经营管理人员将公司资金转为私用的事实，因而未将这一事实及时地反映在其编制的财务报表中。1965年3月，原告发现经营管理层没有支付应付的债务，才发现其中的舞弊行为，遂对Max Rothenberg & Co.会计公司没有发现这一舞弊行为提出起诉。原告认为，被告应已进行了审计，因而这是被告的过失。而被告则声称虽然在其编制的报表中用到"审计费用"这一项目，但他们没有同意执行审计。最后法院支持原告的观点，判被告应赔偿原告经济损失约24万美元。[①]

此案的教训是被告没有与原告签订一份明确业务范围的约定函，由此引发了不良后果。

第二例是美国的Maryland Casualty Co. V. Jonathon Cook案。1932年，Jonathon Cook会计师开始接受Flint市政局的委托进行审计，在审计合同中，提出了对现金进行重点审计的专项要求及说明。但在几年的审计过程中，审计人员疏忽了，以至于没有查出市政财务主管贪污市政基金的事实，由于该财务主管是由Maryland Casualty Co.担保的，因此当此事发觉后，Maryland Casualty Co.不得不向Flint市政局支付其损失，同时也由此成为合同关系的代位求偿人而起诉Jonathon Cook & Co.没有按照合同查出此贪污事件，并要求赔偿损失。对于此案，在会计师职业界也引起了较大的反响，相关会计师认为该合同及专项条款没有使用专业术语，因而不明确此项审计究竟是现金审计，还是资产负债表审计，或两者皆是。但法院最后判决Jonathon Cook & Co赔偿Maryland Casualty Co.自开始审计起所被贪污的损失11169美元，并指出，审计人员如对其审计范围和要求有不明确之处，应及时提出，直到明确为止。[②]

上述案例表明，审计人员在履行对客户的合同责任时，必须注意签订一份明确陈述其审计目标、范围和要求的合同或约定函，并认真负责地履行所有的合同职责。

2) 民事侵权责任

民事侵权行为是指民事侵犯权利或民事违法，而不是违反合同。审计人员在审计工作中如果没有保持应有的关注而出现差错、失职或错误表述，就会根据程度不同而构成一般过失、重大过失甚至欺诈。其中一般过失是最普遍的，这是因为审计人员与客户之间存在一种合同关系，因此审计人员应对其一般过失负有法律责任。同时由于一般过失的证明（缺乏合理的关注）要比重大过失的证明（缺乏最起码的关注）容易得多，对一般过失的证明只需依据公认审计准则及客户的环境就能判断审计行为的恰当性，而对重大过失的证明则不是轻易就能做到的。

在所有民事侵权案中，需解决两个问题：一是审计人员的关注标准是什么，二是审计人员在履责过程中运用关注标准的程度。前者是衡量审计过失的标准，目前主要由职业界制定；后者则确定审计行为是否与标准相符。一旦这两个问题解决，就能判定审计人员是否过失，案例的结果也就可预见。多年来，审计职业界在建立关注标准即审计准则方面已做出了很多努力，许多国家也先后建立了自己的审计准则，这为审计人员履行职业关注提供了有效的依据。但也必须指出，由于审计准则是相对稳定的，而各审计业务所处的环境是复杂的，因此审计人员

---

① Hermanson, Roger H, Stephen E Loeb, et al. Auditing Theory and Practice[M]. Boston: Richard D. Irwin, 1983: 58.

② Hermanson, Roger H, Stephen E Loeb, et al. Auditing Theory and Practice[M]. Boston: Richard D. Irwin, 1983: 81-83.

在履行关注责任时必须将审计准则的要求与审计业务的具体环境相结合,才能真正履行其职责。

20世纪80年代起,美国客户特别是拥有合同代位求偿权的第三者对审计人员侵犯民事权利的诉讼案例急剧增长,据1991年1月份美国"Financial World"杂志的一篇文章披露:近年来,联邦存款保险公司对会计师事务所的查账事故起诉达34件之多,要求赔偿额达25亿美元,其中对Ernst&Young 6件,金额达8.41亿美元,对KPMG Peat Marwick 2件,金额约0.76亿美元,最大的是Deloitte & Touche 7件,金额高达8.92亿美元。更糟糕的是至少还有100多家关闭的储蓄银行现在正由清理信托公司(Resolution Trust Corp.)优先清理,其中是否有涉及查账会计师失误而要求赔偿的,还有待联邦存款保险公司查定。[①]

严峻的事实告诫审计人员在执业中必须保持应有的职业关注,以履行对客户的民事责任。

2. 习惯法下审计人员对第三者的民事责任

前已述及,第三者的情况较复杂,与财务报告的相关程度也很不一致,因此在习惯法下,需要根据审计人员对第三者的不同了解程度将其划分为直接受益人(primary beneficiaries)、应预见到的受益人(foreseen beneficiaries)和可预见的其他第三者(foreseeable third parties)三类。由于审计人员的过失对他们的影响程度不同,因而对他们承担的民事责任也不同,现分述如下:

(1) 直接受益人,是指那些在审计开始之前,审计人员就已知道其确切姓名的第三者,也就是说,审计人员已知道审计报告将直接影响这些人的决策。例如为取得某银行贷款,某公司委托审计人员对其财务报表进行鉴证并出具报告,以取得银行的信任。在这里,审计人员已知道审计的目的是贷款,也知道第三者的确切姓名,因此该银行就是直接受益人。由于直接受益人与财务报表审计的关系极为密切,因此在习惯法下,直接受益人享受与客户相等的地位。

19世纪中期以前,英国的习惯法认为,只有合同的双方可以强制合同的实施,因此,第三者无权享受合同关系人的权利(privity of contract)。但自19世纪中期以后,美国的法庭抛弃了英国人的观念,开始将直接受益人视同客户。在20世纪20年代的"Glanzer V. Shapard"一案中,法庭正式确立了直接受益人可因受损而提起诉讼的权利。在划时代的Ultramares (1931)一案中则确立了审计人员应对第三者负欺诈责任,对事先知道的直接受益人负一般过失责任,但不对无法识别的第三者负过失责任。[②]

(2) 应预见到的受益人,是指那些审计人员从总体上知道但不详细知其姓名的第三者,这部分人依赖财务报表的特定目的是可被合理预见的。例如,接受公司审计报告的债权人,他们的确切姓名虽然不为审计人员所知,但他们对审计报告和财务报表的依赖关系,审计人员是可合理预见到的。1965年,美国法律协会颁布了权威性的侵权原则纲要《侵权法修正说明(第二稿)》,部分地依据了前面提到过的1963年Hedley Byrne案所建立的原则,在解释职业人员对第三者的责任时区分了应预见到的受益人和可预见的第三者,这对理解1965年后基于习惯法所作的司法判决是至关重要的。[③] 根据以前的Ultramares案的原则,审计人员只对事先知道的直接受益人负一般过失责任,而对其他的第三者则负重大过失责任和欺诈责任,因此,当应预见到的受益人遭受损失,只能在审计人员构成重大过失时才能提起诉讼。

---

① 杨国树,顾福佑. 美国会计师行业的困境——几家规模庞大的会计师事务所是否会沉没在诉讼纠纷的风浪中[J]. 上海会计,1991(04):43-45.
② David Ricchiute. Auditing[M]. Kentucky: Thomson Learning, 2005:125.
③ 蒙哥马利. 蒙哥马利审计学[M]. 10版. 汤云为,文硕,译. 北京:中国商业出版社,1985:98-99.

开创审计人员对应预见到的受益人负一般过失责任的是 1968 年美国的"Rusch Factors Inc. V. Levin"一案。此案的被告 Levin 审计了某一公司的财务报表以支持该公司申请贷款，但不知是向 Rusch Factors 申请，由于这些财务报表错误显示该公司具有偿债能力，因而贷款被批准了，但不久，该公司就破产了。由此 Rusch Factors 起诉审计人员 Levin 玩忽职守，错误表述。结果法庭判定 Rusch Factors 是应预见到的受益人，审计人员应负一般过失的法律责任。[①] 这一案例表明，如果审计人员知道被审报表的特定用途，即使不知道受益人的确切姓名，也应对其负一般过失责任。

现在，虽然"一般过失"代表了大部分人的观点，"重大过失"代表了小部分人的观点，但由于不同法庭都有其自主权，所以最终认识能否统一，只有时间来定论。

(3) 可预见的其他第三者，是指那些范围广大而又无法识别的、在今后可能与企业发生关系的人，例如潜在的债权人、投资者、雇员、经济分析师等。由于这些人在执行审计时无法专门予以识别，与被审报表的关系也不够密切，因此，在审计责任的诉讼中，他们处于较边缘的地位。但是他们毕竟是可以预见的财务信息使用者，因此，也不能忽视。根据习惯法，审计人员应对他们负重大过失和欺诈责任。

可预见的其他第三者与应预见到的受益人是两个相近的概念，虽然可以区分，但在实际生活中往往较难分清，因此需要法庭根据情况予以判定。例如，潜在的股东，究竟是应预见到的受益人还是可预见的其他第三者，单从概念上很难判定，必须视具体环境而定。例如，某公司进行财务报表审计的目的是在证券交易所上市招股，那么潜在的投资者就是应预见到的受益人，因此审计人员对他们应负一般过失责任。如果审计的目的与招股无关，那么潜在的股东就是可预见的第三者，只有当审计人员犯有重大过失或欺诈时，才有可能对其负有法律责任。

综上所述，审计人员对第三者的民事责任的判断是较为复杂的，需根据环境以及审计人员的过失程度才能断定具体的审计责任对象。

审计人员在习惯法下，对客户和第三者应负的民事责任，可汇总如表 9-1 所示。

表 9-1 审计人员对客户和第三者应负的民事责任（习惯法）

审计民事责任对象		审计承担民事责任的起始过失
客户		一般过失
第三者	直接受益人	一般过失
	应预见到的受益人	一般过失（大部分人观点） 或重大过失（小部分人观点）
	可预见的其他第三者	重大过失

(二) 成文法下注册会计师审计的民事责任

与习惯法相比，成文法的责任条款比较清楚、肯定，因此审计人员的法律责任和对象也比较明确。在西方，对注册会计师审计最有影响的成文法要数美国 1933 年的《证券法》(Securities Act)和 1934 年的《证券交易法》(Securities Exchange Act)，下面分述这两个法律对注册会计师审计责任的影响。

---

① David Ricchiute. Auditing[M]. Kentucky: Thomson Learning, 2005:126.

1. 美国1933年《证券法》下注册会计师审计的民事责任

美国1933年的《证券法》,是一部对美国的资本市场管理起决定性作用的法律,它对于新成立的股份有限公司在资本市场公开招股和证券发行具有指导意义,其目的是监督所有新成立的股份有限公司在招股和证券发行时必须充分和公允地披露有关公司信息及禁止欺诈性的错误陈述。

在美国,要成立一个新的股票公开上市的股份有限公司,必须遵照《证券法》的要求提供一系列的注册申报材料,由于手续较详细、复杂,其中财务信息都需经注册会计师审计,因此根据《证券法》,审计人员须对注册申报材料的真实性负有法律责任。

在《证券法》下,对审计人员提起诉讼的主要依据是第11条规定,这是一条保护潜在投资者的条款,它规定:"如果注册申报材料的任何部分(从其生效开始)含有对重大事实的不实陈述,或遗漏陈述那些应予陈述的,以及使得申报材料不被误解所需陈述的重要事实,那么,任何购买其证券的人,可对每一个参与编制或验证注册申报材料的任何部分的注册会计师提起诉讼。"从这一规定可知,审计人员对注册申报材料中载明的购买证券的人负有法律责任。同时,由于审计人员对其所参与工作的目的完全明确,即为了招股,而且对其责任对象即潜在的股东也完全明确,所以注册会计师必须对证券的购买者负一般过失责任。帮助理解这一责任的最好案例是"Escott V. Barchris Construction Corp."(1968)一案。在此案中,被告Peat Marwick Mitchell & Co.会计师事务所因没有按照公认审计准则要求对Barchris的注册申报材料进行仔细审查,没有发现其中的错误陈述,因而当该公司证券销售后不久就宣告破产时,遭到严重经济损失的证券投资者提起诉讼。最后,法庭判决Peat Marwick Mitchell & Co.应对证券投资者负一般过失责任。[①]

综上,在1933年《证券法》下,审计人员对证券投资者负一般过失责任。

2. 美国1934年《证券交易法》下注册会计师审计的民事责任

1933年的《证券法》是一部关于股份有限公司如何招股和证券发行的法律,一旦证券在市场上销售完毕,以后在证券交易所上市交易所发生的各种事项就属1934年《证券交易法》的管辖范围。根据1934年《证券交易法》规定,如果一个公司的股东超过500人或者资产超过300万美元,其证券必须在证券交易委员会登记并向其报告,报告内容主要有年报(表式10-K)和季报(表式10-R)两种。所以《证券交易法》的主要目的是促进上市的股份有限公司对其重要事实进行连续的、正确的揭示,以使股东和潜在投资者得到真实的信息。在1934年的《证券交易法》下,审计人员的法律责任主要是对上市公司的报表(包括表式10-K和表式10-R)进行鉴证。

《证券交易法》对审计责任的规定主要有第10条(B)款和第18条,其中第10条(B)款是反欺诈的条款,以保护证券的购买者和出让者,并防止审计人员或其他人伪造和欺骗。

该条款规定:"对任何人,直接地或间接地使用任何州际商业媒介和手段、或使用邮政手段以及国家证券交易中的任何工具,都是非法的:

……

(b) 在全国证券交易所登记的证券或没有登记的证券交易中,使用任何与证券交易委员会规定的对保护公众利益和投资者利益所必需或恰当的规则相矛盾的虚伪欺诈手段和诡计。"

其中对"使用虚伪欺诈手段",证券交易委员会发表的"规则10B-5"进行了说明,包括以

---

① David Ricchiute. Auditing[M]. Kentucky: Thomson Learning. 2005:135.

下情况:①动用任何手段、阴谋或诡计进行欺诈;②对重大事实作任何不实说明、或遗漏说明为使报表不被误解或与编报环境不相一致的重要事实;③参与任何与证券买卖相关的以欺诈或行骗他人为目的的行动或过程。

《证券交易法》第18条则是保护证券的买卖者免遭错误的或误解的报表影响的条款。它规定:"任何使得或引起在交易所备案的申请表、报告或文件对重要事实作出错误或误导陈述的人,必须对任何依靠这种说明并以受此影响的价格进行买卖的人所造成的损失承担法律责任,除非被诉人能证明他是忠实地履行了其职责或不知道这些陈述是错误或误解的。"

上述两条规定的区别是:第10条(B)款要求审计人员对其参与鉴证的公司证券的所有买者或卖者负责,对象较宽泛,负责的内容主要是欺诈事项。而第18条规定主要针对在证券交易所挂牌的公司的证券的买者和卖者,对象相对稍窄,负责的内容主要是报表不被错误披露和误解。由于证券的买者和卖者的范围较大,且无法控制,对审计人员来说,他们仅仅是可预见的第三者,因此对他们负有重大过失责任和欺诈责任。

综上分析,审计人员在习惯法和成文法下的民事责任,可归结为表9-2所示。

表9-2 审计人员在习惯法和成文法下的民事责任

法律依据	起诉人	起诉理由	审计承担民事责任的起始过失
习惯法	委托人	违约和侵权行为	一般过失
	应预见到的受益人	侵权行为	一般过失或重大过失
	可预见到的第三者	侵权行为	重大过失
成文法	1933年美国证券法第11条:证券购买者	虚假陈述或隐瞒重要事实	一般过失
	1934年美国证券交易法10条(B):证券买者和卖者	虚假陈述或隐瞒重要事实	欺诈
	1934年美国证券交易法第18条:证券买者和卖者	虚假陈述或隐瞒重要事实	重大过失

三、注册会计师审计的刑事责任

审计人员被追究刑事责任的情况,就世界各国来说都是很少的,只有当审计人员被查明是明知故犯参与欺诈时,才会受到刑事责任处罚。但一旦发生,对审计人员来说,影响是巨大的,刑事诉讼的结果不只是承担辩护费、罚金和判刑,更严重的是,一件成立的刑事诉讼案件引起的民事责任和行政责任,常常会导致审计人员甚至整个事务所破产,原国际"五大"之一的安达信的崩塌就是最典型的案例,其后果相当严重。

在美国,对审计人员追究刑事责任的联邦法律主要有1933年《证券法》第24条,1934年《证券交易法》第32条(A)款,《联邦虚假表述法》(Federal false statements statute)和《联邦邮件欺诈法》(The federal Mail Fraud statute)。《证券法》第24条和《证券交易法》第32条(A)款特别针对那些对报表作虚伪表述或故意遗漏报表重要事实的注册会计师进行刑事追责;《联邦虚假表述法》可就联邦各部或各机构管辖范围内的任何问题追究审计人员的刑事责任。其中,审计人员对明知虚假的报表故意作不实证明是被提起刑事诉讼的主要原因。

安然是世界上最大的电力、天然气和电讯公司之一,一度位列美国 500 强公司的第七位,2000 年营业额达到 1010 亿美元。2001 年 10 月 16 日,安然发表 2001 年第二季度财报,宣布公司亏损 6.18 亿美元。10 月 22 日,美国证券交易委员会要求公司提交交易细节,并对安然及其关联公司展开正式调查。11 月 8 日,安然承认做了假账,从 1997 年以来共虚报盈利 6 亿美元。11 月 30 日,安然股价跌至 0.20 美元,市值从高峰时的 800 亿美元跌至 2 亿美元。12 月 2 日,安然向破产法院申请破产保护,成为美国历史上最大的破产案。安然破产后,多位原公司高管受到刑事调查和起诉,2005 年 12 月 28 日,安然公司首席财务官向法庭认罪,承认犯有证券欺诈罪,最终被判处 7 年监禁,罚金 125 万美元。2006 年 7 月,公司创始人、原董事长肯尼斯·莱在法官最终量刑出台前,因心脏病突发死亡。同年 10 月 CEO 杰弗里·斯基林因犯有财务造假、证券欺诈、电邮欺诈、洗钱等多项罪名被判处 24 年零 4 个月监禁和 1800 万美元罚款,并向投资者支付赔偿金 4500 万美元。受安然案件牵连,花旗银行、摩根大通、美国银行等也因涉嫌财务欺诈,向安然破产案件的受害者分别支付了 20 亿美元、22 亿美元和 6900 万美元的赔偿金。

安达信曾是国际著名会计师事务所,2001 年,其在全球 85 个国家和地区设有 390 个分支机构,雇员总数达到 85 000 人,全球营业额达到 93.4 亿美元。安达信在安然公司成立之初就为其提供内部审计和咨询服务,2001 年 10 月,安然财务丑闻爆发,美国证券交易委员会对其启动监管调查程序,获此消息,安达信开始销毁有关安然公司的大量审计工作底稿,直到当年 11 月 8 日收到传票之日方才停止。2002 年 3 月 7 日,得克萨斯州南区联邦地区检察官办公室经初步调查,认定安达信涉嫌妨碍司法罪;3 月 14 日,检察官向法院提交起诉书,案件正式进入法庭审理程序;6 月 15 日,联邦地区法院经开庭审理后,判决安达信妨碍司法罪名成立,判处罚金 50 万美元,责令 5 年内不得从事审计业务。美国证券交易委员会接着撤销了安达信为上市公司提供审计服务的资格。这导致安达信 2300 多家上市公司客户接连离它而去,员工纷纷另寻出路,仅在美国就有 28 000 人因此失业。安达信不服,提起上诉。虽然 2005 年 5 月 31 日,联邦最高法院裁定推翻原判,发回重审,但那时安达信已无法挽回败局。安达信事件深深震撼了全世界审计职业界。

安然事件直接导致了美国《萨班斯—奥克斯利法案》(Sarbanes-Oxley Act)的出台,这一法案的全称为《2002 年公众公司会计改革和投资者保护法案》,对美国 1933 年《证券法》和 1934 年《证券交易法》作出了大幅度修订,在公司治理、会计职业监督、证券市场监管等方面作出了许多新的规定,督促上市公司遵守证券法律,以提高公司披露的准确性和可靠性,从而达到保护投资者利益的目的。该项法案对审计职业也产生了重大影响,一是建立了一个独立的公司会计监督委员会,对上市公司的审计进行监管;二是通过审计合伙人轮换制度,以及咨询与审计分离等方式,提高审计的独立性。这些法律的修为为审计行业的健康发展作出了重要贡献。

从安达信一案可以看出,审计工作底稿一定记录了许多安然审计中发现的问题,否则没必要销毁,而发现问题不如实发表审计意见,就等同于与客户一起欺诈,就是刑事犯罪。而获知 SEC 将开始调查,安达信选择大量销毁工作底稿,这是销毁证据,罪上加罪。所以安达信一错再错,结局刻骨铭心。

在诉讼爆炸的今天,审计人员应怎样有效地防范刑事诉讼的风险,对策主要有以下几条:

(1) 认真遵守职业操守,确保审计独立性,确保审计团队的胜任能力,确保审计意见客观公正。

（2）认真撰写约定函，清楚明确地阐述审计委托方和受托方的职责、目标、范围等问题，以免责任混淆。

（3）严格遵守审计准则要求，确保审计工作质量。无论是大事务所还是小事务所，质量控制始终是减少诉讼风险的最有效措施，不仅要控制单一具体业务的质量，更要建立整个会计师事务所的质量控制系统，从整个组织的角度控制每个审计业务的质量。

（4）平衡事务所的发展与风险，对事务所来说，发展就像开车的油门，风险就是汽车的刹车，只有两者协调好，开车才能既快又稳，事务所的发展也如此。

总之，对于审计人员及事务所来说，避免触犯法律的最好办法是严格遵守职业技术和道德准则，并制定和执行各种既定的政策和程序，保证：①审计工作得到系统的计划和实施。②审计工作由懂得委托方业务情况的人执行。③适当、充分地取证和客观地评价。④所有已实施的工作都要记录备案。这些都是几十年前审计学家总结的经验，如今仍有现实指导意义。

四、我国注册会计师审计的法律责任

当国外的会计师职业界正面临"诉讼爆炸"，甚至破产倒闭的严重威胁时，我国审计职业界所面对的法律责任挑战和诉讼压力也日益严峻。这一方面是国际环境对我们的影响，引起舆论对审计责任问题的更高关注；另一方面是我国资本市场的发展和注册会计师职业的日趋成熟，我们开始真正意识到规范资本市场和保护相关者利益的重要性。当审计人员失职使投资者和其他相关者的利益遭到损害时，他们就会对注册会计师失职行为作出反应，包括诉诸法庭等法律手段。在我国资本市场发展的30多年时间里，已发生了数以千计的诉讼案例，较为典型的有20世纪90年代国内资本市场初创时的深圳原野和琼民源、21世纪初的银广夏和蓝田股份、2010年前后的万福生科和绿大地，以及最近几年的康美药业、康得新等。这些案例所引起的对审计人员及会计师事务所的法律责任的追究，将在中国注册会计师审计责任史上留下深刻的足迹。虽然诉讼本身是消极的，但它所产生的对整个职业界的震动和影响却是积极的。首先，它证明了社会对注册会计师审计职业已越来越重视，社会已将注册会计师审计职业真正视为社会经济控制机制的一个重要组成部分，因而开始要求明确其职责、义务及法律责任。其次，它将促进注册会计师职业界迅速对审计理论和实务的一系列问题作出积极的反应和研究，因而有望推动审计理论和实务水平迅速提高。最后，它将建立起一种规范的以法律调节为背景的社会相互监督、相互作用秩序，而不再是主要以行政监督来调节的模式。

近30年来，我国的法律法规已开始对注册会计师的审计责任予以高度重视，《公司法》《证券法》《注册会计师法》《行政处罚法》《民法典》《刑法》等法律体系的日臻完善，对注册会计师的义务和法律责任提供了日益明确的法律依据。在我国，没有习惯法，因而判断注册会计师审计法律责任的全部是成文法。综合我国的法律体系，我国注册会计师审计的法律责任主要有行政责任、刑事责任和民事责任。

（一）我国注册会计师审计的行政责任法规及案例

行政责任是指国家行政监管机构根据国家《行政处罚法》《公司法》《证券法》《注册会计师法》等对会计师事务所和注册会计师执业过程中的违规违法行为所作出的行政处罚，这是审计职业界所受到的数量最多的处罚。《行政处罚法》第3条规定：公民、法人或者其他组织违反行政管理秩序的行为，应当给予行政处罚的，依照本法由法律、法规或者规章规定，并由行政机关依照本法规定的程序实施。《行政处罚法》第8条又规定：行政处罚的种类主要有①警告。②罚款。③没收违法所得、没收非法财物。④责令停产停业。⑤暂扣或者吊销许可证、暂扣或

者吊销执照。⑥行政拘留。⑦法律、行政法规规定的其他行政处罚。而我国目前与注册会计师职业相关的规范行政管理秩序的法律主要有《注册会计师法》《公司法》《证券法》等,所以会计师事务所和注册会计师受到的行政处罚,都是因违反《注册会计师法》《公司法》《证券法》等相关法律规定、被行政监管机构包括证监部门和财政部门等按《行政处罚法》作出的处罚。

1.《注册会计师法》的规定

《注册会计师法》是一部规范会计师事务所和注册会计师行为以及规范注册会计师事业发展的重要法律。《注册会计师法》的颁布和施行,在我国注册会计师事业的发展中,具有里程碑的重要意义,它标志着我国的注册会计师事业正式走上法治化、规范化的道路,并逐步与国际惯例接轨,同时也为明确注册会计师的法律责任提供了直接的法律依据。

《注册会计师法》第14条和第15条规定了注册会计师的业务范围,它们包括审计业务、会计咨询和会计服务业务,并在第16条第2款中明确规定会计师事务所对本所注册会计师依照前款规定承办的业务,承担民事责任。

《注册会计师法》第20条规定:注册会计师执行审计业务,遇有下列情形之一的,应当拒绝出具有关报告:

(1) 委托人示意其作不实或者不当证明的。

(2) 委托人故意不提供有关会计资料和文件的。

(3) 因委托人有其他不合理要求,致使注册会计师出具的报告不能对财务会计的重要事项作出正确表述的。

《注册会计师法》第21条规定:注册会计师执行审计业务,必须按照执业准则、规则确定的工作程序出具报告。

注册会计师执行审计业务出具报告时,不得有下列行为:

(1) 明知委托人对重要事项的财务会计处理与国家有关规定相抵触,而不予指明。

(2) 明知委托人的财务会计处理会直接损害报告使用人或者其他利害关系人的利益,而予以隐瞒或者作不实的报告。

(3) 明知委托人的财务会计处理会导致报告使用人或者其他利害关系人产生重大误解,而不予指明。

(4) 明知委托人的财务报表的重要事项有其他不实的内容,而不予指明。

对委托人有前款所列行为,注册会计师按照执业准则、规则应当知道的,适用前款规定。

对于违反这些规定的,会计师事务所和注册会计师应分别承担法律责任。对此,《注册会计师法》第39条规定:会计师事务所违反本法第20条、第21条规定的,由省级以上人民政府财政部门给予警告,没收违法所得,可以并处违法所得1倍以上5倍以下的罚款;情节严重的,并可以由省级以上人民政府财政部门暂停其经营业务或者予以撤销。注册会计师违反本法第20条、第21条规定的,由省级以上人民政府财政部门给予警告;情节严重的,可以由省级以上人民政府财政部门暂停其执行业务或者吊销注册会计师证书。会计师事务所、注册会计师违反第20条、第21条的规定,故意出具虚假的审计报告、验资报告,构成犯罪的,依法追究刑事责任。

此外,第42条还明确规定:会计师事务所违反本法规定,给委托人、其他利害关系人造成损失的,应当依法承担赔偿责任。

可见,《注册会计师法》对注册会计师的职业责任和法律责任都已作出了基本的规定,为我国注册会计师职业明确其法律责任提供了直接的法律依据。

2. 《公司法》的规定

《公司法》是规范我国公司的组织和行为,保护公司、股东和债权人的合法权益,维护社会经济秩序,促进社会主义市场经济发展的重要法律。我国于1993年发布并于2023年新修订的《公司法》第257条规定:承担资产评估、验资或者验证的机构提供虚假材料或者提供有重大遗漏的报告的,由有关部门依照我国《资产评估法》《注册会计师法》等法律、行政法规的规定处罚。

承担资产评估、验资或者验证的机构因其出具的评估结果、验资或者验证证明不实,给公司债权人造成损失的,除能够证明自己没有过错的外,在其评估或者证明不实的金额范围内承担赔偿责任。

《公司法》第264条规定:违反本法规定,构成犯罪的,依法追究刑事责任。

《公司法》对会计师事务所和注册会计师个人在提供验资和审计服务中应承担的法律责任,特别是行政责任作出了明确规定。

3. 《证券法》的规定

《证券法》是规范我国证券发行和交易行为,保护投资者的合法权益,维护社会经济秩序和社会公共利益,促进社会主义市场经济发展的重要法律。2019年《证券法》第163条规定:证券服务机构为证券的发行、上市、交易等证券业务活动制作、出具审计报告、资产评估报告、财务顾问报告、资信评级报告或者法律意见书等文件,应当勤勉尽责,对所依据的文件资料内容的真实性、准确性、完整性进行核查和验证。其制作、出具的文件有虚假记载、误导性陈述或者重大遗漏,给他人造成损失的,应当与发行人、上市公司承担连带赔偿责任,但是能够证明自己没有过错的除外。

《证券法》第223条规定:证券服务机构未勤勉尽责,所制作、出具的文件有虚假记载、误导性陈述或者重大遗漏的,责令改正,没收业务收入,暂停或者撤销证券服务业务许可,并处以业务收入1倍以上5倍以下的罚款。对直接负责的主管人员和其他直接责任人员给予警告,撤销证券从业资格,并处以3万元以上10万元以下的罚款。

《证券法》第225条规定:上市公司、证券公司、证券交易所、证券登记结算机构、证券服务机构,未按照有关规定保存有关文件和资料的,责令改正,给予警告,并处以3万元以上30万元以下的罚款;隐匿、伪造、篡改或者毁损有关文件和资料的,给予警告,并处以30万元以上60万元以下的罚款。

《证券法》第231条规定:违反本法规定,构成犯罪的,依法追究刑事责任。

《证券法》除了对注册会计师出具的审计报告应承担的法律责任作出了明确规定,第225条还专门对证券服务机构保存有关文件和资料的法律责任作出了明确规定,也即审计师和会计师事务所对服务上市公司的工作底稿的保存负有明确的法律责任,任何隐匿、伪造、篡改或者毁损有关文件和资料的行为都是违法行为,将受到法律制裁。

以上法律的颁布,对正确认识注册会计师所应承担的行政责任并不断促使审计工作规范化产生了很大的影响,也为监管部门的合法有效监管提供了客观法律依据。

4. 康美药业案例

康美药业股份有限公司(以下简称康美药业)成立于1997年,是一家以中药饮片、化学原料药及制剂生产为主导,集药品生产、研发及药品、医疗器械营销于一体的现代化大型医药企业,2001年3月康美药业A股股票在上海证券交易所挂牌上市。2015年、2016年、2017年康美药业的经营情况呈现出持续良好的增长态势,营业收入分别达到了181亿元、216亿元和

265 亿元；归属于上市公司股东的净利润分别为 28 亿元、33 亿元和 41 亿元；股价也从原来的 13 元左右涨到了 2018 年 5 月 29 日的最高 28.25 元。

康美药业于 2018 年 12 月 28 日公告，公司收到中国证监会《调查通知书》。2019 年 4 月 30 日，康美药业发布了高达近 300 亿元的"会计差错"。2019 年 5 月 17 日，证监会通报康美药业财务报告造假，涉嫌虚假陈述等违法违规。2020 年 5 月 13 日，证监会对康美药业下发《中国证监会行政处罚决定书（康美药业股份有限公司、马兴田、许冬瑾等 22 名责任人员）》，决定书显示，康美药业涉嫌累计虚增营业收入 291.28 亿元，其中 2016 年度虚增营业收入 89.99 亿元，多计利息收入 1.51 亿元，虚增营业利润 6.56 亿元，占合并利润表当期披露利润总额的 16.44%。2017 年度虚增营业收入 100.32 亿元，多计利息收入 2.28 亿元，虚增营业利润 12.51 亿元，占合并利润表当期披露利润总额的 25.91%。2018 年半年度报告虚增营业收入 84.84 亿元，多计利息收入 1.31 亿元，虚增营业利润 20.29 亿元，占合并利润表当期利润总额的 65.52%。2018 年度报告虚增营业收入 16.13 亿元，虚增营业利润 1.65 亿元，占合并利润表当期披露利润总额的 12.11%。

同时，行政处罚中查明，康美药业《2016 年年度报告》虚增货币资金 225 亿元，《2017 年年度报告》虚增货币资金 299 亿元，《2018 年半年度报告》虚增货币资金 362 亿元。累计虚增货币资金 886 亿元。公司还未按规定披露期间控股股东及其关联方累计非经营性占用 116.19 亿元的关联交易。证监会决定对康美药业责令改正，给予警告，并处以 60 万元罚款；对 21 名责任人员处以 90 万元至 10 万元不等罚款，对 6 名主要责任人采取 10 年至终身证券市场禁入措施。

2021 年 2 月 18 日，证监会对涉事会计师事务所和注册会计师下达行政处罚决定书，决定对涉事广东正中珠江会计师事务所责令改正，没收业务收入 1 425 万元，并处以 4 275 万元罚款。处罚的理由是正中珠江在对康美药业 2016 年、2017 年、2018 年财务报表审计过程中，未按照《中国注册会计师审计准则》《中国注册会计师职业道德守则第 1 号——职业道德基本原则》等相关要求，执行恰当的审计程序，获取充分适当的审计证据，形成真实客观的审计结论，发表正确的审计意见，出具的财务报表审计报告存在虚假记载，该行为违反了 2005 年《证券法》第 173 条有关规定，构成 2005 年《证券法》第 223 条所述"证券服务机构未勤勉尽责，所制作、出具的文件有虚假记载、误导性陈述或者重大遗漏"的行为。

对涉事签字注册会计师和项目经理杨文蔚、张静璃、苏创升给予警告，并分别处以 10 万元罚款；对刘清给予警告，并处以 3 万元罚款。

在中注协 2020 年 9 月发布的年度综合排名前 100 家事务所中，广东正中珠江会计师事务所名列第 25 位，营业收入为 4.4 亿元，位列国内大型事务所之列，但仅因康美药业一家客户所受到的行政罚没款就达 5 700 万元，如果后续进一步追究民事赔偿责任，将足以摧垮这家事务所。而证监会处罚决定书中罗列的大量广东正中珠江会计师事务所未按照《中国注册会计师审计准则》《中国注册会计师职业道德守则第 1 号——职业道德基本原则》等相关要求，严格进行审计工作的事实，又清楚地告诉我们，审计师的审计质量远未达标，所以受到行政处罚有理有据，无法辩驳。广东正中珠江会计师事务所在康美药业审计中的教训是深刻的，日后必须提高审计质量，严格遵守审计准则和职业道德以重塑行业形象。

（二）我国注册会计师审计的刑事责任法规及案例

虽然注册会计师触犯刑法，承担刑事责任的情况是比较少的，但一旦发生，其影响和后果是极其严重的，所以我们必须高度重视，警钟长鸣。

1.《刑法》的规定

《刑法》(2023年12月29日第十二次修正)是一部对一切刑事犯罪行为作出处罚和制裁的重要法律。要认清《刑法》的法律责任,首先要对什么是"犯罪"有一定理解。

《刑法》第13条对此作了如下解释:一切危害国家主权、领土完整和安全,分裂国家、颠覆人民民主专政的政权和推翻社会主义制度,破坏社会秩序和经济秩序,侵犯国有财产或者劳动群众集体所有的财产,侵犯公民私人所有的财产,侵犯公民的人身权利、民主权利和其他权利,以及其他危害社会的行为,依照法律应当受刑罚处罚的,都是犯罪,但是情节显著轻微危害不大的,不认为是犯罪。

对"犯罪"作出解释后,《刑法》又进而将犯罪分为故意犯罪和过失犯罪两类。

《刑法》第14条规定:明知自己的行为会发生危害社会的结果,并且希望或者放任这种结果发生,因而构成犯罪的,是故意犯罪。故意犯罪,应当负刑事责任。

《刑法》第15条规定:应当预见自己的行为可能发生危害社会的结果,因为疏忽大意而没有预见,或者已经预见而轻信能够避免,以致发生这种结果的,是过失犯罪。过失犯罪,法律有规定的才负刑事责任。

在这里,故意犯罪和过失犯罪的主要区别在于行为者是有意还是无意地使行为发生。在审计服务中,欺诈是一种故意犯罪的行为,因为它是有意识地使行为发生,致使被害者遭到损失。而无论是一般过失还是重大过失,尽管过失程度有区别,但从性质上来看都是无意的,故属过失犯罪。这种区分对正确判定审计人员的法律责任是较为有利的。但就我国目前刑法中有关过失犯罪的原因"疏忽大意"这一概念,它对咨询业来说,其含义是相当模糊的。显然这是一种最基础的表述,对审计职业界来说,则应有明确的内涵。例如美国等国有"没有保持应有的职业关注"概念,并根据程度不同划分"缺乏合理的职业关注(一般过失)"和"缺乏最起码的职业关注(重大过失)"两种,并分别明确责任对象。因此,依据刑法对审计人员的过失犯罪作出判断仍然是一件较为棘手的事,还需要具备一些基本条件,如确定审计的行为准则等。

《刑法》第229条规定:承担资产评估、验资、验证、会计、审计、法律服务、保荐、安全评价、环境影响评价、环境监测等职责的中介组织的人员故意提供虚假证明文件,情节严重的,处五年以下有期徒刑或者拘役,并处罚金;有下列情形之一的,处5年以上10年以下有期徒刑,并处罚金:

(1)提供与证券发行相关的虚假的资产评估、会计、审计、法律服务、保荐等证明文件,情节特别严重的。

(2)提供与重大资产交易相关的虚假的资产评估、会计、审计等证明文件,情节特别严重的。

(3)在涉及公共安全的重大工程、项目中提供虚假的安全评价、环境影响评价等证明文件,致使公共财产、国家和人民利益遭受特别重大损失的。

有前款行为,同时索取他人财物或者非法收受他人财物构成犯罪的,依照处罚较重的规定定罪处罚。

第1款规定的人员,严重不负责任,出具的证明文件有重大失实,造成严重后果的,处3年以下有期徒刑或者拘役,并处或者单处罚金。

《刑法》的上述规定,对注册会计师参与欺诈性的审计行为所导致的后果作出了明确的阐述和严厉的处置,所以审计人员如果为了收益抱侥幸心理、甘冒刑事犯罪风险,其结果一定是得不偿失的。

2. 银广夏案例

广夏(银川)实业股份有限公司(以下简称"银广夏")于1993年11月由原相关联的多家企业共同发起成立,1994年6月在深圳成功上市,主要业务为生产经营3.5英寸电脑软磁盘及其配件,但盈利情况并不乐观。后来,银广夏开始投资在银川永宁县的治沙种草项目,此举为银广夏带来了良好的形象,但收益甚微。1999年年底银广夏的股价为13.97元,2000年4月19日涨至35.83元,2000年12月29日又涨至37.99元,折合除权前的75.98元,全年上涨高达440%。这一神话般的涨幅背后,源自其从德国进口的一种二氧化碳超临界萃取设备,并在天津广夏生产。公司公告称,1999年、2000年将向德国出口萃取产品蛋黄卵磷脂、桂皮精油、生姜精油等分别达2.2亿元和7.2亿元人民币(实际1999年为4000万元,2000年只有25万元),并称与德国诚信公司已签订连续三年总额为60亿元的销售合同,预计2001年度每股收益可达2~3元。结果这一切是精心策划的骗局。银广夏通过伪造购销合同、伪造出口报关单、虚开增值税专用发票、伪造免税文件和伪造金融票据等手段,虚构主营业务收入,虚构巨额利润。1998年至2000年期间,累计虚构销售收入10亿多元,导致虚增利润也十分惊人,1998年、1999年、2000年分别为1776万元、17781万元和56705万元。

中天勤会计师事务所(以下简称"中天勤")曾是国内名所,由原中天会计师事务所和天勤会计师事务所于2000年7月申请合并设立,合并后业务规模迅速扩大,拥有上市公司客户60多家,2000年营业收入达4000多万元。2002年2月,中天勤因违反法律法规和职业道德,为银广夏公司出具严重失实的无保留意见的审计报告,被财政部、证监会吊销资格。

2002年9月16日,宁夏回族自治区银川市中级人民法院对银广夏刑事案六名造假者作出一审判决,其中,原天津广夏董事长兼财务总监董博因提供虚假财会报告罪被判处有期徒刑三年,并处罚金人民币10万元;以提供虚假财会报告罪分别判处原银川广夏董事局副主席兼总裁李有强、原银川广夏董事兼财务总监兼总会计师丁功民、原天津广夏副董事长兼总经理阎金岱有期徒刑二年零六个月,并处罚金3万元至8万元;以出具证明文件重大失实罪分别判处被告人深圳中天勤会计师事务所合伙人刘加荣、徐林文有期徒刑二年零六个月、二年零三个月,并各处罚金3万元。

在这一案例中,中天勤被财政部、证监会吊销资格是行政处罚,法院对六名造假者的判刑罚款才是刑事处罚,其中对两位注册会计师的判刑,主要理由是"出具证明文件重大失实罪",即他们明知道财务报表有假,但仍然出具严重失实审计报告,犯了欺诈罪,这是我国改革开放后第一起上市公司审计人员被诉以欺诈而遭刑事处罚的案例,给整个注册会计师行业留下的教训是极其深刻的。

(三) 我国注册会计师审计的民事责任法规及案例

民事责任主要是经济赔偿责任,在我国以往注册会计师行业各种各样的责任纠纷中,大多以行政处罚、极少数以刑事处罚了结的,几乎没有承担民事责任的,主要原因是民法不完善,诉讼审理太复杂,社会的意识也较淡薄。但随着市场经济的成熟、民法的完善和人们自我保护意识的增强,注册会计师行业承担民事责任将成为一种必然的趋势,它虽然不会像行政处罚那样被吊销资格、关闭事务所而一棍子打死,但如运气不佳,也会被赔得倾家荡产。在我国,与注册会计师民事责任相关的法律主要有《民法典》《公司法》和《证券法》。

1.《民法典》《公司法》和《证券法》的相关规定

《民法典》是我国第一部以"典"命名的法律,她是我国调整平等主体的自然人、法人和非法人组织之间的人身关系和财产关系的一部最重要法律,是我国市场经济的基本法。在这部法律中,虽然没有对某一具体职业的民事活动的权利和责任进行阐述,但它概括了一切民事活动所应遵守的一般原则,因而也是判断注册会计师审计职业责任的重要依据。

《民法典》第6~8条规定,民事主体从事民事活动,应当遵循公平原则,合理确定各方的权利和义务。民事主体从事民事活动,应当遵循诚信原则,秉持诚实,恪守承诺。民事主体从事民事活动,不得违反法律,不得违背公序良俗。第11条规定,其他法律对民事关系有特别规定的,依照其规定。第176条规定,民事主体依照法律规定或者按照当事人约定,履行民事义务,承担民事责任。这些规定明确了民事主体进行民事活动的职责,必须遵循公平、诚信、守法等原则,如果违反上述规定,民事主体就必须承担民事责任。注册会计师审计为公民或法人提供审计服务时所承担的民事责任一般可分为合同违约责任和侵权责任两部分。

关于合同违约责任,与注册会计师审计相关的规定主要有以下几点。

《民法典》第583条规定,当事人一方不履行合同义务或者履行合同义务不符合约定的,在履行义务或者采取补救措施后,对方还有其他损失的,应当赔偿损失。

《民法典》第929条第1款规定,有偿的委托合同,因受托人的过错造成委托人损失的,委托人可以请求赔偿损失。无偿的委托合同,因受托人的故意或者重大过失造成委托人损失的,委托人可以请求赔偿损失。

根据以上规定,如果注册会计师审计接受委托业务而未有效地履行其职责,就需承担违约的民事责任。虽然按国际惯例,注册会计师提供审计服务签订的是"业务约定书"(engagement letter),但它与合同是等效的,因此必须重视审计约定函的签订,以明确合约责任。

关于民事侵权责任,与注册会计师审计相关的规定主要有以下几点。

《民法典》第1165条规定,行为人因过错侵害他人民事权益造成损害的,应当承担侵权责任。依照法律规定推定行为人有过错,其不能证明自己没有过错的,应当承担侵权责任。

《民法典》第1184条规定,侵害他人财产的,财产损失按照损失发生时的市场价格或者其他合理方式计算。

这些规定虽然只是对行为主体的一般规定,但对注册会计师作为行为人同样适用,所以在提供审计服务中如发生过失、造成他人损失时,应承担民事侵权责任,包括对客户的民事侵权责任和对其他利益相关者的民事侵权责任。

《公司法》第257条第2款规定,承担资产评估、验资或者验证的机构因其出具的评估结果、验资或者验证证明不实,给公司债权人造成损失的,除能够证明自己没有过错的外,在其评估或者证明不实的金额范围内承担赔偿责任。

《证券法》第163条规定,证券服务机构为证券的发行、上市、交易等证券业务活动制作、出具审计报告、资产评估报告、财务顾问报告、资信评级报告或者法律意见书等文件,应当勤勉尽责,对所依据的文件资料内容的真实性、准确性、完整性进行核查和验证。其制作、出具的文件有虚假记载、误导性陈述或者重大遗漏,给他人造成损失的,应当与发行人、上市公司承担连带赔偿责任,但是能够证明自己没有过错的除外。

从以上法律规定可以看出,注册会计师提供审计服务所需承担的民事责任已十分明确。但由于相关民事诉讼实践的缺乏,特别是对不同层次过失的认定、不同责任对象的区分等基本问题的认识相对欠缺,对注册会计师民事责任问题的认识还有很长的路要走。

2. 万福生科案例

万福生科前身是由创始人龚永福于1995年创办的万福大米厂,2003年,龚永福引进技术,设立湘鲁万福公司,并在国内首创了以淀粉糖、蛋白粉为主打产品的循环经济生产模式,随后把公司重命名为"万福生科(湖南)农业开发股份有限公司"。

2011年9月27日,万福生科以每股25元的发行价登陆创业板,发行1700万股,募集资金4.25亿元。

2012年9月初,湖南省证监局对万福生科进行例行检查,发现公司涉嫌违反相关证券法律法规,于是决定对万福生科进行立案稽查。经过一个月的深入调查,万福生科的财务造假行为被彻底揭露。2012年上半年公司虚增营业收入1.88亿元,虚增营业成本1.46亿元,虚增净利润4023万元,而且隐瞒了公司上半年循环经济型稻米精深加工生产线项目长期停产的事实。

2013年3月,龚永福接到深圳证券交易所的通知,要求披露公司2008—2011年存在财务数据虚假记载的情况,这意味着,万福生科财务造假案已被监管层追溯到IPO阶段。经查,万福生科为了达到公开发行股票并上市条件,根据董事长兼总经理龚永福决策并经财务总监覃学军安排人员执行,万福生科2008年至2010年分别虚增销售收入约1.2亿元、1.5亿元、1.9亿元,虚增营业利润约2851万元、3857万元、4590万元。另外,万福生科披露的2011年年报和2012年半年报也存在虚增情况,虚增销售收入28000万元和16500万元,虚增营业利润6635万元和3435万元。

2013年9月24日,证监会对万福生科高管作出行政处罚。根据《证券法》相关规定,证监会责令万福生科改正违法行为,给予警告,并处以30万元罚款;对龚永福给予警告,并处以30万元罚款;同时对严平贵等其他19名高管给予警告,分别处以5万元至25万元不等的罚款。

同日,证监会分别对涉事中介机构平安证券、博鳌律师事务所和中磊会计师事务所作出行政处罚。认定中磊所和注册会计师未按照行业标准履行勤勉尽责义务,导致其所出具的审计报告有虚假记载,其行为违反《证券法》第173条的规定,构成《证券法》第223条所述情形,对中磊所及在相关签字注册会计师王越、黄国华作出行政处罚,责令中磊所改正违法行为,没收业务收入98万元,并处以196万元罚款;对签字会计师王越、黄国华给予警告,分别处以10万元罚款,并另文决定王越、黄国华为证券市场禁入者,终身不得从事证券业务或担任上市公司董事、监事、高级管理人员职务。

2013年5月10日,平安证券宣布设3亿元补偿基金对投资者进行补偿。同年7月,12756名万福生科虚假陈述案适格投资者与平安证券达成和解,补偿金额约1.79亿元。

2014年12月29日晚间,万福生科发布公告称,公司已收到来自湖南省长沙市中级人民法院作出的《刑事判决书》:万福生科被判欺诈发行股票罪,判处罚金850万元;龚永福因欺诈发行股票罪,被判有期徒刑三年;因违规披露重要信息罪,被判有期徒刑一年,并处罚金10万元;决定执行有期徒刑三年六个月,并处罚金10万元;财务总监覃学军,获刑两年两个月。

万福生科案由于涉及上市公司IPO财务造假,故责任范围很大,需对所有申购股票的投资者遭受的财务损失承担民事赔偿责任。幸运的是,万福生科规模相对较小,平安证券又承担了相应的赔偿责任,快刀斩乱麻,两个月清偿了投资者的所有损失,未对资本市场带来重大影响。

综上分析,我国的法律、法规对注册会计师审计的法律责任已有了较明确规定,审计职业界要在我国经济发展的大潮中有所作为、有所发展、有所收获,必须严守审计职业道德,保持独立性;严守审计准则,确保审计质量;研究发展审计技术,提升审计能力。只有这样,才能控制审计风险,确保审计目标,达到社会期望。

复习思考题

1. 试述注册会计师审计的职责范围,以及审计目标、审计假设和审计准则在确定审计职责范围中作用。
2. 注册会计师审计对客户承担什么样的责任?
3. 什么是过失?它有哪些分类?它对区分不同的审计责任有什么作用?
4. 注册会计师审计责任研究中的第三者的含义是什么?它有哪些分类?注册会计师审计对第三者承担什么样的责任?
5. 注册会计师审计责任诉讼的基本要素有哪几项?
6. 我国注册会计师审计承担的法律责任主要有哪些?

配套习题

下篇　审计实务

　　本书下篇以注册会计师从事的财务审计为背景,阐释现代风险导向审计实务,具体内容为现代风险导向审计方法概述,以及对运用此方法所涉及的七大环节的介绍,七大环节包括业务承接与初步审计计划、公司治理层面战略风险分析、公司业务环节经营风险分析与控制测试、剩余风险分析与实质性测试方案设计、实质性测试方案的执行、终结审计与审计报告、审计质量管理,这七大环节之间的相互联系构成了现代风险导向审计的实务循环。

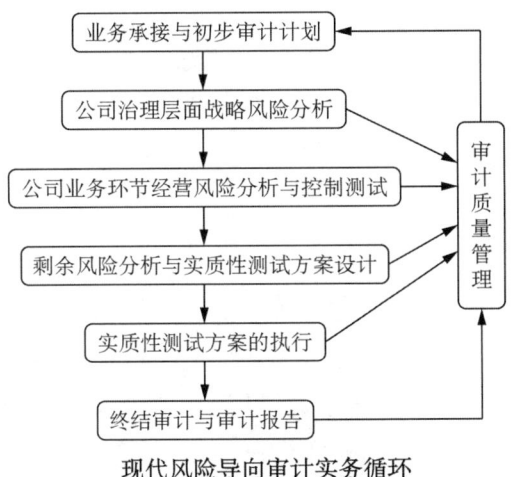

现代风险导向审计实务循环

第十章 现代风险导向审计方法概述

本章要点
本章将深入探讨现代风险导向审计的产生背景、基本内涵和方法逻辑,从逻辑上阐明现代风险导向审计是一种新的审计基本方法,它以系统观和战略观为指导思想,运用"自上而下"和"自下而上"相结合的审计思路执行和完成审计。

本章需要重点掌握的内容
现代风险导向审计产生背景,现代风险导向审计的基本内涵,现代风险导向审计的方法结构。

第一节 现代风险导向审计产生背景

一、现代风险导向审计发展的社会环境分析

20世纪后半叶,审计理论界和实务界在研究内部控制的价值和作用的基础上开发出了制度基础审计方法,随后又研发出了审计风险模型,这些方法和模型为提高审计效率和控制审计风险发挥了重要作用,但外部经营环境的迅猛变化仍给审计实务界带来巨大压力。考虑审计风险模型后的制度基础审计方法,相对于以前的审计方法有了实质性的提高,但与现代社会的需求仍然存在着巨大的审计期望差(expectation gap)。

首先,自20世纪60年代开始的管理欺诈行为到20世纪八九十年代仍未得到有效的控制,反而愈演愈烈,这些管理欺诈给财务报表的使用者带来了巨大的损失。根据美国证券交易委员会的公共会计报告(*Public Accounting Report*),1999年美国七大会计师事务所的审计公费为95亿美元,而投资者在1999年就因为五个公司的财务报表重新编报损失了320亿美元①。我国财务报表舞弊案件给广大投资者带来的损失也金额骇人,较早的原野案使广大投资者损失数亿元,后来的黎明股份、银广厦、乐视网、康美药业等案件使广大投资者的损失以数百亿元计。从社会公众的观点看,揭露舞弊一直是他们对审计师提出的要求,而审计职业界之所以尽量降低其揭露舞弊的责任,主要是受传统审计方法的能力和费用的限制。虽然目前各

---

① POB. 2000. The Panel on Audit Effectiveness: Report and Recommendations, p8.

国审计准则都已经将揭露重大的舞弊行为作为财务报表审计的重要目标,但舞弊案件的频繁发生使审计师的审计能力及其价值备受社会质疑。人们不禁要问:如果排除审计师的独立性风险[①],审计师从技术上究竟能否发现企业可能存在的重大欺诈舞弊案情?如果注册会计师不能改进其审计技术以满足社会环境的需求,其审计服务的社会价值究竟何在?制度基础审计方法(包括基于审计风险模型的传统风险导向审计)在揭露企业重大管理层舞弊中表现出来的审计技术上的力不从心,加快了人们对新的审计方法的探索。

其次,传统审计方法不但在效果上(主要表现在揭露舞弊的能力)有缺陷,在效率上同样存在重要缺陷。因为传统审计方法是一种"自下而上"的审计思路[②],对于审计资源的分配,经常是面面俱到,难以突出重点,从而造成了审计资源的浪费。

在理论篇的第七章,我们指出,审计师已经认识到传统的"账表"导向的审计方法难以应对复杂社会环境下的审计任务。在此情况下,审计理论、审计实务以及审计准则都开始要求审计师更多地理解企业的经营,从而做出更为合理的判断。

因此,"理解企业的经营"并不是一个新的概念,对财务报表审计采用"自上而下"的想法也不是一个新的观点。现代风险导向审计产生以前,审计理论、审计实务以及审计准则都已经开始尝试更深入地理解企业的经营。我们在审计准则中可以发现关于这一方面的努力[③]。但是,这些努力没有形成一个系统化的思路,只是在提高审计师的专业判断上起到一定的启示作用。内部控制本身的内向性的特点(虽然内部控制所包含的内容在持续地扩展)与现代风险导向审计要求审计师理解企业在社会经济环境中所面临的风险、对风险的控制及其对财务报表的影响这一由外向内的特点相冲突,因此单纯依赖内部控制理论是不能发展出现代风险导向审计的。较为可喜的是,系统理论与战略管理思想的发展为审计职业发展现代风险导向审计提供了思想基础。

从20世纪初期系统理论开始发展,到20世纪七八十年代逐渐成熟,它使审计理论界与实务界从理论高度认识到传统审计方法的不足。系统理论认为,生存并不是个体层面的问题,而是一个有机体(organism)在处理它与环境之间的相互关系时所采用的一种组织形式[④]。同时,如果相互联系的个体组织在一起成为一个系统,那么整个系统就会有"突变行为"(emergent behavior)和"复杂特征"(complex properties),也就是说系统的行为特征与构成系统的个体在相互独立状态下所展现的特征,有很大的区别。从这一点看,传统的审计方法认为对各个财务报表项目审计的汇总可以反映总体情况的一个基本假设是次单元相互独立,这显然不符合企业的实际情况。系统理论要求审计师将被审计单位置于广泛的社会环境之中进行整体考虑,但要发展出新的审计方法,还需要战略管理理论的架构支持。

---

① 有关独立性风险的系统研究,参见雷英,钟凌.独立性风险:一个分析框架[J].财经研究,2003(3).本研究主要探讨审计方法,只在现代风险导向审计的功效部分对现代风险导向审计方法与独立性之间的关系作必要的探讨。

② Bell和Wright将这一审计思路归结为"简化主义"(reductionism),以区分于现代风险导向审计的"系统观"(systematic lens)。

③ 美国审计准则关于理解客户的经营和行业的指导内容见Bell et al. Auditing Organizations Through a Strategic-Systems Lens. KPMG monograph, 1997, p5-8. 我国审计准则关于理解企业经营的指导见《独立审计准则第3号——审计计划》(1995)第五条:在编制审计计划前,注册会计师应当了解被审计单位的以下情况,据以确定可能影响会计报表的重要事项:……(七)宏观经济形势及其对所在行业的影响……其他审计准则中也涉有关对审计师理解企业经营与行业的要求。

④ 转引自Bell et al. 1997. Auditing Organizations Through a Strategic-Systems Lens, p14. 原文见Fritjof Capra, The Turning point—Science, Society, and the Rising Culture (Bantam Books, New York, 1982), p267.

20世纪60年代后,西方管理学者对在全球竞争条件下企业的生存和发展进行了深入的思考,形成了一些新的思想。在管理思想上发生的这些转变,最主要的是从过程管理向战略管理转变(郭咸纲,1999)。战略管理思想在企业管理中的作用愈来愈重要,并开始渗透到企业管理的各个方面。一旦企业战略决策失误,其发展的轨迹将受到影响,同时所带来的风险将是巨大的。战略管理使得企业管理从内向管理向外向管理转变,以适应迅速变化和日益苛刻的生存环境;从产品的市场管理向价值管理转变,即企业管理的每一过程、每一个环节都要使企业向市场提供的产品和服务升值,从而提高企业的管理效率;从行为管理向文化管理转变,使整个组织的战略理念渗透到企业的每一个部门和环节。

思想要转化为实践,必须要有理论的指导。1962年,美国著名管理学家艾尔弗雷德·D·钱德勒(Alfred D. Chandler)出版了《战略与结构:工业企业史的考证》一书,通过对美国工业企业发展历史的分析,钱德勒发现凡是企业经营结构与战略相匹配的公司,都能不断地发展壮大;凡是企业经营结构与战略不匹配的公司,都会逐渐消亡。因此,钱德勒提出经营结构必须紧随战略的步伐。

安索夫(Ansoff)于1965年出版了《公司战略》(Corporate Strategy)一书,书中首次提出了"企业战略"这一概念,并将战略定义为"一个组织打算如何去实现其目标和使命,包括各种方案的拟定和评价,以及最终将要实施的方案"。20世纪80年代初,以哈佛大学商学院的迈克尔·波特为代表的行业竞争战略理论取得了战略管理理论的主流地位。波特的研究成果,对企业管理战略思想及其运用的发展做出了开创性的贡献。波特提出了他的战略三部曲:《竞争战略》(1980)、《竞争优势》(1985)和《国家竞争优势》(1990),其中,前两部对企业战略管理的影响比较大,被总结为行业竞争战略管理理论,它们使得企业战略管理有可用的实施框架。

波特的行业竞争战略理论的基本逻辑是:①产业结构是决定企业盈利能力的关键因素。②企业可以通过选择和执行一种基本战略(低成本;成本集聚;差异化;差异集聚;低成本差异集聚)影响产业中的五种作用力(潜在进入者;现有竞争者;替代品;供应商;顾客),以改善和加强企业的相对竞争地位,获取市场竞争优势。③价值链活动是竞争优势的来源,企业可以通过价值链活动和价值链关系(包括一条价值链内的活动之间及两条或多条价值链之间的关系)的调整来实施其基本战略。图10-1列示了行业竞争战略管理理论的逻辑框架。

行业竞争战略管理理论对总体环境的PEST(政治、经济、社会和技术)分析、对行业环境的波特五力(潜在进入者、现有竞争者、替代品、供应商、顾客)分析、对竞争环境的标杆(benchmarking)分析,以及对竞争优势来源的价值链(value chain)分析既为企业实施战略提供了分析工具,也为审计师实施现代风险导向审计提供了分析工具。

但20世纪80年代以后,战略管理理论逐渐认识到行业组织模式认为外部环境是企业获得成功的主要决定因素这一结论有一定的片面性,从而发展出资源基础模型(resource based view)。资源基础模型认为任何一个企业都是资源与能力的独特组合,这些资源与能力是组织战略的基础,也是利润的来源。一个企业是不断变化的整合体,它通过动态的管理来获取超额利润。这一模型同时认为,企业可以不断地获取资源,发展独特的能力。但并非企业所有的资源与能力都可以转化为竞争优势,只有在这种资源和能力是有价值的、稀缺的、难以模仿的、无法替代的时候,它才可能成为竞争优势。图10-2展示了资源基础管理模型的逻辑框架。

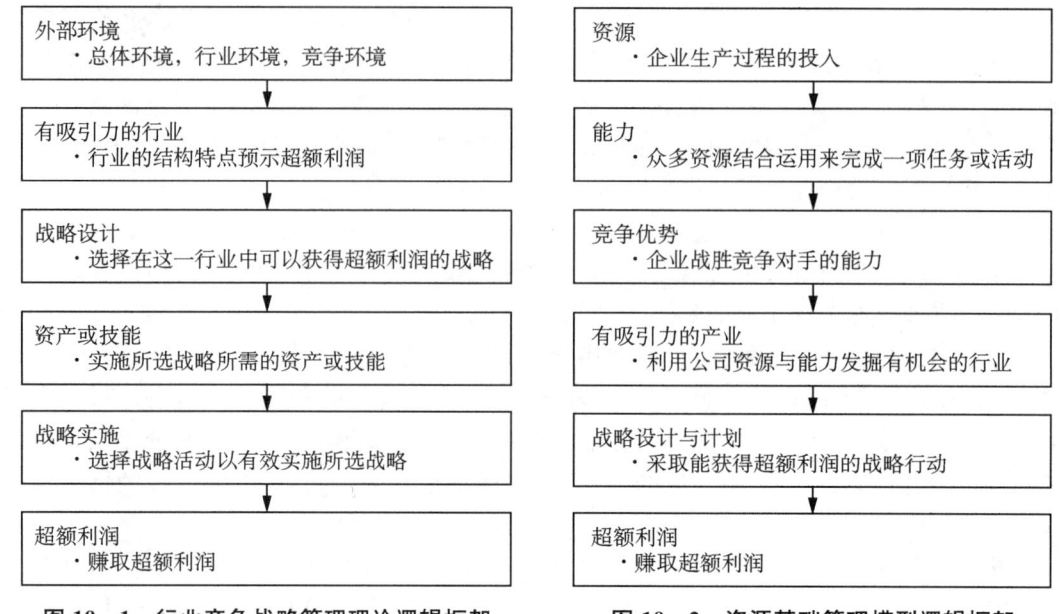

图 10-1 行业竞争战略管理理论逻辑框架　　图 10-2 资源基础管理模型逻辑框架

实证研究一方面支持行业竞争模型，认为外部环境是企业获得成功的主要决定因素，另一方面也支持资源基础模型，认为公司特点和业务活动也是企业获得超额利润的主要决定因素。麦加恩（McGaham，1999）的研究表明，企业约 20% 的利润与行业相关，36% 的利润变动是由公司的特点和业务活动产生。波特（1997）的研究结果表明，环境因素和公司特点共同决定公司的利润率水平。

战略管理的资源基础模型和行业竞争理论将企业内部的运营与外部环境联系起来，从而克服了传统的内部控制的内向型的缺点。图 10-3 表示了企业内部环境、战略管理和外部环境之间的联系。

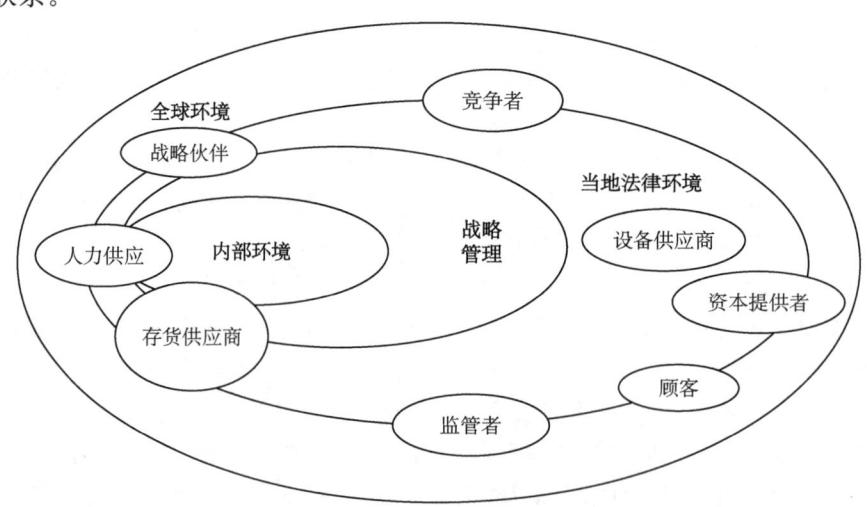

图 10-3　内部环境、战略管理与外部环境[①]

[①] 改编自 W. R. Knechel. Auditing：Assurance & Risk. second edition，South-Western College Publishing，2001，p122。

战略管理作为企业内部环境与外部环境的联系手段,不仅帮助企业在日益苛刻的社会环境中创造价值,赢得生存和发展,也为新的审计方法的产生提供了重要的启示和实践基础。

因此,无论是外部环境还是内部环境,都要求审计师职业迅速改进其审计方法以适应新的形势。综上情况分析,我们可以看到,社会环境的演变不但需要现代风险导向审计,而且也为现代风险导向审计的发展创造了条件,随着时代的发展,对现代风险导向审计的需求愈来愈迫切。

二、现代风险导向审计概念的产生

审计方法变化、发展的过程反映了审计师根据内外部社会环境的变化,完善和发展抽象的知识体系、保护和发展自己的职责范围(jurisdiction)的努力。克内切尔(Knechel,2001)[1]认为直到20世纪90年代,传统风险导向审计满足了整个社会经济的要求,同时也满足了审计职业的需要。但是,信息社会和知识经济的复杂性以及审计师自身所面临的问题促使审计师为他们的服务寻找一种新的、更好的范式。

审计职业在信息社会与知识经济的早期没有根据内外部环境的变化及时调整自己的战略,使审计职业在20世纪90年代初期经历了巨大的挑战。克内切尔总结了审计职业界在1992年前后所经历的状况,包括:①市场饱和。②事务所之间展开激烈的价格竞争。③事务所的合并此起彼伏。④审计技术面临被信息技术替代的危险。⑤审计职业的市场份额被蚕食。⑥审计职业由于工作方法显得简单、烦琐,对新的人才没有吸引力。⑦审计失败和诉讼案件频繁发生,损害了审计职业的形象。

为了应对信息社会和知识经济对审计职业的挑战,改变审计职业所面临的不利处境,审计职业界开始探索新的审计方法。1994年左右,一个看起来似乎较为简单的观点吸引了审计学术界和职业界的注意:经营风险驱动审计风险。简单地说,就是任何影响客户实现其经营目标的潜在风险,都是审计风险的来源。

三、现代风险导向审计的确立

尽管社会环境的发展需要新的审计方法,同时也为新的审计方法的产生提供了条件,但一种新的审计方法的诞生需要审计实务界、学术界和教育界的共同努力。审计方法的发展不但需要学术界发现问题,或审计实务界提出研究想法,而且需要学术与实务通力合作,以将研究想法付诸实施,从而解决实践问题。同时还需要教育界参与传播,并在教学与学生讨论中予以完善。图10-4表示了审计学术界、实务界和教育界之间的合作关系。

在20世纪90年代初期,尽管国际性大会计师事务所都意识到了发展新的审计方法的必要性,但只有重视与学术领域合作的会计师事务所才会在开发新的审计方法上处于领先地位。毕马威会计师事务所早在1976年就实施了审计领域研究机会项目,并以此为名称出版研究报告,从而与学术界建立了紧密的合作关系。其他大会计师事务所也紧随其后,与学术界建立合作联系。20世纪90年代早期,毕马威一方面在实务中进行了一些必要的探索,另一方面组织

---

① W. R. Knechel. Auditing: Assurance & Risk. second edition, South-Western College Publishing, 2001. p8. 该书是以现代风险导向审计为理念写作的第一本教科书,具有较强的可读性和参考价值。

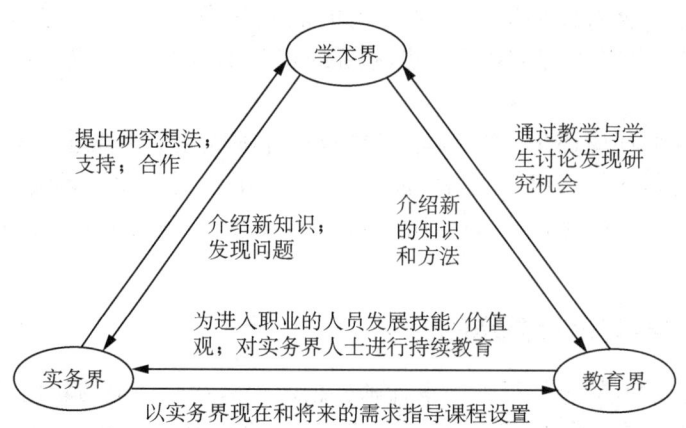

图 10-4 审计学术界、实务界和教育界之间的合作关系①

了以鉴证服务主管蒂莫西·贝尔（Timothy Bell）、鉴证服务全国（美国）合伙人弗兰克·马斯（Frank Marrs）、伊利诺伊斯大学毕马威杰出教授艾拉·所罗门（Ira Solomon）和伊利诺伊斯大学战略管理教授霍华德·托马斯（Howard Thomas）为首的研究小组研究新的审计方法。

与此同时，其他学者也在总结传统风险导向审计方法的缺陷，并寻求改进的途径。芝加哥大学教授埃里克森等（Erickson et al., 1996）指出，如果审计师在1987年林肯存贷社的审计中深入地理解企业的经营，而并不是着重于会计处理的细节，那么就可以发现林肯存贷社存在的整体问题。这一发现进一步强调了发展新的审计方法的必要性。

1997年，毕马威研究小组出版了研究报告《以战略系统观组织审计》，提出了毕马威的经营风险计量程序（business measurement process, BMP）审计模式。首先，这一审计方法分析企业的经营模式，以"自上而下"和"自下而上"相结合的方式理解企业的内外部经营环境；其次，以五个原则（战略分析、经营环节分析、风险评估、业绩计量和持续提高）来分析企业的经营风险，得出关于剩余风险的结论及其对审计的影响；最后，用剩余风险来指导实质性测试，从而"自下而上"地完成审计工作。应该说毕马威的BMP审计模式已经揭示了现代风险导向审计的核心内容。

在毕马威开发现代风险导向审计方法的同时，其他大会计师事务所也开始与学术界联合开发新的审计方法。安永会计师事务所以"审计创新"为名，开发现代风险导向审计，并形成了对企业经营环境进行分析的系统方法，即业务环境分析版块（business environment analysis template, BEAT），在此基础上，安永又形成了全球审计方法（global audit methodology）；安达信会计师事务所开发出了以经营审计（business audit）为名的现代风险导向审计方法；普华永道会计师事务所开发出了以普华永道审计方法②（PricewaterhouseCooper's Methodology）为名的现代风险导向审计方法；德勤会计师事务所开发出了以"AS/2"为名的现代风险导向审计方法。其他大型会计师事务所也在各自开发自身适用的审计方法。

这些审计模式虽然在具体的结构性框架上存在一定的差异，但基本原理相同。总体上说，现代风险导向审计方法已经开始在国际性大会计师事务所中逐步发展起来。

---

① 改编自 Timothy B. Bell and Arnold M. Wright, eds., Auditing Practice, Research, and Education: A Productive Collaboration (AICPA, 1995), p5。

② Winograd, N. B. et al.. 2002. Audit Practices of Pricewaterhouse Coopers. Auditing: A Journal of Practice and Theory, p175-182.

审计职业的监管者在发展现代风险导向审计方法上,也起了一定的作用。在开始阶段,监管者表达了对大会计师事务所重塑审计方法的担忧。例如,前 SEC 主席 Arthur Levitt 在不同场合表达了大会计师事务所减少实质性测试的批评。1998 年 10 月,SEC 首席会计师林恩特纳(Lynn Turner)给 AICPA 审计和鉴证准则主管托马斯·格雷(Thomas Ray)写信,批评大会计师事务所重塑审计方法时,更多地依赖于以分析性程序为主的风险评估,而不是实质性的详细测试[①]。应 SEC 的要求,公共监管委员会于 1998 年组建了"审计效果研究项目组"。该研究组于 2000 年秋发布了《审计效果研究组:报告与建议》的报告,报告指出通过与审计师的讨论、对审计工作底稿的复核,可以得出结论:新的审计方法可以提高审计功效。1999 年,英国、美国、加拿大的准则制定者和学术界专家联合组成了"联合工作组(简称 JWG)",该联合工作组于 2000 年 5 月发布了《大会计师事务所审计方法的发展》(*Developments in the Audit Methodologies of Large Accounting Firms*)的研究报告。联合工作组采用实地访谈和问卷调查的方式对在实务中开始逐步推广的现代风险导向审计的运用及其影响进行探讨。联合工作组认为,有足够的理由认为这是一种区别于传统风险导向审计的新方法,推动新的审计方法发展的原因有两点:一是审计师需要更好地达到财务报表审计的目标,二是审计师需要向客户提供增值服务。最后,经过对现代风险导向审计方法运用的分析,联合工作组认为大会计师事务所在新的审计方法上的基本认识是一致的,但在运用中存在着一定的差别。2000 年 7 月至 8 月,国际审计与鉴证准则委员会[②]在 JWG 以及美国审计准则委员会的建议下,联合美国审计准则委员会成立了"风险分析联合项目组",对新的审计方法进行研究。研究结论认为新的审计方法可以提高审计的功效。2002 年年底,为了适应新的审计方法的需要,国际审计与鉴证准则委员会与美国审计准则委员会都修改了相关审计准则并发布征求意见稿,这些准则于 2004 年 12 月开始实施。英国则在 2001 年就对原审计准则进行了修订。

关于现代风险导向审计在实务中运用的效果方面,挪威经济与商业管理学院副教授艾利夫森(Eilifsen)、佛罗里达大学教授克内切尔(Knechel)和阿姆斯特丹大学教授瓦拉吉(Wallage)以毕马威对捷克的一家商业银行——捷克斯洛伐克商业银行(Ceskoslovenka Obchodni Banka,CSOB)的审计来列示现代风险导向审计的功效。研究结论认为,新的方法可以使审计师提供更高程度的保证,从而减少对各利益相关者的风险,但应该以更为尖刻的眼光来审视新的方法的优越性以及传统方法的不足。

克内切尔在对现代风险导向审计进行深入的研究后,将现代风险导向审计的重要观点融入其编写的教材《审计:鉴证与风险》(*Auditing: Assurance & Risk*)第二版中。这是第一本以现代风险导向审计为主线的教材,虽然教材的内容有很多需要完善之处,但它已经开始向未来的审计师传播现代风险导向审计的理论与实务知识。克内切尔持续推动现代风险导向审计理念的传播与发展,2017 年该书已经出版了第四版本。

在现代风险导向审计增值服务的作用上,贝尔等人(2002)认为虽然现代风险导向审计为审计师向客户提供管理建议增加了不少机会,从而使审计服务有了更多的增值,但现代风险导向审计的根本目的是使审计师更为有效地完成审计工作。牛津大学教授鲍尔(Power,2003)则指出,"基于审计风险模型的审计方法与大事务所围绕'战略'模型重新塑造的审计方

---

① David N. Ricchiute. 2003. Auditing and Assurance Services. Seventh edition. South-Western College Publishing, p147.

② 即 International Auditing and Assurance Standards Board,简称 IAASB,它取代了以前的国际审计实务委员会(International Auditing Practice Committee,简称 IAPC)。

法之间的经济区别是:前者支持降低成本;后者支持增加投入,从而使审计收费提高合理化。简而言之,审计业务的成本重心被收入重心所取代。"①

四、我国对现代风险导向审计的认识

我国审计职业自20世纪80年代初恢复重建以后,积极地吸取审计理论与实务发展的最新成果,起点比较高。从行业发展的初期,我们就引进了传统的风险导向审计方法。文硕(1990)认为:审计方法的发展大致经历了三个阶段:一是账表导向审计(古代至20世纪40年代),二是系统导向审计(20世纪40年代至现在),三是风险导向审计(现在—)。并进一步认为,由于审计师面临的诉讼压力越来越大,"在英美两国的财务报表审计中,开始强调审计战略,使用审计风险模式,积极采用分析性检查。这种审计可称之为风险导向审计"②。这与审计比较发达的西方国家对基于审计风险模型的传统风险导向审计的认识是一致的。

20世纪90年代中期,现代风险导向审计在全球范围内蓬勃发展,我国由于受审计行业规模、研究水平等原因的限制,没有跟上世界发展步伐。王修歧和刘兵(1997)仍然认为"虽然制度基础审计是使审计风险最小化的一种可取方法,但它不直接处理审计风险问题。为了适应新的情况,必须发展一种新的、多维的审计技术,以缓解审计人员面临的错综复杂的风险"。这一观点明显停留在传统的风险导向审计阶段,讨论的是发现与报告的联合概率,而我们强调,现代风险导向审计处理的是发现概率的问题,而不是报告概率的问题。程新生(1999)、刘兵(2000)在上述思路的指导下,对方法的运用作了一些探讨。胡春元(2000)认为"风险基础审计立足于对审计风险进行系统的分析与评价,并以此作为出发点,制定审计战略,制定与企业状况相适应的多样化审计计划,使审计工作适应社会发展的需求。风险基础审计要求审计人员不仅对控制风险进行评价,而且要对产生审计风险的各个环节进行评价……一旦审计人员认为审计风险已经控制在可容忍的水平范围内,审计人员就可发表审计意见"③。刘峰和许菲(2002)则认为"风险导向型审计的内在思想是:任何审计业务都必须将审计风险控制在可接受的风险水平内。这一思想的一个极端性应用是:审计师只要经过测试认为其风险可接受,即便被审计单位的财务报表存在一些不符合会计准则的现象,且这一现象已为审计师所知晓,审计师也可以签发审计报告"。

纵观我国审计理论与实务界对于风险导向审计的认识,截至21世纪初,我国仍然停留在制度基础审计方法下的传统的风险导向审计概念,即这一审计模式"要求从固有风险、控制风险、检查风险和分析性检查这一更广泛的角度,来考虑审计测试"④,它和现代风险导向审计有着实质性的差别。

较为幸运的是,审计行业的监管者对现代风险导向审计的理念有清晰的认识。中注协副秘书长李爽2001年就银广夏事件接受记者采访时表示,"风险导向审计是指注册会计师通过对被审计单位进行风险分析、评价被审计单位风险控制、确定剩余审计风险,执行追加审计程

---

① Michael K Power. Auditing and the production of legitimacy[J]. Accounting, Organizations and Society, 2003, 28(4):379-394.
② 参考文献来源:文硕. 世界审计史[M]. 北京:中国审计出版社,1990:317。其中,时间段里的"现在"是直到现在还没有结束的意思,引用了文硕原文的表述。
③ 胡春元. 风险基础审计[M]. 大连:东北财经大学出版社,2000:16.
④ 文硕. 世界审计史[M]. 北京:中国审计出版社,1990:325.

序将剩余审计风险降低到可接受水平"①。这一观点虽然没有指出现代风险导向审计的内核，但已经逼近事实上的现代风险导向审计。2003年，中国注册会计师协会为了进一步推动审计理论研究水平的提升，进行了第一次研究招标，以谢荣教授为负责人的"风险导向审计技术与方法"课题中标，从而开始了我国第一次对现代风险导向审计的系统研究。中国注册会计师协会秘书长陈毓圭(2004)在《会计研究》第2期就现代风险导向审计的产生做了阐述，但其认为现代风险导向审计仍然属于制度基础审计的延伸。同时，其借鉴贝尔等人(1997)的研究，指出了现代风险导向审计的实质性内容。谢荣、吴建友(2004)在《会计研究》第4期就现代风险导向的理论研究与实务发展作了阐述，并指出，这是与制度基础审计(包括传统风险导向审计)截然不同的一种新的审计基本方法。

2005年9月，上海国家会计学院发起举办了"现代风险导向审计论坛"，邀请了国际范围内对现代风险导向审计有深入研究的理论界和实务界的学者、专家，包括Timothy B. Bell, Ira Solomon, W. R. Knechel, Morley Lemon和Stuart Turley等。在这次论坛上，这些专家学者不单系统阐述了现代风险导向审计的起源，而且介绍安然事件之后现代风险导向审计的进一步发展。

第二节　现代风险导向审计基本内涵

现代风险导向审计在欧美被称为经营风险审计(business risk audit，BRA)，它是审计方法的最新发展。现代风险导向审计的一个重要目标是深化审计师对企业经营环境的理解，从而提高审计人员对财务报表项目和假设的风险的分析。现代风险导向审计还强调对账户和企业层面的各种形式的证据的可获得性(Bell, Marrs, Solomon等, 1997; Bell, Peecher和Solomon, 2005; Peecher, Schwartz和Solomon, 2007)。2003年，国际审计准则正式将考虑客户的经营风险纳入审计方法中(ISA No. 315，了解企业及其环境并评估重大错报风险)。

现代风险导向审计要求审计师在对被审计单位及其环境进行充分了解后，识别出被审计单位的经营风险(包括公司整体层面的战略风险和具体经营环节层面的经营风险)，在对被审计单位针对经营风险实施的风险管理和内部控制②进行充分了解和正确评价的基础上，分析和判断审计风险的根源及其影响范围，得出风险评估结论，根据风险评估结果得出的结论，确定剩余风险，追加审计程序，将审计风险降低到可接受水平。

现代风险导向审计不同于以往的审计模式，提出了审计师从根源上寻找和发现财务报表错报的做法。现代风险导向审计考虑风险问题时更尊重客观事实，即不再把被审计单位看成一个孤立的个体去发现和寻找财务报表的错报，而是将被审计单位置于真实的复杂社会经济网络中，分析企业所处的宏观环境，从而发现企业的经营风险，进而评估重大错报风险。

现代风险导向审计中重大错报风险包括两个层次：即认定层次和财务报表整体层次。"认定"(assertion)是审计的一个专有名词，是审计人员认为公司管理层应对财务报表项目质量作

---

① 尹涛. 中注协副秘书长李爽谈银广夏事件[N]. 中国证券报，(2001-10-10)[2024-08-27].
② COSO在2013版《内部控制——整体框架》中指出，风险管理包含了内部控制。

出的声明,如针对资产负债表项目,管理层需声明:是否真实存在(existence,E),是否完整(completeness,C),其所有权和债务(rights and obligations,R/O)是否属公司,计价是否正确(valuation,V);针对利润表项目,管理层需声明:交易是否真实发生(occuerance,O),记录是否完整(completeness,C),计价是否准确(accuracy),截止日期(cut-off,C/O)是否正确,以及披露(Presentation and disclosure)是否合规等。"认定"是判断财务报表项目质量的依据,也是审计需予验证的具体目标。认定层次重大错报风险一般都与交易类别、账户余额、列报等相关。如审计人员判断被审计单位的应收账款坏账准备计提可能不足,这会影响应收账款的计价问题,我们应将这种风险评估为认定层次的错报风险。财务报表层次重大错报风险与财务报表整体存在密切联系,它可能会影响多个财务报表项目,而不是只与某一类交易、账户余额、列报的认定相关,有的甚至还与公司的持续经营相关。例如被审计单位在经济极其不景气、同行倒闭频发的背景下已持续停产数月,持续经营问题已存在极大的不确定性,这时如持续经营假设已不适用,而被审计单位仍然按照持续经营的假设编制财务报表,那么,将会对整个财务报表产生风险,我们应将这种风险评估为财务报表层次的重大错报风险。

一、现代风险导向审计是一种新的审计基本方法

现代风险导向审计是一种新的审计方法,它是战略管理理论和系统理论在审计实践中的运用所推动的审计方法的新发展。审计基本方法的发展需具备两个基本特点:创新性和继承性。

一种新的审计方法的创新,必须从方法论的角度修改旧的审计方法。传统的制度基础审计方法是从分析企业财务报表的固有风险和内部控制风险着手,根据内部控制测试的结果决定实质性测试的性质、时间和范围。而现代风险导向审计则是从企业的战略分析入手,通过"战略分析—经营环节分析—财务报表剩余风险分析"的基本思路,来决定实质审计程序的性质、时间和范围,并建立了企业财务报表风险与企业战略风险之间的逻辑联系,使这一方法更科学、有效。

现代风险导向审计方法是20世纪90年代中后期大型会计师事务所开始采用的审计方法。在这种方法中,审计师使用所谓的"自上而下方法"(PCAOB,2007,AS 5,第21段),特别评估被审计单位的经营风险。所谓的经营风险是指被审计单位的经营目标不能实现的风险。这一评估涉及了解被审计单位及其相关环境,包括宏观经济、行业、监管和其他外部因素,经营目标、战略、业务活动、业务活动的相互联系、流程和相关风险,以及公司整体层面的控制。

现有的研究文献认为,现代风险导向审计方法可以对审计质量产生两个方面的积极影响:有效性,即形成和报告适当的审计意见(De Angelo,1981);绩效(performance),也就是效率,即有效地形成和报告这种审计意见(Bell等,1997;SEC,2007;Schultz等,2010)。这一主张认为,与着重于简化主义、重大错报的组成部分的分析的传统审计方法相比,现代风险导向审计方法使审计师的注意力集中于分析复杂的、整体性和相互影响的被审计单位的经营风险,从而使审计更有效率和效果。将审计工作重点放在减少或构成对重大错误陈述风险的评估上,通过提高审计师对被审计单位整体层面的风险的认识,有助于审计师更加关注被审计单位的财务报表和相关披露中的重大错报风险(即固有风险和控制风险)(AS 5;Bell等,1997)。这种被提高的认识还可以改善审计师对自身与特定被审计单位相关的业务风险的评估(Stanley,2011)。

贝尔等(1997)认为"这种方法可以为审计师提供更强的发现错报的能力,从而保证审计师主要鉴证目标,同时提高审计效率"。简言之,与传统的审计方法相比,现代风险导向审计方法可以同时产生所谓的"风险调整"审计和高效审计(Mock 和 Wright,1999)。也就是较低风险审计与高风险审计业务相比,消耗更少的审计时间和资源。这种资源配置模式意味着审计既没有过度审计,也没有审计不足。过度审计是指因为账户余额中重大错报的风险被错误地评估为高而进行不必要的审计程序。审计不足指是因为账户余额中重大错报的风险被错误地评估为不高而没有执行所需审计程序。审计不足比过度审计或审计效率低下更为严重,因为它对审计质量以及相关的审计效果产生了不利影响。因此,通过集中审计资源配置,现代风险导向审计方法不仅可以解决过度审计问题,直接提高生产效率,而且还可以解决审计不足问题,从而提高审计质量。

现代风险导向审计的继承性则体现在它对传统的详细审计和制度基础审计等基本方法在一定范围内的保留,即现代风险导向审计不排斥详细审计和制度基础审计等基本审计方法中仍有用的部分,而是在此基础上作进一步的发展。所以,在现代风险导向审计方法实施过程中,仍然需要用到制度基础审计方法甚至详细审计方法的一些程序,但它已不局限于对传统的企业内部控制的分析,而将分析对象扩大到整个企业的风险管理范围。

二、现代风险导向审计以系统观和战略观为指导思想

战略系统观认为随着现代社会生产力的迅速提高和企业规模的日益扩大,企业的经营活动必须要有正确的经营战略。一个企业的战略管理的正确性,不仅会影响企业的日常经营活动的成果,还会对反映企业经营活动成果的财务报表的可靠性产生直接的影响。因此,审计要有效地把握财务报表的重大错报风险,就必须要从对财务报表可靠性产生影响的源头因素,即企业的战略管理活动进行分析,这才是控制住财务报表风险的关键。

因此,从方法上讲,它使得审计师从战略系统观对企业风险进行分析、测试、评价和决策,将被审计单位置于广泛的经济系统中进行考察,并通过对企业保持和加强其在这一广泛经济体系中的竞争优势的战略及其恰当性的分析评价,来对审计取证的重点、范围、目标和程序予以指导,从而从系统上改进了审计方法在新社会经济环境中的科学性和有效性问题。

三、现代风险导向审计运用"自上而下"和"自下而上"相结合的审计思路

在制度基础审计阶段,审计界就已经开始认识到"自下而上""由点到面"这一审计思路的缺陷,因此,开始强调专业判断和理解企业经营环境的作用。但是,在审计思路上如何系统地落实理解企业及其经营环境,进展缓慢。

现代风险导向审计要求审计师运用"自上而下""自下而上"相结合的手段,对财务报表风险做出合理的专业判断。即首先运用"自上而下"的思路,从企业的战略管理分析入手,通过经营风险(包括战略风险和业务流程层面的经营风险)的导向和严密的逻辑推理,一步一步地推导和落实审计的范围和重点,确定相关的审计目标和审计程序。然后基于实施审计程序及取证的结果,结合重要性的判断,"自下而上"地归纳和判断整个财务报表的风险并形成最终的审计意见。因此,与制度基础审计相比,现代风险导向审计的审计思路就显得更完善且更有效。

四、现代风险导向审计与传统风险导向审计的区别

1. 对"风险"的认识不同

传统风险导向审计对审计风险模式中固有风险和控制风险的认识仅是从会计的视角予以分析,因而大都只分析财务报表项目本身的固有风险和控制风险,并以此为基础来分析控制财务报表的风险。而现代风险导向审计对"固有风险"的认识除了包括财务报表项目本身的风险,则更多地考虑企业的战略风险和经营风险(谢荣,2003),并成为控制财务报表风险的最重要手段。

2. 着重点不同

传统风险导向审计侧重于财务报表本身的分析。而现代风险导向审计则侧重于对整个企业的经营环境和经营过程的分析,它将被审企业置于社会经济体系中,分析其所面临的经营风险及对风险的控制措施,从而形成对财务报表的预期,根据预期对财务报表进行判断。

3. 导向不同

传统风险导向审计以内部控制为导向,根据内部控制测试的结果,决定实质性测试的性质、时间和范围。而现代风险导向审计则以被审计单位的战略风险为导向,根据对战略风险的评估及随后各步骤的评估测试,逐步形成对财务报表的预期,从而执行相应的实质性审计程序。

4. 分析方法不同

传统风险导向审计主要是以交易类别、账户余额和披露为基础,从认定层面判断是否存在重要错报,其指导思想是一种"自下而上"的思路。而现代风险导向审计则是以经营风险为基础,首先"自上而下"对报表形成预期,而后再"自下而上",根据预期实施相应的审计程序。

第三节 现代风险导向审计的方法逻辑

一、现代风险导向审计的逻辑起点

"审计师所要解决的审计风险来源于企业的经营风险"这一观点给很多审计师极大的启示,它实质上改变了审计师的认知模式。虽然银行贷款坏账损失在一定程度上与一般经济状况有联系并不是一个令人震惊的新发现,但是这一观点对首先考虑会计错误的审计师来说,无疑有醍醐灌顶的作用。

虽然当时有一些会计师事务所的合伙人宣称他们已经认识到这一联系(当时国内以及国外的一些中小会计师事务所的高级经理或合伙人也持有同样的观点),但他们对这种联系的认识实质上是不清晰的,并且很少在审计小组中对这些联系进行讨论。在很多时候,客户经营风险与审计风险之间的联系很含糊、微妙,如果审计师依然采用简化主义的认识模式,不太可能识别出这一联系。只有以复杂系统认知模式考虑问题,将客户置于广泛经济网络之中,才能将经营风险与审计风险联系起来。复杂系统认知模式与简化主义的认知模式的区别如表10-1所示。

表 10-1 复杂系统认知模式与简化主义认知模式的区别①

观念	认知模式种类	
	机械类(简化主义)	复杂系统类
1. 对现象的理解	简化(如按步骤将各个部分割裂开来)	非简化:整体比部分更重要
2. 执行任务中的控制	集中性的(在系统内部)	非集中性的(系统相互作用)
3. 对原因的理解	单一	多种
4. 对行为后果的理解	小的行为导致小的后果	小的行为可能导致大的后果
5. 对个体的行为的理解	完全可预测	不能够完全预测/随机
6. 处理复杂行为的规则	以复杂的规则	以简单的规则
7. 自然行为最终原因或目的	目的论	非目的论或随机性
8. 存在论	静止的结构	过程平衡

因此,客户经营风险导致审计风险这一观点虽然表面上看起来并不深刻,但它将很多审计师从以前简化主义认知模式产生的困境中解脱出来,以一种新的方法来看待审计。几乎是在同一时期,大型国际性会计师事务所联合学术界一起进行了新审计方法的开发。

虽然现代风险导向审计的观念相对来说比较直观(这也符合复杂系统认知模式以简单的原则来分析复杂系统的观念),但这一方法需要新的分析工具。企业战略管理对企业经营风险内外结合的分析方法使审计师以复杂系统的认知模式将经营风险与审计风险联系起来。同时,复杂系统认知模式要求的整体比个体更重要的思考方法需要现代风险导向审计完善分析性测试程序,从而自上而下地贯彻从整体上把握客户经营风险和审计风险这一思路。在实务中,审计师以企业管理中的平衡计分卡或关键成功要素与关键业绩指标等,来完善分析性程序,并将之统称为业绩计量(performance measure)。

在实务中,现代风险导向审计执行的细节与术语在不同会计师事务所之间存在一定的差别,但其基本原理一致。

二、现代风险导向审计的方法结构

现代风险导向审计方法强调:审计风险与客户的经营风险不可分割,威胁客户经营的风险也是影响审计风险的来源。因此,有效的审计首先需要对客户的宗旨、目标、战略进行分析,以理解宏观社会经济环境和行业环境对客户的影响,从而理解企业为取得成功所制定的总体战略的合理性及其在宏观环境和行业环境中的相对地位。审计师需要分析客户与外部环境之间的联系,从而发现重要风险。对于识别出的风险,首先,审计师需要分析客户是如何应对和监控每一重要的风险。其次,审计师需要对识别出的关键经营环节进行分析。内部经营环节是企业为实现战略经营目标而设立的,如果其设计和运行都比较合理,则可以降低战略风险,反之,则会导致经营风险。对影响企业目标实现的关键经营环节进行分析,需要从对关键环节风

---

① Jacobson, M.J. 2000. Problem Solving About Complex Systems: Differences Between Experts and Novices. In B. Fishman & S. O'Connor-Divelbiss (Eds.), Fourth Inernational Conference of the Learning Science (pp.14-21). Mahwah, NJ: Erlbaum,有一定的修改。

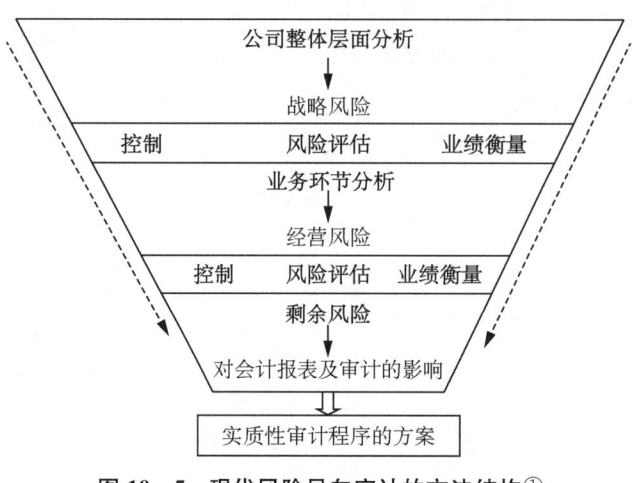

图 10-5 现代风险导向审计的方法结构①

险的监控(通过关键成功要素与关键业绩指标)与环节控制两个方面入手。最后,审计师需要利用职业判断对识别出的经营风险进行总结。剩余风险也就代表了审计师认为没有被控制住,并对财务报表有潜在重要影响的经营风险,剩余风险是审计师关注的重点。审计师根据剩余风险的结论制定具体审计目标和计划的实质性审计程序,并实施实质性测试,从而将财务报表重大错报的风险,也就是审计风险控制在可接受的范围内。图 10-5 表示了这一方法结构。

现代风险导向审计对于风险的认识要比基于审计风险模型的传统风险导向审计对风险的认识更广泛、更深刻,它融合了系统理论与战略管理理论。审计师需要充分认识:审计风险主要来源于客户财务报表的错报风险,而客户财务报表的错报风险则主要来源于整个企业整体层面的经营风险(也被称为战略风险)和具体的经营环节的风险(也被称为报表认定层面的风险)。在通常情况下,如果客户经营得较成功,利润等各方面的目标都顺利实现,客户管理层就没有动机来编制虚假的财务报表;只有当客户的经营情况不如意时,管理层才会有造假的动机,以获取其各方面的利益;而客户经营失败,除了经营过程本身的原因,很重要的原因是整体战略目标制定得不合理所导致的风险。所以,要充分理解审计风险,审计师就必须从对客户的战略和具体经营环节分析入手,充分识别企业内部、外部风险,理解内外部风险对于财务报表认定的影响,再实施相应的审计程序,才能对财务报表的认定做出合理的专业判断。

在这一观念的指导下,现代风险导向审计采用一种"自上而下"的战略系统观将对企业经营风险的分析从计划审计到完成审计自始至终地贯彻下去,再通过"自下而上"的实质性审计程序最终完成审计工作。虽然不同的事务所采用不同的名称、不同的计算机软件来指导和帮助审计师理解被审计单位的经营,设计实质性审计程序,但其审计方法的基本结构具有一致性。

三、现代风险导向审计的实施步骤

首先需要强调的是:审计过程并不是一个线性过程,各个不同的阶段其实存在循环反复的关系。总的来说,整个审计过程就是为了收集充分、恰当的审计证据,将财务报表重大错报的风险控制在审计师可以接受的范围内。

在现代风险导向审计模式中,审计师按照以下逻辑顺序开展审计工作:

(1)企业层面的风险分析:主要分析企业层面的整体战略及内外部环境风险对经营活动和财务报表的影响。企业根据外部环境因素和自身的资源与能力建立整体经营战略。对整体战略的分析首先要分析企业层面的经营模式(entity level business model),因为它集中反映了企业的整体战略,然后再分析企业所面临的外部威胁。其次,对企业层面的经营模式和外部威

---

① Knechel 将方法结构分为战略分析、环节分析和实质性测试三个阶段。但自 2001 年之后,实务中事务所和相关准则将之称为企业整体(报表层面)、经营环节(认定层面)。为了与准则和实务保持一致,我们对之进行了必要修改。

胁的分析需要结合企业战略控制措施、风险评估方法以及业绩计量体系,从而得出重要的战略风险及其审计影响,审计师着重于财务报表的重大错报风险。因此,对经营风险的分析必须与报表认定联系起来。在企业整体层面,也就是对报表整体的影响。但审计师仍然需要尽可能地识别出对特定报表项目的影响。

(2) 业务环节层面(报表认定层面)的分析与控制测试,以及剩余风险的决定。根据对整体层面的分析结果,审计师需要决定初步的审计目标。对于这些初步审计目标的分析,需要结合对于企业成功实施战略至关重要的关键经营环节(key business processes)及相关控制的分析。重点是分析威胁企业建立和保持环节运营能力的环节风险及相关的环节控制(process controls)、风险评估和业绩计量。在环节分析阶段,审计师不但要关注环节是否控制住了战略分析所识别出的重要战略风险,而且要关注环节本身所产生的经营风险,并需要结合环节控制的测试判断相关经营风险及财务报表重大错报风险是否被控制住了。对于审计师认为没有被控制住的风险,审计师结合其对财务报表错报风险的影响,决定对剩余风险的处理。审计师需要根据剩余风险确定具体的审计目标,并为每一审计目标设计计划的实质性审计程序。

(3) 审计师根据总体层面的分析和认定层面的分析总结出的具体审计目标和计划的审计程序实施实质性测试,并根据实质性测试的结果以及客户对审计师建议调整财务报表的处理,最终决定审计意见的类型。

审计师通过整体层面和认定层面的风险分析与评估的方法,得出对于审计比较重要的剩余风险,从而计划与实施实质性审计程序。虽然理解企业的状况和经营环节很重要,但更重要的是审计师必须认识到剩余风险对执行审计的重要影响。如果一个企业不能够有效地控制它的经营风险,或者对已经识别出的风险反应失误,那么它将很难取得成功。较高的剩余风险很可能意味着较差的控制环境(如有盈余操纵的动机),它一般显示出特定环节较高的控制风险,或指向某项认定可能被错报的风险。对剩余风险的分析可以结合它与特定财务报表认定和审计目标之间的关系。审计师然后再设计实质性测试来评估有问题的认定是否被严重错报。因为对企业的经营风险以及它们与审计风险的联系进行充分的分析后,审计师已经取得了对企业的充分了解(证据),所以对大部分的管理层认定/审计目标来说,只需要做有限的"自下而上"的实质性测试工作①,结合"自上而下"的充分理解,就可以顺利地完成审计目标。

 复习思考题

1. 什么是企业的经营风险?它与审计师的审计风险有什么内在联系?
2. 现代风险导向审计与传统的风险导向审计的区别体现在哪些方面?
3. 请举出关于"部分的总和不等于总体"这一论断的三个例子。
4. 你对前 SEC 首席会计师 Lynn Turner 关于大会计师事务所重塑审计方法时,更多地依赖于以分析性程序为主的风险评估,而不是实质性的详细测试的批评怎么看?
5. 简要阐述现代风险导向审计的实施步骤。

---

① 针对现代风险导向审计实质性测试工作量减少的批评,参与"联合工作组"(Joint Work Group)关于《大会计师事务所审计方法的发展》(*Developments in the Audit Methodologies of Large Accounting Firms*)实地访谈和问卷调查的会计师事务所认为,由于在审计计划、战略分析和环节分析等阶段,事务所的合伙人和项目经理等投入了大量的精力,实质性测试工作的减少是合理的。

第十一章 业务承接与初步审计计划

本章要点

技术环境和商业环境的复杂化使得审计行业的执业风险日益增加,所以审计风险的控制要从业务承接这第一步做起。本章首先介绍审计师业务承接时怎样了解客户、与前任会计师的沟通和对客户相关风险进行的初步分析,特别是对约定风险的考虑,以及与客户签订业务约定书。对客户的筛选是审计风险控制的第一关,因为如果审计师承接了不道德的客户,将对会计师事务所造成严重影响。其次,在确定接受业务委托的基础上讨论怎样制订初步审计计划,包括对审计约定的目标范围、审计风险和重要性水平的评估、时间安排和审计团队人员配置等。

本章需要重点掌握的内容

审计业务承接时对约定风险的认识和约定书的签订,制订初步审计计划所需关注的内容。

第一节 业务承接与约定风险评价

在竞争激烈的注册会计师行业,取得和留住客户并非易事,但会计师事务所在确定是否接受客户时仍需保持谨慎的态度,一些缺乏诚信或者经常对审计业务的执行和审计收费提出异议的客户给事务所带来的关于法律责任或执业责任方面的麻烦可能会超过取得的业务收入。在决定是否接受一个新客户时,应当先了解客户,与其前任审计师进行充分的沟通(除非是IPO新公司),研究客户所属行业、组织架构及其经营状况、经营风险和财务报表风险,特别是可能存在的舞弊风险,充分评价审计约定的风险,然后才能做出是否接受客户的决定。下面着重介绍在接受新的业务委托时应履行的一些基本职责。

一、对客户公司进行初步调研

审计服务是一项既具连续性又具风险性的业务,所以做得好,可为事务所带来多年连续的业务收入;但若做得不好,受骗或工作不到位,出具了错误的审计报告,就会对事务所的声誉和财务带来严重的不良后果。所以如何确保事务所接受的客户是诚信的、是值得长期共同发展的,就需要对客户的基本情况特别是诚信经营情况做初步了解。而当今互联网和媒体的发达,

为了解客户的基本情况提供了极大的方便,所以这一步对客户的了解主要包括:

第一,通过拟接受客户公司的网站,了解客户公司的基本情况,包括公司发展历史、所处行业及行业地位、业务发展状况、股东结构和公司治理结构等。对于传统企业从事的传统产业,需了解其经营现状、竞争能力和可持续发展能力等。对于创新企业,需了解其创业历史、创业团队的专业素养和研发能力、产品开发现状和财务状况等。由于每接受一家新客户,都需要大量的人力成本投入,所以事务所需要考虑该客户公司是否符合事务所业务的发展方向和是否值得与客户一起发展。

第二,通过互联网搜索媒体对客户公司的报道,特别是负面消息的报道。这一调查的目的主要是了解拟接受的客户公司是否是一家诚信经营的公司。如果发现有相当数量的负面报道,必须予以分析核实,是产品质量问题,还是财务困难问题,抑或诚信经营问题,只有理清各种情况,才能做是否接受的判断。

二、与前任审计师的沟通

近年来,财务报表审计中频繁出现变更会计师事务所的现象,特别是在证券市场上,会计师事务所被客户"炒鱿鱼"以及后任注册会计师盲目"接下家"的现象时有发生,有些客户甚至在一次年度财务报表审计中多次更换会计师事务所。在这种情况下,某些前后任注册会计师之间缺乏必要的沟通,致使审计风险不断增加,也造成了不良的社会影响。例如,有的后任注册会计师为了争揽业务,盲目迎合客户对审计意见的要求,就不计后果地承受了巨大的审计风险;有的前任注册会计师不配合后任注册会计师的工作,拒绝答复后任注册会计师的询问,导致同行关系紧张;有的后任注册会计师对涉及前任注册会计师的审计问题,不与前任注册会计师沟通,在不完全了解事实的情况下就轻率发表审计意见。

前后任注册会计师进行沟通是非常必要的,其意义主要体现在以下三个方面:

(1)有助于注册会计师之间建立良好的职业联系:后任注册会计师在接受委托前主动与前任注册会计师沟通,询问有无不应接受委托的专业方面的理由,这体现出同行之间的相互尊重,有助于树立起同行之间和谐相处的良好职业形象。

(2)有利于保护前后任注册会计师的利益:后任注册会计师通过与前任注册会计师沟通,有助于了解客户更换会计师事务所的真实原因,以决定是否接受委托。前任注册会计师通过与后任注册会计师沟通,可让后任注册会计师了解自己与客户之间在会计、审计等问题上的严重分歧,从而避免出现客户"购买审计意见"的现象,或后任注册会计师不了解真实原因而出具损害前任注册会计师利益的审计报告。

(3)有利于提高审计报告的质量:后任注册会计师向前任注册会计师了解了客户变更事务所的真正原因,可以避免承接因希望规避不利审计意见而更换会计师事务所的客户,有利于保证审计意见的真实。

在接受委托前,后任注册会计师应当与前任注册会计师进行必要沟通,并对沟通结果进行评价,以确定是否接受委托,应当请被审计单位以书面方式允许前任注册会计师对其询问做出充分答复。如果被审计单位不同意前任注册会计师做出答复,或限制答复的范围,后任注册会计师应当向被审计单位询问原因,并考虑是否接受委托。

后任注册会计师向前任注册会计师询问的内容应当合理、具体,至少包括:

(1)是否发现被审计单位管理层存在诚信方面的问题。如向前任注册会计师了解被审计单位的商业信誉如何,是否发现管理层存在缺乏诚信的行为,被审计单位是否过分考虑将会计师事务所的审计收费维持在尽可能低的水平,审计范围是否受到不恰当限制等。

(2) 前任注册会计师与管理层在重大会计、审计等问题上存在的意见分歧。如在会计政策和会计估计方面存在重大的意见分歧,管理层不接受注册会计师的调整建议等。

(3) 前任注册会计师与被审计单位治理层沟通的管理层舞弊、违反法规行为以及内部控制的重大缺陷。如向前任注册会计师询问其是否从被审计单位监事会或审计委员会了解到管理层的任何舞弊事实、舞弊嫌疑,或针对管理层的舞弊指控,以及违反法律法规行为,特别是被审计单位是否存在涉嫌洗钱或其他刑事犯罪的行为或迹象等。

(4) 前任注册会计师认为导致被审计单位变更会计师事务所的原因。

参考格式 11-1 是与前任会计师事务所沟通信函的示例:

参考格式 11-1

与前任注册会计师的沟通函

A 会计师事务所并×××注册会计师:

　　S 公司拟聘我所为其执行 20×× 年度财务报表审计业务,按照中国注册会计师审计准则的规定,经该公司同意,我们就如下问题与贵所及相关注册会计师沟通,烦请贵所根据所了解的事实在收到本函后尽快作出答复:

1. 该公司管理层的诚信情况;
2. 贵所与该公司管理层在重大会计、审计等问题上存在的意见分歧;
3. 贵所与该公司治理层沟通的管理层舞弊、违反法规行为以及内部控制的重大缺陷;
4. 贵所认为导致该公司变更会计师事务所的原因。

感谢贵所对我们工作的支持!

如有任何问题,请及时与我们联系,以便我们与贵所作进一步沟通。

联系人:

联系电话:　　　　　　　　　传真:

地址:　　　　　　　　　　　邮编:

(B 会计师事务所盖章)
20××年×月×日

在征得被审计单位书面同意后,前任注册会计师应当根据所了解的事实,对后任注册会计师的合理询问及时做出充分答复。如果从前任注册会计师处得到的答复是有限的,后任注册会计师需要判断是否存在由被审计单位或潜在法律诉讼引起的答复限制,并考虑对接受委托的影响;如果未得到答复,且没有理由认为变更会计师事务所的原因异常,后任注册会计师需要设法以其他方式与前任注册会计师再次进行沟通。

三、约定风险分析

(一) 约定风险

审计师之所以在接受客户时比较慎重,是因为审计师希望避免由于这一潜在客户导致事务所遭受损失的情况。事务所接受客户的业务委托被称作为一个约定(engagement),而由此遭受损失的可能性被称为约定风险(engagement risk),它与审计风险有一定的区别,审计风险常常指事务所的技术风险,约定风险则是指事务所的经营风险,审计风险是约定风险的主要组成部分,但约定风险大于审计风险。约定风险包括即使审计师出具了正确意见类型的审计报告,也会因为这一客户关系而使得审计师及其所在事务所的利益仍然受到损害的风险。审计的约定风险与客户的经营风险紧密相关。例如,如果一个客户在审计完成后宣布破产,即使审计质量是好的,利益受损方起诉会计师事务所的可能性仍然会很高。

约定风险包括三个方面:①面临诉讼的风险。②声誉遭到损害的风险。③无法获取审计业务收入的风险。对于制订审计计划时是否需要考虑审计约定风险这一问题,存在不同的观点。反对根据审计约定风险调整审计证据数量的人认为审计师不应当提供不同保证程度的审计意见,因此,不应由于审计约定风险的不同而提供更多或更少的保证。赞成的人则认为当存在较高的法律责任风险时,审计师搜集更多的审计证据、选派较有经验的人员和更全面地复核审计约定是恰当的,只要在审计约定风险低的情况下,保证程度不低于一个合理的水平就可以了。我们认为,在拟定审计计划时,需要考虑审计约定风险。

在接受一个新客户之前,很多会计师事务所都会进行调查,以确定是否接受该客户。审计师尽其所能对未来的客户在商界的地位、财务方面的稳定性以及与前任会计师事务所的关系做出评价。例如,很多会计师事务所在接受从事新兴的、发展迅速的新客户时都会非常谨慎。很多从事这类业务的企业因出现财务困境而倒闭,并使会计师事务所面临严重的潜在责任。

一般而言,会计师事务所按照下列程序对潜在的客户进行评价:

(1) 取得并审阅新客户的有关财务资料,如年度报告、中期报告及纳税申报等。

(2) 向第三方了解新客户及其管理层的情况,询问的第三方包括客户的往来银行、律师、投资银行及其他机构。

(3) 与前任注册会计师联系,了解客户的管理层的管理能力和诚信水平,了解客户企业以前年度接受审计的情况以及更换会计师事务所的原因。

(4) 了解董事会和审计委员会人员的独立性及胜任能力。

(5) 考虑是否存在特殊风险或需要特别注意的情况。

(6) 评价会计师事务所承接该项业务的能力,评价时应考虑所需要的专业技术、对该行业的了解及现有人员情况。

(7) 确保接受委托不会违反独立性及职业道德规范的要求。

(二)影响约定风险的因素

评估审计的约定风险是非常重要的,譬如说,有时由于审计约定风险的存在,在拟定审计计划时需要设定更低的可接受审计风险,花更多的时间和精力去搜集更多的审计证据。审计约定风险的影响因素主要有三个:外部使用者对报表的依赖程度,出具审计报告后客户出现财务困境的可能性,以及被审计单位管理层的诚信度。

1. 外部使用者对报表的依赖程度

当企业外部使用者对财务报表的依赖程度很高时,降低可接受的审计风险是恰当的做法,否则,高的约定风险会导致财务报表中仍然存在未发现的重大错报而使整个社会遭受损失。如果重大的错报可能给使用者带来巨大的损失,审计师有必要去搜集更多的审计证据。

下列因素是反映企业外部使用者对报表的依赖程度的指标:①客户规模:一般而言,客户的经营规模(一般用总资产或总收入加以衡量)越大,报表的使用面越广,则证明企业外部使用者对报表的依赖程度较高。②所有权的分散程度:通常情况下,公众持股公司的报表使用者比股权只集中在少数人手中的那些公司的报表使用者要多得多,其使用者包括证券监管机构、财务分析师和一般公众等。③负债的性质和金额：与负债金额较少的公司的报表相比，含有大额负债的公司的报表更有可能被实际和潜在的债权人广泛使用。

2. 出具审计报告后客户出现财务困境的可能性

与不存在财务困境的客户相比，如果在审计完成后客户被迫申请破产或遭受重大的损失，审计师更有可能需要为审计质量辩护。那些由于公司破产或者股票价格下跌而发生经济损失的人很大可能会起诉审计师，因为人们倾向于认为审计师未能进行充分的审计或者是因为报表使用者希望能从审计师那里挽回部分损失（深口袋理论）。

当审计师认为客户陷入财务困境的可能性很高、审计约定风险相应增加时，应当适当降低可接受审计风险。如果审计后确实发生诉讼，审计师可以有机会为其审计结果进行辩护。这样做虽然会增加所需审计证据的数量和审计成本，但是考虑到可以降低审计师面临的诉讼风险，还是比较恰当和合算的。

对审计师来说，在客户发生财务危机之前对其进行精确的预测是比较困难的，但是以下几个因素往往可以衡量客户出现财务困境的可能性：①流动性指标：如果一个客户总是缺乏货币资金和营运资金，这表明其在未来期间偿付账款存在问题，审计师必须评价客户资金流动状况下降的可能性和重要性。②以前年度的利润（或亏损）：当一家公司在几年里利润急速下滑或者亏损增加时，审计师需要意识到客户可能在未来期间遇到偿债能力问题，此时还有必要考虑与留存利润余额对应的利润变动情况。③财务扩张的方式：当客户的经营出现下滑时，客户就会加大债务筹资的比例，这样会使得发生财务困境的风险更高。评价企业是否通过举借短期借款或长期借款的方式来取得固定资产也是非常重要的，因为短期内大额的货币资金流出需求会迫使一家企业走向破产之路。④客户经营的性质：某些业务的重大错报风险要高于其他业务，例如，在其他条件相同的情况下，产品单一的一家刚起步的技术公司要比产品线丰富的食品商更可能破产。⑤管理层的胜任能力：具有胜任能力的管理层总是对潜在的财务困境保持警觉，并通过经营方式的调整使短期问题的影响最小化，在评价企业破产的可能性时，审计师需要评价企业管理层的胜任能力。

3. 被审计单位管理层的诚信度

如果客户的诚信存在问题，意味着存在较高的约定风险，审计师应当降低可接受的审计风险。诚信度低的公司在进行业务经营时经常会与股东、监管部门以及顾客发生冲突，这些冲突会转而反映在报表使用者对审计质量的评价方面，并可能招致诉讼或出现其他方面的分歧。使审计人员对管理层的诚信度产生怀疑的预警信号包括：①管理层借助会计处理的可选择性影响每股收益，达到增加利益的目的。②通过会计政策的变更影响报告期间的收益。③高级管理人员中有人遇到了经济困难。④公司规模与复杂的公司结构不匹配。⑤不动产的买卖中使用了复杂的或异常的条款。⑥频繁变更关键的管理人员。⑦重大的关联方交易。⑧年末发生的大宗或异常的交易。⑨总是尽可能地低估需要判断的备抵事项。⑩近期有内部人员大量抛售股票。⑪收益质量向坏的方向变化。

第二节　签订审计业务约定书

当会计师事务所对一个客户公司进行了评价并决定接受该项审计业务时，应当与客户签订审计业务约定书。

审计业务约定书,是指会计师事务所与被审计单位签订的,用以记录和确认审计业务的委托与受托关系、审计目标和范围、双方的责任以及报告的格式等事项的书面协议。会计师事务所承接的任何审计业务,都应与被审计单位签订审计业务约定书。其作为明确委托人和会计师事务所之间权利义务关系的一种特殊合同,应遵守《民法典》和《注册会计师法》,而《民法典》中对合同的要求更为具体。审计业务由于具有较强的专业性,审计实务中审计约定书一般采用格式合同的形式,即会计师事务所事先拟好主要条款,明确双方的基本权利和义务。会计师事务所应注意与客户沟通,将免除或限制客户责任的条款向客户解释清楚并提请注意。审计业务约定书的条款应表述清晰、用语规范,以免引起争议。

审计人员应当就审计业务约定条款与管理层或治理层(如适用)达成一致意见,并将达成一致意见的审计业务约定条款表述于审计业务约定书中。审计业务约定书的具体内容可能因被审计单位的不同而存在差异,但通常情况下应当包括的主要内容有:①财务报表审计的目标与范围,包括提及适用的法律法规、审计准则,以及注册会计师协会发布的职业道德守则和其他公告。②管理层的责任。③注册会计师的责任。④指出用于编制财务报表所适用的财务报告编制基础。⑤提及注册会计师拟出具的审计报告的预期形式和内容,以及对在特定情况下出具的审计报告可能不同于预期形式和内容的说明。

如果情况需要,注册会计师应当考虑在审计业务约定书中列明下列内容:①在某些方面对利用其他注册会计师和专家工作的安排。②与审计涉及的内部审计人员和被审计单位其他员工工作的协调。③提及或描述在法律法规或相关职业道德要求下注册会计师向被审计单位之外的适当机构报告识别出的或怀疑存在的违反法律法规行为的责任。④说明对注册会计师责任可能存在的限制。⑤在首次接受审计委托时,对与前任注册会计师沟通的安排。⑥注册会计师与被审计单位之间需要达成进一步协议的事项。⑦向其他机构或人员提供审计工作底稿的义务。

如果负责集团财务报表审计的注册会计师同时负责组成部分财务报表的审计,注册会计师应当考虑下列因素,决定是否与各个组成部分单独签订审计业务约定书:①组成部分注册会计师的委托人。②是否对组成部分单独出具审计报告。③与审计委托相关的法律法规的规定。④母公司占组成部分的所有权份额。⑤组成部分管理层相对于母公司的独立程度。

参考格式11-2是审计业务约定书的示例(参考2019年3月29日修订的《中国注册会计师审计准则第1111号——就审计业务约定条款达成一致意见》应用指南附录1"审计业务约定书参考格式")。

参考格式11-2

审计业务约定书

甲方:S公司
乙方:××会计师事务所
兹由甲方委托乙方对20××年度财务报表进行审计,经双方协商,达成以下约定:

一、审计的目标和范围

1. 乙方接受甲方委托,对甲方按照企业会计准则编制的20××年12月31日的资产负债表,20××年度的利润表、股东权益变动表和现金流量表以及财务报表附注(以下统称财务报表)进行审计。

2. 乙方审计工作的目标是对财务报表整体是否不存在由于舞弊或错误导致的重大错报获取合理保证,并出具包含审计意见的审计报告。合理保证是高水平的保证,但并不能保证按照审计准则执行的审计在某一重大错报存在时总能发现。错报可能由于舞弊或错误导致,如果合理预期错报单独或汇总起来可能影响财务报表使用者依据财务报表做出的经济决策,则通常认为错报是重大的。

3. 乙方通过执行审计工作,对财务报表的下列方面发表审计意见:①财务报表是否在所有重大方面按照企业会计准则和《××会计制度》的规定编制。②财务报表是否在所有重大方面公允反映甲方的财务状况、经营成果和现金流量。

二、甲方的责任

1. 根据《中华人民共和国会计法》及《企业财务会计报告条例》,甲方及甲方负责人有责任保证会计资料的真实性和完整性。因此,甲方管理层有责任妥善保存和提供会计记录(包括但不限于会计凭证、会计账簿及其他会计资料),这些记录必须真实、完整地反映甲方的财务状况、经营成果和现金流量。

2. 按照企业会计准则和《××会计制度》的规定编制和公允反映财务报表是甲方管理层的责任,这种责任包括:①按照企业会计准则的规定编制财务报表,并使其实现公允反映。②设计、实施和维护必要的内部控制,以使财务报表不存在由于舞弊或错误而导致的重大错报。

3. 在编制财务报表时,甲方管理层负责评估甲方的持续经营能力,必须披露与持续经营相关的事项,并运用持续经营假设,除非管理层计划清算、终止运营或别无其他现实的选择。甲方治理层负责监督甲方的财务报告过程。

4. 及时为乙方的审计工作提供与审计有关的所有记录、文件和所需的其他的信息(在20××年×月×日之前提供审计所需的全部资料,如果在审计过程中需要补充资料,亦应及时提供),并保证所提供资料的真实性和完整性。

5. 确保乙方不受限制地接触其认为必要的甲方内部人员和其他相关人员。

[下段适用于集团财务报表审计业务,使用时需按每位客户/约定项目的特定情况而修改,如果加入此段,应相应修改本约定书第一项有关业务范围的表述,并调整下面其他条款编号。]

【6. 为满足乙方对甲方合并财务报表发表审计意见的需要,甲方须确保:

乙方和为组成部分财务信息执行相关工作的组成部分注册会计师之间的沟通不受任何限制。

乙方及时获悉组成部分注册会计师与组成部分治理层和管理层之间的重要沟通(包括就值得关注的内部控制缺陷进行的沟通)。

乙方及时获悉组成部分治理层和管理层与监管机构就财务信息事项进行的重要沟通。

在乙方认为必要时,允许乙方接触组成部分的信息、组成部分管理层或组成部分注册会计师(包括组成部分注册会计师的工作底稿),并允许乙方对组成部分的财务信息执行相关工作。】

6. 甲方管理层对其作出的与审计有关的声明予以书面确认。

7. 为乙方派出的有关工作人员提供必要的工作条件和协助,主要事项将由乙方于外勤工作开始前提供清单。

8. 按本约定书的约定及时足额支付审计费用以及乙方人员在审计期间的交通、食宿和其他相关费用。

9. 乙方的审计不能减轻甲方及甲方管理层的责任。

三、乙方的责任

1. 乙方按照中国注册会计师审计准则(以下简称审计准则)的规定进行审计。审计准则要求注册会计师遵守中国注册会计师职业道德守则。在执行审计的过程中,乙方需要运用职业判断,保持职业怀疑。

2. 乙方识别和评估由于舞弊或错误导致的财务报表重大错报风险,设计和实施审计程序以应对这些风险,并获取充分、恰当的审计证据,作为发表审计意见道德基础。由于舞弊可能涉及串通、伪造、故意遗漏、虚假陈述或凌驾于内部控制之上,未能发现由于舞弊导致的重大错报的风险高于未能发现由于错误导致的重大错报的风险。

3. 乙方了解与审计相关的内部控制,以设计恰当的审计程序,但目的并非对内部控制的有效性发表意见。

4. 乙方评价管理层选用会计政策的恰当性和作出会计估计及相关披露的合理性。

5. 乙方对甲方管理层使用持续经营假设的恰当性得出结论。同时,根据获取的审计证据,就可能导致对甲方持续经营能力产生重大疑虑的事项或情况是否存在重大不确定性得出结论。如果乙方得出结论认为存在重大不确定性,应当在审计报告中提请报表使用者注意财务报表中的相关披露;如果披露不充分,乙方应当发表非无保留意见。乙方的结论基于截至审计报告日可获得的信息。然而,未来的事项或情况可能导致甲方不能持续经营。

6. 乙方评价财务报表的总体列报、结构和内容,并评价财务报表是否公允反映相关交易和事项。

[下段适用于集团财务报表审计业务,使用时需按每位客户/约定项目的特定情况而修改,如果加入此段,应相应修改本约定书第一项关于业务范围的表述,并调整下面其他条款编号。]

【7. 对不由乙方执行相关工作的组成部分的财务信息,乙方不单独出具报告;有关的责任由对该组成部分执行相关工作的组成部分注册会计师及其所在的会计师事务所承担。】

7. 乙方从与甲方治理层沟通过的事项中,确定对本期财务报表审计最为重要的事项(关键审计事项),并在审计报告中描述这些事项(如适用)。这些事项的应对以对财务报表整体进行审计并形成审计意见为背景,乙方不对这些事项单独发表意见。

8. 在审计过程中,乙方若发现甲方存在乙方认为值得关注的内部控制缺陷,应以书面形式向甲方治理层或管理层通报。但乙方通报的各种事项,并不代表已全面说明所有可能存在的缺陷或已提出所有可行的改善建议。甲方在实施乙方提出的改善建议前应全面评估其影响。未经乙方书面许可,甲方不得向任何第三方提供乙方出具的沟通文件,除非法律法规另有要求。

9. 由于审计和内部控制的固有限制,即使按照审计准则的规定适当地计划和执行审计工作,仍无法避免财务报表的某些重大错报可能未被乙方发现的风险。

10. 按照约定时间完成审计工作,出具审计报告。乙方应于20××年×月×日前出具审计报告。

11. 除了下列情况,乙方应当对执行业务过程中知悉的甲方信息予以保密:①法律法规允许披露,并取得甲方的授权。②根据法律法规的要求,为法律诉讼、仲裁准备文件或提供证据,以及向监管机构报告发现的违反法规行为。③在法律法规允许的情况下,在法律诉讼、仲裁中维护自己的合法权益。④接受注册会计师协会或监管机构的执业质量检查,答复其询问和调查。⑤向注册会计师协会或监管机构进行报备。⑥法律法规、执业准则和职业道德规范规定的其他情形。

四、审计收费

1. 本次审计服务的收费是以乙方各级别工作人员在本次工作中所耗费的时间为基础计算的。乙方预计本次审计服务的费用总额为人民币××万元。

2. 甲方应于本约定书签署之日起××日内支付×%的审计费用,其余款项于[审计报告草稿完成日]结清。

3. 如果由于无法预见的原因,致使乙方从事本约定书所涉及的审计服务实际时间较本约定书签订时预计的时间有明显的增加或减少时,甲乙双方应通过协商,相应调整本部分第1段所述的审计费用。

4. 如果由于无法预见的原因,致使乙方人员抵达甲方的工作现场后,本约定书所涉及的审计服务中止,甲方不得要求退还预付的审计费用;如上述情况发生于乙方人员完成现场审计工作,并离开甲方的工作现场之后,甲方应另行向乙方支付人民币××元的补偿费,该补偿费应于甲方收到乙方的收款通知之日起××日内支付。

5. 与本次审计有关的其他费用(包括交通费、食宿费等)由甲方承担。

五、审计报告和审计报告的使用

1. 乙方按照中国注册会计师审计准则规定的格式和类型出具审计报告。

2. 乙方向甲方致送审计报告一式××份。

3. 甲方在提交或对外公布乙方出具的审计报告及其后附的已审计财务报表时,不得对其进行修改。当甲方认为有必要修改会计数据、报表附注和所作的说明时,应当事先通知乙方,乙方将考虑有关的修改对审计报告的影响,必要时,将重新出具审计报告。

六、本约定书的有效期间

本约定书自签署之日起生效,并在双方履行完毕本约定书约定的所有义务后终止。但其中第三项第11段,第四、第五、第七、第八、第九、第十项并不因本约定书终止而失效。

七、约定事项的变更

如果出现不可预见的情况,影响审计工作如期完成,或需要提前出具审计报告,甲、乙双方均可要求变更约定事项,但应及时通知对方,并由双方协商解决。

八、终止条款

1. 如果根据乙方的职业道德及其他有关专业职责、适用的法律法规或其他任何法定的要求,乙方认为已不适宜继续为甲方提供本约定书约定的审计服务时,乙方可以采取向甲方提出合理通知的方式终止履行本约定书。

2. 在终止业务约定的情况下,乙方有权就其本约定书终止之日前对约定的审计服务项目所做的工作收取合理的审计费用。

九、违约责任

甲、乙双方按照《中华人民共和国民法典》的规定承担违约责任。

> **十、适用法律和争议解决**
> 本约定书的所有方面均应适用中华人民共和国法律进行解释并受其约束。本约定书履行地为乙方出具审计报告所在地,因本约定书所引起的或与本约定书有关的任何纠纷或争议(包括关于本约定书条款的存在、效力或终止,或无效之后果),双方协商确定采取以下第_____种方式予以解决:
> 1. 向有管辖权的人民法院提起诉讼;
> 2. 提交××仲裁委员会仲裁。
>
> **十一、双方对其他有关事项的约定**
> 本约定书一式两份,甲、乙方各执一份,具有同等法律效力。
>
> 甲方:S公司(盖章)　　　　　　　　　乙方:××会计师事务所(盖章)
> 授权代表:(签名并盖章)　　　　　　　授权代表:(签名并盖章)
> 二〇××年×月×日　　　　　　　　　　二〇××年×月×日

对于连续审计,注册会计师应当考虑是否需要根据具体情况修改业务约定的条款,以及是否需要提醒被审计单位注意现有的业务约定条款。

注册会计师可以与被审计单位签订长期审计业务约定书,但如果出现下列情况,应当考虑修改审计业务约定条款:①有迹象表明被审计单位误解审计目标和范围。②需要修改约定条款或增加特别条款。③被审计单位高级管理人员近期发生变动。④被审计单位所有权发生重大变动。⑤被审计单位业务的性质或规模发生重大变化。⑥法律法规的规定发生变化。⑦编制财务报表采用的财务报告编制基础发生变更。⑧其他报告要求发生变化。

在完成审计业务前,如果被审计单位要求注册会计师将审计业务变更为保证程度较低的鉴证业务或相关服务,注册会计师应当考虑变更业务的合理性。下列原因可能导致被审计单位要求变更业务:①环境变化对审计服务的需求产生影响。②对原来要求的审计业务的性质存在误解。③无论是管理层施加的还是其他情况引起的审计范围受到限制。

上述①②事项通常被认为是变更业务的合理理由,但如果有迹象表明该变更要求与错误的、不完整的或者不能令人满意的信息有关,注册会计师不应认为该变更是合理的。例如,如果注册会计师不能就应收款项获取充分、适当的审计证据,而被审计单位要求将审计业务变更为审阅业务,以避免注册会计师发表保留意见或无法表示意见,则该变更是不合理的。此外,上述③事项通常不认为是变更业务的合理理由。

在同意将审计业务变更为其他服务前,注册会计师还应当考虑变更业务对法律责任或业务约定条款的影响。如果变更业务引起业务约定条款的变更,注册会计师应当与被审计单位就新条款达成一致意见。如果注册会计师认为业务变更具有合理理由,且截至变更日已按照审计准则的规定而执行的审计工作可能与变更后的业务相关,注册会计师需要执行的工作和出具的报告要适用于变更后的业务,为避免引起报告使用者的误解,将审计业务变更为审阅和其他相关服务业务时,不应提及原审计业务和在原审计业务中已执行的程序。只有将审计业务变更为执行商定程序业务时,注册会计师才可在报告中提及已执行的程序。

如果注册会计师认为业务变更理由不合理而不同意变更,被审计单位管理层又不允许继续执行原审计业务,注册会计师应当解除业务约定,并确定是否有约定义务或其他义务向治理层、所有者或监管机构等报告该事项。

当涉及法律诉讼时,业务约定书是判定双方责任的重要依据。尤其是注册会计师被诉违约时,它可以为注册会计师提供如下抗辩事由:①被审计单位存在会计责任,未能建立完善的内部控制制度,会计资料缺乏真实性,未能保护资产的安全完整;②被审计单位未能为审计工作提供必要的协助,使注册会计师的审计范围受到限制;③委托人未按委托目的使用审计报告。

业务约定书的信息在审计计划阶段非常重要,其主要原因是业务约定书会影响审计和其他服务所需要的时间,如提交审计报告的最后期限。

第三节 制订初步审计计划

在和客户公司签订了审计业务约定书以后,应当着手制订初步审计计划。一般来说,在制订初步审计计划时,由于对被审计单位了解还不深透,因此,初步审计计划只能是一个总的审计规划,只能在总体上明确审计目标和审计范围,并对所需实施的审计流程、时间和人力资源配置做出初步估计和安排。但是,这个计划是对整个审计约定进行控制的有效手段,它不仅能让被审计单位和审计人员自己明确本次审计的目标、范围和要求,还能为有效、充分地实施审计工作提供必需的配合和保证。初步审计计划还反映审计人员可接受的审计风险水平和对财务报表重大错报风险重要性水平的评估。

一、初步审计计划的准备工作

审计师在制定初步审计计划时,审计人员应当做好以下工作。

(一) 进一步了解客户

要进行有效的审计,就需要安排能胜任的审计团队。为了让合适的人做合适的事,就有必要对客户所在行业、组织架构和业务模式等做进一步的了解,以便有效地组建审计团队,配置胜任的审计力量。客户的业务和行业特点一方面会影响审计师对客户的经营风险和财务报表重大错报风险的判断,另一方面也会影响审计师自我胜任能力的评估和审计团队的配置,包括是否需外聘专家等。

注册会计师编制初步审计计划时需了解的信息主要包括:客户的行业与外部环境、业务经营与流程、公司治理与管理层、法律文件等。

1. 行业与外部环境

注册会计师之所以需要了解客户的行业和外部环境是因为以下三个方面:第一,有些风险与特定的行业有关,客户所处的行业可能产生由于经营性质或监管程度导致的特定重大错报风险,如长期合同可能涉及对收入和费用作出重大估计而导致重大错报风险;第二,有些重大错报风险是某些行业普遍存在的风险,了解这些风险有助于评价客户的重大错报风险,如时装行业潜在的存货过时、消费信贷行业的应收款回收和意外险承保公司损失准备的重大错报风险;第三,很多行业有特殊的会计规定,注册会计师需要了解这些规定以便评价客户的财务报表是否遵循公认会计原则。对行业的了解和行业特殊性的要求是配置胜任的审计项目负责人和团队的重要前提。

注册会计师还必须了解客户的外部环境,包括经济环境、竞争状况和管制规定等。例如,公用事业公司的审计师需要了解该行业的特点和特殊会计规定,以便制订出有效的审计计划。

2. 业务运营与流程

注册会计师需要了解客户的业务组织框架和运营流程,对于大型集团公司,需了解其分、子公司的设置和发布情况,以了解公司整体规模和判断审计工作量。

了解客户运营和流程的一个重要办法是考察其厂房和办公室。参观客户的设施可以使审计师有机会亲眼观察企业的运营并与主要人员会面,从而有助于审计师更好地了解客户的业务运营。实地观察客户的各种设施,为注册会计师直观了解产品、生产业务并安排审计力量提供有用信息。

3. 公司治理与管理层

公司治理是一个公司的决策和执行架构,包括股东大会、董事会、监事会和高管层,其中股东大会和董事会是决策机构,监事会是监督机构,高管层是执行机构,董事会负责制定公司的经营战略和目标,高管层负责执行,包括业务框架的组建和业务流程的设计和运营。公司董事会下设有审计委员会,专门对公司财务报告的编制、披露进行指导和监督,并指导和监督内部审计和外部审计的工作。公司财务总监是公司高管中的重要一员,与外部审计工作的开展具有密切的联系。审计人员从接受业务开始,就须与公司审计委员会和财务总监保持密切联系,并及时沟通所有重大问题和信息。

4. 法律文件

注册会计师应当在审计开始时检查三种关系密切的法律文件和记录:营业执照、公司章程、董事会和股东大会的会议记录。这些文件信息提供了审计师判断客户是否合法经营、规范运营的依据。对于一些中小企业或非上市公司,董事会记录常常很不规范,而对于上市公司和大型企业,就相对较为规范,所以从这些文件的规范性检查中,也能观察到公司运营的合规性和有序性。

(二) 取得对客户的信息处理的理解

客户对会计信息的处理方式有手工和系统处理两种方式,两者有着显著的不同。

在手工条件下(通常是新创建的小公司),会计工作的组织仍需遵循不相容职务相分离的原则,建立必需的会计岗位与机构,制定各级财务制度与职责。为了正确处理每笔会计业务,在手工业务处理程序的各个关键环节,需设立相应的稽核制度和审查制度,如账账核对、账证核对、账表核对、账实核对,以及各级主管审查、签字、盖章等制度和措施。这些制度和措施的建立,一定程度上保证了会计资料的正确性和一致性,也保证了各项经济业务的合理性和合法性。

会计信息系统化处理,将手工条件下的大部分会计核算工作,如记账、算账、过账、对账、计算产品成本、编制报表等,均集中在计算机系统中由会计软件来完成。原来手工条件下的会计部门工作基本上演变为只负责对原始数据的收集、生成、审批、编码和信息处理结果的分析和保管。

系统处理条件下数据与责任的高度集中,衍生出一系列重要的内部控制问题和系统风险问题,如系统的不当开发问题、软件系统的计算机病毒入侵问题、未经授权的软件调用和修改问题,以及软件系统实施所引发的审计问题等。

所以,审计人员必须了解会计信息系统的可靠性和时效性,以有效制订审计计划。

(三) 考虑可能会影响审计计划的特殊情况

一些特殊情况可能对审计计划的制订有重要影响,包括:①关联方交易。②对专家的需求。③对内部审计师的利用。

1. 关联方交易

关联方交易被定义为具有相同利益的双方之间的交易。在大型企业集团中,关联方交易较为普遍,在大多数情况下,也反映了公司的商业决策。关联方交易关注的焦点是交易价格的公允性和信息披露的充分性。由于关联方交易量的大小对审计工作量有直接影响,所以须做初步了解。

2. 对专家的需求

对于一些特殊行业的客户,审计师可能需要聘请专家帮助理解生产流程和确认资产、收入等重要财务报表项目的认定。审计业务中可能需要专家的情况包括:①工程师,以确认复杂工程或产品的完工情况。②房地产评估专家,以评估作为贷款抵押的房地产的可实现价值。③精算师,以评估与年金、退休金等相关的现金流量的融资需求。④律师,以评估由于诉讼而导致的或有损失的可能性。⑤地质学家,以核实持有的自然资源,如石油、金属的存在性和可开采的量。

3. 对内部审计师的利用

另一个影响审计业务计划的情况是客户公司的一个内部审计部门。内部审计师执行了很多与外部审计师相似的审计程序。如果内部审计工作较规范有效,外部审计师可以考虑利用内部审计的工作。

在利用内部审计的工作时,外部审计师需要重点考虑的是内部审计师是否胜任、客观,并且相对于管理层有足够的独立性,从而可以得出无偏见的结论。

二、审计计划的主要内容

(一) 审计约定的目标和范围

一个约定(engagement)可能很简单,就是为一个简单的公司(没有子公司)出具一个年报审计报告;也可能很复杂,如为中石化、中石油、中国工商银行或宝武集团之类的公司提供全年所需的各类鉴证服务,包括年度合并报表的审计报告、半年报审阅报告(根据客户需求),有的还要为各子公司出具审计报告等等。有的客户公司规模很小,只有单一层次;有的很复杂,如某些中央企业有八个层次的子孙公司。对于庞大的公司,有的全部由一家会计师事务所审计,有的由多家事务所参与审计。鉴于各种错综复杂的客户情况,编制初步审计计划时的第一要务是理清审计约定①的目标和范围以及要求。

审计约定目标即最终审计成果,大多数至少包含年报审计报告,有些公司规模大、业务复杂,或有些业务的发生(如分红等)需进行法定的中期审阅,因而也需要事务所对半年报出具审阅报告。还有些特别谨慎的公司,特别是金融企业,还请事务所对各季季报进行商定程序的审核等。理清审计约定的目标既能保证满足客户的需求,也能明确审计师的责任。

审计约定的范围主要是指审计的对象范围,这在小的客户公司业务中不复杂,但在大的客户公司业务中必须沟通清楚,因为大公司庞杂的子孙公司常常牵涉到好几家事务所,因此作为主审会计师,哪些子孙公司由其他事务所审计,哪些子孙公司由自己审计必须分解清楚。对于

---

① 在这里,与其说是审计约定,还不如说是业务约定,因为业务约定可包括各种不同的鉴证服务,如审计、审阅、商定程序等,但由于大多数工作主要是年报审计,所以简略为审计约定,实际含义请联系上下文来理解。本节上下文中的审计目标和审计范围等也作同样理解。

由其他事务所审计的公司必须明确各自的审计责任和相互之间的协调沟通要求,以确保合并报表审计报告的质量。

在明确审计约定目标和范围的过程中,既要考虑基本的法定要求,也要考虑客户的特殊要求,例如有些客户要求对所有子孙公司的年报也出具正规的审计报告,因而在对客户出具年度合并报表审计报告的同时,还要出具几十甚至几百的子公司审计报告。有的对商定程序需出具书面正式报告,有的只要向董事会审计委员会汇报即可。

(二) 可接受的审计风险和重要性水平

审计风险是构成约定风险的最重要组成部分,也是各事务所在平衡成本收益中所产生的经营风险。任何事务所在提供审计服务的同时,必须获得一定的收益,只有这样,才可持续发展。但由于各事务所规模大小、业务能力、战略规划差异较大,抗风险的能力差别很大,有的事务所出了一个失败案例就面临倒闭风险,有的事务所能把审计风险控制在可以接受的范围内。所以审计风险的大小看上去是由财务报表错报风险和检查风险合成的,但实际上它代表的是事务所的经营策略,因为要准确地识别出财务报表的错报风险,就需要像后面几章所介绍的那样对一个公司进行全面的剖析,这在接受新客户的当年成本投入会很大,但以后各年也会收益很大。同时,审计风险的大小又和检查风险的大小密切相关,检查风险小,审计风险也小,但要降低检查风险,就需人力投入和研发成本投入,这既涉及短期投入(审计程序的充分),也涉及长期投入(改进审计技术的研发费用)。所以尽管各事务所号称的审计风险把控标准都差不多,例如5%,但实际上审计风险的把控在各事务所之间是不一致的,谨慎的事务所控制得低一点,从长计议;急于回报的事务所就考虑得高一点,注重短期收益。所以对审计风险标准的把控是各事务所审计能力和策略的体现,也是审计所提供的审计保证程度的综合概率的体现。所以事务所在制订初步审计计划时必须明确审计风险的标准。

重要性水平是对财务报表误差范围的控制标准,它与财务报表使用者的决策相关,例如资产项目合计误差在总资产的1%范围内、收入项目合计误差在总收入的1%范围内、利润项目合计误差在净利润的5%范围内是可以接受的,因为它不会影响使用者的决策。但由于不同客户的规模差异较大,且不同客户不同项目的误差性质也不一样,重要性水平必须根据不同的客户做出不同的判定,这是编制初步审计计划时需特别关注的。重要性水平的大小与审计取证的成本投入密切相关,并随审计程序的实施情况作出适当调整。

审计风险和重要性水平的把控反映了审计成果在多大概率范围内保证财务报表在多大程度上是正确的,这是事务所控制约定风险和审计质量的重要指标。

(三) 审计流程和审计时间安排

审计流程和审计时间安排先要考虑几个重要的时间节点,包括提交审计报告的时间要求、预期与治理层和管理层沟通的重要日期等。在计划上述事项的过程中,注册会计师需要考虑以下事项:

(1) 被审计单位的财务报告时间表。
(2) 与管理层和治理层就审计工作的性质、范围和要求举行沟通会议的时间。
(3) 与管理层和治理层讨论预期签发报告和其他沟通文件的时间,如审计报告、管理建议书和与治理层沟通函等。
(4) 在有其他事务所参审的情况下,就审计结果及其他沟通文件交流沟通时间。
(5) 与管理层讨论预期在整个审计过程中通报审计工作进展及审计结果的时间。

在主要事项的时间节点明确后,就需按照审计的工作流程,对各环节的时间进度做出安排(表11-1),主要包括:

(1) 实施公司治理层面战略分析的时间。

(2) 实施公司业务环节经营风险分析和控制测试的时间。

(3) 剩余风险分析和实质性测试方案设计和执行时间。

(4) 终结审计和报告编制时间。

这些环节一环紧扣一环,逻辑较为严密,特别是公司治理层面战略分析的结果会影响后续环节的审查方向,非常重要,因而时间安排要及时和充分;同样,公司业务环节经营风险分析和控制测试结果会引导实质性测试的方向和重心,对最终审计结论的可靠性影响很大,因而时间安排同样必须及时和充分。现代风险导向审计的最大特点是公司治理层面的战略分析和业务环节的经营风险分析投入的时间、成本较多,对公司的了解较深透,因而能有效提升审计发现问题的能力,并通过全面了解公司的经营风险,来有效地把控公司财务报表的错报风险和最终审计风险。

表11-1 审计时间计划表

1. 计划的报告报送及审计工作时间总体安排:	
对外报告时间	
执行审计时间安排	
期中审计:	
(1) 公司治理层面战略分析	
(2) 实施公司业务环节经营风险分析和控制测试	
(3) 剩余风险分析和实质性测试方案设计	
期末审计:	
(1) 实质性测试方案设计和执行	
(2) 终结审计和报告编制	
2. 所需沟通的时间安排:	
与管理层及治理层的沟通	
项目组会议(包括预备会和总结会)	
与外聘专家及有关人员的沟通	
与其他注册会计师的沟通	
与前任注册会计师的沟通	
……	

(四) 审计团队人员配置及其分工

1. 项目组负责人的指派

项目组负责人是指会计师事务所中负责某项审计业务、并代表会计师事务所在审计报告上签字的合伙人。项目组负责人作为整个项目组的核心人物，带领和组织项目组内的所有成员实施单项业务的质量控制程序，并对会计师事务所分派的审计业务的质量承担责任。

会计师事务所应当对每项业务委派至少一名项目组负责人，委派的项目组负责人必须具有适合该项目的必要素质、专业胜任能力和时间。对于规模较大的客户公司，项目负责人常常由事务所主任会计师级别的合伙人亲自挂帅。在指派项目组负责人时，会计师事务所应当制定政策和程序，明确下列要求：

（1）将项目组负责人的身份和作用告知客户管理层和治理层的关键成员。
（2）项目组负责人具有履行职责必要的素质、专业胜任能力、权限和时间。
（3）清楚界定项目组负责人的职责，并告知该项目组负责人。

另外，会计师事务所还应当制定政策和程序，监控项目组负责人连续服务同一客户的期限及胜任情况，以及项目组负责人的工作负荷及可供调配的项目组负责人数量，以使项目组负责人有足够的时间履行其职责。

2. 项目组的人员构成与选择

项目组是由项目组负责人和项目组内成员组成的，项目组负责人在项目组内起着领导和组织的作用，项目组内的成员则在项目组负责人的带领之下，完成单项业务的审计工作。

在现代风险导向审计环境中，由于其经营风险导向和自上而下的特点，就要求项目负责人及其主要骨干必须要有能充分理解客户所在行业及所经营业务并进行风险识别的能力，这对各会计师事务所和审计项目组来说是很大的挑战，这也是与传统审计方法自下而上、主要注重财务报表固有风险分析的最大区别。虽然难度、压力很大，但这是时代发展使然，因而我们只能适应它，否则必遭淘汰。所以事务所在选择审计项目负责人和主要骨干（高级经理）时，必须把控这一点。

会计师事务所在委派了项目组负责人之后，要委派具有必要素质、专业胜任能力和时间的员工担任项目组的其他成员，这些必要素质、专业胜任能力和时间是保证整个项目组按照审计准则的要求执行审计程序并出具审计报告的必要前提。对项目组成员的具体要求包括：

（1）具备必要的职业道德素质。
（2）掌握法律法规、职业道德规范和审计准则的规定。
（3）具备会计、审计等相关知识以及必要的信息技术知识。
（4）熟悉客户所处的行业、客户的组织结构和经营特征。
（5）具有必要的专业技术及个人技能，包括具备职业判断力。
（6）具有执行类似性质和复杂程度业务的知识和实务经验。
（7）具备完成此项业务的时间。

项目组负责人在项目进行之前，就应当进行评估，确保项目组整体具有适当的素质、专业胜任能力以及必要的时间，能够按照法律法规、职业道德规范和审计准则的规定执行审计业务，并根据具体情况出具恰当的审计报告。如果不能确保，则应采取必要的行动进行纠正，如项目组负责人可以考虑更换项目组成员。

选择项目组成员应该从单项审计业务出发，基于所要进行的审计业务，综合考虑所需人员的数量、素质和时间要求。根据审计业务特征对项目组成员的选择要求如表 11-2 所示，人员安排如表 11-3 所示。

表 11-2　项目组成员的选择要求

客户(业务)特征	对项目组成员要求	对项目组成员的素质要求
客户规模大	人员数量多 人员素质高 更多的时间	1. 能够保持独立性、客观性和职业道德 2. 具备该项业务要求的必要实务经验 3. 具备该项业务要求的必要专业知识 4. 具有该项业务要求的必要技能 5. 具备该项业务要求的必要时间
业务较重要		
复杂程度高		
审计风险大		
客户规模小	人员数量少 人员素质不太高 时间不太多	
业务不太重要		
复杂程度低		
审计风险小		

表 11-3　人员安排

1. 项目组主要成员的责任

主要项目组成员的职位、姓名及其主要职责如下(分配时可根据被审计单位的不同情况按会计科目划分或者按照交易类别划分)

职位	姓名	主要职责

2. 与项目质量复核人员的沟通

项目质量复核人员复核的范围、沟通内容及相关时间如下：

复核范围：		
沟通内容	负责沟通的项目组成员	计划沟通时间
风险评估、对审计计划的讨论		
对财务报表的复核		
……		

在人员安排中，由于现代风险导向审计的特点，公司治理层面的战略风险分析和公司业务环节经营风险分析必须要由项目负责人和资深业务骨干来亲自承担，这两个环节审计人员的胜任能力是最关键的；同时剩余风险的分析会直接影响到实质性测试方案的设计，也主要由审计项目负责人和业务骨干参与分析和设计。

一个好的审计计划能有效地配置审计资源，并在设定的时间范围内有效地完成审计约定，并控制好审计风险。当然，由于审计计划是建立在事前判断的基础之上，在实施过程中会遇到各种各样的问题，就需要及时地予以修订调整。

复习思考题

1. 会计师事务所首次接受委托和针对老客户而言的持续接受委托，应关注的主要内容有什么不同？
2. 会计师事务所为什么必须审慎选择客户？
3. 初步审计计划的重要性体现在哪些方面？
4. 评价专家工作是否足以实现审计目的所实施的特定程序包括哪几个方面？
5. 审计流程和审计时间安排需要考虑哪些重要事项？

配套习题

第十二章 公司治理层面战略风险分析

> **本章要点**
>
> 本章着重介绍对公司治理层面(也称"整体层面""公司层面")战略风险的分析,包括对公司战略目标和经营模式的分析,公司在行业中的地位分析,外部威胁与内部运营的联系分析,以及以上分析对审计工作的影响。在现代风险导向审计中,审计师依然需要分析控制风险,但他们的视角已经从内部控制发展到公司全面风险管理,认为公司治理层的战略风险是财务报表风险的源头,只有抓住这个源头以及与其相应的管理控制,审计风险控制才能取得实效,审计工作的开展也才能真正顺理成章。
>
> **本章需要掌握的重点内容**
>
> 整体层面的风险分析,整体层面的风险与经营环节的联系,管理当局控制外部风险的方法,重要交易类别、账户和披露的性质,初步审计目标。

第一节 公司治理层面战略风险分析的意义

我们在第十一章讨论了审计业务的承接或续约,并介绍了初步审计计划的制订,其中虽然对公司的情况做了初步了解,但其主要目的是决定是否要承接该业务以及如何配置审计资源,所以主要是外观的初步了解。本章及下一章将深入公司内部,了解公司是如何运营的,可能的经营风险在哪里,以及会对财务报表产生什么样的影响,所以主要目的是通过对公司治理层面和业务环节层面的分析来发现风险,然后来把握实质性测试的方向和重点。

公司治理层面的风险分析怎样进行,需要审计团队负责人和有经验的资深审计师根据不同公司的具体情况来编制计划并实施。由于第十三章公司业务环节的经营风险分析受本章公司战略分析结果的导向,公司业务环节经营风险分析的计划须待公司战略风险分析结果初步形成后才能制订。根据现代风险导向审计的这种逻辑,本章先介绍公司治理层面的战略风险分析。本章的分析将使审计师对客户取得更深入的了解,这一了解的结果将影响审计的全过程,包括对业务环节经营风险的分析及所要执行的控制测试,以及实质性审计程序的计划和实施。对公司治理层面了解的程度,会随公司所处的行业和业务而变化,取决于公司的规模、行业和业务的复杂性,以及公司内部经营模式的差异性。因此,审计团队需要根据公司情况量身定制公司治理层面的分析计划,并将分析计划及其实施结果形成永久性工作底稿,以确保后续审计判断是基于对公司治理层面的全面了解。

审计过程中这一对公司治理层的了解和战略风险分析的环节,对几乎所有的审计业务都比较重要,因为审计师遇到的所有审计和财务报告问题,都有其基础原因,诸如运营问题、特殊事件或情况。不充分取得对客户及其风险的了解,将可能导致审计师以一种不恰当的方式计划审计,或可能错误地解释或评价收集的审计证据,从而对审计的财务报告达成不恰当的结论。

客户及其所处行业在经营过程中会面临各种风险,风险有多种来源,而成功或失败取决于公司如何对影响自身及所处行业的各种风险的应对。不了解客户面临的动态的、复杂的环境,会导致审计师得出关于财务报告的不恰当的预期,或错误了解财务报告所基于的经济现实。在现代风险导向审计中,审计师对公司治理层的了解是真正的自上而下的分析方法,为了计划和执行审计,我们首先需要判定影响客户的主要的经营风险是什么,我们将这些由公司最高治理层产生的风险称为战略风险。如果不能够恰当地识别和控制战略风险,战略风险就会影响公司日常经营活动,并通过会计估值和会计估计等直接或间接地影响财务报告,或通过管理层使用"会计手段"掩盖较差的经营结果,从而影响财务报告的可靠性。

本章同时介绍注册会计师了解客户所处社会和经济环境的工具和技术。客户在所处环境中经营并面临行业中的各种风险,审计师需要采用恰当的方法来认真识别和仔细分析这些风险,因为他直接或间接与内部控制缺陷或财务报表的错报相联系。管理控制是管理层用来应对这些风险的方法措施,审计师需将对管理控制的测试作为控制环境分析的一部分。如果管理控制有效,那么它们的存在将会降低风险的发生以及对财务报告的影响。

我们将在第十三章介绍如何进行业务环节的经营风险分析,审计师如何识别环节风险以及置入环节中的运营控制。了解经营环节以及相关的控制非常重要,因为几乎所有的交易和账户的日常财务记录都与这些经营环节相关,如果这些业务环节被很好地控制,那么财务记录中包含的数据就会更完整、准确。

从第十章的现代风险导向审计逻辑结构图我们可以看出,公司整体层面的分析和业务环节分析是按顺序进行的,风险分析和业绩计量贯穿于公司整体层面的分析与环节(认定)层面的分析之中。公司整体层面分析的目的是使审计师能识别客户在战略管理层面存在哪些风险,以及这些风险将会对公司哪些经营活动(环节)和哪些报表账户的哪些认定产生影响;环节分析的目的是使审计师了解公司整体层面的风险是否影响了公司的经营活动(环节),以及这些经营活动(环节)本身所存在的风险,并判断这些风险是否会导致相关报表账户的相关认定产生重大错报风险,进而在了解和测试经营环节内部控制的完善性和有效性的基础上,判断整个财务报表的剩余风险,并制订和执行相应的实质性测试方案来验证这些重大错报风险是否存在。

公司整体层面的分析是现代风险导向审计方法的起点,现代风险导向审计的逻辑结构请参见第十章图10-5。

审计师需要采用各种分析工具以了解客户与内外部环境之间的联系。在不同的会计师事务所,分析工具存在一定的差别。但主要的分析工具有:公司层面的经营模式分析(entity-level business model)、PEST分析、波特五力分析、资源基础模型、SWOT分析与Treacy and Wiersema模型等分析工具[1]。为了不局限于对分析工具优劣的简单讨论,我们将公司整体层面的分析划分为四个阶段:①了解客户的目标及实现目标的战略。②在了解公司目标、战略的

---

[1] Timothy B. Bell and Ira Solomon. 2002. eds. Cases in Strategic-Systems Auditing. KPMG and University of Illinois at Urbana-Champaign, p45.

基础上，分析宏观环境和行业环境因素对客户战略目标的影响以及公司实现其战略目标的经营模式和组织架构，从而初步识别出重要的战略风险及其对审计的影响。③分析客户的战略管理控制及其效果，从而形成对重要的战略风险评估的结论。④在对客户战略和经营模式了解的基础上，识别出客户的重要账户及其对审计的影响，并结合已经识别出的重要战略风险，推导出关键经营环节，作为下一章业务环节分析的重要对象。

这一层面的风险分析对审计师的素质要求最高，对后续审计的影响最大，所以审计项目负责人必须对上述各阶段的工作亲自制订计划并组织实施，确保对客户公司的战略和经营模式获得正确可靠的理解，并正确把握好整个审计工作的方向和效果。

第二节 了解客户的目标及实现目标的战略

一、公司战略管理及风险分析逻辑

所有公司的存在都是为了为其利益相关者，包括客户、员工、股东以及经理创造价值。一个公司创造和维持其价值的能力取决于它与庞大的个人、实体和外部力量的互动，即公司目标和战略的建立和调整。而不断地使公司内部环境适应于外部环境变化的努力，我们称之为战略管理。

所以战略管理是指公司治理层制定、沟通和修改公司目标和战略的一系列决策活动，是对公司长期发展的整体指导和控制。战略管理的核心是正确应对外部环境的变化。

外部环境由影响公司的本地和全球经济联系组成。本地的经济联系可能是区域性的或是国际性的，具体取决于行业。通常，本地环境可以通过地理概念来定义，或者可以更广泛地认为是经济力量和行为规则"属于"公司的区域。全球环境反映了经济活动的区域，其中可能适用不同的规则、规范、文化或业务方法。本地环境和全球环境的区分有时可能是模糊的。

> **例 12-1**
> 资本和技术市场是全球性的。公司可以通过纽约证券交易所出售股票来筹集资金，也可以选择在伦敦或法兰克福等市场上市。他们可能会从位于纽约、东京或香港的银行借钱。技术是全球性的，因为计算机普遍依赖于微软的 Windows，而公司资源规划（ERP）系统的两个最大供应商是 Oracle（美国）和 SAP（德国）。正如 2008 年的事件所表明的那样，佛罗里达州的住宅房地产市场可以通过复杂的金融产品以 20 年前无法想象的方式对英国的银行稳定性产生影响，那么哪些问题是本地的，哪些是全球性的？

审计师对公司战略及其风险管理的理解是现代审计发展的必然要求，也只有以此为出发点，建立与业务环节和财务报表之间的逻辑联系，才能真正提高审计效率、控制审计风险。为了充分有效地了解客户的经营状况以及潜在的风险，我们采用"自上而下"的视角（可参见后续图 12-1 架构），将整个经营和风险分析过程分为三个阶段：①关注外部问题的战略分析。②关注内部问题的流程分析。③将客户业务风险与审计目标联系起来的审计分析。其中最后一步很关键，因为它将风险分析与重大错报风险、控制测试计划和对财务报表认定测试的计划联系起来。

(一) 关注外部问题的战略风险分析

公司整体层面分析也即战略分析(参见本章图 12-1),我们将运用公司经营模式的工具来帮助我们了解公司战略,通过战略分析帮助注册会计师识别外部环境对公司的威胁,其中许多风险将对注册会计师开展业务的方式产生影响。我们使用外部风险分析的技术来识别和分类外部风险,将客户战略风险理解为可能影响公司实现其目标的任何外部(战略)威胁。一旦识别出战略风险,我们会根据管理层的管理控制的有效性,来进一步评估这些风险的影响及其对经营活动和财务报表的影响。战略分析完成后,审计师将获得关于公司当前大的风险的认识。

(二) 业务环节风险分析

公司内部业务环节中的这些环节代表了公司用于开展业务的资源(如人员、资本、技术)的分配。业务环节代表了公司推进业务和应对战略风险的能力。我们将使用流程图来获取有关内部业务环节的运营和信息流,包括受环节影响的会计交易和余额。业务环节也是潜在的风险来源,如果环节中置入的内部控制运营失败,就可能会对财务报表产生影响。内部风险分析将有助于识别和分类环节风险,一旦识别出环节风险,审计师就可以通过加强测试内部控制和量化风险的程度来评估风险。业务环节风险分析将在第十三章进行更详细地讨论。

(三) 剩余风险分析

我们分析的最后一步是评估对公司财务报表构成重大威胁的剩余风险(第十四章内容)。并非所有风险都会出现问题,一些原因是内部加强了控制和管理,一些原因是外部条件宽松未导致风险对公司造成损害。风险转化为损失的条件常常是内外部环境同时发生不利变化,例如房地产公司,为了增加盈利,就高杠杆经营,这是风险,但如果房地产市场好,贷款条件宽松,这种风险通常不会转化为损失;只有当房地产市场走弱,贷款条件趋严,高负债经营的风险才会转化为损失。剩余风险是一种战略或业务流程中的风险,如果不加控制,该风险可能在将来会给公司带来损失。

审计师关注剩余风险,因为它代表了公司最可能的问题来源,同时也是财务报表最可能的问题来源。对于剩余风险,我们需要仔细考虑它们对财务报表的影响,一些剩余风险可能与判断收入确认、资产减值、或有损失等事项相关,一些重大的剩余风险可能与公司的持续经营甚至欺诈舞弊相关,需要审计师在后续审计中高度关注。当一个公司得到有效管理和高度控制时,就不太可能出现严重问题,如财务报告有误、欺诈或破产。然而,低剩余风险并不意味着财务报表重大错报的风险也低,因为管理激励或不可靠的会计系统仍可能导致错误或虚假的财务报告。

例 12-2

客户投诉的突然增加可能表明产品质量已经恶化,尽管生产过程没有改变,且内部未显现出问题迹象,这样的信号可能表明审计师需要考虑剩余风险。为什么? 这可能表明存在存货估价问题,或者销售退回准备金模式需调整,如果是因为以上两种原因,则会对财务报表产生重大影响。

二、了解客户的目标和战略

(一) 分析公司的目标和战略定位

审计师实施战略分析所需解决的首要问题是了解公司的总体目标和实现这些目标的战略,尽管这些目标和战略在一些规模较小的公司中可能并不一定被正式提出。一个公司越了解自己的目标和战略,就越有可能成功。一个缺乏有效战略管理的公司从长远来看不太可能成功。

公司目标是公司治理层对公司发展方向的定位。由于各公司的资本规模、研发能力、发展历史和治理层的想法不一样,各公司给自己的目标定位都不一样。一些小公司可能要求比较低,只要能生存、有微利即可。大公司则常常希望在行业内有一定的地位,甚至要名列前茅。科技创新类公司则希望开发出新产品或新服务来满足新的市场需求。数字信息类公司则要开创出新的商业模式来快速占领甚至垄断市场。由于各类公司目标不一样,对资金的需求也不一样,成功的概率也不一样。审计师对公司目标的关注着重于:①公司是否有明确的发展目标。如果有,是否做过专门的战略研究,如果做过专门的研究,说明公司对市场还是了解的,对投资还是谨慎的;如果没有,则盲目程度较大,这在一些小公司中情况较为普遍。②公司的目标与公司的能力是否匹配。现代社会高度竞争,目标越大,投资越大,竞争越激烈,一旦因资金的原因、技术的原因、人才的原因、客户的原因等等发生动荡,给公司带来的损失就会非常严重。所以,从审计角度来看,胜任的公司做胜任的事是控制企业风险的重要策略。

公司有了发展目标,如何去实现,一般都有两个基本的战略决策要做:①它希望自己提供的是低成本的还是有别于一般的产品或服务?②它希望自己提供的产品或服务能吸引到国外的消费者还是狭隘的国内消费者群体?这两个因素定义了公司的四个基本定位策略。

(1) 低成本战略:这一战略的重点是以尽可能低的成本为一个大的市场生产,使公司设定的低于竞争对手的价格仍然是有利可图的。这样的公司能否成功往往取决于能否高效生产和产生规模效应,单位成本能否随着产量的增加而降低。公司需要严格管理分销成本,将广告研发降到最低。

(2) 低成本利基战略:这一战略的重点是成为一个低成本的生产商,每个产品都有一个小而明确的市场。这些公司很多规模都很小,发展品牌知名度的机会非常有限。

(3) 差异化战略:这一战略的重点是提供独特的产品或服务,独特之处通常是针对广泛市场中不同细分市场的质量维度,价格通常不是公司目标市场的主要因素。差异化还可以通过卓越的客户服务、灵活的交付和广泛的保修来实现。研究和创新对于保持竞争优势往往很重要。

(4) 差异化利基战略:这一战略的重点是生产独特的产品和服务,但每个产品和服务都有一个小而明确的市场。尽管这些公司许多都很小,但在差异化利基市场,还是有可能由于提供有特色的高价产品而成为知名品牌。

> **例 12-3**
> 沃尔玛的战略是成为每个竞争市场中成本最低的品牌市场零售商。公司通过严格的成本控制、卓越的库存选择和管理,以及世界一流的分销实现了成本优势。尽管其他公司也尝试了同样的策略,但他们都未能跟上沃尔玛的步伐且承受巨额亏损(如 K-Mart 破产)。

例 12-4

在联邦快递(Fedex)和联合包裹(UPS)等跨国包裹递送公司的模式里,它们通常利用世界上大多数城市都有的当地的小型包裹递送公司,使用临时打上快递服务名称的个人车辆提供低成本市内包裹递送服务。它们在成本上竞争,只专注于本地交付,在一个小而明确的地理区域之外不存在其他关系。

例 12-5

加拿大的 HoltRenfrew 和美国的 Nordstrom 都是成功的品牌,他们提供无与伦比的客户服务,同时收取高价。这些公司以其员工不遗余力为满足客户需求而闻名。提供这类服务的成本高于许多可比零售商,但同时也产生了较高的利润。

当审计师对公司的发展目标和实施战略有了基本的了解后,就能明确公司想做什么,以及是怎么做的。

(二)战略定位对经营环节的影响

一个公司的战略定位将直接影响到公司的特征,有关进入市场、生产产品、开发技术、实施操作流程和资源配置的决策,都受到公司所做的基本战略选择的影响。

管理层的一个主要挑战是如何开发出与战略一致的业务环节,并有效地推进公司的目标。表 12-1 给出了战略定位如何影响内部环节的一些例子。人员和资源分配与总体目标和战略不一致会导致失败。

表 12-1 战略定位对选定内部业务环节的影响

经营领域	低成本战略	差异化战略
获取原材料	(1)以尽可能低的成本获得资源 (2)大量订购以获得大量的货物 (3)推迟购买直到达到预期的价格 (4)最大限度地提高配送和存储效率	(1)如有必要,以更高的成本购买最优质的材料 (2)以成本为效益但不一定是最低成本的方式来维持材料和产品质量的储存和分配
生产	(1)重点是实现运营效率 (2)努力实现规模经济 (3)优化劳动力/资本权衡	强调产品质量,即使以高损耗率、不合格率和返工率为代价也在所不惜
新产品研究	(1)研究和开发,如果有的话,侧重于过程效率 (2)很少关注新产品创新 (3)专注于被市场认可的产品,追随行业领先者	(1)不断研究开发更具特色的更好产品 (2)以开发更能满足客户需求的新产品为目标
人力资源	(1)尽量减少成本,避免工会,使用临时雇员,为非熟练工人安排工作 (2)外包不太关键的任务 (3)严格控制收益	(1)根据公司的质量要求雇用最好的员工 (2)优越的薪级和福利
信息技术	用最小化成本的信息系统	通过分析市场来选择最大化收益的信息系统
品牌营销	最小或低成本的大规模广告和促销	广泛、集中和昂贵的营销,包括广告

不同战略选择涉及的经营活动、风险和对财务报表的影响可能存在很大差别。低成本公司的管理层将把重点放在提高流程效率上,而差异化公司的管理层将寻找新的更好的方式为客户提供价值。

更具体地说,低成本战略意味着高效的运营、成本的控制对公司的成功至关重要。而在差异化战略下,生产成本则不那么重要,创造新产品和新功能的能力则更为关键,开发过程至关重要。这些分析能使审计师根据不同公司选择的不同策略来关注这些公司的不同方面,并使审计师对公司经营风险的关注不断聚焦。

例12-6

玛莎拉蒂S.P.A.现在是菲亚特家族的一员,它位于意大利北部波谷的摩德纳工厂,每年持续生产几千辆汽车。这些车,即使是入门级的也很贵,最低售价7万澳元,并且最低售价很快就会转向10万澳元的车型,所以它们吸引的购车者非常有限,但如果这就是公司的差异化利基战略,则同样是成功的。

(三) 战略风险评估对财务报表和审计的影响

现代风险导向审计将审计的起点前移至对公司战略的关注,这是对审计师的重大挑战,而判断一个审计项目负责人是否胜任的依据,就是看他(或她)能否评估与公司战略定位相关的风险。一般来说,胜任的审计项目负责人通过与公司治理层的交流和判断,就能获取公司做出错误决策、滥用或错误分配资源、利用不当信息的证据,并判断其对具体业务流程和公司财务报表的影响(如收入确认、资产减值等)。审计师的职责不是对管理层进行事后猜测,而是寻找已经发生的经营风险的迹象,这些迹象会影响财务报表,或者促使管理层对不满意的公司业绩进行"会计修正"。无论什么情况发生都有潜在的风险,与战略定位选择相关的战略风险如表12-2所示。

表12-2 与战略定位选择相关的战略风险

采用成本领先战略的风险	采取差异化战略的风险	采用广泛或狭隘市场焦点战略的风险
由于以下原因,成本领先可能无法持续: (1) 竞争对手模仿 (2) 允许竞争对手降低成本的技术变化	差异化可能无法持续,因为: (1) 竞争对手模仿 (2) 顾客选择的改变对差异化战略没有意义	目标市场变得失去吸引力由于: (1) 竞争对手模仿 (2) 目标市场萎缩或规模太小,无法盈利
客户要求更多的功能,却也期望低价格	提供差异化的成本超过了客户愿意支付的价位,一定程度上限制了可以提供的差异化程度	具有广泛市场焦点的竞争者威胁着狭窄的市场,因为: (1) 竞争者之间的差异缩小或消失 (2) 广泛市场产品和服务的质量/性能得到改善
多个竞争对手通过专注于较小的细分市场来达到成本最小化,却没有考虑扩大细分市场来实现成本最小化	差异化会导致细分市场,没有空间让广泛的差异化服务于多个细分市场	本就狭小的市场会被具有优势(成本或质量)的竞争对手细分为更小的市场

当一个公司的战略管理薄弱时,这些风险就会加剧。战略管理薄弱的潜在迹象包括:
(1) 管理层未能阐明使公司各部门的目标和行动保持一致的战略。
(2) 未能预见和应对潜在威胁。

(3) 战略执行不力。
(4) 在处理不同的目标和活动时缺乏灵活性和有组织的反应。
(5) 执行战略决策的规划不足。
(6) 执行战略计划的资源不足或资源和目标不匹配。

不可靠或不可用的信息可能会给战略管理人员带来重大问题,尤其是错误的信息会导致错失良机、无法识别威胁和不恰当的配置。关于会计和财务报表,审计师在规划和进行审计时需要考虑公司的生命周期和战略决策。一般来说,处于业绩增长或者下降阶段的公司,会存在更多的商业风险,同时也会给审计师带来更大的挑战。

与公司各种资源和流程相关的战略定位决策(如低成本或差异化)也会对审计产生直接影响。例如,采用差异化战略的制造商可能拥有更昂贵的库存、更大的利润、更高的损坏成本、更昂贵的待摊销设备、更熟练的劳动力以及更好的报酬和福利、更高的质量不合格率和更全面的保证,所有这些不仅会增加客户的业务风险,也会影响财务报表中相关项目的结果,产生财务报表重大错报的风险。

例 12-7

位于加拿大安大略省滑铁卢的精密激光公司 Virtek Vision 在 20 世纪 90 年代末迅速扩张,从一家专注于制造业激光标记系统的利基供应商,发展成为航空和生物技术行业(传统业务除外)激光相关产品的广泛生产商。在这一转变过程中,它的员工基数增加了 200%,管理体系严重紧张。2004 年,该公司裁掉了生物技术部门,大幅裁员(包括解雇总裁和首席财务官)。随着该公司回归专注市场的战略,该公司于 2007 年恢复盈利,并在 2008 年春夏季成为众多收购竞购的目标。因此,该公司股票在不到 4 个月内从 0.38 美元上升到 1.2 美元。

第三节 公司经营模式分析

为了进一步评估公司面临的经营风险,审计师需识别并描述公司与其他公司、个人、实体之间的关键外部联系因素。这种对公司环境的事实描述可以被理解为组织的经营模式(organizational business model)。客户的经营模式为审计师提供了业务的真实写照,用来明白客户是如何创造价值的,是如何利用业务环节实现其战略目标的,以及如何识别和应对公司面临的外部威胁的。经营模式还提供了一个结构,用于识别在审计期间需要重点关注的审计问题。使用经营模式分析的目的是获得对客户经营风险和应对措施的理解以及对审计师的影响。

一、公司经营模式分析的组成部分

所谓公司层面的经营模式分析,是指以一种系统的方法识别和分析公司与外部因素环境之间的联系、公司所选择的市场、公司的经营环节、公司的产品和服务、公司的顾客以及公司与供应商等其他利益相关者之间的关系。公司层面的经营模式分析主要目的是将公司与经济网络中的各个组成部分之间的关系组合入一个系统性的模式,从而帮助审计师分析公司的战略定位。在现代风险导向审计的实务中,这一公司层面的经营模式的描述方法在各不同的会计师事务所名称与组织形式上都有一定的差别①,但基本内容差别不大。图12-1描述了一个一般化的公司整体层面的经营模式。这一公司整体层面的经营模式与公司管理理论与实务中的公司层面的经营模式有一定的差别,主要原因是它还吸收了管理理论与实务中资源基础模型的一部分内容。

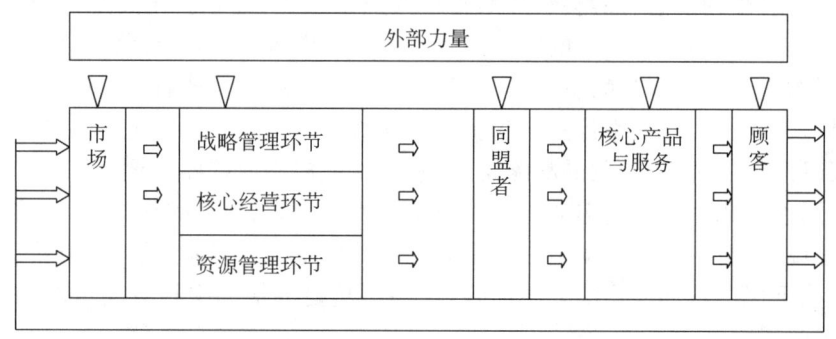

图12-1 公司整体层面经营模式框架②

这八个组成部分③是:①威胁公司实现经营目标的外部力量,包括宏观环境因素(如政治、经济、社会、技术以及其他因素)和行业环境因素(如竞争者、潜在进入者、替代品、供应商等)。②市场:公司所选择的经营领域。③战略管理环节:公司如何发展出自己的使命,定义自己的经营目标,识别威胁达到经营目标的经营风险,监控经营目标实现。④核心经营环节:公司开发产品、组织生产、销售等环节。⑤资源管理环节:公司取得人、财、物各种必需资源,并将之分配到核心经营业务中。⑥同盟者:公司如何处理与同盟者之间的关系,从而达到经营目标,扩展经营机会,降低或转移经营风险。⑦核心产品与服务:公司推入市场的商品。⑧顾客:购买公司商品的个人或组织。

经营模式分析提供的是一个分析框架,具体的分析需要审计师利用专业判断予以执行。例如,对于供应商来说,它可能是外部力量,但如果客户对供应商进行整合,供应商也可能成为同盟者;公司的竞争对手是外部力量,但其也可能为公司提供原材料等,从而又构成合作关系。

二、分析公司的经营模式

对公司经营模式的分析的关键着眼点是了解公司如何创造价值。任何公司存在的目的都是创造价值,而在公司的经营模式中,所谓的价值就是公司可以为利益相关者带来利益的努力结果。一个公司创造的价值越多,它可以从市场上获得的收入也就越多,在其他情况不变的情况下,公司也就会越成功,就可以使公司的利益相关者更满意。审计师需要了解公司创造价值的计划,或公司为什么认为它在经济网络中有创造价值的竞争优势与核心能力。

经营模式可以帮助审计师分析公司的竞争优势、核心能力、公司与外部经济组织之间联系的重要性。审计师需要特别关注具有以下特征之一的联系:①与公司的核心能力相关的联系。

---

① 例如,公司层面的经营模式在 KPMG 被称为 BMP Business Model,在 E&Y 则被称为 BEAT(Business Environment Analysis Template)。

② 改编自 T. B. Bell, F. O. Mars, I. Solomom, H. Thoms and H. Raol. Auditing Organizations Through a Strategic-system Lens[M]. [S.I.]: KPMG Peat Marwick, 1997:38。

③ Knechel 所采用的经营模式分为6个组成部分,而 E&Y 的组成部分则有9个。我们认为,KPMG 的模型更具有代表性。虽然经营模式的组成部分有差别,但基本内容差别不大。

对与公司的核心能力与创造价值有直接影响的公司及外部经济组织之间的联系非常重要,它们反映了公司当前目标及战略的可行性。②反映公司发展机遇的联系。有一些联系代表了还没有充分发展的潜在的机会。公司可以从环境中识别出新的市场、成本节约、收入增长和新产品开发等机遇。③反映公司关键弱点的联系。一些经济联系可能代表了风险的来源,竞争者是一个明显的风险来源,如果竞争者降低价格或提高产品的价值,可能会对公司造成严重的伤害,如电视机行业进行着持续的价格与品质的竞争。战略合作伙伴也可能会是敏感的风险来源。例如,航空公司可能组成联盟以提高航线的覆盖区域,但这一安排很可能导致飞机延误、行李丢失、较差的安全记录等问题。由于公司在市场中有多种复杂的整合方式,与供应商、竞争者、顾客的关系就具有特殊的意义。

审计师通过对公司经营模式的分析,至少能完成以下工作:①确认公司的目标、战略。公司只有在对外部环境进行充分分析,并结合自身的资源和能力的基础上,才能够发展出可行的愿景、长期目标、中期目标和短期目标,以及为实现这些目标的可行的战略。有五种基本战略可供公司选择:低成本战略;低成本利基战略;差异化战略;差异化利基战略;低成本差异利基战略。公司在选定了基本战略之后,为实现经营目标,还需要计划具体的战略。②公司在其历史沿革过程中如何与内外部环境发生联系,这些联系的目前状况如何。当前状况下的市场、产品与服务、顾客、主要供应商及其他利益相关者与公司的关系。③公司的经营环节具体可以分为哪些,各个具体环节与财务报表中的哪些重要账户的哪些认定相关。

审计师对经营环节的划分,在各个不同的会计师事务所和不同的审计师之间存在差别。例如,毕马威会计师事务所将公司的经营环节分为三类:战略管理环节、核心经营环节和资源管理环节①。战略管理环节作为公司对战略制定的控制,在公司整体层面分析阶段就必须予以分析,而核心运营和资源管理两类经营环节还可以再细分。我们认为,战略管理控制是在战略分析阶段就必须予以分析的公司层面的控制。审计师对其他经营环节的划分,需要以对公司价值链(value chain)②的了解为基础。价值链实质上是环节的系统集合③,这些环节被设计为能够以有效、有序的方式执行公司的经营与业务。价值链描述了公司是如何创造价值的。图12-2描述了一个一般化的公司价值链。

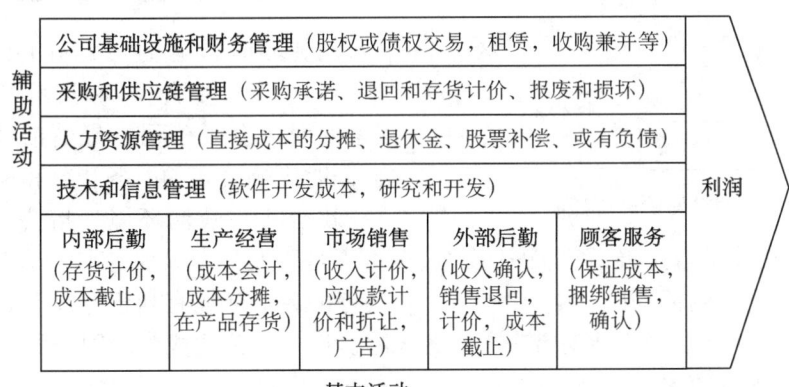

图12-2 公司价值链(包括经营环节中产生的财务报表认定项目)

---

① 2005年后,毕马威会计师事务所的全球审计方法对经营环节的划分的类型的强调开始淡化,转向更为强调重要账户与经营环节之间的关系。

② 有关价值链的详细阐述见 Michael E. Porter. 1985. Competitive Advantage, New York: Free Press.

③ Porter 将之称为价值系统。

价值链中的每一个组成部分都代表了为达到公司目标所必须的一组经营环节。价值链有两个主要类别：基本活动和辅助活动。基本活动是指为直接形成产品或服务从而创造价值而执行的经营环节。取得原材料、生产产品和将产品送到顾客手中都被认为是基本活动。辅助活动是指为确保公司正常运行而执行的环节，财务会计部门以及人事部门的工作是辅助活动的例子。

对经营环节的划分还需要联系公司的重要的账户。重要账户可以是报表中的项目，也可以是报表中的项目拆分出来的组成部分，包括总账中一个或多个项目。对重要账户的识别考虑的因素主要有：①账户余额的规模和组成部分。②由错误或舞弊导致损失的可能性。③业务量和复杂性，以及通过这一账户处理的特定交易的相似程度。④与这一账户余额相关的会计和报告的复杂性。⑤账户余额所代表的对损失的暴露或未确认的义务。⑥这一账户所代表的业务活动导致重大的或有负债的可能性。⑦这一账户余额是否存在关联方交易。⑧相对于上一期间账户特征的改变。

但对于审计师的挑战是环节的划分需要分解到何种程度。划分太多的经营环节将导致审计的低效率，划分太少的经营环节又可能不利于对环节的分析。环节划分的决定性因素是公司的规模以及经营的复杂程度，小公司可能只要划分供、产、销、人事、财务等部门即可；大公司可能有好几个事业部和无数的子公司来联合提供产品和服务以实现公司目标。环节的划分很大程度上需要审计师的专业判断，只要能将公司的价值链描述清楚、审计人员都能理解公司的业务结构，就算达到目的。

第四节 战略风险分析

了解客户业务的下一步是进行外部风险分析，这涉及识别和评估企业可能面临的威胁。图12-3描述了企业进行风险分析的通用结构，其中包括宏观环境（PEST）和中观环境即行业力量（波特五力）对公司的威胁。

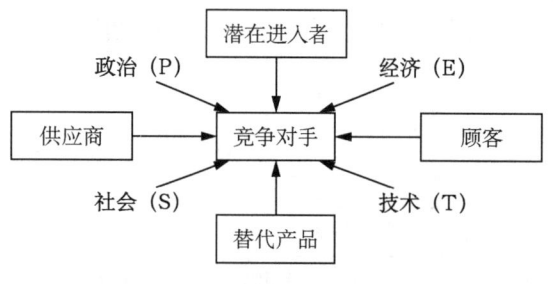

图12-3 对公司的外部威胁

一、宏观环境影响力的分析

宏观环境影响力（PEST）主要包括政治（P）、经济（E）、社会（S）和技术（T）因素，这些因素的变化会对公司的经营活动产生直接影响，同时影响公司的财务状况和经营成果。

政治（P）：政治环境是指公司所在国家的政局是否稳定、法律是否完善、经商是否安全、对投资是否友好以及种族歧视和环境保护等政治法律因素对公司经营活动的影响。一个稳定、友好的政治环境有利于经营活动的正常开展，动荡、不友好的环境会给经营活动带来更多的风险。当一个公司成为跨国公司时，国际政治环境的考量就显得尤为重要。

经济（E）：经济环境包括公司经营区域内的利率、汇率、税率、失业率、银行信贷、能源价格、通货膨胀、市场及消费能力以及上游供应商等因素对公司经营活动的影响，由于经济环境非常复杂，影响到公司的方方面面，所以如在一个不熟悉的经济环境中投资经营，会面临各种各样的威胁。

社会（S）：社会环境包括宗教、文化、观念、生活习俗和社会压力等对公司经营活动的影响。公司所在区域的宗教信仰、员工对加班的态度、客户对特定产品（如烟草）的态度、人口变化、教育水平和生活质量问题都会给公司带来影响。当公司活动具有国际性时,社会环境问题就变得非常复杂。大型跨国公司经常面临压力,需要承认他们对主要社会利益相关者的责任,例如当地社区、员工和环境问题。

技术(T):技术风险通常与行业的创新速度与公司的技术研发不足的风险相关。技术可以影响公司的许多方面,包括公司进行基本运营、处理信息、营销产品、设计制造过程和开发新产品的方式。技术可用作制造过程中具有竞争力的成本优势的来源。

这些宏观环境影响因素从不同方面影响公司的发展,案例俯拾皆是:

例 12-8

许多国家都存在与农产品相关的贸易壁垒。当马铃薯真菌感染了一家加拿大农业公司的马铃薯时,美国拒绝进口任何加拿大马铃薯,直到证明该疾病仅限于单一公司。同样,当"疯牛病"感染英国的牛时,其他国家拒绝进口来自英国的牛肉,导致英国畜牧业深受打击,其中许多公司濒临破产。

例 12-9

2008 年美国雷曼兄弟公司破产,其影响远远超出了该公司所在的投资银行业。短期信贷市场的内爆导致许多公司濒临破产,尽管它们与该部门没有直接关系。

例 12-10

快餐连锁店通常依赖于现成的非技术、最低工资劳动力。在阿尔伯塔省北部油田的繁荣时期,整体失业率只有 2% 甚至更低,人们可以从很多个工作机会中选择喜欢的。因此,快餐经营者通常提供免费住房和高时薪来吸引员工。

例 12-11

对于公司而言,对员工权利的态度可能特别棘手。美国人习惯于加班和周末工作,而欧洲人通常较少加班。在许多国家(如瑞典),员工期望高水平的福利和宽松的管理,但美国却盛行如内部日托、假期、产假和自助餐厅等福利制度。与美国人相比,加拿大人每年的长周末数量几乎是美国人的两倍,并且每年平均多一周的带薪假期。准备在另一个国家开设工厂的公司在规划工厂时需要非常小心地考虑当地的雇佣惯例。美国对产假的做法(许多公司提供六周的无薪产假,在这方面国家并无统一的标准)在世界其他地方是不可接受的。

例 12-12

2009 年,《纽约时报》称 Twitter 是"互联网增长最快的公司"。一时之间增长过快的行为可能违反严格的控制政策,包括泄露财务信息、密码等。公司花了很多年才意识到这可能带来的潜在威胁,而当这个问题得到处理时,其他形式的社交媒体互动已经站稳脚跟。

例 12-13

杂货连锁店经常就普通商品(如面包、牛奶和黄油)展开价格战。由于杂货连锁店的大部分成本是固定的,杂货商正在寻找降低员工开支和分销成本的方法。沃尔玛通过利用杂货产品作为低价促销品的大卖场形式,在短时间内成为美国最大的杂货店商店中利润率更高的产品的领导者,以及利用其高效的分销流程将成本保持在低于竞争对手的水平。

二、行业力量(波特五力)的分析

行业力量更容易被认为与公司的财务报告直接相关,因为它们通常对财务报表项目(例如销售和销售成本)有直接影响,并且会影响许多会计估计,如库存过时。影响公司的五种重要行业力量通常被称为"波特五力"。

(1) 竞争对手:公司面临的最直接风险是竞争对手通过提供优质产品、更好的服务或更优惠的价格来侵蚀公司市场份额的威胁。大多数公司都非常清楚他们的竞争对手在做什么,并积极规划应对这些威胁的策略。这些威胁和应对威胁的计划会对诸如"销售保修费用"、"广告营销费用"等科目产生直接影响。

(2) 潜在进入者:它是新竞争者进入市场的可能性。快速增长或高利润的行业往往会迅速吸引新的竞争者。潜在竞争者的威胁取决于进入壁垒的水平,如生产规模、品牌、忠诚度、转换成本、技术限制、退出和进入市场的成本以及行业层面的能力问题。这些威胁会对诸如收入、成本、库存过时、资产估值和减值等会计事项产生直接影响。

(3) 替代产品:由于技术的变化和替代品的引入,曾经非常有利可图的产品会突然被赶出市场,这种类型的威胁可能是直接的(例如:胶卷相机被数码相机替代,固定电话被手机替代),也可能是间接的(例如:随着越来越多的会议通过视频会议进行,导致酒店和餐饮的业务下降)。替代品威胁的决定因素包括替代品质量、成本、转换成本和购买者对原始产品的忠诚度。

(4) 供应商:投入的人力和物力成本对公司盈利能力有严重影响。来自供应商的潜在威胁的严重性将取决于:①输入所需的专业化程度(尤其是复杂的组件)。②潜在供应商的集中度和垄断力。③替代投入的存在。④可能导致统一定价的供应商之间的合作程度。

(5) 顾客:顾客议价能力的程度或他们善变的口味都可能构成威胁。来自客户的威胁的严重程度取决于与公司总销售额相关的客户数量水平、买家从其他客户获取定价信息的能力以及产品关键部分的品牌认知度(例如,对于大多数计算机购买者来说,包含英特尔芯片和 Windows 软件可能比计算机品牌更重要,Apple 除外)。这些威胁会对诸如库存过时、资产估值和减值等会计事项产生直接影响。

波特五力对公司发展影响的案例有很多,下面略举一二。

> **例 12-14**
> 在轮式行李箱尚未涌现众多模仿者时,具有隐藏式、可提取拉手的手提轮式行李箱的发明者享受了一段短暂但高利润的时期。然而轮式行李箱市场进入门槛低,老牌制造商凭借品牌忠诚度和已建立的分销渠道,能够较容易地调整生产能力,转换生产能力的成本较低。此外,轮式技术还不够独特,无法在法律上受到保护。结果,最初的发明者发现利润率和市场份额被残酷的竞争对手迅速侵蚀。

> **例 12-15**
> SAP 是基于业务环节的公司资源规划系统的最大供应商之一。SAP 应用程序的安装成本高、复杂且耗时,并且需要大量的内部计算资产。一些分析家现在认为,随着近年来"云计算"这一基于 Internet 的软件趋势的兴起,SAP 类型的安装将变得过时或不必要。如果这种趋势发展得足够快,传统 SAP 产品的销售可能会受到挤压,拥有大量 SAP 相关资产的公司可能需要考虑其价值是否受到损害。

表12-3列示了公司面临的外部威胁的潜在指标,其中,前四部分举例列出了审计师可能关心的对公司PEST分析的问题;后四部分介绍了审计师可能关心的帮助他们了解行业力量的问题。

表12-3 公司面临的外部威胁的潜在指标

风险类别	潜在风险指标
政治	1. 公司对变化的敏感程度: (1) 所在国政局稳定? (2) 国际贸易规则? (3) 国内法规,包括劳动法、消费者保护、贷款规则和/或环境法规的规定? 2. 行业: (1) 反垄断关注的目标? (2) 受工资或价格控制? 3. 该公司或行业是否获得了有利的监管待遇?
经济	1. 该公司是否比其他公司更容易或更少地受到以下影响: (1) 一般经济状况的变化? (2) 货币供应量和通货膨胀的变化? (3) 劳动力池和失业水平的变化? (4) 能源成本的变化? (5) 商品市场的变化? (6) 资本市场的变化? 2. 经济周期对公司有何影响?
社会	1. 该公司或多或少: (1) 是否依赖于受过教育和训练有素的熟练劳动力的供应? (2) 可能对其持批评态度的非政府公司感兴趣? 2. 该行业在消费者中是否有负面声誉? 3. 生活方式变化对行业的影响有多大? 4. 员工的工作场所期望会影响劳资关系吗? 5. 即将到来的人口变化如何影响公司?
技术	1. 该公司是否或多或少地依赖于科学进步? 2. 技术优势是否受到竞争保护? 3. 使用的关键技术变化有多快? 4. 未来打算是什么: (1) 行业新产品引进率? (2) 自动化水平和未来变化的前景? (3) 相对于当前活动的适当研发水平?
供应商	1. 供应商是否具有显著的议价能力? 2. 投入品: (1) 差异化? (2) 受到干扰? (3) 是否有足够的质量? 3. 在投入品短缺的情况下可以替代供应吗? 4. 投入品是否是供应商的专业市场利基? 5. 转换到新供应商的成本高吗? 6. 潜在供应商很少吗? 7. 供应商能否将下游整合到你的市场空间中?

(续表)

风险类别	潜在风险指标
供应商	8. 供应商的交易量对供应商重要吗？ 9. 投入品是否影响产成品和服务的差异化能力？ 10. 是否能以合理的成本获得足够的熟练劳动力？ 11. 是否能以合理的成本获得足够的资金？
潜在进入者或替代品	1. 进入门槛低吗？ 2. 客户向新供应商的转换成本低吗？ 3. 目前是否存在产能不足？ 4. 当前的利润水平是否有可能吸引潜在进入者？ 5. 市场容易分裂吗？ 6. 潜在进入者是否有： 　（1）卓越的技术？ 　（2）成本优势？ 7. 新进入者是否敏捷灵活？
顾客	1. 买家有没有： 　（1）显著的议价能力？ 　（2）转换成本低？ 　（3）优越的市场信息？ 2. 买家需要定制的产品或服务吗？ 3. 买家的交易成本低吗？ 4. 买方是否依赖产品或服务？ 5. 买家能否上游融入公司的市场空间？ 6. 是否买家： 　（1）对价格敏感？ 　（2）品牌意识还是时尚意识？ 　（3）利润太低无法维持其活动？ 　（4）对产品和服务的替代持开放态度？ 　（5）对来自客户的压力敏感吗？
竞争对手	1. 竞争对手是否有： 　（1）优质的产品或服务？ 　（2）成本优势？ 　（3）品牌识别？ 　（4）拥有专有技术？ 　（5）获取资源优势？ 　（6）法律或监管优势？ 2. 客户的转换成本低吗？ 3. 竞争对手是否在分销渠道中获得优惠待遇？ 4. 竞争对手是否敏捷灵活？ 5. 竞争对手能否轻松掌握话语权？ 6. 竞争对手能否快速将新产品和服务推向市场？

三、战略风险评估对审计的影响

为了进一步了解战略风险的性质，我们下面分析源自外部环境的风险是如何影响公司的内部运营，并最终影响财务报表审计的。

表12-4列出了经前述宏观环境和行业环境分析识别出的公司可能面临的几个战略风险（SR）示例，尽管这些风险并不特定于任何一个公司，但它们说明了可能由各种来源引起的战略风险及其对审计的潜在影响。

表12-4 风险评估：战略风险和潜在审计影响示例

战略风险/威胁	风险来源	潜在审计影响
SR1：竞争对手开始为产品提供延长保修保护	竞争对手	**审计风险**：保修承诺的增加可能需要将保修费用估计增加到高于历史模式
SR2：竞争对手正在迅速提高支付给关键高级会计和管理人员的薪酬	竞争对手	**控制环境**：决策和信息处理的可靠性可能会随着员工流失而降低 **审计风险**： （1）劳动力成本的分配可能需要根据工资水平的相对变化进行修订 （2）可能需要增加应计费用
SR3：由于产区的恶劣天气条件，高档原材料供应极为短缺	供应商	**审计风险**： （1）标准成本计算公式中可能需要增加浪费和损坏率 （2）可能存在与采购承诺相关的估值问题 **控制环境**：为满足客户需求而偷工减料的压力
SR4：顾客行业正处于衰退之中	经济，顾客	**审计风险**：应收账款可能无法以历史汇率收回，并且可能需要增加无法收回的准备金 **客户生存能力**：客户群萎缩
SR5：消费者的口味已经改变，需要改进公司产品的功能和质量	社会，顾客	**客户生存能力**：失去市场份额 **审计风险**：手头存货可能会过时或失宠，因此账面价值可能无法变现 **控制环境**：达到销售目标以保护工作岗位和/或奖金的压力
SR6：公司产品从零售点到互联网、电话营销和送货上门的首选分销渠道转换	技术，顾客	**审计风险**：现有分销渠道可能需要关闭，从而产生重组成本（裁员、资产处置） **生存能力**：无法及时适应
SR7：新进入市场的产品优于现有产品	技术，潜在进入者	**审计风险**：由于过时或数量过剩，库存估值可能需要降低到成本或市值中的较低值 **客户生存能力**：失去市场份额
SR8：政府对公司产品的分销施加了新的规定	社会，政治	**客户生存能力**：如果不适应，就会失去市场份额 **审计风险**：由于过时或数量过剩，库存估值可能需要降低到成本或市值中的较低值 **控制环境**：努力规避限制以达到销售目标
SR9：股东抗议公司的研发方法	社会	**审计风险**：如果相关产品需求下降，资本化开发成本的估值 **控制环境**：努力隐藏或伪装研发的性质

(续表)

战略风险/威胁	风险来源	潜在审计影响
SR10:外汇波动挤压国际销售利润率	经济	**审计风险**: (1) 正确处理汇兑损益 (2) 金融衍生品的会计处理
SR11:由于老化和无法升级流程,制造设施变得没有竞争力	技术	**审计风险**:固定资产减值 **客户生存能力**:如果无法提高价格,则会导致利润收紧导致亏损

上述风险对公司发展和审计的影响并不都是相同的,有的风险发生的可能性大,有的可能性小;有的发生后影响度大,有的影响度小,所以对每一风险都需进行发生可能性和发生后的影响度的分析,以把握审计关注的重点。

评估和记录风险的常用技术是风险图分析技术,如图 12-4 所示,它从潜在风险的可能性和影响度两个方面来评估每一战略风险,并将结果列入图中相应的位置。

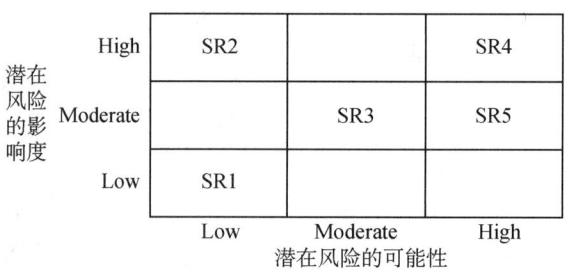

图 12-4　风险分析:在风险图上对战略风险排序

图 12-4 仅包含表 12-4 中的前五个风险以保持图表外观上的整洁。

在左下角分类的风险被认为不太重要,因为它们不太可能对公司造成严重问题。风险越向上和向右移动,它就会被认为越重要。在图中,SR4(行业衰退)显然是最重要的,SR1 可能由于其相对微不足道而被管理层所忽略(即接受),SR2(不断上升的劳动力成本)和 SR5(不断变化的消费者口味)之间的平衡对管理层来说是一项挑战,因为它们在一个维度上的评价都很高,而管理层的反应将取决于每种风险的情况。在大多数公司中,发生可能性较低但发生后影响度较高的风险(SR2)以例外或危机管理为基础进行处理。影响度不很大但可能经常发生的风险(SR5)通常在常规流程和程序中解决。

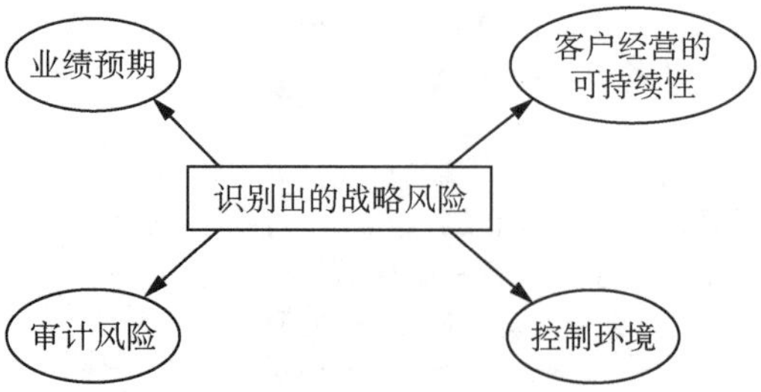

一旦确定了战略风险的优先级,审计师就应该考虑风险对计划和实施审计的影响。图 12-5 说明了任何给定风险可能引起的四种类型的问题。

(1) 业绩预期:对风险状况的了解将影响审计师对财务结果的预期。例如,如果知道竞争对手引发了价格战,审计师就会预计收入增长会放缓,利润率会收紧。公司可能不希望价格下降,但可以通过提高服务水平来应对,从而增加成本和挤压利润。审计师合理预期的能力对于执

图 12-5　战略风险对审计潜在影响

行分析程序尤其重要。

（2）客户经营的可持续性：如果风险足够严重，则可能表明一个公司当前的业务计划和目标市场不再可行。如果问题很严重，公司可能无法持续经营，审计师将不得不考虑破产的可能性。即使问题具有长期性质，审计师也可能需要考虑财务披露是否充分反映了情况。在终结审计阶段，审计师需要考虑客户是否有能力在财务报表日期之后能"持续经营"一年或更长时间。

（3）审计风险：一些风险提供证据表明某些财务报表认定可能不准确。例如，来自竞争对手或新进入者的威胁可能会导致销售损失。如果库存受到过时的威胁，则存货估价可能存在问题。如果整个工厂都依赖于过时产品的制造，那么审计师应该考虑的资产减值可能会出现更严重的问题。这些风险导致审计师需要设计对财务报表认定的直接测试。

（4）控制环境：一些威胁以某种方式对控制环境施加压力，以至于管理层可能会觉得唯一的应对就是采取不适当的行动，即产生舞弊的动机。这种压力对审计师来说很重要，因为管理层可能会使用会计操纵来掩饰经营失败（如安然和世通等公司所发生的那样）。这些会在财务报表审计中影响审计师对内部控制有效性的评估。

> **例 12-16**
>
> 从 2004 年一直到 2008 年经济危机开始，多种情况共同导致全球油价大幅上涨。早期直接依赖石油的公司，如公用事业和航空公司，遭遇了利润率显著下降。就石油是产品的成本组成部分而言，大幅涨价可能会对生产成本产生重大影响，并可能威胁到财务薄弱的公司的生存。由于价格居高不下，美国的整个汽车工业，尤其是大型耗油汽车的生产企业，开始陷入困境。随后在 2008 年经济衰退期间油价暴跌也无济于事，因为消费者似乎相信高油价的缓解只是暂时的。油价在相对较高和较低之间的这种持续波动不仅会影响石油和石油产品的库存价值，还会影响航空公司、汽车制造商等行业的利润率。

表 12-4 提供了一些已识别出的战略风险可能影响的示例，如 SR6，通常通过零售店销售的产品现在改为通过互联网销售并直接送货上门，可能会变得更具吸引力。这种变化会给公司带来风险，因为客户可能会转向竞争对手，电脑耗材是出现这种现象的一个市场，这对公司内部活动的影响可能很大，销售形式和产品交付的性质都将发生变化，转向更加基于技术的方法。而建立新的销售和分销系统对设备和系统的需求，使得技术和有形资源也受到影响。

对战略风险和管理层应对措施的分析对审计很重要，因为它们对"经营现实"的影响需要在财务报表中得到适当反映。在我们的例子中，分销渠道的变化可能会引发有关"旧渠道"中使用的资产减值的问题。此外，如果变化足够剧烈，公司可能需要进行重大重组，这可能会导致一些人员的裁员、其他员工的搬迁和再培训以及资产的处置。所有这些结果都会产生审计师必须检查的问题，以确保它们在财务报表中得到适当反映。

表 12-4 中识别的许多审计影响，本质上是一般性的。审计过程需要对整体审计风险有更详细的了解，但对战略风险的分析告诉审计师很多关于公司和行业性质的信息。当审计师完成这项分析时，他或她应该能非常深入地了解客户、其市场地位、决定其成功的因素以及所面临的风险。审计师对客户风险状况的了解，也提高了其对公司的控制环境和相关财务报表重大错报风险的判断能力，并有助于审计师计划和实施财务报表审计。

> **例 12-17**
>
> 20世纪90年代,通用电气未能在资产负债表同前后向家得宝提供足够的灯泡库存,家得宝创始人伯尼·马库斯和亚瑟·布兰克决定停止与通用电气的任何业务往来。尽管通用电气在家得宝的其他产品线中占有重要地位,但在马库斯和布兰克任职期间,家得宝只销售飞利浦灯泡。
>
> **例 12-18**
>
> Wordperfect 是20世纪90年代初期销量最大的个人电脑文字处理软件包,它由犹他州一家相对较小的独立公司开发和销售,该公司被 Corel 渥太华(一家来自加拿大的公司)收购。后来,Wordperfect 被微软的 Word 超越,并不是因为它是一个明显的优势产品,而是因为微软出色的营销能力和庞大的安装基础。最终,微软占据了主导地位,Wordperfect 失去了很大的市场份额,导致 Corel 渥太华损失惨重。

通过以上第二、第三、第四节对公司整体层面的了解和可能存在的战略风险的分析,审计人员已能基本掌握公司治理层面可能存在的问题,以及它们对经营环节和财务报表相关账户带来的影响,并通过汇总归纳,形成战略风险汇总表,如表12-5所示。

表 12-5 战略风险分析汇总表

工作底稿索引	战略分析内容	战略风险汇总	影响的经营环节	影响的重要账户
	宏观环境风险			
	行业环境风险			
	公司目标和战略分析			
	公司经营模式分析			
	业绩衡量指标分析			

公司整体层面的分析是新客户审计时的重要工作,由于其工作量大,对审计人员的技术素养要求高,所以是对审计项目负责人的重大挑战,而其形成的永久性工作底稿,则可供后续审计或以后年度审计作重要参考和指导。

参考格式12-1列示了供参考的从公司治理层面了解和战略风险分析工作底稿的一般模板,也是对公司整体层面分析逻辑的归纳。

参考格式 12-1

了解被审计单位及其环境(公司治理层面)

被审计单位:_____ 索引号:_____

项目:_____ 财务报表截止日/期间:_____

编制:_____ 复核:_____

日期:_____ 日期:_____

公司治理层面所需了解的内容主要有五个方面:

1. 行业状况、法律环境、监管环境及其他外部因素

2. 被审计单位的经营目标和战略
3. 被审计单位的经营模式
4. 被审计单位财务业绩的衡量和评价
5. 被审计单位对会计政策的选择和运用
6. 战略风险分析汇总表

一、行业状况、法律环境、监管环境及其他外部因素

（一）了解和分析计划

了解和分析程序	执行人	执行时间	索引号
向公司治理层了解询问其主要产品、行业发展状况等信息			
查阅××券商编写的关于被审计单位及其所处行业的研究报告			
将被审计单位的关键业绩指标（销售毛利率、市场占有率等）与同行业中规模相近的企业进行比较			
……			

（二）了解的内容（即执行程序的具体内容）

1. 行业状况

（1）所在行业的市场供求与竞争

> 被审计单位所处什么行业，主要产品是什么；
> 行业的总体发展趋势；
> 行业处于哪一总体发展阶段（例如：起步、快速成长、成熟或衰退阶段）；
> 市场需求、市场容量和价格竞争情况；
> 行业上下游关系情况；
> 最重要的竞争者，他们所占的市场份额；
> 竞争者主要的竞争优势。

（2）生产经营的季节性和周期性

> 行业是否受经济周期波动影响，以及采取了什么行动使波动的影响最小化；
> 行业生产经营和销售是否受季节影响。

（3）产品生产技术的变化

> 本行业的核心技术；
> 受技术发展影响的程度；
> 行业是否开发了新的技术；
> 被审计单位在技术方面是否具有领先地位。

(4) 能源供应与成本

能源消耗在成本中所占比重,能源价格的变化对成本的影响;
碳达峰和碳中和法规要求对企业发展的影响。

(5) 行业的关键指标和统计数据

行业产品平均价格、产量规模;
被审计单位业务的增长率和财务业绩与行业的平均水平及主要竞争者相比如何,存在重大差异的原因是什么;
竞争者是否采取了某些行动,如购并活动、降低销售价格、开发新技术等,从而对被审计单位的经营活动产生影响。

2. 法律环境及监管环境

(1) 对经营活动产生重大影响的法律法规及监管活动

国家对该行业是否有特殊监管要求。

(2) 对开展业务产生重大影响的政府政策,包括货币、财政、税收和贸易等政策

现行货币政策、财政政策、关税和贸易限制或税务法规对被审计单位经营活动产生怎样的影响。

(3) 与被审计单位所处行业和所从事经营活动相关的环保要求

是否存在新出台的法律法规(如新出台的有关产品责任、劳动安全或环境保护的法律法规等),对被审计单位的影响。

3. 其他外部因素

(1) 宏观经济的景气度
(2) 利率和资金供求状况
(3) 通货膨胀水平及币值变动
(4) 国际经济环境和汇率变动

当前的宏观经济状况如何(萧条/景气),以及未来的发展趋势;
利率和资金供求状况如何影响被审计单位的经营活动;
目前国内或本地区的经济状况(如增长率、通货膨胀、失业率、利率等)对被审计单位的经营活动的影响;
被审计单位的经营活动是否受到汇率波动或全球市场力量的影响。

二、被审计单位的经营目标和战略

(一) 了解和分析计划

了解和分析程序	执行人	执行时间	索引号
向治理层了解被审计单位中长期经营目标; 向治理层了解被审计单位为实现中长期经营目标而制定的战略规划			

(续表)

了解和分析程序	执行人	执行时间	索引号
查阅被审计单位经营规划和其他文件			
……			

(二) 了解的内容(即执行程序的具体内容)

1. 公司目标

公司目标:
公司目标制定的逻辑依据:

2. 公司战略

公司战略:
公司战略制定的逻辑依据:

三、被审计单位的经营模式

(一) 了解和分析计划

了解和分析程序	执行人	执行时间	索引号
向公司治理层询问被审计单位所有权结构、治理结构、组织结构、近期主要投资、筹资情况			
向销售人员询问相关市场信息,如主要客户和合同、付款条件、主要竞争者、定价政策、营销策略等			
查阅组织结构图、治理结构图、公司章程,主要销售、采购、投资、债务合同等			
实地察看被审计单位主要生产经营场所			
……			

(二) 了解的内容(即执行程序的具体内容)

1. 所有权结构

(1) 所有权性质(属于国有企业、外商投资企业、民营企业还是其他类型)

(2) 所有者和其他人员或单位的名称,以及与被审计单位之间的关系

所有者	主要描述(法人/自然人/,企业类型,自然人的主要社会职务,企业所属地区、规模等)	与被审计单位之间的关系

(3) 控股母公司

控股母公司的所有权性质,管理风格及其对被审计单位经营活动及财务报表可能产生的影响;
控股母公司与被审计单位在资产、业务、人员、机构、财务等方面是否分开,是否存在占用资金等情况;
控股母公司是否施加压力,要求被审计单位达到其设定的财务业绩目标。

2. 治理结构

(1) 获取或编制被审计单位治理结构图
(2) 对图示内容作出详细解释说明

董事会的构成和运作情况;
董事会内部是否有独立董事,独立董事的人员构成;
治理结构中是否设有审计委员会或监事会及其运作情况等。

3. 组织结构

(1) 获取或编制被审计单位组织结构图
(2) 对图示内容作出详细解释说明

获取被审计单位组织结构图;
了解和分析组织结构中控股和参股比例;
分析财务报表合并关系。

4. 经营活动

(1) 主营业务的性质:_____
(2) 主要产品描述

主要业务;
主要产品;

(3) 重要供应商

主要供应商名单;
是否签订长期供应合同;
原材料供应的可靠性和稳定性;
付款条件;
原材料是否受重大价格变动的影响。

(4) 关键客户

销售对象是少量的大客户还是众多的小客户；
是否有被审计单位高度依赖的特定客户(如超过销售总额10%的顾客)；
是否有造成回收性风险高的若干客户或客户类别(如正处在一个衰退市场中的客户)；
是否与某些客户订立了不寻常的销售条款或条件。

(5) 业务的开展情况

业务分部的设立情况和价值链关系；
产品和服务的交付情况；
衰退或扩展的经营情况。

(6) 联盟、合营与外包情况

根据公司实际情况填写。

(7) 从事电子商务的情况

是否通过互联网销售产品,提供服务或从事销售活动。

(8) 生产设施、仓库的地理位置及办公地点

根据公司实际情况填写。

(9) 劳动用工和生产安全情况

分地区用工情况；
劳动力供应情况；
工资水平、其他福利、股权激励或其他奖金安排；
生产安全规章制度和历年安全事故情况。

(10) 研究与开发活动及其支出

从事的研究与开发活动及长期规划；
研发支出占收入比重；
与同行业相比情况。

(11) 关联方交易

哪些客户或供应商是关联方；
对关联方和非关联方是否采用不同的销售和采购条款；
关联方交易以及定价政策。

5. 投资活动
(1) 近期拟实施或已实施的并购活动与资产处置情况

被审计单位的并购活动计划,如何与目前的经营业务相协调;
产业结构调整和资产处置计划。

(2) 证券投资、委托贷款的发生与处置

根据公司实际情况填写。

(3) 资本性投资活动

固定资产和无形资产投资;
近期发生的或计划发生的投资变动;
重大的资本承诺。

(4) 不纳入合并范围的投资

联营、合营或其他投资,包括近期计划的投资项目。

6. 筹资活动
(1) 债务结构和相关条款,包括担保情况及表外融资

获得的信贷额度是否可以满足营运需要;
得到的融资条件及利率是否与竞争对手相似,如不相似,原因何在;
是否存在违反借款合同中限制性条款的情况;
是否承受重大的汇率与利率风险。

(2) 固定资产的租赁

通过融资租赁方式进行的筹资活动。

(3) 关联方融资

关联方融资的特殊条款;
关联方融资占融资总额的比重。

(4) 实际受益股东

被审计单位实际受益股东的名称、国籍、商业声誉和经验,以及可能对被审计单位产生的影响。

(5) 衍生金融工具的运用

衍生金融工具是用于交易目的还是套期目的;
衍生金融工具的种类;
使用衍生金融工具的范围;
交易对手。

四、被审计单位财务业绩的衡量和评价

（一）了解和分析计划

了解和分析程序	执行人	执行时间	索引号
了解和分析公司治理层制定的与公司战略目标相关的业绩指标；查阅治理层制定的对管理层和员工的业绩考核制度、激励政策和执行情况			
分析竞争对手的业绩指标和薪酬激励机制，判断是否具有竞争力			
……			

（二）了解的内容（即执行程序的具体内容，根据实际情况填写）

1. 关键业绩指标

2. 业绩趋势

3. 预测、预算和差异分析

4. 管理层和员工业绩考核与激励性报酬政策

5. 分析薪酬和激励政策的执行情况

6. 与竞争对手的业绩和激励机制比较

五、被审计单位对会计政策的选择和运用
(一) 了解和分析计划

了解和分析程序	执行人	执行时间	索引号
向财务总监询问被审计单位采用的主要会计政策、会计政策变更的情况；财务人员配置和构成情况等			
查阅被审计单位会计工作手册、操作指引等财务资料和内部报告			
……			

(二) 了解的内容(即执行程序的具体内容)

1. 适用的会计准则、会计制度和行业特定惯例

被审计单位是属于上市公司还是非上市公司，如是上市公司，是在境内还是境外上市，相应地适用的什么会计准则或会计制度，例如是企业会计准则还是《企业会计制度》或者《小企业会计制度》？是否仍采用行业核算办法？

2. 被审计单位选择和运用的会计政策

重要的会计政策	被审计单位选择和运用的会计政策	对会计政策选择和运用的评价
发出存货成本的计量		
长期股权投资的后续计量		

(续表)

重要的会计政策	被审计单位选择和运用的会计政策	对会计政策选择和运用的评价
固定资产的初始计量		
无形资产的确定		
非货币性资产交换的计量		
收入的确认		
借款费用的处理		
合并政策		
……		

3. 会计政策变更的情况

原会计政策	变更后会计政策	变更日期	变更原因	对变更的处理（调整、列报等）	对变更的评价

4. 披露

被审计单位是否按照适用的会计准则和会计制度对会计政策的选择和运用进行了恰当的披露。

六、战略风险分析汇总表

工作底稿索引	战略分析内容	风险汇总	影响的经营环节	影响的重要账户
	宏观环境风险			
	行业环境风险			
	公司目标和战略分析			
	公司经营模式分析			
	业绩衡量指标分析			

第五节 对公司总体层面控制的评价及重要经营风险的结论

一、管理控制

公司治理层使用管理控制和绩效数据来监控公司运营和战略风险,因此,有效执行控制和对绩效数据的监控可提高公司运营效率,保障公司合规经营,确保财务报告信息可靠。同时可及早发现和管控紧急问题,确保不对公司运营和财务报表产生重大影响。

管理控制是一个系统,是"用于维持或改变组织活动模式的系统",是高级管理层为促进有效决策和有效执行、同时降低战略风险而建立的组织保障。管理控制侧重于组织内的整体有效性和效率,而不是单个活动或交易细节的控制,但如果没有整体上的管理控制,公司经营活动或交易层面的内部控制就难以有效发挥作用,所以管理控制是保证环节和业务活动正常运行的基础。

> **例 12-19**
> 股票期权为高管操纵收益创造了潜在的诱因,期权的价值与公司股票的价格挂钩,因此,如果坏消息导致股票价格大幅下跌,管理层将损失巨大。这可能会导致管理层试图通过会计操纵来掩盖糟糕的业绩。在 2005 年对 Worldcom(现为 Verizon 的一部分)前首席执行官伯尼-埃伯斯的审判期间,证人兼前首席财务官斯科特-沙利文声称,埃伯斯指示他使用任何必要的技巧来确保实现盈利预测,因为如果世通股价下跌,将会对高管的个人财富产生影响。沙利文声称,这种压力导致他进行了美国历史上最大的欺诈行为。

> **例 12-20**
> 负责监督生产的经理可以获得每周报告,报告详细说明按产品线和制造过程划分的生产成本,包括成本差异分析。如果成本迅速上升,此信息可能有助于评估和应对影响公司供应链的风险。

二、管理控制要素

管理控制系统主要包括五大要素:内部环境、风险评估、控制活动、信息与沟通和内部监督。管理控制五大要素相互联系,相互作用,为公司整体层面的风险防范发挥积极作用。

(1) 内部环境。内部环境是一个公司的管理氛围,是建立整个公司控制体系的基础,它包括公司文化和道德价值观、公司治理机制、管理哲学和经营风格、组织架构、责权利的划分和不相容职务的分离、人力资源政策等。内部环境的好坏会影响整个公司员工的工作作风和公司的长远发展。一个充满正能量的公司常常规范高效、蒸蒸日上;反之,如果公司唯利是图,就走不远。

(2) 风险评估。风险评估是一个公司风险意识的组织落实。在高速发展的社会中,内外部环境的快速变化会不断挑战公司的正常运营,如不加关注,就会引发巨大经营风险,因而必须建立风险评估机制,及时地识别公司战略和经营中的风险,科学地评估风险对公司发展的影响,并有效地提出应对风险的措施。凡事预则立,不预则废,风险评估机制就是要将风险防患于未然之中。

(3) 控制活动。控制活动是一个公司防范和应对风险、确保公司经营目标实现的一系列措施。公司治理层的控制活动包括经营目标的分解、经营授权、预算制度、内控制度、财务制度、人事制度、绩效考评制度等的建立,内部审计、纪检监察部门的有效工作等。管理控制活动是确保公司得以有序运行、公司目标和战略得以有效实施、内外部风险能得以有效化解的一切制度和活动。

(4) 信息与沟通。信息与沟通是公司确保有序运行、治理层赖以指挥和控制的神经系统,是公司上情下达、下情上达、内部互通、有效运转的保证手段。现代信息技术的高度发达为现代化管理的发展创造了有利条件,大数据、区块链、物联网、人工智能等技术为现代化的智慧管理发展提供了有力支撑。但信息系统也是一把双刃剑,用得好,如虎添翼;用得不好,造成灾难,因而必须确保可靠。

(5) 内部监督。内部监督是公司管理控制中的一个独特制度安排,它既是控制活动的一个组成部分,又独立于其他控制活动。它既有像内部审计、纪检监察这样专事监督的独立部门,又有各部门、各业务环节开展经营活动所需建立的各种内部监督制度,既对人进行监督,也对事进行监督。内部监督的最主要目的是保证人人行为规范、事事责任落实。

管理控制系统的建设和有效运行,为公司目标的实现和战略风险的防范提供了有效保证,所以是审计人员在战略分析阶段必须掌握的信息,也是判断前述可能的战略风险是否会传导到业务经营环节和财务报表账户的重要依据。

例 12-21

许多制造公司将生产质量的某些责任委托给工厂一线员工。当产品质量由于劣质材料或设备故障而恶化时,他们离操作流程最近,并且处于最佳位置观察。在加拿大安大略省名为"CAMI"的通用汽车——铃木合资公司中,所有生产工人都可以使用"停止工作"信号,如果发现缺陷,可以关闭生产线。及早发现缺陷可以避免在装配线末端需要返工的产品库存,并从长远来看降低整体保修和服务成本。

三、评估管理控制

为了评估管理控制的有效性,审计师必须确定哪些管理控制得到有效实施后可以降低特定风险。审计师可以审查程序手册、定期报告和内部审计测试,与公司董事会、监事会及高级管理层进行面谈,以评估管理层在建立管理控制制度,识别、监控和应对风险方面的有效性。例如与负责处理关键风险的人员面谈,包括首席执行官、首席财务官、首席运营官和高级副总裁(例如高级战略师),通常,他们应能回答以下问题:

(1) 你如何识别需要解决的风险?
(2) 你如何评估风险的重要性并确定其优先级?
(3) 你使用哪些信息和报告来监控重要风险?谁生产信息?信息的可靠性和及时性如何?
(4) 你如何决定采取何种行动来应对已识别的风险?
(5) 来自其他领域的上级或人员何时参与应对风险?

(6) 其他人对你识别的风险的反应如何？

(7) 资源（时间、预算、合格人员）是否足以及时有效地应对风险？

评估管理控制的一个重要部分是确定要提问的合适人选。不同部门的上层和中层管理人员将负责管理风险的不同方面。除了与最终负责管理风险的高级经理面谈，审计师还应与过程中最接近风险的人讨论控制措施。

这些人通常被称为环节责任人（process owners），因为他们是公司内各环节的管理者。在许多情况下，合适的面谈人员不在会计和财务领域，而是可能从事研发、人事或制造等不同职能。通过与不同的人谈论相同的风险，并尽可能获取支持文件，审计师可以对管理控制的质量有相对完整的了解。

有效管理控制的一个共同特征是需要可靠、及时和适当的信息。编制和监控报告的过程必须可靠。月度预算分析中使用的信息如果由数据处理部门从主会计系统生成，则比由经理使用其他自己的设计 Excel 表格生成的数据更为可靠。对于审计师识别出的每项重大风险，都应考虑是否存在管理控制来减轻风险。如果战略风险对审计有重大影响，那么相关控制也与审计相关。表 12-5 列示了管理控制措施和审计计划之间的关系。例如，对于第一项，监控竞争对手的行为。此程序对于管理竞争对手在没有警告的情况下推出新产品、降低价格或改进服务的风险非常重要。这种风险可能会影响收入水平、利润率、库存估值、服务成本和销售费用，具体的影响程度取决于公司的反应速度和应对策略。为了评估管理层的应对是否有效，审计师可以检查管理层使用的定期报告并评估管理层应对的有效性和及时性。

> **例 12-22**
>
> J. D. Power and Associates 致力于收集有关在美国和加拿大销售的所有大型汽车的客户满意度数据，由于该公司与汽车制造商保持独立关系，其发布的客户满意度评级备受推崇。加拿大汽车协会和消费者联盟也为大多数汽车提供可靠性、安全性和维修方面的独立评级。这些评级机构为希望保持和扩大其市场份额的汽车制造商提供了非常重要的信息。评级结果可以提醒管理层注意其产品的问题，也可以向审计师提供有关生产或设计过程中潜在问题的证据。

表 12-5　管理控制措施和审计计划的关系

管理控制	测试控制有效性所需的审计证据	控制证据对整体审计的潜在影响	对财务报表认定测试的潜在影响
该公司监控其主要竞争对手，以估计新产品的上市时间。营销的有效性也相对于竞争进行评估	审计师可以从营销部门获得和审查关于广告和促销的上市时间和质量的报告	市场数据可以提供潜在竞争对手的领先指标以及新产品或广告失败的证据	失败的产品或营销可能会引发资产减值或库存过时的问题
一家公司每月编制年度销售、费用和支出预算并监控差异。在需要时，及时启动纠正措施	审计师可以获得年度预算和月度差异报告的副本。差异的处理应与适当的人员讨论	月度差异报告确定可能表明经营风险或会计异常情况	分析结果会影响特定财务报告项目的发生和完整性等相关会计认定的可靠性

(续表)

管理控制	测试控制有效性所需的审计证据	控制证据对整体审计的潜在影响	对财务报表认定测试的潜在影响
公司维护并执行有关管理利益冲突的政策。所有管理人员必须每年完成一份利益冲突报告	审计师可以与管理层讨论利益冲突政策,审查一系列利益冲突报告,并核实明显冲突的后续行动和解决情况	最小化	冲突报告可能会指明应披露的关联方或其他交易。此类交易的估值可能需要核实
该公司准备每周销售报告,按产品线和地理区域跟踪营业额	审计师可以获得每周报告(或样本)并对其进行审查,以便适当的人员进行适当的审查和跟进	每周报告提供有关库存估价的分析证据。每周报告中的数量可用于核对每个永久记录的库存计数	库存周转统计可以表明审计师在库存认定的年终测试期间应该计算和检查的项目
应收账款经理每月监控逾期应收账款,对逾期60天的任何账款进行跟进,账户注销必须得到应收账款经理和CFO的批准	审计师可以与应收账款经理讨论监控过程并审查他使用或准备的报告。此外,可以审查逾期账款样本以进行适当处置	应收账款经理的报告提供了关于可收集账户的分析证据	应收账款经理的报告识别的交易和/或账户可能需要在年底进行深入分析
公司利用内部审计部门对关键法规进行定期合规审查	审计师可以获得内部审核计划、工作成果和报告的副本。应对异常情况审查文件	最小化	内部审计报告可能会揭示需要披露的事件或可能导致对罚款或处罚的或有负债的确认

四、管理控制降低风险的证据

管理层执行的多项常规控制可能会在审计业务执行过程中为审计师提供有用的信息。审计师可以针对表现出色的控制进行测试,并将之作为审计证据。即使管理控制看似有效,审计师也必须获取证据来支持控制有效的结论。审计师不能简单地根据自己的直觉或管理层已实施的控制和未经证实的声明来降低对重大错报风险的评估。审计师需要获取充分和适当的证据,以证明风险没有那么严重,并且这些证据通常是通过控制测试获得的,表12-5中包含了一些用于测试控制有效性的示例。为了使管理控制有效,它们必须经过精心设计,设计不当的控制不会降低风险。

> **例 12-23**
> 是否想过在家得宝这样的零售店退货时,为何必须去商店前面的一个特殊区域退货?这种职务分离的目的是将销售商品的人和为退货退款的人分开。此外,将退货区域设在靠近商店入口的显眼位置,很便于随时派驻一名主管,他可以在承担其他管理角色的同时批准退货。

审计师可以通过以下方式收集证据以支持有关管理控制设计有效性的结论:

(1) 客户询问：通过与多个人就相同的风险或控制进行讨论，审计师可以深入了解管理控制的实际效果。

(2) 观察：审计师可能能够实时观察实际工作，并对管理控制的适当性、能力和可靠性形成意见。

(3) 文件审查：由于许多管理控制依赖于定期报告，审计师应获取任何报告或文件的副本，这些报告或文件可提供有关管理层控制特定风险的努力的证据。

为了使效率更高，控制不仅需要精心设计以减少或限制风险，而且还需要付诸实施。审计师可以灵活使用上述三种技术以及以下方法获取证据来支持有关管理控制实施有效性的结论：

审计师需要控制执行测试，即应获取管理层执行管理控制有效性的证据，以确保管理控制为降低风险发挥了作用。审计师还需要评估用于确定失控情况的标准（有时需要专家来协助），以确定这些标准在检测重大失控事件方面发挥了作用。审计师还需要与适当的管理层讨论所发现的问题是如何整改的，以判断所发现风险的影响度。

> **例 12 - 24**
>
> 在对一家欧洲中型银行的审计过程中，审计团队着重指出了外汇风险对该银行的重要性。为控制货币风险，银行高级管理层制定了限制特定货币敞口（资产、贷款、担保）金额的政策。在评估这一控制时，审计师发现，监控货币头寸的信息是由一名职员使用个人设计的电子表格来维护的，只有在货币交易员记得将货币交易通知该职员时，该职员才会手工输入数据。该职员并不真正了解该程序的目的，她也无权干预银行的日常活动。因此，由于高级管理层未能确保管理控制有效，银行的风险敞口比预期的要大得多。

五、管理控制的局限性

尽管管理控制是应对许多战略风险的有效方法，但也有一些情况会导致管理控制无效。当这种情况存在时，由于管理层错误地相信有效控制已到位，风险可能不会降低或可能远高于预期。管理控制的有效性可能受到以下因素的限制：

(1) 员工未能理解公司的使命和目标：负责公司内特定职能的个人只有在充分了解公司的使命和目标并接受其角色时才能有效运作，形成合力。未能确保使命和目标被各个层面员工理解，可能导致局部利益与整体利益的冲突。

(2) 不准确或过时的假设：在制定应对外部风险的策略时，管理层通常必须对环境做出假设。这些假设可能与实际情况不一致，或者在面对不断变化的情况时未作及时调整，这种基于有缺陷假设的控制将达不到预期效果。

(3) 过分关注当前状况：管理层很容易陷入当前挑战的压力而未能充分考虑未来计划。如果没有对未来清晰的愿景，当前的行动在未来可能会变得适得其反。

(4) 僵化的公司结构：外部条件往往是变动的，但内部职权分工往往是固定的，变化缓慢。这种不匹配会导致公司结构适应昨天的挑战，但不适应当前或未来的环境。

(5) 未能执行问责制：公司内的管理控制基于这样一种假设，即公司成员将对他们的行为负责，不执行问责可能会损害绩效。

(6) 沟通中断：任何重大的沟通中断都可能破坏公司的效率和有效性，沟通失败的频率和严重程度将直接影响管理控制是否有效。

（7）高层管理失灵：在大多数重大会计舞弊中，公司高层管理人员是控制失灵的根源。事实上，绝大多数欺诈行为都是由负责控制系统设计和监控的高级管理人员发起的。审计师应与管理层和审计委员会讨论这些可能的情况，并确定是否会发生这些问题。如果审计人员认为目前存在这种可能性，则管理控制的作用将显著减弱。

> **例 12-25**
>
> 一家电话营销公司引进了一个系统来监控电话销售代表，该系统强调每个工作班次成功完成的电话数量。这激励销售人员在获得订单详细信息后迅速接听电话。然而，该公司发现客户满意度正在恶化，收入增长低于目标。管理层很快意识到绩效衡量过于强调速度，而在解答客户问题上存在明显不足。此外，营销研究表明，获得额外收入更容易。来自现有客户的收入比获得新客户更重要。该公司改进了其绩效衡量系统，以强调客户满意度和每次成功通话的收入。销售恢复增长，客户更加满意。

六、将战略风险与业务环节联系起来

正如我们上文中指出的，管理控制本身很少能将战略风险降低到公司管理者可以接受的水平，对战略风险的大部分应对在于管理者如何设计公司的业务环节，特别是对战略有重大影响的关键业务环节。因此，在下一章中，我们将观察到的战略风险的影响与公司内的业务环节联系起来。业务环节旨在促进公司战略与外部环境相互作用，并最大限度地减少来自外部威胁的潜在影响。审计师需要能够将战略风险与业务环节和财务报表联系起来，并能识别出关键经营环节，以及战略风险对其影响，以便利用这些认知来规划后续审计程序，以降低财务报表中由于舞弊或错误导致的错报风险。以下三个场景介绍了这种联系，我们将在后续章节中更详细地介绍。

（1）来自竞争对手和潜在进入者的威胁有可能影响销售、产品交付、品牌推广和客户服务。这些威胁可能会带来降价压力，进而可能迫使公司创新其提供的产品和开发新品牌，并考虑新的营销工作。例如，竞争性定价和与产品捆绑的服务合同可能会引起与收入和库存会计相关的问题。

（2）来自供应商的威胁有可能影响供应链管理和生产环节，影响原材料质量、价格和数量甚至供应商的数量，从而影响生产成本和物流成本、或售后服务（保证维修导致更高的保修成本）。

（3）来自客户的威胁有可能影响到销售、物流和配送以及客户服务。网络营销和电话营销与供应商直接送货上门的能力相结合，会取代零售店，改变分销的性质和公司所需的固定资产基础。这可能导致需要确认资产减值。

精心设计的控制流程通过标准化的应对措施来管理这些风险，从而减少战略风险的潜在影响。因此，大多数公司的关键信息系统旨在适应有效和高效的业务流程。公司运营中置入了大量流程，一个流程中出现的问题会对其他流程产生不利影响，同时也会对公司的财务报表产生直接影响，所以审计人员要能识别和评估这些流程可能会引起的重大错报风险及其对财务报表的后续影响。我们在下一章处理这些挑战。

> **例 12-26**
>
> 在许多社区的零售汽油市场中,"协调"价格变动的证据很明显。通常,一个燃气连锁店在某个地区实施降价,紧接着直接竞争的其他汽油公司也进行类似的降价。同样,一家汽油公司可能会宣布提价,但竞争对手可能不会选择跟随,导致发起涨价的公司通常被迫收回涨价。尽管这种协调性的价格变动容易让人怀疑存在串通,但实际上,定价的共同性很可能是广泛竞争的结果。鉴于汽油公司可能经营的本地市场数量众多,想匹配竞争对手的价格需要对竞争对手收取的价格进行积极和持续的监控。在这种情况下,管理层的反应取决于来自外部环境的及时、可靠的信息。
>
> **例 12-27**
>
> 降低客户无法在到期时付款的风险。信用检查通常由授予信用的机构进行。如果销售人员是应该进行信用检查的人,而信用机构没有任何文件可以证明进行了检查,那么这种控制的设计就不能很好地降低客户到期时无法支付账单的风险。

通过本节对公司治理层面管理控制的了解和测试评估,审计人员就能对前几节了解到的公司整体层面的战略风险的控制情况及其对业务经营环节的影响做出判断,并根据结果识别出需重点关注的关键业务环节和重要报表账户,如表 12-6 所示,作为下一步计划业务环节经营风险分析的重要依据。

表 12-6　公司整体层面战略分析结果汇总表

工作底稿索引	战略风险汇总	管理控制结果	关键业务环节	重要报表账户

公司整体层面了解和评价内部管理控制生成的记录也是永久性工作底稿,参考格式 12-2 提供了解和评价的思路,在实际工作中须根据各事务所的要求专门设计。

参考格式 12-2

被审计单位整体层面了解和评价内部控制

被审计单位:＿＿＿＿＿＿　　　索引号:＿＿＿＿＿＿

项目:被审计单位整体层面了解和评　　财务报表截止日/期间:＿＿＿＿

　　　价内部控制

编制:＿＿＿＿＿＿　　　　　　　　复核:＿＿＿＿＿＿

日期:＿＿＿＿＿＿　　　　　　　　日期:＿＿＿＿＿＿

被审计单位整体层面了解和评价内部控制的工作包括：

1. 了解被审计单位整体层面内部控制的设计，并记录所获得的理解
2. 针对被审计单位整体层面内部控制的控制目标，记录相关的控制活动
3. 执行询问、观察和检查程序，评价控制的执行情况
4. 对被审计单位整体层面内部控制的设计和执行进行评价，记录内部控制要素存在的缺陷以及对审计的影响

编制说明：
1. 在了解和评价控制的设计并确定其是否得到执行时，应当使用询问、检查、观察等程序，并记录所获取的信息和审计证据来源。
2. 如果使用以前审计获取的信息，应当考虑被审计单位的相关控制自上次测试后是否发生重大变动。
3. 本部分包括的工作底稿所记录的主要内容如下：
(1) 汇总对整体层面内部控制了解的主要内容和结论。
(2) 记录通过询问、观察和检查等程序对控制环境的了解和评价结果。
(3) 记录通过询问、观察和检查等程序对被审计单位的风险评估过程的了解和评价结果。
(4) 记录通过询问、观察和检查等程序对与财务报告相关的信息系统与沟通的了解和评价结果。
(5) 记录通过询问、观察和检查等程序对被审计单位对控制的监督的了解和评价结果。

了解被审计单位整体层面内部控制形成下列工作底稿：

1. 了解和评价控制环境
2. 了解和评价被审计单位风险评估过程
3. 了解和评价管理控制活动
4. 了解和评价信息系统与沟通
5. 了解和评价被审计单位的内部监督
6. 公司整体层面内控评价和战略分析汇总表

一、了解和评价控制环境

了解和评价控制环境

被审计单位：_____	索引号：_____
项目：了解和评价控制环境	财务报表截止日/期间：_____
编制：_____	复核：_____
日期：_____	日期：_____

编制说明：
1. 本审计工作底稿中列示的被审计单位的控制目标和控制，仅为说明有关表格的使用方法，并非对所有控制目标和控制的全面列示。在执行财务报表审计业务时，审计人员应根据被审计单位的实际情况予以填写。
2. 如果拟信赖以前审计获取的审计证据，应通过询问并结合观察或者检查等程序，获取控制是否已经发生变化的审计证据，并予以记录。
3. "被审计单位的控制"部分应记录被审计单位实际采取的控制；"实施的程序"部分应填写注册会计师针对上述控制计划采取的审计程序，包括询问、观察和检查等。
4. 注册会计师对控制的评价结论可能是：①控制设计合理，并得到执行。②控制设计合理，未得到执行。③控制设计无效或缺乏必要的控制。

(一) 对诚信和道德价值观念的沟通与落实

控制序号	控制目标	被审计单位的控制	实施的程序	执行人及日期	工作底稿控制序号
1	行为守则得以有效传达和执行	公司制定了员工需遵循的行为守则,行为守则包括对利益冲突处理、关联交易、保密、公平交易、企业资产的保护和适当利用、差旅招待费用处理、遵守法律法规等事项的要求,并制定了针对违规行为的惩戒政策,指明向适当的人汇报违规行为;行为守则可供公开查阅(如在公司的内网上公布)。员工入职时接受包括职业操守和行为守则在内的培训,并以书面形式签署确认;全体员工每年签署理解并遵守行为守则的声明;董事会每年复核公司的行为守则,以确保法律法规的相关修订和经营环境的变化得到适当反映。当对行为守则作出修订时,会通知所有员工			

(二) 对胜任能力的重视

控制序号	控制目标	被审计单位的控制	实施的程序	执行人及日期	工作底稿控制序号
1	公司岗位任职条件清晰	公司制定了各级员工的职位说明书,经总经理批准后发放给员工;职位说明书规定了履行职责所需的知识和技能等条件;各部门负责人每年度对本部门人员的职位说明进行复核和必要的更新			
2	提供持续培训以保证员工的专业胜任能力	对员工进行持续性的专业培训(尤其是针对新的复杂的会计、法律和法规要求,新信息系统的影响等),更新员工的知识;培训部监督员工必选和任选课程的完成情况,以提供足够的培训并确保员工的实际完成率			

(三) 治理层的参与

控制序号	控制目标	被审计单位的控制	实施的程序	执行人及日期	工作底稿控制序号
1	董事会成员具备适当的经验和资历,并保持成员的相对稳定性	对董事会成员的经验和资历有明确的书面规定,提名委员会在提名董事会成员时严格按照规定执行,并就候选人的任职资质、专业经验和职业操守等事项向股东[大]会提交专项说明,董事会成员经股东[大]会审议通过后,每届任期3年,可以连任			
2	董事会及审计委员会独立于管理层	董事会及审计委员会包括符合公司章程要求的独立董事,且审计委员会召集人为会计专业人士;企业每年向独立董事发放独立性问卷调查,以保证其独立性			

(续表)

控制序号	控制目标	被审计单位的控制	实施的程序	执行人及日期	工作底稿控制序号
3	董事会正常运作	董事会每年审核年度全面预算及所有修正方案,报经股东[大]会批准后下发文件要求实施。预算管理委员会每年年末编制预算的执行情况报告,检查预算与实际的差异并向董事会报告; 董事会根据章程要求审批重大战略决策和业务,包括战略提议、重大业务、重要信息以及重要会计事项			
4	审计委员会正常运作	审计委员会每季度复核财务报表,审阅公司会计政策、财务状况和财务报告程序(包括财务报表相关的重要的管理层假设及其判断)。审计委员会每季度对内部审计部门工作情况、发现的内部控制问题和跟进处理进行检查; 每年度对内部审计人员及其工作进行考核; 审计委员会每年与公司外部审计机构进行交流,讨论在审计中发现的问题等事项			
5	董事和关键管理人员的激励与业绩目标的平衡	企业薪酬委员会确定董事和其他关键管理人员的薪酬福利/条件时考虑以下因素: ① 比较这些人的业绩和市场标杆来监督其薪酬水平和结构; ② 考虑对关键管理人员的激励与难以实现的业绩目标之间是否保持适当平衡。 报经董事会和股东[大]会批准后执行			

(四)管理层的理念和经营风格

控制序号	控制目标	被审计单位的控制	实施的程序	执行人及日期	工作底稿控制序号
1	及时透明地编制财务报告信息的要求	公司每年年初制订了定期财务报表及年度报告的编制计划,经审计委员会审批后发送至相关部门,该计划按时间表列示了各部门的责任,并要求及时、透明地编制财务信息,根据实际情况编制财务报告,严谨、客观选择会计政策并作出会计估计			
2	对信息技术给予适当关注	每年召开信息技术工作会议,研究制定发展规划,安排足够的资金和人员			
3	高级管理层对业务分支机构保持有效控制	高级经理人员定期深入到附属机构或分支机构视察其运作情况,召开集团或区域管理人员会议			
4	管理层与注册会计师持续沟通	管理层和注册会计师经常就会计和审计问题进行沟通,在会计事项和内部控制设置方面达成一致意见			

(五)组织结构

控制序号	控制目标	被审计单位的控制	实施的程序	执行人及日期	工作底稿控制序号
1	设置合理的组织结构并传达给员工	公司根据企业性质等因素的考虑设置组织结构,经董事会审批后传达给员工,要求员工根据组织结构设计及权限分配履行职责,以便就与财务报告相关的内部控制进行有效的汇报和沟通			
2	保持组织结构的恰当性	董事会每年召开一次会议,讨论组织机构设置的效率和效果,并跟进业务的发展变化考虑是否需要更新			

(六)职权与责任的分配

控制序号	控制目标	被审计单位的控制	实施的程序	执行人及日期	工作底稿索引号
1	员工岗位职责的有效规范和传达	公司的职位说明书规定了各岗位与控制有关的责任和对等的权限,包括具体任务、报告关系等,并传达到每位员工			
2	适当职责分离	公司建立了适当的财务报告工作组织结构,将业务授权、业务记录、资产保管和维护以及业务执行等关键责任进行适当的人员分配和职责分离			

(七)人力资源政策与实务

控制序号	控制目标	被审计单位的控制	实施的程序	执行人及日期	工作底稿索引号
1	聘用的员工具备岗位所需的知识和经验	在进行招聘时,人力资源部门根据职位要求检查候选员工的背景(包括但不限于通过联络推荐人,获取资格/专业证书复印件),确定其具备履行职责所要求的教育背景、工作经验和诚信记录,招聘人员需要经适当审批			
2	保持足够的人力资源	制定了员工加班的审批制度,部门负责人定期复核加班记录,根据需要及时招聘人员,以确保拥有足够数量的具备必要技能的员工			
3	业绩评价标准中对诚信和道德的考虑	企业制定了对员工进行评价时适用的业绩评价标准并经董事会审核批准,该标准对短期和长期目标进行了适当的平衡,员工的报酬和晋升并不完全建立在实现短期目标的基础上,并且包括了对诚信和有胜任能力员工的奖励。公司已将评价标准告知所有员工,以确保其了解晋升所需条件和设定期望值			
4	按照业绩评价标准对员工进行的定期考核与评价	每年度按照业绩评价标准对员工进行业绩评价,督导人员就员工的业绩评价与员工进行会谈并提出改进建议,评价结果经员工确认,薪酬和晋升与年度评价挂钩			

(续表)

控制序号	控制目标	被审计单位的控制	实施的程序	执行人及日期	工作底稿索引号
5	人力资源政策与程序清晰，定期发布和更新	公司制定了包括招聘、培训、晋升、薪酬等在内的人力资源政策。董事会每年检查人力资源政策与程序，根据实际情况和需要进行调整，对更新的文件及时传达			

二、了解和评价被审计单位风险评估过程

了解和评价被审计单位风险评估过程

被审计单位：_____　　　索引号：_____

项目：了解和评价被审计单位风险评　　　财务报表截止日/期间：_____

　　　估过程

编制：_____　　　　　　复核：_____

日期：_____　　　　　　日期：_____

编制说明：

1. 本审计工作底稿中列示的被审计单位的控制目标和控制，仅为说明有关表格的使用方法，并非对所有控制目标和控制的全面列示。在执行财务报表审计业务时，注册会计师应根据被审计单位的实际情况予以填写。

2. 如果拟信赖以前审计获取的审计证据，应通过询问并结合观察或者检查程序，获取控制是否已经发生变化的审计证据，并予以记录。

3. "被审计单位的控制"部分应记录被审计单位实际采取的控制；"实施的风险评估程序"部分应填写注册会计师针对上述控制计划采取的审计程序，包括询问、观察和检查等。

4. 注册会计师对控制的评价结论可能是：①控制设计合理，并得到执行。②控制设计合理，未得到执行。③控制设计无效或缺乏必要的控制。

5. 如果被审计单位未建立风险评估过程，或具有非正式的风险评估过程，注册会计师应当与管理层讨论是否识别出与财务报告目标相关的经营风险以及如何应对这些风险。注册会计师应当评价没有形成书面文件的风险评估过程是否适合具体情况，或确定是否表明存在值得关注的内部控制缺陷。

控制序号	控制目标	被审计单位的控制	实施的程序	执行人及日期	工作底稿索引号
1	建立公司整体发展战略和风险管理策略并传达到相关层次	董事会下设战略委员会和风险管理委员会，负责制定公司整体发展战略和风险管理策略；战略委员会及风险管理委员会每年度评估整体发展战略和风险管理策略的有效性和合理性，并结合实际情况进行修订和完善。整体发展战略和风险管理策略经股东[大]会批准后，传达到全体员工和董事			

(续表)

控制序号	控制目标	被审计单位的控制	实施的程序	执行人及日期	工作底稿索引号
2	持续的风险评估和监控	公司设有风险管理部,负责持续地从本公司内部(包括各职能部门、中层及上层管理层及董事)及外部(包括分析师、律师、注册会计师等)人员收集信息,考虑如下内外部因素以识别与财务报告相关的风险,考虑导致舞弊的动机和压力,根据对风险重要性和发生可能性的考虑进行风险评估,并基于风险管理策略提出解决方案,提交总经理批复后组织实施: (1) 监管环境和经营环境的变化 (2) 新员工 (3) 新的或升级的信息系统 (4) 快速增长 (5) 新技术 (6) 新业务模式 (7) 公司重组 (8) 扩张海外经营 (9) 新的会计政策			
3	诉讼和索赔风险的持续识别和评估	法律合规部负责识别和评估诉讼索赔风险,监督企业对法律法规和行业规定的合规性,并每季度向风险管理委员会报告			
4	风险管理委员会有效运作	风险管理委员会每季度复核风险管理部编制和总经理复核过的风险管理报告			
5	对风险管理的有效监督	内部审计部门每年对包括风险管理部在内的各有关部门和业务单位能否按照有关规定开展风险管理工作及其工作效果进行监督评价,监督评价报告直接报送风险管理委员会			

三、了解和评估管理控制活动

了解和评价管理控制活动

被审计单位:＿＿＿＿＿＿＿＿＿＿＿＿＿＿ 索引号:＿＿＿＿＿＿＿＿＿＿

项目:<u>了解和评价管理控制活动</u> 财务报表截止日/期间:＿＿＿＿＿＿

编制:＿＿＿＿＿＿＿＿＿＿＿＿＿＿＿＿ 复核:＿＿＿＿＿＿＿＿＿＿

日期:＿＿＿＿＿＿＿＿＿＿＿＿＿＿＿＿ 日期:＿＿＿＿＿＿＿＿＿＿

编制说明:

1. 本审计工作底稿中列示的被审计单位的控制目标和控制,仅为说明有关表格的使用方法,并非对所有控制目标和控制的全面列示。在执行财务报表审计业务时,注册会计师应根据被审计单位的实际情况予以填写。

2. 如果拟信赖以前审计获取的审计证据,应通过询问并结合观察或者检查等程序,获取控制是否已经发生变化的审计证据,并予以记录。

3. "被审计单位的控制"部分应记录被审计单位实际采取的控制活动;"实施的程序"部分应填写注册会计师针对上述控制计划采取的审计程序,包括询问、观察和检查等。

4. 注册会计师对控制的评价结论可能是:①控制设计合理,并得到执行。②控制设计合理,未得到执行。③控制设计无效或缺乏必要的控制。

控制序号	控制目标	被审计单位的控制	实施的程序	执行人及日期	工作底稿索引号
1	公司建立完善的授权制度	公司董事会已建立了董事会对董事长、董事会对总经理的授权制度,并在每年的年报会议进行审核和调整			
2	公司建立有效的预算及其审核制度	公司治理层已建立了年度预算制度,并于每年年初经董事会审核批准实施,于年中根据内外部环境变化予以调整			
3	公司建立完善的财务、人事制度	治理层已建立了完善的财务、人事制度,并根据监管要求和公司业务发展每年予以审核和调整			
4	公司建立独立、胜任的内部审计机构和纪检监察机构	治理层已建立了独立的内部审计部和纪检监察部门,并配置了足够胜任员工开展工作,每年年初、年中和年末董事会审计委员会对其工作进行指导和审核监督			

四、了解和评价信息系统与沟通

了解和评价控制信息系统与沟通

被审计单位:＿＿＿＿＿＿＿＿＿＿　　索引号:＿＿＿＿＿＿＿＿＿＿

项目:了解和评价控制信息系统与沟通　　财务报表截止日/期间:＿＿＿＿＿＿

编制:＿＿＿＿＿＿＿＿＿＿　　　　　　复核:＿＿＿＿＿＿＿＿＿＿

日期:＿＿＿＿＿＿＿＿＿＿　　　　　　日期:＿＿＿＿＿＿＿＿＿＿

编制说明:

1. 本审计工作底稿中列示的被审计单位的控制目标和控制,仅为说明有关表格的使用方法,并非对所有控制目标和控制的全面列示。在执行财务报表审计业务时,注册会计师应根据被审计单位的实际情况予以填写。

2. 如果拟信赖以前审计获取的审计证据,应通过询问并结合观察或者检查等程序,获取控制是否已经发生变化的审计证据,并予以记录。

3. "被审计单位的控制"部分应记录被审计单位实际采取的控制;"实施的程序"部分应填写注册会计师针对上述控制计划采取的审计程序,包括询问、观察和检查等。

4. 注册会计师对控制的评价结论可能是:①控制设计合理,并得到执行。②控制设计合理,未得到执行。③控制设计无效或缺乏必要的控制。

(一) 信息与沟通

控制序号	控制目标	被审计单位的控制	实施的程序	执行人及日期	工作底稿索引号
1	财务报告事项的沟通	管理层通过行为守则、职位说明书、业绩考评和定期培训向所有员工(特别是那些岗位对财务报告有影响的员工)沟通公司与财务报告相关的内部控制(包括员工根据职位说明履行职责)的重要性 所有的重大财务事项会通过财务报告和内部备忘录向董事会和/或审计委员会汇报,以使得这些事项得到及时调查和解决			
2	年度信息系统开发及预算的沟通及编制	每年编制年度预算时,由信息技术部召集各业务部门管理层参加的会议,基于整体战略讨论确定对信息系统的需求,确定所需开发人员、预算和实施计划			
3	管理层认真听取和采纳员工提出的改进意见	企业鼓励员工通过设置的意见信箱等方式提出改进建议,对于员工提出的改进意见及时考虑和采取措施,并在员工年度考核中对积极提出改进意见的员工给予奖励			
4	与外部监管机构保持有效沟通	企业与外部监管机构的往来函件均需经总经理审阅,重要事项需向董事会汇报。对于监管机构提出的问题,相关的部门负责采取对应改进措施,完成后提交报告并经总经理审核			
5	与供应商和其他外部人士保持有效沟通	对外建立投诉热线,鼓励公司利益相关者对公司内部员工的违法违纪行为和影响公司形象的其他行为进行举报。每月汇总的举报记录及改善措施经总经理复核			
6	当被审计单位业务操作发生变化并影响交易记录的流程时,及时通知财务部门	当被审计单位业务操作发生变化并影响交易记录的流程时,发生操作变化的部门负责召集部门会议进行讨论,财务部门必须参加			
7	管理层与治理层的定期沟通	总经理及财务经理等高级管理人员每年度向董事会提交述职报告,并接受董事的询问和考评。董事会对高级管理人员的胜任能力进行评估			
8	有效的举报和沟通渠道	设置道德和舞弊举报热线,并向员工公开(例如在内网上公布),鼓励员工举报任何注意到的任何违反行为守则、企图逾越控制及舞弊的情况,举报热线由第三方维护,员工可以采取匿名方式举报。公司严禁对善意举报人进行报复,对于采取报复的个人将采取适当的处理。对于举报的行为公司会进行调查,并按照政策进行处理。员工受到的惩戒将在其年度评价中予以考虑			

(二) 财务报告编制与披露

控制序号	控制目标	被审计单位的控制	实施的程序	执行人及日期	工作底稿索引号
1	会计政策的制定和变更均经适当审批	财务经理关注与会计政策相关的法律法规的变化以及监管机构的最新规定,评估是否需要制定新的会计政策或变更会计政策。如需要,编制会计政策变更报告,经总经理审核后,提交董事会及其审计委员会审议并作出书面批复。财务部根据批复及时制定、变更会计政策,并传达至各子公司遵照执行			
2	会计估计的变更均经适当审批	财务经理关注资产和负债的当前状况及预期经济利益和义务是否发生变化,从而需要变更会计估计。如需要,编制会计政策变更报告,经总经理审核后,提交董事会及其审计委员会审议并作出书面批复。财务部根据批复及时制定、变更会计估计,并传达至各子公司遵照执行			
3	重大事项的会计处理正确	董事会明确日常交易事项和对财务报表有重大影响的交易和事项(如衍生金融工具)的标准,明确每类特殊事项适用的会计处理方法和会计估计及判断的选用			
4	会计科目变更经适当审批	如需增加或删除会计科目代码,会计主管编制会计科目变更申请表,经财务部经理审批后,由系统管理员在财务信息系统内修改			
5	会计凭证均经适当审核	财务部门对会计凭证的编制、审核权限进行划分,审核人员在审核记账凭证的正确性后在凭证上签章			
6	财务数据完整准确	每月结账过程前,财务部门员工按照规定的结账标准程序,签署结账检查表,确认各自所负责的工作已完成。检查表所列项目全部签署确认后,会计主管启动财务系统的结账程序,系统自动核对总账和明细账,生成试算平衡表,试算平衡无误后才能关账; 关账后如需调整已入账的分录,由申请人提交账套开启申请表,说明调整事由及调整分录。经财务经理审批后,会计主管在财务系统中进行账务处理,财务经理再次复核。调整完毕后,系统重新生成试算平衡表			
7	确保合并财务报表内容完整,数据准确	会计主管制定年度财务报告编制方案,明确年度财务报告编制方法、年度财务报告会计政策、披露政策及报告的时间要求等。年度财务报告编制方案经财务经理复核后,交总经理批准并下发至各子公司。财务部门报表编制人员编制合并抵销分录,会计主管对合并报表底稿和抵销分录、子公司财务报表、内部交易对账单等资料进行审核,形成合并报表			

(续表)

控制序号	控制目标	被审计单位的控制	实施的程序	执行人及日期	工作底稿索引号
8	确保财务报表附注编写符合规定	财务部门报表编制人员根据规定，编制财务报表附注初稿，会计主管复核无误后，交财务经理审批，最终形成完整的财务报告			
9	确保对外披露的信息准确	董事会及其审计委员会审议批准财务报告，并与会计师事务所进行沟通。经董事长签署后对外披露财务报告			

五、了解和评价被审计单位的内部监督

了解和评价被审计单位的内部监督

被审计单位：_____　　索引号：_____
项目：了解和评价被审计单位的内部监督　　财务报表截止日/期间：_____
编制：_____　　复核：_____
日期：_____　　日期：_____

编制说明：
1. 本审计工作底稿中列示的被审计单位的控制目标和控制，仅为说明有关表格的使用方法，并非对所有控制目标和控制的全面列示。在执行财务报表审计业务时，注册会计师应根据被审计单位的实际情况予以填写。
2. 如果拟信赖以前审计获取的审计证据，应通过询问并结合观察或者检查等程序，获取控制是否已经发生变化的审计证据，并予以记录。
3. "被审计单位的控制"部分应记录被审计单位实际采取的控制；"实施的程序"部分应填写注册会计师针对上述控制计划采取的审计程序，包括询问、观察和检查等。
4. 注册会计师对控制的评价结论可能是：①控制设计合理，并得到执行。②控制设计合理，未得到执行。③控制设计无效或缺乏必要的控制。

控制序号	控制目标	被审计单位的控制	实施的程序	执行人及日期	工作底稿索引号
1	经营业绩的对比监督	各部门负责人每月根据当月关键经营指标分析报告及与预算情况的对比监督其部门的经营成果，复核无误后签字确认其准确性，并提交财务部负责人和总经理审核			
2	关键业绩指标的管理层复核	财务部每月编制财务快报并提交总经理复核，总经理对比审核财务快报和各部门的关键经营指标分析报告，以识别不寻常或未预期的趋势或关系			
3	内部审计的独立性	设有独立的内部审计部门，负责监督内部控制的执行，直接向董事会和审计委员会报告			

(续表)

控制序号	控制目标	被审计单位的控制	实施的程序	执行人及日期	工作底稿索引号
4	内部审计人员具备适当的专业胜任能力	审计委员会每年评估内部审计人员的专业胜任能力(包括其是否具备对企业控制流程的了解等)			
5	内部审计工作经过适当的计划和审批	内部审计部门每年度拟定内部审计计划,包括评价范围、人员组织等内容,报经审计委员会审批后实施。内审部按照经审批的审计计划执行工作,并在年末就实际执行效果与计划的对比情况向审计委员会报告			
6	内部审计工作的适当记录	企业建立有内部控制审计档案管理制度,内部审计的过程经过书面记录,工作底稿和相关文件资料按照制度进行保存			
7	内部控制评价工作的定期汇报与审核	内部审计部门每年度执行内部控制评价,发现的问题经相关负责人员确认后,汇总编制内部控制评价报告(包括内部控制缺陷认定标准及识别情况、被审计部门及人员意见等),并提交审计委员会及董事会审核			
8	内部控制评价意见的有效反馈及整改	内部控制评价报告经审计委员会及董事会审核通过后,内部审计部门将审计最终意见反馈被审计部门并跟踪被审计部门的整改落实情况			

六、公司整体层面内控评价和战略分析汇总表

公司整体层面内控评价和战略分析汇总表

被审计单位:_____   索引号:_____
项目:公司整体层面内控评价和战略   财务报表截止日/期间:_____
　　　分析汇总表
编制:_____   复核:_____
日期:_____   日期:_____

1. 整体层面内部控制评价

整体层面内部控制要素	内控缺陷	对内控有效性评价	是否入管理建议书
控制环境			
风险评估			
控制活动			
信息系统与沟通			
内部监督			

2. 公司整体层面战略分析结果汇总

公司整体层面战略分析结果汇总表

工作底稿索引	战略风险汇总	管理控制结果	关键业务环节	重要报表账户

复习思考题

一、问答题

1. 价值链将公司分解为几个增加价值的组成部分，如人力资源功能和它的服务功能。价值链中的业务活动主要有以下几种：①内部物流。②运营。③营销和销售。④外部物流。⑤服务。

要求：

考虑一个超市（如联华超市）的价值链，对于每一个基本业务活动，识别其潜在的审计风险，包括其所影响的重要账户和审计目标。

2. 经营模式分析通过识别和分析公司的供应商、竞争者、购买者等使审计师获得关于公司在经营过程中的问题的了解。

要求：

请使用本章介绍的技术方法选择一家拥有自己网站的上市公司，并收集相关资料构建这一公司的经营模式。在构建经营模式的同时，结合这一公司的报表，识别这一公司的重要账户。（提示：请注意重要账户与报表项目的联系和区别）

3. 对所有的公司的外部威胁的分析都需要从宏观层面考虑政治、经济、社会和技术的影响，在行业竞争层面考虑竞争者、潜在的进入者、替代品、供应商和购买者的影响。

要求：

请考虑上海汽车股份有限公司宏观层面和行业竞争层面面临的机遇和威胁，及其对注册会计师的审计有什么样的影响。

4. 假设您是 ABC 公司的审计师。ABC 公司在全国的主要城市经营健身俱乐部。公司股权由四位执行董事持有，他们的目标是将公司在上海证券交易所上市。

健身俱乐部市场竞争比较激烈，ABC 公司采用将竞争对手逐出市场的战略提高会员数量和业务收入。本年度，公司已经收购了五个俱乐部并开始重新装修。执行董事们在公司中的股权是通过将自己的房屋向银行抵押而获取的贷款，其他资本则是通过银行直接无抵押贷款。

公司的董事总经理是一个喜欢创新的人，他对改变本公司的经营有着异常浓厚的兴趣。他最近在读报纸文章时看到一篇文章写道"一个公司最起码每个年度要进行经营风险的分析，这是公司经营中的良好实务"。他不知道经营风险分析到底要干什么，希望您能够解释。他还想知道 ABC 公司是不是应该采取经营风险分析。

要求:

为与董事总经理的会议准备一个提要,解释:

(1) 经营风险分析的目标,并描述有效的经营风险管理所需要的条件。

(2) 提供 ABC 公司可能面临的重要的经营风险的案例。

5. 您最近被任命审计 XYZ 公司。XYZ 公司是一个制造型公司,有 100 名员工,生产玻璃、水杯(壶)、花瓶。

这些玻璃制品主要出售给一个大的高档零售商,但 XYZ 公司还向本地很多低档零售商出售。向高档零售商出售的玻璃制品必须按照他们的规格设计,而且不能向任何其他人出售。

公司的会计部门很小,主要包括财务经理朱先生和出纳马女士。朱先生直接向董事总经理(也是大股东)刘先生汇报。公司有一个小的会计电算化系统。出纳马女士将发票输入计算机并记录手工现金日记账。朱先生每月负责管理报表、工资表(需刘先生批准)和公司以及刘先生个人的所得税事务。刘先生控制采购和销售,但他有一个助手做一些文案工作并与马女士就账户事宜联系。

前任审计师由于与刘先生有争议,没有在公司聘任审计师时谋求续聘,但他们表示他们没有发现使您所在的事务所不能接受委托的道德方面的问题。他们将一些相关的工作底稿复印给您所在的事务所,并与您会面介绍了审计相关的背景信息。他们提到的一个主要原因是他们的分析认为控制总是很差。

要求:

根据以上对 XYZ 公司的描述,识别主要的审计风险和经营风险。

6. 请列出内部控制的目标和公司风险管理的目标,并比较其异同。

7. 既然内部控制已经向公司风险管理发展,为什么不用公司风险管理完全取代内部控制?

8. 位于杭州的西湖茶叶有限公司(以下简称西湖公司)从事茶树种植、茶叶生产加工、茶叶保管储存、茶叶包装以及茶叶销售等业务,旗下拥有 125 家高级茶吧,自己的产品全部通过茶吧销售,所生产的茶品质特优、叶底肥厚软亮、水色清澈金黄、滋味醇厚甘鲜、香气清芳高雅,但凡品尝过的人,无不为之叫好,在当地小有名气。为了抢占更大的市场份额并进一步提高公司产品的知名度,西湖公司最近和本市一些星级宾馆和高档的娱乐场所签订了系列协议,为其供应茶叶。另外,建立自己的网站,在线出售一系列糅合了浓浓的茶文化的家具和唱片,这些家具由其他厂家生产、唱片由唱片公司灌制。

要求:

(1) 这些行动会给西湖公司带来什么样的经营风险?

(2) 审计师在审计过程中应该如何应对这些风险?

9. 戴尔公司深信最佳的电脑经营模式是为客户提供"专业的量体裁衣"的服务,因为只有这样才能让用户使用到切合其需求的产品。戴尔本身并不生产电脑,而是根据消费者的要求采购所需要的电脑然后进行组装。消费者可以通过电话或网络给其下订单,戴尔在组装完毕后直接将产品发送消费者。这种经营方式可以显著地减少库存成本,大大节省费用,亦使戴尔在众多的电脑公司中脱颖而出,鹤立鸡群,成为个人电脑行业的龙头老大。

要求:

(1) 试分析有哪些宏观因素影响戴尔目标的实现。

(2) 作为戴尔的审计师,在上一问中您所确定的因素将对您的审计工作有何影响,具体而言,这些因素对戴尔的内部控制程序会有什么样的影响,对审计期望、可持续经营以及审计风险又会有怎样的影响。

10. 从上到下了解公司客户经营的方法可以帮助审计师选择一些重要的账户进行详细的实质性测试,较之那种根据客户对财务报表的五个认定而对所有重要的账户进行审计的方法,这样做有什么样的优点?

11. 上海山脊服装有限公司(以下简称山脊公司)从事服装的设计、广告和销售。公司所拥有的服装设计团队负责每隔半年设计出一个新的产品系列,产品设计包括服装的面料、颜色、式样和规格等,设计好后,将服装的生产外包给一家位于印度尼西亚加里曼丹岛的苏哈纺织有限公司(以下简称苏哈公司)生产。山脊公司对每一个产品系列都会进行招标,但是最近三年均是苏哈公司中标。

山脊公司亦拥有一个强大的销售团队,他们为公司所设计的每种产品奔走呼号,竭力宣传,广泛接触批发商和零售商以获取订单。山脊公司几乎所有的产品并不贴自己的商标,在出售时仍贴上下游销售商的商标,所以消费者并不知晓他们所购买的衣服乃系山脊公司生产。当接到一个订购单时,山脊公司将订购者的要求及商标等信息传递给苏哈公司,由其在生产时将订购者的商标加到服装上,待生产完毕,直接发货给订购者。接着,订购者付款给山脊公司,而山脊公司则付款给苏哈公司。

山脊公司往往大力推销其新产品,在各种旅行杂志和集会上进行铺天盖地的宣传,并且和专业销售公司签订合同,让其帮助推销其新产品。

要求:

针对按照每个风险类别所确认的公司层面的风险,思考其对审计有什么样的影响,将您的答案填写在表 12-7 中。

表 12-7 风险对审计的影响

风险类别	公司层面所面临的风险之描述	对审计有何影响
政治		
技术		
社会		
经济		
竞争者		
客户		
供应商		

12. "五一"假期即将来临,上海的汽车销售商又将迎来一个销售高峰。而位于黄浦区的远东汽车销售有限公司(以下简称远东公司)的总经理却愁眉苦脸,他并不是为订单发愁,而是对仍滞留在美国的一批进口轿车能否赶在"五一"假期前运抵上海忧心忡忡,"唉,已经晚一个月了!"他长叹一声,表情越发凝重。

近来美国加州航运业工人大罢工,很多船只滞留在西海岸,美国的进出口贸易受到严重的影响,出口的货物难以如期抵达目的地。

国内经营进出口业务的厂商怨言四起,纷纷抱怨船务公司不该因运输船只的滞留而背信弃义地单方面撕毁合同,擅自加价,相关政府部门亦闻风而动,正在着手调查此事,如若情况属实,船务公司将面临严厉的处罚。

另外,消费者对汽车的价格和发动机的质量亦不甚满意。船只的滞留对价格的提高起到了推波助澜的作用,因为船务公司可以以此为借口而提高运输收费,而运输成本占销售价格比例高达 5%到 10%。

要求：
(1) 远东公司面临什么样的风险,而其又有何特点？
(2) 远东公司的哪些内部控制程序会受到这些风险的影响,公司应当如何应对？
(3) 面对这些风险,公司应当监控哪些财务指标？
(4) 这些风险对审计有何影响？

13. 针对飞马汽车配件批发公司的以下活动：
(1) 新雇用一批销售人员。
(2) 给一个大的汽车配件零售商发货。
(3) 和汽车配件制造商洽谈签约事宜。
(4) 建立仓库自动管理系统。
(5) 研究消费者的消费偏好。
(6) 购得在一种杂志上刊登广告的权利。
(7) 对新上岗的仓库管理员进行培训。
(8) 跟雇员续约。
(9) 为开设新的零售店而发新股融资。
(10) 对运输商运抵公司的空气过滤器予以验收。

要求：
请分别确定其在该公司价值链中的位置,如果是一个辅助活动,则请你确定其所辅助的基本活动为何。

14. 巴西利亚烘烤食品有限公司主营面包等烘烤食品,在其生产经营过程中,发生了以下活动,请确定它们在公司价值链中的位置。
(1) 研究开发生产信息系统。
(2) 将食品发运给超市。
(3) 和上海银行签订长期的贷款合同以享受低息。
(4) 将面粉和发酵粉运送到生产仓库。
(5) 采取措施以确保面粉和发酵粉的供应充足。
(6) 对新上岗的销售人员进行培训。
(7) 为生产信息系统编订操作手册。
(8) 研究最佳的面粉兑水分比率。
(9) 建立自动的存货接收系统。
(10) 为客户制造食品销售架。

15. 表 12-8 列示了一些经营风险或威胁。

表 12-8 经营风险或威胁的应对与分析

经营风险或威胁	风险或威胁的来源	可以采取何种管理控制应对	对审计会有何影响
(1) 伴随着经济的衰退,人们的可支配收入逐步降低			
(2) 由于禽流感的暴发,你所经营的重庆鸡公煲店无法获取优质的白条鸡			

(续表)

经营风险或威胁	风险或威胁的来源	可以采取何种管理控制应对	对审计会有何影响
(3) 电脑用户抱怨你公司所生产的软件不易安装且操作不便			
(4) 有线电视技术迅猛发展,消费者不再愿意光顾你所经营的音像店,而是直接从有线电视公司订购自己喜欢的影片			
(5) 区政府近来划定你公司的办公楼附近的地块以准备用以商业开发			
(6) 你经营商店的镇上新建了一家沃尔玛分店,并且高薪招募员工			
(7) 你所经营的航空公司的一架飞机于上月不幸坠毁,媒体大肆渲染,说乘坐你公司的飞机极不安全			
(8) 消费者对你公司所生产的调制解调器失去兴趣,转购你的竞争对手的同类产品			

要求：

(1) 确认每种风险或威胁的来源。
(2) 哪些活动将会受到影响？
(3) 有哪些管理控制可以应对？
(4) 对审计有何影响？

16. 请您仔细比较管理控制和过程控制,考虑两者的异同,管理控制并不一定需要关注会计数据,单是它能够极大地帮助您评估客户公司的审计风险,这是为什么？

17. 内部控制的目标包括：提高效率改善效果、增强会计信息的可信性、使财务报表的编制符合会计准则的要求。

要求：

请您以一个当地的超市为例,列举出其为达到上述控制目标所采用的控制措施,这些控制措施又是如何帮助超市实现上述控制目标的？

18. 管理控制能够帮助公司化解其经营层面的风险并且能够提高效率和改善经营效果。请列举一些常用的管理控制种类。

19. 假定有一家电脑网络咨询公司,主要为大型的系统集成网络提供咨询服务。在经营过程中,发生了以下管理控制：

(1) 高级经理试图使每个项目的月平均成本降至4 000元。
(2) 地区经理检查大额的非正常交易,复核支付给员工的工资单。
(3) 财务总监检查大额的非正常交易,复核支付给员工的工资单。
(4) 高级管理人员每个季度都要开会研究讨论行业的最新发展趋势和所面临的潜在威胁。
(5) 销售副总裁复核各个地区所呈递的解释其所获取的客户订单下降原因的说明书。
(6) 华南地区的经理试图使每个项目月平均收益达到18 000元。
(7) 财务总监每年检查库存存货。

(8) 地区经理将其所有客户的咨询日程安排都复制存档,并时刻携带在身边,以做到心中有数。

要求:

将上述管理控制进行分类,并说明他们对审计风险评价有何影响。

20. 上海天籁公司专门生产高质量的电子吉他,近来它对其经营环境做了年度调查,确定了其所面临的几个经营风险(表 12-9 的左 1 列所示),请您根据其所确定的几个经营风险,完成表 12-9。

表 12-9 经营风险或威胁的应对与分析

经营风险或威胁	风险或威胁的来源	公司的哪些活动将受到影响	可以采取何种管理控制应对	对审计会有何影响
(1) 音乐爱好者的兴趣发生转移,更喜欢一种多功能吉他				
(2) 河南兰考县发生水灾,大批成材泡桐(其木材是电子吉他外壳的主要原料)被淹死,市场上泡桐木材奇缺				
(3) 竞争对手针对吉他初学者研制了一种价格低廉的新型吉他,颇受欢迎				
(4) 由于有员工举报违反雇佣合同,市劳动局将着手调查此事				
(5) 本市的音乐厅合并成几个大的连锁店,这无疑增加了他们在采购吉他过程中的话语权				
(6) 原首席设计师现在跳槽到其竞争对手那里				
(7) 国外的竞争者针对中国消费者的喜好推出一种新型吉他,如潮水般涌向音乐器材市场				
(8) 不断有购买者在使用电子吉他的过程中触电身亡,诉讼与日俱增				

21. 表 12-10 所列示的是三家公司(此例中的公司所处的行业有食品、影像以及制造业)在运营中所经常遇到的问题。

表 12-10 运营问题及有关控制与监控

问题描述	应采用哪项控制措施予以控制	应运用哪个业绩指标予以监控
由于不知道市场上白条鸡的价格近来大涨,快餐店的销售人员将一大批炸鸡以原来的价格(低于现价)卖给一家商店		
公司的电视促销未能达到预期的效果		
会计人员因急着去喝茶而在确认销售时将销售发票两次入账		

要求：
针对每个问题，可以采用哪项控制措施予以控制，应采用哪个业绩指标予以监控？

22. 您认为下列哪些管理控制能够使得错报的风险被降低。

(1) 公司的总裁每个月都复核副总裁的预算执行偏差报告。

(2) 公司几个主要生产线的经理每个礼拜都检查产品的市场报告和生产计划。

(3) 公司有一个风险委监督&控制管理员会，负责从接收顾客的反馈信息，并定期汇集顾客的批评，公司的经营、研发、营销副总裁负责对相关批评做出解释。

二、案例分析

案例 1

公司价值链分析是一种很有用的工具，它能够帮助我们了解客户公司是如何运营的，能够指出经营风险最高的地方，使管理层能够成功地识别出关系到公司成败的关键因素。客户的经营风险也往往和审计风险相关，审计师在拟定审计计划过程中必须充分予以考虑。因此，对客户的价值链进行细致的分析对制订审计计划很有帮助。

要求：

1. 在下述各企业中，任选一个，构建其价值链模型。根据您的经验和所学知识结构对构成公司价值链的经营活动加以识别，不必非常具体，但是最起码应当包括构成一个公司价值链的九项活动。

(1) A 比萨店。

(2) B 时装制造商。

(3) C 软饮料经销商。

(4) D 大学书店。

(5) 不需要挂号、能够提供急诊医疗服务的 E 医院。

(6) 酒店式公寓出租公司 F 公司。

(7) 电脑维修公司 G 公司。

2. 针对你所选择的行业，结合你所识别的每一项关键活动，请问审计人员在拟定审计计划过程中应当考虑哪些审计风险？

3. 针对第 2 问所确定的审计风险，有哪些管理控制可以对其加以控制？这些管理控制又会怎样影响审计计划？

案例 2

新理念公司是位于上海杨浦区高新科技园的一家小型电脑公司，其产品是一种能够帮助个人合理安排日程和高效管理通信簿（自动记下与自己有商业往来的人的电话和通信地址）的软件，主要以光盘为存储介质。该公司主要通过独立的零售商销售软件，也提供免费订购电话服务，为通过电话下订单的客户直接发货。该软件的主要使用者是个人，公司在广告中声称它能够极大地提高个人工作效率。公司股票的发行价格为每股 39.95 元，而现在却跌至每股 30 元。

毋庸置疑，该行业竞争异常激烈，然而公司的产品在同类产品中被公认是最好的。一些竞争者销售一些类似的软件，尽管功能不及新理念公司的，但是价格低廉，只要支付 10 元，便可以在网上直接下载安装，亦颇受消费喜爱。

尽管如此，在过去四年，新理念公司的销售收入平稳增长，平均每年增幅达 25%，并且公司坚持推陈出新，每年都会对其生产的软件至少升级一次，凡购买公司软件的注册用户在支付

11.95元后都可以在线升级软件。公司在几份有名的电脑杂志上登载广告,亦开通了800免费订购电话。公司还建立了一个主页,在上面注册的用户可以享受三个月的免费电话咨询服务,若超过该期限,则收取费用,标准是每分钟0.5元。

图12-6展示了新理念公司的价值链模型。

图12-6 新理念公司的价值链模型

要求:

(1) 说明在价值链中确定的每一项活动的特点和性质。

(2) 针对每一项活动,它将会给公司带来哪些潜在的风险并确定风险的来源。他们将会对公司造成什么样的影响?这种影响发生的可能性有多大?

(3) 针对第(2)问中所确定的公司风险,将会给审计师带来什么样的审计风险?

(4) 针对第(3)问中所确定的审计风险,审计人员应当如何控制,而这些控制又将如何影响审计计划呢?

案例3

上海金铭塑料有限公司(以下简称金铭公司)主要生产塑料类生活用品,公司在该行业享有极高的声誉,产品的质量通常是最优秀的。公司通过大大小小几百家商店销售其产品,几乎在每个商店,其柜台面积都是家用品销售区最大的。近来,公司的日子不大好过,遇到了几个颇为棘手的问题,涉及声誉、市场地位和业绩等方面。表12-11为其2008年度、2009年度和2010年度的简要利润表以及简要资产负债表,其中2008年度和2009年度的报表已经审计,2010年度的报表尚未审计。

以客户、竞争者和财务分析师的调查结果为评价基准,金铭公司屡屡跻身"中国十佳上市公司"之列,其中有两年还名列榜首。就像其产品一样,大家公认金铭公司的地位无人能撼,坚信它可以轻松地战胜对手并化解各种威胁,公司总裁经常得意地说:"一个能够面对任何不同寻常的事情的公司才是真正不同寻常的公司。"

然而,面对各种压力,近来金铭公司的行动颇为庸俗——和其他弱小得多的竞争对手的行动并无二致。2010年年初其主要原料树脂价格的飙升,与两年前相比,几乎翻了一番。接踵而来的是下面所列示的一系列问题:

客户关系:起初,金铭公司试图将成本的上升转嫁到消费者身上,这一做法激怒了下游的批发商,一些大客户(如乐购、华联吉卖盛等)将金铭公司的产品撤下柜台,转增其对手和模仿者的产品。

经营：在产品创新、产品质量和营销策略等方面，金铭公司被公认为世界一流，然而，它亦有软肋，比方说，在人工和材料成本的降低、送货及时性等方面做得不是很好。例如，在树脂价格上升之前，公司没有一个集中采购的部门，各个分部各自为战，分别和原料供应商谈价，使它难以在世界市场上以最优惠的价格获取原料。

竞争：金铭公司的竞争对手坚持不懈地改善产品的质量，产品的瑕疵越来越少，这无疑缩小了两者在质量方面的差距，公司以高价出售产品的做法越来越难以为继。

文化：公司固执地认为它应该按照15%的速度进行永续增长。尽管这些目标现在看来既不合理也难以持续，但是它坚决不予修改，为了达到这一增长目标，公司采用了一些颇有争议的短期行为，并顶住各个方面的压力强行提价，要知道，这些都不足以维系15%的年增长率，只能招致客户的反感和抵制。

海外拓展：公司为了在2015年以前将其海外的销售量增长一倍，将目标主要锁定在欧洲，做了很多努力，但是效果并不显著，估计短期内此雄心勃勃的目标也难以实现。

要求：

假定您刚刚做到会计师事务所的项目经理，负责该公司的审计，请回答下列问题：

(1) 公司面临哪些公司层面的风险，有哪些风险会影响您的审计？
(2) 在第(1)问所确定的公司层面风险中，有哪些会影响公司经营层面风险？
(3) 有哪些交易和账户将受到经营层面风险的影响？
(4) 面对这些风险，您在拟订审计计划时应当考虑哪些东西？

表 12-11　金铭公司 2008—2010 年报表数据

单位：百万元

利润表	2010(未审计)	2009(已审计)	2008(已审计)
销售净额	2 169.00	1 960.00	1 805.00
销售成本	−1 466.00	−1 286.00	−1 201.00
期间费用	−348.00	−329.00	−310.00
其他收入(费用)	11.00	−4.00	−28.00
税金	−139.00	−130.00	−100.00
净利润	227.00	211.00	166.00
资产负债表	**2010(未审计)**	**2009(已审计)**	
现金	92.00	128.00	
应收账款	59.00	66.00	
预付账款	471.00	322.00	
存货	295.00	303.00	
债券投资	9.00	10.00	
固定资产	608.00	572.00	
无形资产	175.00	111.00	
总资产	1 709.00	1 512.00	

(续表)

资产负债表	2010(未审计)	2009(已审计)	
流动负债	412.00	363.00	
长期借款	12.00	19.00	
所有者权益	1 285.00	1 130.00	
负债和所有者权益	1 709.00	1 512.00	

配套习题

第十三章 公司业务环节①经营风险分析与控制测试

本章要点

在第十二章中我们讨论了审计师怎样从整体层面进行战略风险分析,并理解了战略风险会影响相关业务环节的有效运行。本章首先讨论管理当局关于战略的决策是如何影响经营环节的设计与执行的;其次分析从审计师的角度看,什么样的因素决定一个经营环节是关键经营环节;最后讨论审计师如何利用经营环节分析的技术方法,分析经营环节,并识别和测试与审计目标所包含的与认定相关的控制,从而决定剩余风险。

本章需要掌握的重点内容

经营环节与战略的联系,经营环节风险分析技术方法,控制测试和剩余风险。

第一节 经营环节与战略的联系

在第十二章企业整体层面分析阶段,我们识别和评价了重要的战略风险及其相关的内控制度,并介绍了战略风险与关键经营环节和重要报表账户的联系。经营环节受战略风险的影响,但如果运营得好,也能为化解战略风险发挥积极作用。同时,各业务环节在实施公司战略和目标的过程中也会产生风险,为了有效控制这些风险的影响,公司都要求各业务环节建有完善的内部控制制度。所以审计人员在这一审计环节中,既要了解战略风险对业务环节的影响,又要了解业务环节的运行及可能产生的风险,还要了解和测试相关内控制度设计的完善性和执行的有效性,并评估剩余风险及其对财务报表的影响。由于这些工作技术含量高,所以必须像第十二章第四节战略风险分析一样要由审计项目负责人和资深审计人员来完成。同时,为了有效地开展业务环节的经营风险分析和内控测试,项目负责人必须根据第十二章战略风险汇总表中战略风险对相关业务环节的影响,编制各业务环节风险分析和内控测试的工作计划,对各环节的分析要求、分析内容、执行人和时间做出安排,以确保审计工作的有效性和充分性。

---

① 在本书中,业务环节、经营环节、业务经营环节三词同义,以上下文表达流畅择其用之。

一、战略决策对经营环节的影响

在前面的章节中,我们指出了企业的五种基本战略,即:低成本、低成本利基、差异化、差异化利基和低成本差异化。这些基本战略的选择都要依赖于企业对竞争对手、行业进入壁垒、可以获得的资源和市场规模等多种因素的考虑。选择不同的基本经营战略需要不同的资源和技能,与外界环境也有着不同的联系。这些又转化为企业在关键环节上的差异。企业选择的战略不同,所设置或选择的经营环节就可能完全不同。例如,选择低成本战略的企业,在资源采购方面就可能会采用廉价的采购方式以获取廉价的资源,甚至通过研发或规模化来实现成本竞争优势,而选择差异化战略的企业,关注更多的是资源的质量或客户的需求而非采购成本,20世纪初美国汽车行业的两大巨头福特和通用,就分别体现了低成本战略和差异化战略的基本特征。表13-1列举了低成本战略和差异化战略对选择经营环节的部分影响。

表13-1 不同战略决策对经营环节的选择

经营环节	低成本战略	差异化战略
原材料采购	• 获取尽可能廉价的原材料 • 一次性购买大量原材料以获取批量订购折扣	• 尽可能购买质量最好的原材料
原材料的储存	• 采用就近购货的原则尽可能缩短原材料仓储的数量和时间	• 采用尽可能好的仓储设备和措施保证原材料的质量
生产	• 注重提高生产效率以降低成本 • 注重扩大生产规模来降低成本 • 注重提高劳动生产率来降低成本	• 注重优化生产工艺提高产品质量 • 对产品质量精益求精
销售	• 尽可能不做广告,不进行促销	• 注重广告和促销活动
财务	• 采用成本最低的融资方式	• 更多关注的是能够及时保证研发和促销等资金需求
研发	• 主要进行提高生产效率的研究 • 较少进行产品的革新	• 不断开发最新最优的产品
人力资源	• 尽可能使用临时工 • 重大工程采用外包	• 用最好的薪酬政策招聘和吸引最优秀的员工
信息系统	• 注重成本控制的信息系统	• 注重收益最大化的信息系统

从表13-1中所列内容,我们可以感受到不同的战略选择对经营环节的影响。一般情况下,企业如果选择低成本战略,生产经营通常是至关重要的,因为在这些领域进行成本控制对企业的成功极其重要。而在差异化战略下,生产成本并不是优先考量的因素,对客户需求的精准识别,进而对产品进行设计和创新可能更为重要,企业的产品研发环节是影响企业成功的关键因素。因此,选择低成本战略的企业比较注重的是成本管理和经营环节的效率,它们会设计追求效率、控制严格的生产经营环节以降低生产成本,追求规模效益并尽可能地降低管理费用。而选择差异化战略的企业注重的则是尽可能为顾客提供最新最好的产品与服务,为顾客创造更多的价值。有鉴于此,选择不同战略的公司,审计人员在审计时所重点关注的经营环节必然是不同的。即使是针对相同的经营环节,审计人员关注的侧重点也是不同的。例如,同样是人力资源环节,选择低成本战略的企业会采取各种方法来降低人工成本,因此,这类企业在人员招聘和员工培训上付出较少,对所招聘员工的技能要求很低,遇到重大工程需要高技术人

才时,大多采用工程外包的方式来降低人工成本。而选择差异化战略的企业为了不断提供最新最优的产品和服务,会尽可能地招聘具有较高技能的人员。因此,这类企业在人才招聘上的投入较多,很多时候会利用人力资源公司或猎头公司来搜罗人才。对现有员工的培训也十分注重,并且会设计较好的薪酬制度来留住人才。显然,这两类公司在人员招聘、员工工资、员工培训等方面是完全不同的,存在的风险也是不同的,审计人员在审计以上两类公司的人力资源环节时,关注重点显然也是不同的。当然,随着商业模式的创新以及市场竞争的激化,单一公司可能采用具体的分析工具并结合内外部资源或条件来进行战略选择,审计师需要在建立对被审计对象整体图景的前提下进行风险的分析和审计程序的选择。

二、从战略风险到业务环节经营风险

企业对战略决策的选择决定了对经营环节的选择。经营环节的组织设计是与战略选择相匹配的,经营环节的目标是对公司战略目标的有效支撑。大部分外部环境风险与内部经营环节有直接或间接的联系,所以战略风险会传导到业务环节,形成业务环节的经营风险,特别是对关键经营环节,影响就更大。设计经营环节并向经营环节分配资源是管理层控制经营风险的重要手段。企业根据内外部环境选定战略后,需要依赖具体环节的设计与执行才能在竞争性的社会环境中获得和保持持久的竞争优势与核心能力。环节与环节之间相互协调,才能使企业的战略得以执行。企业在进行经营环节选择时,需要充分考虑各个环节之间的相互作用。一个环节的活动方式与成本常常会影响到另一环节的业务活动。例如,生产和销售高科技产品一般都需要专业服务人员及相关零配件,因此,专业服务人员的引进和培训(人力资源管理环节)以及零配件的取得(采购环节)对保持持久的服务竞争优势(销售环节)来说就至关重要。可见,关键经营环节的设计与有效性,以及各经营环节之间的相互影响和作用都应是审计人员关注的重点。

在传统的财务审计中,审计师较为关注与财务报表项目认定相关的控制,自下而上地归纳和汇总财务报表可能存在的错报风险,因而无法控制和揭示由公司战略风险引发或传导的错报风险。在现代风险导向审计中,关注与财务报表重要项目认定相关的控制只是审计过程的一个组成部分,更重要的是必须居高临下地站在公司战略的高度来自上而下地审视整个公司所面对的经营风险,并测试和评价与其相关的内部控制的有效性,才能把控财务报表的错报风险,特别是管理层因各种动机导致的欺诈风险,把控审计风险,实现审计目标。因此,审计师必须在前面战略风险分析的基础上,对相关业务环节及其经营风险进行全面的剖析,并完成对相关内部控制的识别、测试和评价,然后才能进入到实质性测试方案的设计和执行。

第二节 经营环节分析

一、经营环节分析的基本步骤

经营环节分析主要有以下四个步骤:①识别关键经营环节和重要会计项目。②分析关键经营环节的业务活动及其风险以及对重要会计项目的影响。③识别与重要经营风险和重要会计项目相关的内控制度并对拟信赖的控制进行测试。④根据控制测试的结果判断会计项目相关认定发生严重错报的风险。图13-1列示了现代风险导向审计的逻辑结构,反映了经营环

节分析在整个现代风险导向审计过程中所处的位置及其主要内容。

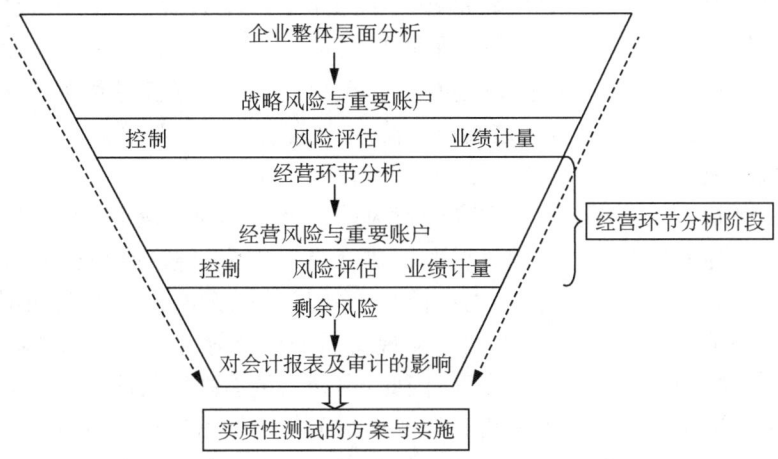

图 13-1 现代风险导向审计的逻辑结构

在经营环节分析中,就某一被审计单位而言,具体的经营环节可能与价值链、供应链甚至生态圈相关联。以我国经济中影响最大的制造业为例,经营环节主要有供应链与生产环节、销售与客户服务环节、资源管理(如固定资产、人力资源和财务管理)环节等。业务环节的组织设计可大可小,可多可少,完全取决于公司的规模和管理要求,在一些大型集团公司中,业务环节的设计极为复杂,必须一一了解清楚,特别是初次审计。在以后年度的连续审计中,审计人员可根据客户的具体情况,将关注重点放在关键业务环节和有变化的业务环节。

审计师在分析某一具体环节时,需要了解该环节的目标、作业活动、所产生的信息以及对会计账务处理的影响。在"目标—作业活动—会计处理—审计计划和实施"这一逻辑中可以很好地展示出现代风险导向审计方法的应用。

二、识别关键经营环节和重要账户

企业为实现战略目标设置了复杂的经营环节体系。但对审计人员而言,并不是所有的经营环节都需要进行详细分析和测试,除非是首次公开发行(IPO)审计和初次接受审计的公司。在前面的企业整体层面分析阶段,审计人员以重要的经营风险和重要账户识别出关键经营环节。在经营环节分析阶段,则需要对这些识别出的关键环节进行详细分析,找出重要的经营风险和关键风险控制点,并对拟信赖的控制进行测试,从而得出关于剩余风险的结论,并据此设计实质性测试方案。克内切尔(Knechel,2001)将这些被选择出的关键环节称为审计敏感性环节(audit-sensitive process)。这些关键环节是审计人员认为至关重要的环节,它们对审计人员将要执行的审计程序以及收集的审计证据有重大的潜在影响。审计敏感性环节一般具有以下三个特征之一:

一是企业实现经营目标的关键环节。构成企业核心竞争力的环节对企业的成功至关重要,这些环节的失败将会导致企业整体性的失败。例如,在高科技的生物医药行业,药品的研究开发就是至关重要的环节,该环节直接影响着企业应对外部威胁的能力,该环节的成败直接影响着整个企业的成败。因此,审计人员必须详细了解这一关键环节,并据此判断企业选定的战略是否切实可行,识别与这一环节相关的控制措施是否有效。这一类型的关键环节一般是在企业整体层面分析阶段从战略风险分析推导得出。

二是与外部有大量交互作用的环节或本身数量、金额比较大的经营环节。这一类型的环节一般与企业外部有重要、广泛的联系，这些联系通常会产生大规模或较大金额的交易，并在财务报表中得以体现。例如，企业的采购活动、销售活动、收购兼并活动、资本市场的投融资活动等，它们的汇总数在审计人员看来非常重要，甚至单笔交易的重要性都可能超过审计人员设定的重要性水平。因此，审计人员将这类环节确定为关键环节。对这类环节的识别既源于企业整体层面的战略风险分析，也来源于经营环节自身的分析。

三是有较高经营风险的环节。存在高经营风险的环节通常也是审计敏感环节之一，这类环节是企业中最容易发生差错的环节，例如，期货交易等极为复杂的经营环节、资产减值等包含较多管理人员主观判断的经营环节、内部控制十分薄弱的经营环节、在前期审计中曾经发现差错舞弊的经营环节，以及涉及频繁发生非常规交易的环节等等。由于这些高风险环节所产生的问题常常会影响到会计认定的可靠性，因此，审计人员需高度关注这类环节。对这一类环节的识别也主要源于企业整体层面分析和业务环节分析中的重要账户或重要经营风险。

以上三个条件只要满足其中一个，审计人员就会将其确定为审计敏感环节即关键经营环节。

三、对关键经营环节应了解的内容与环节图分析

(一) 对关键经营环节应了解的内容

审计人员确认关键环节之后，就需要对每一关键环节进行深入的了解，收集关于这一环节的详细信息。审计人员在了解过程中需要收集的资料包括：经营环节的目标；构成环节的各项业务活动；环节的投入与产出（信息流）；与环节有关的信息系统；环节的关键成功要素和关键业绩指标；关键的环节风险；管理人员对环节风险的控制；风险与控制对财务报表的影响，等等。以下对其中部分事项展开介绍。

1. 经营环节的目标

一个经营环节的目标表达了该环节在实现企业总体经营目标过程中所起的作用。大多数的环节都有多个具体目标，各个具体目标的重要性层次虽有不同，但它们整合起来就能确保企业总体目标的实现。同时，需关注不同经营环节之间目标的协同性，确保各环节的目标与总体目标是一致的。例如，企业选择的是低成本战略，企业各经营环节目标也应以提高效率降低成本为主。这就要求采购环节的目标，是以尽可能低的价格取得原材料和维持尽可能低的存货水平；生产环节的目标就要充分利用产能、提高产量、提高效率、降低消耗；销售环节的目标就要加快交货、降低库存、加快货款回收，等等，这些都是围绕低成本战略来确定的。对于选择差异化战略的企业，其采购环节的目标就应该是如何获取高质量的原材料以确保产品的质量；生产环节的目标就要确保用先进的设备由熟练工人生产出高质量的产品；销售和售后服务环节就要以顾客满意为主要目标等等。审计人员对于特定环节目标的确认，一方面要结合客户的实际情况，另一方面要结合在战略分析阶段获得的对企业战略的理解。

表13-2给出了中国汽齿股份有限公司固定资产投资运营环节的目标。

表 13-2 投资运营环节的目标

目标1：保证根据长期目标制定的设备发展规划合理有效；
目标2：精干主业，运作核心资产，剥离非核心资产；
目标3：提高设备综合效率；
目标4：追求寿命周期费用的经济性。

2. 环节的关键成功要素和关键业绩指标

采用系统的业绩计量是现代风险导向审计的一个重要特点。关键成功要素(CSFs)和关键业绩指标(KPIs)就是业绩计量的两个部分。审计人员在取得对关键环节的理解时,应该根据战略分析的结果,结合本环节的目标,判断在本环节中的关键成功要素是什么,并判定企业采用哪些关键业绩指标来监控关键成功要素。以新零售为例,可能会涉及单一的KPI,如"平效",即一平方米营业面积的年销售额,但要判断该指标的增减变动,可能还需要对客流量、转化率、客单价、复购率等有综合性的了解,进而拓展到被审计单位的商业模式、选址、产品及客户策略等。任何一个单一的业绩指标可能都无法提供关于一个环节的全貌,而且每一个业绩指标都会与多个风险相关。因此,对审计人员而言,对关键业绩指标的判定是一项挑战,审计人员需要检验多个业绩指标来获取对环节的全面认识。大部分业绩指标是由企业内部产生的信息提供的,也有一些业绩指标需要外部的数据(如市场份额等)。审计人员取得对关键成功要素和关键业绩指标的理解,一方面指导其分析识别环节中的主要业务活动,另一方面也是为下一步环节层次的经营风险分析和控制测试做准备。表13-3列出了中国汽齿股份有限公司固定资产投资运营环节的关键成功要素和关键业绩指标。

表13-3 关键成功要素和关键业绩指标

关键成功因素	关键业绩指标
1. 招投标委员会的有效运作	• 招投标资产总值/总资产
2. 规范有效的固定资产购置处置立项报告制度	• 招投标资产总值/总资产
3. 严格的资产运营效率考核标准	• 百元销售折旧含量 • 设备完好率 • 设备利用率 • 设备故障停机率

3. 经营环节中的业务活动

经营环节中的业务活动是实现环节目标的具体步骤和行动。在每个经营环节中都包含有多种常规的业务活动,例如:制定决策、收集信息、信息处理和交流、环节控制和改进、实物管理等。例如,采购环节就包含了所有这些业务活动。这些业务活动本身又是由多个子业务活动组成的,如果审计人员将所有这些子业务活动甚至每一个具体的动作都详细描述出来,工作量将十分巨大,而随之产生的大量工作底稿对审计人员作出判断的意义可能并不大。因此,审计人员必须确定所要描述的业务活动的详细程度,一般应以能够确定与实现环节目标有关的关键环节风险为标准,即审计人员只需对环节中的关键业务活动和高风险活动进行适当的描述,其他一般业务活动不需进行详细描述。在审计人员对经营环节业务活动的描述中,需描述清楚环节的开始(投入)、进程(过程)和结束(产出),并形成流程图,以一目了然。

以销售与收款循环为例,常见的业务活动(关键环节)如图13-2所示。

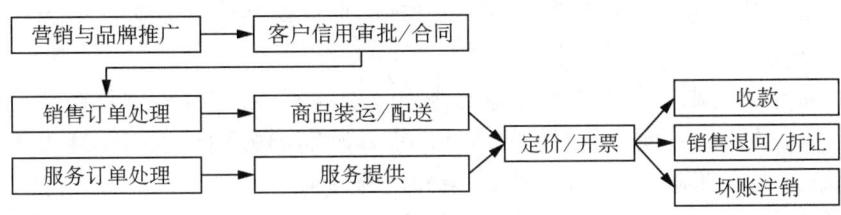

图13-2 销售与收款的关键环节

4. 经营环节信息流

所有的经营环节都会使用、产生和传递信息,审计人员需要了解环节中信息流的性质和可靠性,其原因主要在于以下几个方面:①环节内部的信息会对财务报表产生直接的影响。有关交易的信息最初都是在环节中产生、记录并通过各种内部系统进行传递的,如果这些环节所产生的信息是不可靠的,那么后端财务报表出错的风险就会很高。②信息可以为审计人员提供环节质量的保证,使审计人员确认环节是否有效运行。如果连关键的信息都缺失、缺少或不可靠,那么环节中业务活动的执行效率和效果就可能很低。例如信贷管理人员如果不能获得顾客的信用报告,审计人员就会认为信贷审批授权环节存在较高的风险,与信贷审批有关的风险很高。审计人员还可以分析信息的产生与流向,一个环节产出的信息必然是下一个环节流入的信息。如果一个信息产出之后没有传递到任何另一个环节中去,那么这个信息要么是多余的,要么就是无法传递到需要它的环节,这样就会导致系统缺陷,这样的系统缺陷对其他环节的运行质量会产生负面影响。③信息可以为审计人员提供环节风险重要程度的证据。持续地跟踪环节中的关键业绩指标可以获得环节风险的预警。例如,企业的销售经理通常会利用准时送货的统计资料来控制和管理销售业务,因为,当该统计数据显示配送时间延长或配送速度减慢时,就会提醒销售管理人员销售环节可能出现了问题,企业的信誉可能受到了影响。审计人员也可以利用这一特点进行关键业绩指标的跟踪,这些指标的变动情况可能就是分析环节风险的最好证据。

在了解环节信息流的过程中,审计人员需要特别关注环节中信息系统的可靠性。审计人员在了解信息系统时要考虑企业的特征,对手工处理的数据流和对系统化处理的数据流的了解是完全不同的。有的信息系统与会计账户和财务报表是直接相关的(如销售日记账、销售软件管理系统的记录),而有的则只能提供间接的分析证据(如顾客的排名、顾客的满意度、退货率等)。如果一个重要的信息系统是高度自动化的(如全部使用管理软件进行信息处理),那么,审计人员就有必要请信息技术专家对系统的设计和运行可靠性进行分析评价。

5. 关键经营环节中业务活动的会计影响

审计人员还必须了解每个关键环节的业务活动所影响的重要的会计账户。一般而言,一个环节整体上的效率越高,在该环节中处理的交易信息就越准确和可靠。从会计层面看,环节中的重要账户可以分为以下四种类型:

(1) 交易类别。这类账户是指一整套具有相似特征、性质或品质的交易或调整事项,最后反映在会计记录中的账户。不同的交易类别具有不同层次的固有风险。交易类别可以归纳为以下几类:①常规交易:企业正常经营中的常规交易,最后反映在会计记录中,如采购、销售等。②非常规交易:只是定期发生的业务活动,如并购重组、资产减值等。③会计调整:会计准则变动带来的会计核算方法调整等。④估计调整:由于缺乏较为精确的计量方法,需要管理层的判断或假设形成账户余额的业务活动,如折旧年限、预期损失率调整等。如果审计师将一个重要的账户作为交易类别来审计,审计师必须分析和理解形成这一账户余额的背后的交易,并对交易进行审计。

(2) 估计所导致的账户余额。该类型的账户余额并不涉及交易,它是在缺乏有效的计量方法的情况下,对数量或者项目近似值的估计。审计师需要分别识别出单纯由于估计导致的账户余额。例如,对于坏账准备需要与贷款余额区分开来。

(3) "其他"账户余额。该类型的账户余额并不是由于估计形成,而且也不准备将之作为交易类别进行审计的重要账户余额。这种类型的账户是由于经济交易和会计调整而产生。例如,收购兼并的会计处理等。

(4)披露。有些业务环节产生的信息除了需在财务报表中予以反映,还需在财务报告附注中予以更详细的披露,如销售结构、地区分布、回购交易、表外业务等,以对财务报表、绩效分析和现金流量的公允列报提供进一步的信息。

对于各环节特别是关键环节产生的信息,审计人员都必须理清其来龙去脉,以有效组织内控测试和实质性测试。审计人员可通过调查问卷、与负责特定环节的员工讨论、查阅有关档案资料等方式获取以上信息。

(二)环节图分析

在完成上述对环节信息的了解后,通常要通过绘制经营环节图来获得对环节的全面理解。经营环节图也就是我们常称的"业务流程图",是以系统的方式取得对关键环节和重要账户理解的一种方法,它可以帮助我们非常直观地了解环节中的业务活动和信息流,以及潜在的关键控制点和流程目标。因此,我们主要用它来对具体环节以及该环节所处的环境进行描述。

经营环节图是常用的环节分析工具之一。经营环节图通常包括:经营环节的目标、关键成功要素与关键业绩指标、业务活动、信息流和会计影响等内容,图13-3提供了经营环节图的一般模板。图13-4则是中国汽齿股份有限公司固定资产投资运营环节的部分环节图举例。

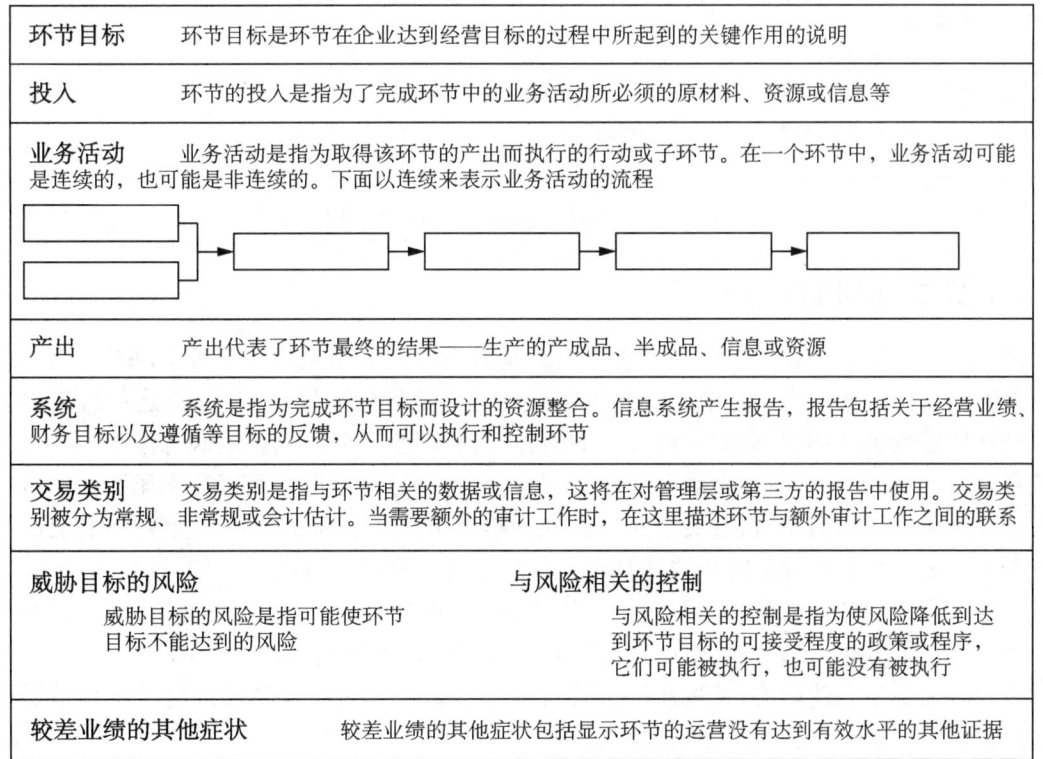

图13-3 经营环节图

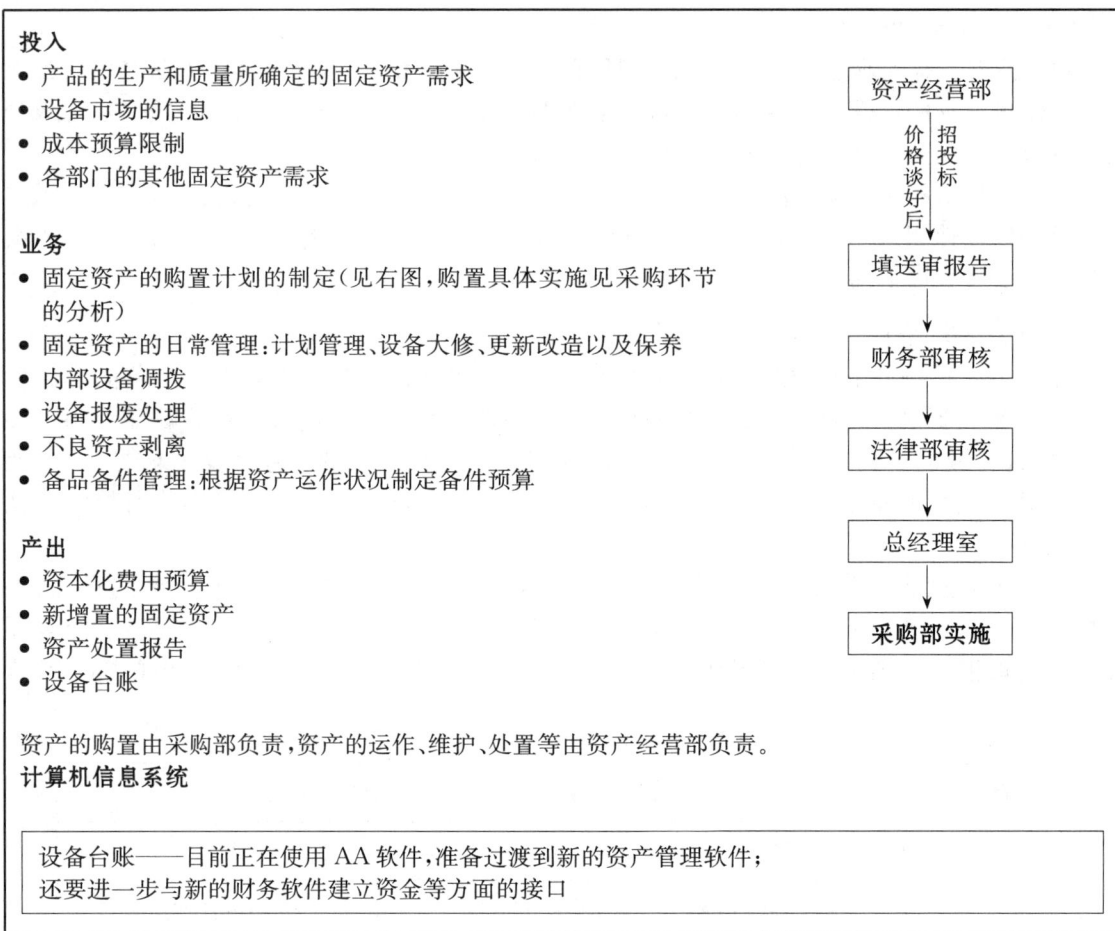

投入
- 产品的生产和质量所确定的固定资产需求
- 设备市场的信息
- 成本预算限制
- 各部门的其他固定资产需求

业务
- 固定资产的购置计划的制定(见右图,购置具体实施见采购环节的分析)
- 固定资产的日常管理:计划管理、设备大修、更新改造以及保养
- 内部设备调拨
- 设备报废处理
- 不良资产剥离
- 备品备件管理:根据资产运作状况制定备件预算

产出
- 资本化费用预算
- 新增置的固定资产
- 资产处置报告
- 设备台账

资产的购置由采购部负责,资产的运作、维护、处置等由资产经营部负责。
计算机信息系统

设备台账——目前正在使用AA软件,准备过渡到新的资产管理软件;还要进一步与新的财务软件建立资金等方面的接口

图 13-4 固定资产投资运营环节图(部分)

四、环节内部风险分析

审计人员编制经营环节图的一个重要目的是分析与环节相关的经营风险以及了解相关的内控制度的基础。在前面的章节中我们了解到外部环境可能引发战略风险,这些战略风险很多又会直接影响关键环节,成为关键环节的潜在经营风险。例如,当新冠病毒流行而导致经济环境衰退时,顾客就可能减少大额开支或延缓付款速度,导致生产厂商库存积压资金被占用从而增加与供应商之间的矛盾,这又会对厂商的采购环节产生直接的影响。业务环节层次的风险分析就是要分析战略风险转化成的环节风险以及环节本身运营所产生的风险。

审计人员常用的环节分析工具是内部风险分析,即对环节中目标、关键的风险、控制和相关业绩指标进行分析,以识别环节层次的经营风险,评价环节的有效性。其主要目的是要评价环节风险对财务报表的影响,并进而评价其对审计的影响。内部风险分析包括了环节层次的重大经营风险分析和重要账户错报风险分析。

环节层次的经营风险可能来源于企业整体层面的战略风险,也可能从环节内部产生。很多企业整体层面的风险可能直接表现为环节中的具体风险,如外部环境中的政治风险,就会对关键环节产生直接的影响,如华为芯片采购的受限,直接导致公司无法继续生产。而另外一些

环节风险只存在于单个的环节之中,如环节中交易处理发生差错的风险就只与该环节有关,只是环节内部的问题。有关企业整体层面战略风险对审计的影响,我们已经在企业整体层面的分析中做了阐述。在环节分析阶段,审计人员对于企业整体层面的战略风险对环节影响,既需关注其直接影响,也需关注其间接影响。在此过程中,审计人员还需关注的是产生于经营环节自身的风险。为便于分析,我们按照克内切尔的方法将内部的环节风险分成了八类,即环节的领导风险、诚信风险、监管风险、运营风险、技术风险、财务计划风险、人力资源风险和信息风险,其相互间的关系如图 13-5 所示。

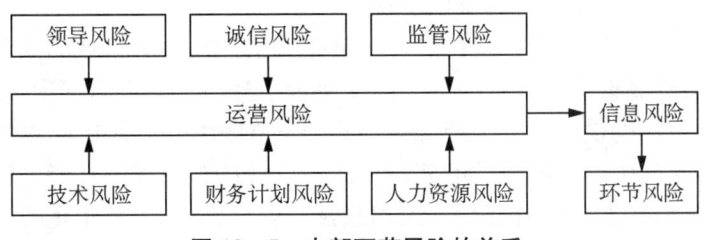

图 13-5 内部环节风险的关系

环节的领导风险、诚信风险、监管风险、技术风险、财务计划风险和人力资源风险都会对运营风险产生直接的影响,而运营风险则转化成审计人员比较关注的信息风险,从而汇合成环节风险。

领导风险是指当环节缺乏有效的领导或缺乏清晰的领导职责划分时可能发生的风险。环节的效率和效果依赖于环节管理人员在职责、能力、经验和激励等方面的综合平衡。领导者如果缺乏相应的权威或者并不具备岗位所需的能力就很可能使环节出现差错。领导风险既可能是企业内部的风险,也有可能是由于人才供应的匮乏导致的风险。

诚信风险是指由于环节中的个体因缺乏诚信品德或职业道德而导致的风险。凡是需要人来执行的运营环节都会存在这样的风险。这类风险取决于员工个人的品德和对职业道德的态度,而这在很大程度上又受到整个社会道德价值取向的影响。审计人员应该了解客户对员工道德的关注情况和控制措施。有时激励机制设计不当,也会导致员工的不道德行为,从而给企业经营带来风险、留下隐患。

监管风险主要是指外部监管机构对企业监管产生的风险。大多数的企业都会受到众多的外部监管。工商行政管理部门、证券监督机构、工会、妇联、环保局、税务局等等外部机构通过《公司法》《证券法》《劳动法》《环境保护法》《消费者权益保护法》等若干法规制度影响着企业内部的各个环节。审计人员必须了解影响关键环节的有关法规并评价企业是否有违反法规的可能性。例如,企业的生产环节如果违反了环境保护法,就有可能受到惩罚和罚款,企业的声誉也会受到影响。伴随着各国对环境、社会责任、治理等方面的关注,企业可能面临更苛刻的监管要求;在全球化的背景下,部分公司可能还会面临监管协调带来的合规风险。

技术风险是指企业在经营环节中所采用的各种技术面临的风险。技术风险可能来自外部,也可能来自环节内部,伴随着物联网、无人驾驶、5G 等新技术的应用,企业面临的技术风险也日益凸显。例如,生产环节中使用的工艺技术如果跟不上外部环境中技术的发展,就会产生技术落后、产品过时积压的风险,这在消费电子领域尤为明显。而环节内部的信息处理技术如果跟不上内部对信息的需求发展,也会产生风险,尤其是互联网平台带来的数据过载,甚至会带来系统崩溃的后果。因此,审计人员在考虑技术风险时要注意环节中是否很好地运用了相关的技术、是否有足够的技术研发投入以保证环节目标的实现。计算机信息系统的使用会增加交易记录的准确性。但是，如果系统过于复杂或者不适用，也会产生风险。

财务计划风险反映的是内部资源分配不能满足具体环节需要的可能性。与财务计划有关的内容，包括预算、计划、资源与现金的需求，以及财务报告等都可能会对环节产生负面的影响。如果计划和预算制定得不合理、不切实际，就会导致环节无法执行。例如，对于研究与开发环节，如果制定预算时没有充分考虑到购买研究设备的支出，那么研究活动就会因此受到极大的影响，研究开发的目标很可能就难以实现。

人力资源风险是由环节执行人员的胜任程度带来的风险。大多数的经营环节都需要由员工来执行，员工的素质高低及业务胜任能力高低决定了环节目标能否实现，也决定了环节的效率与效果。劳动力市场的供给对人力资源风险有直接的影响。例如，劳动力市场上高级技工的缺乏就会影响相应的生产环节目标的实现。人力资源的素质和胜任能力还取决于企业内部的员工招聘政策、薪酬制度、激励机制、培训和监督机制等。例如，一个企业要进行对外风险投资，却没有具备或招聘相应的专业人员，或者对专业人员没有培训也没有恰当的监督，那么，该风险投资环节发生风险的可能性就非常高。审计人员要关注影响人力资源风险的各个因素，并对环节中员工的胜任能力和态度作出判断。

运营风险是指环节内的各项业务活动在执行的过程中可能发生的各种风险，例如运营质量达不到要求、运营周期过长、运营结果不能满足顾客要求或运营过程失败等。大多数的运营风险是与其他的环节风险直接相关的，如图13-5所示，如员工缺乏职业道德，即存在诚信风险，那么，环节运营的质量、周期、顾客满意度等都会存在风险。

信息风险是指环节中产生和传递不正确不可靠信息的风险。环节中的信息不仅是决策制定、环节控制和业绩评价的依据，也是最终反映到财务报表的直接来源。因此，信息风险以及信息系统的可靠性都是审计人员必须重点关注的。信息系统的可靠性又取决于系统的设计、信息报告的结构、信息技术外部提供者的可靠性、信息系统的控制等多种因素，这些也是审计人员必须重点关注的内容。

审计人员需结合企业整体层面的分析结果对本环节的影响，以及对上述各种风险的认识，来系统地梳理和识别环节的经营风险，业务经营环节的风险会直接影响财务报表账户的可靠性。

审计人员还可以利用业绩指标比较分析的方法来判断环节风险。通常，经营情况良好，说明内外部环境都较好，管理层就没有造假的动机；反之，经营情况不理想，说明内外部有环境因素对经营产生了影响，管理层就会产生造假的动机，进而产生舞弊风险。在这个分析性程序中，审计人员要确定客户监控的业绩指标类型与具体内容，并用这些业绩指标来衡量具体的环节风险。一个单独的业绩指标并不能对一个环节的风险进行全面的反映，因此，审计人员需要运用多个指标来获取对环节风险的整体理解。大多数的业绩指标是内部产生的，可以从企业内部获得，也有一些指标来自外部，如市场占有率、顾客满意度等。对于采购环节而言，最重要的业绩指标可能在于供货商的数量、采购的数量、质量、价格等方面。审计人员通过业绩指标分析可以获得环节是否有效运行的证据。如果针对某个环节的业绩指标分析结果与审计人员的良好预期一致，则表示该环节的风险较低。反之，则表明该环节的运行和监控可能效率较低，风险较高。

以销售与收款循环为例，公司常采用的绩效指标如表13-4所示。

表 13-4 销售与收款循环常用绩效指标概览

控制层次	项目	绩效指标
公司层面	财务	收入增长；盈利趋势；毛利率
	市场	市场份额；客户满意度；新客户增长率；老客户留存率
	流程	配送时间统计；交易完成率；单笔交易成本；配送差错率
业务层面	营销	按产品/区域计算的销售额；应收账款、存货周转率；客户满意度；客户品牌认知；客户复购率
	客户服务	商品退回统计；装运或配送差错；客户投诉率；客单价
	存货管理	产品毛利；资产周转率；新品导入率；存货减值情况

审计人员在运用业绩指标进行分析时要注意两个问题：一是审计人员不能用自己收集的数据来对有关业绩进行分析，而必须使用客户已有的数据。也就是说，审计人员必须根据客户的数据来进行分析，而不是自己重新设计和编制一套指标来评价。如果客户没有使用恰当的业绩指标或者根本没有业绩指标，那就表明客户的管理水平较低，发生风险的可能性就较大。二是对分析使用的数据，审计人员应能够合理确信它们的可靠性。如果分析使用的数据是编造的或不可靠的，那么分析就失去了意义。如果审计人员无法合理确信数据的可靠性，这也同样表明该环节可能存在较大的风险。

审计人员通过这一阶段的工作，可形成经营环节业务了解和风险分析的工作底稿，这部分工作底稿的模板可参考第十二章第四节战略风险分析的相关样式来设计，只是需将公司层面改为经营环节层面分析并对内容作适当调整，同时最终风险汇总表中应列明受影响的重要账户（包括相关认定）即可，这里不再重复。

表 13-5 列示了销售与收款环节所涉及的经营风险分析。

表 13-5 销售环节的经营风险分析汇总表

销售与收款环节经营风险分析汇总

战略风险对销售环节的影响：(摘自战略风险分析工作底稿)
1.
2.
3.

战略风险影响的重要账户：(摘自战略风险分析工作底稿)

工作底稿索引	环节层次的经营风险汇总	影响的财务报表账户（包括认定）
	1. 销售政策和策略不当，市场预测不准确，销售渠道管理不当等	存货(存在、计价) 存货跌价准备(计价)
	2. 客户信用管理不到位，结算方式选择不当，账款回收不力等	应收账款(存在、所有权、完整) 坏账准备(计价)
	3. 销售过程存在舞弊行为	销售收入(发生、计价、完整) 货币资金(完整)
	……	……

第三节 控制测试与剩余风险

一、环节层面内部控制的了解

在识别出环节层次的重要经营风险及重要账户后,审计师需要设计并执行控制测试,并对每个关键控制点的有效性做出评估。在此过程中,审计师需要考虑与这些重要经营风险及重要账户相关的控制措施的实施情况,以判断这些环节的经营风险、重要账户是否得到有效的控制,并根据控制的有效性判断它们是否会导致财务报表的重大错报。

环节控制是管理层为了应对环节风险和确保重要账户能客观反映经营活动成果所实施的应对措施。管理层在设计控制活动时,可以对风险采取接受、避免、转移或降低四种方案。管理层应对风险的控制措施主要涉及两个方面的内容:对内外部环境的监控,以及对涉及的文件、会计记录、授权以及资产保全等方面的控制。以销售与收款循环为例,管理层通常采用的风险应对措施包括梳理业务流程、完善相关管理制度、确定适当的销售政策和策略、明确关键环节(如合同、订单处理、发货、收款等)职责和审批权限,严格按规定的权限和程序办理业务,并定期检查分析销售过程中的薄弱环节,采取有效控制措施以为销售目标的实现提供合理保证。

审计师则需要对业务层面的内部控制五要素进行全面了解,了解的思路和方法与第十二章中公司整体层面的内控了解是一样的,其区别在于:在公司整体层面,控制环境、风险评估、信息与沟通和内部监督四要素更容易受外部环境的影响,影响的层次也更高、影响面更大,但控制活动要素相对抽象和简略一些;而业务经营环节层面正好相反,控制环境、风险评估、信息与沟通和内部监督四要素主要受内部环境影响,故相对简单一些,相反控制活动要素就较为具体和复杂一些。如销售环节,需对销售及营销计划、预算等进行检查,需对销售差异分析及应对策略进行检查,需复核应收账款报告,需对销售退回报告及坏账损失等进行检查,需与恰当层次的管理层进行绩效指标和流程有效性评价方面的讨论等等。

二、环节层面内部控制的测试与剩余风险

1. 内部控制的测试

对于内部控制的测试,审计人员关注的是内部控制设计的完善性和执行的有效性。由于经营环节的业务活动纷繁复杂,审计人员须找出每一业务流程中的关键控制点,看是否设计了应有的控制措施。如有,说明内控设计是完善的;如没有,说明内控设计不完善,此时内控制度无法依赖,也无需测试,这样直接扩大了实质性测试。只有设计完善的内控制度才需测试其执行的有效性。

评价控制的设计所要解决的问题是,被审计单位的内部控制政策和程序是否设计合理、适当,能不能防止或发现并纠正特定财务报表认定的重大错报。例如,审计人员了解到,被审计单位要求将存货储存在加锁的仓库中,据此可以判断,该项控制可以防止或大大地减少存货存在认定产生错报的风险,设计是合理的。

评价控制是否得到执行要解决的问题是,被审计单位的内部控制政策和程序是否实际发挥了作用。被审计单位的某项控制设计得再好,如不实际发挥作用,也不能减少财务报表认定

出现重大错报的风险。因此,在对存货控制设计进行测试,认为该控制设计合理适当之后,还应实地观察存货是否实际储存在加锁的仓库中。

审计人员在获取有关控制运行的有效性的审计证据时,应着重查清以下三个问题:①这项控制是怎样应用的?②是否在审计期间得到一贯应用?③由谁或以什么方式来应用?如某项控制在年度中是由被授权的人员适当且一贯应用,那么该项控制就得到了有效的执行;相反,如未能适当和一贯地应用,或由未被授权的人员来应用,则说明控制执行失效。人们把这种控制执行的失效或不当,习惯称为"偏差""偶发事件"或"例外",而不称为"错报",因为某些控制执行失效或不当,只意味着会计记录中有可能出错,但并不是一定会出错。例如,被审计单位的一些销售发票没有由第二人独立验证其正确性,属于一项控制偏差,但如果第一个经办人员已正确地填写了发票,那么会计记录仍然可能是正确的。如果发现拟信赖的控制出现偏差,审计人员应当进行专门查询以了解这些偏差及其潜在后果,并确定注册会计师是否仍然能够信赖这些控制,是否有必要追加控制测试,以及是否需要针对潜在的错报风险实施实质性程序。

控制测试的范围(样本量)主要是指某项控制活动的测试次数。从理论上讲,控制测试的范围越大,所能提供的有关控制运行有效性的证据就越充分。在审计实务中,审计人员执行控制测试的范围并不是越大越好,而是要求从最经济有效地实现审计目标的总体需要出发,合理地确定测试的范围。控制测试的范围直接受环节分析计划控制风险估计水平的影响。计划控制风险估计水平低时比计划控制风险估计水平为中等时需要更多的控制测试证据。

出现下列情况之一时,审计人员可不进行控制测试,而直接实施实质性测试程序:
(1) 相关内部控制不存在。
(2) 相关内部控制虽然存在,但注册会计师通过了解发现其并未有效运行。
(3) 控制测试的工作量可能大于进行控制测试所减少的实质性测试的工作量。

审计人员在制订内控测试计划时还要决定执行控制测试的时间,即何时实施控制测试,以及测试所针对的控制使用的时点或期间。通常内控测试是在期中进行,并且很可能在会计年度结束前几个月里进行,因此,这些测试将只能提供自年度开始至测试日为止这个期间控制有效性的证据,而根据审计准则的规定,审计人员必须取得被审财务报表所覆盖的整个年度里控制有效性的证据。因此,从审计有效性的角度来看,控制测试应尽可能安排在期中的后期执行。

如期中审计已进行控制测试,审计人员在决定完全信赖其结果前,还应当获取这些控制在剩余期间继续有效的审计证据。在获取能够证明控制在期中以后的剩余期间仍然有效运行的补充审计证据时,应当考虑以下因素:
(1) 评估的认定层次重大错报风险的严重程度。
(2) 期中审计控制测试的情况,包括对控制环境的评价,及在期中获取的有关控制运行有效性的审计证据的程度。
(3) 期中审计后剩余期间的长短。
(4) 期中审计后内部控制的变动情况。
(5) 期中审计后发生的交易和事项的性质及金额。
(6) 拟实施的实质性测试程序。

在实务中,审计人员也会考虑以前审计获取的有关控制运行有效性的证据。在考虑利用以前审计证据时,应考虑所使用的以前年度审计获得的有关控制有效性的证据的恰当性。注册会计师在评价这些证据对本年度审计的恰当性时,应当考虑下列因素:

(1) 内部控制其他要素的有效性,包括控制环境、被审计单位对控制的监督以及被审计单位的风险评估过程。

(2) 控制特征(人工控制还是自动化控制)产生的风险。

(3) 信息技术一般控制的有效性。

(4) 控制设计及其运行的有效性,包括在以前审计中发现的控制运行偏差的性质和程度,以及是否发生对控制运行产生重大影响的人员变动。

(5) 是否存在由于环境发生变化而特定控制缺乏相应变化导致的风险。

(6) 重大错报风险和对控制的信赖程度。

在有很多部门或者很多分公司的大公司里,通常都设立了内部审计部门。只要被审计单位有内部审计部门,审计人员就可以与内部审计人员协调工作,并在审计中使用内部审计人员所提供的直接支持。

通常,内部审计人员的工作职责之一,就是对每个部门或每个分公司的内部控制进行监控,这些监控措施中就可能包括了定期复核。在这种情况下,审计人员可以同内部审计人员协调工作,有选择地对某些部门或分公司执行控制测试,而不必对所有部门或分公司执行控制测试。在同内部审计人员协调工作中,审计人员应做好以下工作:①定期同内部审计人员会谈。②复核他们的工作计划表。③取得内部审计人员的审计工作底稿。④复核内部审计报告。

审计人员也可要求内部审计人员在执行控制测试中提供直接的支持,在要求内部审计人员直接提供帮助时,应注意做好以下工作:①考虑内部审计人员的胜任能力和客观性,并监督、复核、评价和测试他们所执行的工作。②明确告诉内部审计人员他们所负的责任和执行有关程序的目标,以及其他可能影响测试的性质、时间和范围的事项。③明确告诉内部审计人员,应将他们工作中发现的所有重大会计和审计问题,提请审计人员注意。

表13-6列示了企业销售环节的部分关键内部控制和控制测试程序。

表13-6 销售与收款循环的部分控制测试

销售环节的部分业务活动	关键内部控制	控制测试程序
客户信用管理和订立合同	对于不在客户清单中的客户或超过信用额度的客户的订购单,需要经过适当的授权审批,才能订立销售单	询问员工从订购单到销售单的生成过程,检查是否所有生成的销售单均有对应的客户订购单为依据。检查销售单是否都确保满足了客户范围及其信用控制的要求。对于应当经过授权审批的订购单,检查是否经过适当批准
编制发货单据并发货	当得到发货批准后,仓库人员编制连续编号的发货凭证,并核对发货凭证中商品的名称和数量是否与销售单一致。保安人员核对销售单与发货凭证一致后放行	检查发货单是否连续编号,发货单是否都有适当的审批,抽查发货凭证是否与销售单商品种类和数量一致。询问和观察保安对发货的车辆的单据检查
客户验收商品	客户要在发运凭证上签字以作为收到商品且商品与订购单一致的证据	检查发运凭证上是否有客户验收人员的签名
开具发票	发货以后财务人员根据发运凭证及相关信息开具连续编号的销售发票,核对每张发票的单价和总额、税率、商品代码、商品摘要和客户账户代码,并至少经过另外一人的复核	检查发票的商品名称、金额是否与销售单及发货凭证一致;询问并观察发票开具后是否有经过复核

(续表)

销售环节的部分业务活动	关键内部控制	控制测试程序
收到销售货款	将银行的电子收款回单记录的信息和收到的款项金额与销售单、销售发票进行核对,包括但不限于客户名称、客户账号、金额	检查银行回单信息与销售单、销售发票金额及其他信息是否一致
应收款项账龄管理及计提和核销坏账准备	财务人员制作应收账款账龄分析表,对到期的应收款项及时催付,对已到期仍未付款的应收账款经过复核后及时报经审批,计提坏账准备。核销的坏账需要得到充分的证据并经过适当的审批	检查应收款项账龄分析表的编制是否正确; 询问管理层如何复核坏账准备计提表的计算,检查是否有复核人员的签字; 检查坏账核销是否经过管理层的恰当审批

在表 13-6 中,我们可看到,销售环节涉及的业务活动很多,包括制订销售计划和接受订单、客户信用管理、订立合同、编制发货单据并发货、开具发票并收款、应收账款的坏账管理等多项控制目标。审计人员需结合企业具体业务的流程特点和管理层制定的内部控制政策和程序,设计和实施控制测试,以实现审计目标。

当测试的结果说明内控的执行是有效的、可防范风险的发生以及对重要账户的影响,就说明发生财务报表错报的可能性较小,审计人员就可相应减少实质性测试的样本量,这也是内控测试的意义,所以它在规模较大的公司审计中特别有价值。

2. 剩余风险

表 13-7 列举了中国汽齿股份有限公司生产环节针对汽车整车价格下降和产品成本下降压力的经营风险,以及生产计划编制和材料领用中的风险所制订的内控测试计划。通过内控测试,能确定环节层面执行无效的内控制度,从而能判断最终剩余风险及其对重要账户及其认定的影响。

表 13-7 中国汽齿股份有限公司生产环节内控测试计划

序号	测试程序的性质与范围	时间	执行人及日期	工作底稿索引号
	成本差异分析: 抽取 5 份成本差异分析报告,查看是否经过相关负责人的审批处理,是否反馈至生产部门	中期审计		
	质量检验: 抽取 5 份质量检验报告,查看是否有相关负责人的处理审批意见	中期审计		
	编制生产计划: 取得年度生产计划、1 份季度生产计划和 3 份月度生产计划。检查是否有相关负责人的审批	中期审计		
	领取材料: 抽取 30 笔领料业务,检查是否附有领料单; 抽取 2 份财务部编制的材料分配汇总表,检查是否有异常情况	中期审计		

(续表)

序号	测试程序的性质与范围	时间	执行人及日期	工作底稿索引号
	剩余风险的评估： (根据具体情况更新或更改对剩余风险的分析结果及其理由)	中期审计		

我们仍然以风险分析图为例,如果审计人员在经过控制测试后认为第十二章图 12-5 中的 4 个错报风险,R2 和 R3 都已被控制到可接受的范围以内,只有 R4,虽然有相关的控制,但没有被控制到可接受的范围,仍然存在较高的风险,则 R4 的剩余风险就高,最终的分析结果如图 13-6 所示,这是对实质性测试方案设计的进一步聚焦。

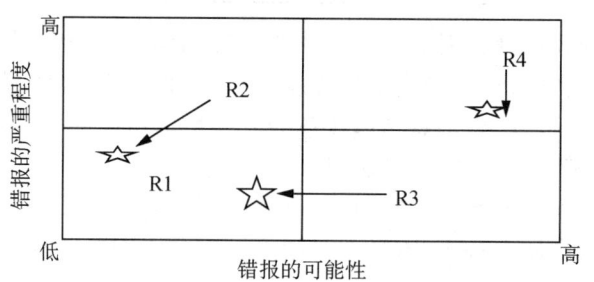

图 13-6 考虑相关控制后的剩余风险

表 13-8 是环节分析和内控测试后的最终汇总工作底稿,它内含了从环节风险到内控测试到剩余风险再到实质性测试所需关注的重要账户(包括认定)之间的逻辑联系。

表 13-8 环节分析及内控测试汇总表

工作底稿索引	环节风险汇总	内控测试结果	剩余风险	重要账户(及认定)

其中"环节风险"摘自表 13-5,"内控测试结果"取自内控分析和测试工作底稿,"剩余风险"由审计人员根据内控测试结果做出专业判断,"重要账户(及认定)"则根据战略风险分析到环节风险分析到内控测试结果的层层传导予以确认。

内控测试对于初次接受业务的审计人员来说,工作量较大,但它对以后年度的审计都有利用价值,所以是值得审计人员投入的。由于经营环境和公司业务的快速变化,审计人员相应地需每年对关键经营环节风险分析和内控测试进行更新,以确保对业务环节和内控制度有效性的准确理解。

经营环节内控制度测试的工作底稿也是永久性工作底稿,其模板可参考第十二章第五节公司层面内控测试的相关样式,并做适当调整。

 **复习思考题**

一、问答题

1. 对于以下每个公司,请列出至少三个可能是审计敏感性的经营环节的例子。对于每个经营环节,请列出它的可能的关键目标。解释你认为每一个目标将通过何种方式达到。

(1) 四川长虹。

(2) 上海电气。

(3) 交通银行。

(4) 腾讯。

2. 环节的目标代表了经营环节所要取得的成果的书面的声明。很多环节有多个目标,但只有少数是至关重要的。例如,沃尔玛(Wal-Mart)的战略是以尽可能低的价格向客户提供多种产品。对于沃尔玛下列经营环节,列出你认为最为关键的环节的目标。

(1) 资本筹措。

(2) 商店布局和产品摆放。

(3) 供应商选择。

(4) 物资处理。

(5) 定价。

3. 账户的性质可以分为四种:交易类别、估计所导致的账户、"其他"账户和披露。由于自动化的信息系统包含了可靠的控制,导致交易类别中的常规交易错报的风险不高。最近的实证研究的证据显示,非常规交易、会计调整和估计调整事项出现重大错报的可能比较高。同时,企业单纯由于估计导致的账户的错报风险也比较高。对于以下通用汽车的事项,请指出所属的账户的性质,是交易类别(如是交易类别,请指出是属于常规交易、非常规交易、会计调整还是估计调整)、估计所导致的账户、"其他账户"还是披露。

(1) 兼并收购成本。

(2) 资产注销。

(3) 未来成本提取的准备。

(4) 无形资产的确认。

(5) 存货减值。

(6) 为生产线购买部件。

(7) 与经销商的合同。

(8) 固定资产的采购。

(9) 保证成本的计提。

(10) 被偷盗的或损坏的汽车。

(11) 交通成本。

(12) 取得新产品品牌的名称。

(13) 支持品牌的广告费用。

(14) 向经销商的销售。

(15) 促销费用。

(16) 产品召回。

4. 业绩指标在分析环节中识别出的风险在当前是否严重时特别重要。这些问题产生的原因是没有被有效控制或控制的运行比较差。对以下与人力资源管理相关的环节风险,提供可以作为业绩指标的例子。

(1) 员工缺乏恰当的技能。
(2) 员工职位与所需专长之间的不匹配。
(3) 任意雇用人员。
(4) 薪酬缺乏竞争性。
(5) 员工差旅费超支。

5. 在环节层面的控制测试中,审计人员最为关注的是企业对于具体审计目标中的相关重要账户的认定的控制。因此,有些审计师认为审计人员只需要关注有关财务报告具体认定的控制就可以了。您认为这一观点正确吗?

二、案例分析

案例1

经营环节图是环节分析中常用的工具之一,它包括了经营环节的目标、关键成功要素与关键业绩指标、业务活动、信息流和会计影响几个组成部分。审计人员通常使用经营环节图来收集和记录环节的详细资料,以便对确定的审计敏感环节或关键环节做出风险判断和结论。

要求:

使用经营环节图分析方法,对某企业的供货商选择环节进行具体分析。

案例2

ZZZ事务所在对ABC公司20×1年财务报表审计中做了以下审计程序:

(1) 风险识别和风险评估阶段。ZZZ认定ABC整体层面的风险等级为中等。货币资金由于期末余额大、"存贷双高"明显、外部媒体质疑较多等原因存在舞弊风险。营业收入由于规模大、业务复杂、涉及关联公司多等原因,也存在舞弊风险。

(2) 风险应对阶段。测试的内部控制包括:①财务信息系统的控制有效性。②对"往来对账的控制"进行测试。③对"定期存款的审批"进行测试。④对"资金对账"进行测试。

要求:

针对"营业收入""货币资金"可能存在的舞弊风险,设计相关的控制测试。

配套习题

第十四章 剩余风险分析与实质性测试方案设计

本章要点

在第十二、第十三章中,我们探讨了审计师如何获得关于企业整体层面的战略风险和控制及经营环节的风险和控制的理解。本章主要阐述审计师如何计划实质性测试,以获得足够的证据支持对财务报表发表审计意见。审计人员需要通过实质性测试来验证这些受战略风险、经营风险影响的重要账户及其相关认定究竟是否有差错。正式的审计方案(audit program)或实质性测试计划将反映针对具体认定应该采用什么样的审计方法、收集什么样的证据,以及审计资源应如何在各审计目标的取证中进行分配的系统安排。审计师需要利用剩余风险分析的结果,结合审计风险模型与重要性水平,来计划实质性测试。

本章需要重点掌握的内容

剩余风险如何影响审计程序;如何运用审计风险模型、重要性水平,结合剩余风险分析结果计划财务报表认定的审计。

第一节 剩余风险与具体审计目标

在前两章中,我们由上至下地分析了公司层面的风险和经营环节的风险,并通过内控测试评估了各个环节的剩余风险以及受其影响的重要账户和认定。本章我们将进一步分析剩余风险及重要账户和认定,并据此设计审计目标和实质性测试方案,这是现代风险导向审计逻辑结构中的第三部分重要内容,如图14-1所示。

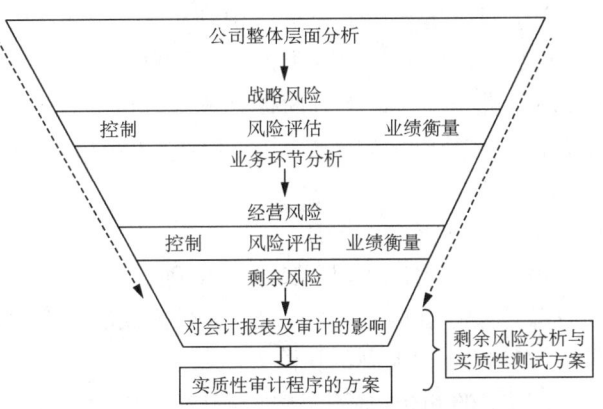

图14-1 现代风险导向审计的逻辑结构

一、剩余风险的意义

在企业的经营活动中,形成了许许多多的会计账户,以详细反映企业的财务状况和经营成果,供公司管理层、投资者和其他利益相关者决策参考,如表 14 - 1 所示。

表 14 - 1　经营环节与重要账户

经营环节	资产负债表项目	利润表项目
销售与收款环节	应收票据、应收账款、预收账款、应交税费、合同资产、长期应收款、合同负债	营业收入、税金及附加、销售费用、管理费用
购货与付款环节	预付账款、存货(包括在途物资或物资采购、原材料、包装物、低值易耗品、材料成本差异)、固定资产、工程物资、在建工程、应付票据、应付账款	销售费用、管理费用、研发费用
生产环节	存货(包括原材料、包装物、低值易耗品、材料成本差异、自制半成品、库存商品、商品进销差价、委托加工物资、委托代销商品、分期收款发出商品、生产成本、制造费用、劳务成本、存货跌价准备、代销商品款等)、待摊费用、应付职工薪酬、应付福利费、预提费用、累计折旧、固定资产减值准备、固定资产清理	营业成本、资产减值损失、管理费用、营业外收入、营业外支出
筹资与投资环节	金融资产、债权投资、其他债权投资、其他权益工具投资、长期股权投资、应收股利、应收利息、其他应收款、无形资产、长期待摊费用、短期借款、应付股利、其他应付款、预计负债、长期借款、应付债券、长期应付款、专项应付款、递延税款(递延所得税资产、递延所得税负债)、股本、资本公积	管理费用、财务费用、公允价值变动损益、投资收益、营业外收入、营业外支出、信用减值损失

在传统审计方法中,审计师按照交易循环或交易类别来划分审计领域,然后进行内控测试和实质性测试,较为平均地分配审计资源来实施审计取证,其结果是错报风险小的账户投入了较多的审计资源,造成资源浪费;错报风险大的账户也只投入了一般的资源,不易真正发现问题,导致错报账户没有发现而产生审计风险。在现代风险导向审计模式中,由于审计人员前期先对公司层面和各个经营环节的风险及内控状况进行了范围广泛的分析和测试,掌握了经营风险对财务报表账户的影响。因而实质性测试将主要聚焦在这些受影响较大的报表账户进行,这样,不仅审计重点更精准,审计资源也得到了合理利用,而且财务报表的重大错报风险,特别是舞弊欺诈风险更易发现,审计风险也能得到更有效控制。所以在进入实质性测试方案设计阶段,由前面企业整体层面分析和环节分析所识别出的剩余风险以及重要账户就成了审计人员关注的重点,它们既是对前面两大部分审计工作的总结,也是本章制订实质性测试计划的起点。同时,剩余风险还可进一步在以下方面提升审计人员的风险洞察能力:

(1)可改变审计师对企业财务成果的预期,并与企业实际财务结果相比较,发现财务报告与企业所处经济环境之间的矛盾之处。

(2)可引起审计师对企业生存能力的关注。

(3)可表明某一财务报表认定可能不可靠或者不准确。

(4)可显示企业的内部环境存在问题,并会对个人行为或决策产生负面影响。

(5)可突出显示需要额外保证和控制的风险领域。

需要指出的是,并不是所有的剩余风险都意指与其相关的财务报表账户会发生错报,而是指这些账户发生错报的可能性要高于其他账户,所以审计师需要制订实质性测试方案来确认其是否可靠,以判定其对财务报表的整体影响以及对发表审计意见的影响。

二、剩余风险的汇总和具体审计目标的确定

由于重要账户被严重错报的风险直接与具体审计目标相关,审计师制订实质性测试方案的第一步就是要先综合汇总上一章各经营环节的剩余风险对各相关重要账户的影响,然后再确定各重要账户进行实质性测试的具体目标,也称具体审计目标。由于第十三章经营环节分析中,一个剩余风险可能影响多个账户及认定,同时,多个经营环节的剩余风险可能影响同一个账户,我们需要对所有剩余风险影响的账户及其认定进行综合汇总,整理出每一账户受影响的认定数量。又由于具体审计目标是依据各账户受影响的认定多少来确定的,剩余风险影响的认定越多,具体审计目标也越多。

例如,被审计单位的供应链出现问题,某供货商不能及时提供符合标准的原材料,提供的原材料存在质量问题,虽然被审计单位采取了一定的控制措施,如向备选供货商采购、原材料入库前进行检验、建立安全库存等,但是这些措施仍然不可能消除这一经营风险的存在,这项剩余风险就可能会影响两个报表账户的认定:①质量担保负债。由于材料质量有缺陷给产品质量带来负面影响,顾客抱怨率、质量投诉和废品率不断增加,这就意味着质量担保负债的完整性和估价存在一定的错报风险。②存货。由于原材料的延迟供给和质量问题,被审计单位的生产过程可能需要进行调整,会发生额外的间接生产成本,这就意味着在产品和产成品的估价存在一定的错报风险。同时,影响存货估价的风险可能不仅仅来自供应链,还来自其他经营环节,例如,产品市场消费偏好的改变使得产品过时,使得产品的成本大大高于市价。严重的情况下,供应链中断还可能造成公司停产、客户合同违约等严重后果,对合同负债、或有负债等科目产生影响。审计师在设计审计实质性测试方案时,应该全面考虑剩余风险对财务报表相关账户及其认定的影响。

表14-2根据剩余风险的汇总要求,列示了部分生产环节经营风险对会计账户及其认定的影响。

表14-2　业务环节经营风险对会计账户及其认定的影响汇总

环节与工作底稿索引	对剩余风险的描述	剩余风险对账户及认定的影响						
		会计账户	存在E	发生O	完整C	计价V	准确A	披露P
生产环节	汽车整车价格持续下降,降价压力向降低成本的传导可能会导致公司的生产成本的核算、分配存在调节情况	生产成本产成品			√	√√	√√	
	整车降价传导的降本要求导致产品质量可能达不到客户所要求的标准	减值准备					√	
……								

除了剩余风险汇总,审计人员还需汇总各业务环节中的重大交易对会计账户和相关认定的影响。凡是重大交易,即使经营风险不大,也要成为审计关注的重点,如果经营风险大,更要关注,并加强审计测试程序。表14-3列示了生产环节中部分重大交易对会计账户及其认定

的影响。

表 14-3 重大交易类别对账户及其认定的影响汇总

环节与工作底稿索引	重大交易类别的简要描述	重大交易类别对账户及其认定的影响					
		会计账户	存在 E	发生 O	完整 C	计价 V	准确 A	披露 P
生产环节	生产领取材料	生产成本 原材料	√	√	√ √	√		
	在制品流转	生产成本	√	√	√	√	√
	完工产品入库	生产成本 产成品		√ √	√ √	√ √		
……								

在实务中,需将各业务环节的所有剩余风险和重大交易分别汇总入表 14-2 和表 14-3 中,这两张汇总表是制定实质性测试审计目标及相应测试程序的主要依据。

综合所有经营环节剩余风险和重大交易对会计账户及认定的影响,审计人员就可为每一账户确定具体审计目标,以"生产成本"账户为例,即使按表中已显示的内容就需要对存在、发生、完整性、计价和准确性等认定予以确认,生产成本账户的实质性测试具体目标就可推定为:

(1) 确认生产成本账户的领料发生额是否真实、完整,计价方法是否正确,金额是否准确。
(2) 确认完工产品成本分配方法是否合理,是否保持一贯性,入库数量是否真实、完整。
(3) 确认生产成本账户期末余额是否真实存在。
(4) 确认存货账户的披露是否符合相关法规要求。

具体审计目标的确定总体上是受认定数量多少的影响,但也不完全是一一对应的,还需根据具体情况来判断确定。

第二节 审计风险模型的运用

一、审计风险模型与财务报表认定实质性测试计划

审计师对财务报表发表审计意见的基础是充分、适当的审计证据,这些证据支持审计师对财务报表具体认定得出审计结论。由于审计证据只能是对过去客观事实的无限接近,而且审计证据的收集行为还要受到审计成本预算的限制,因此审计师并不会力求面面俱到,而是考虑"重点聚焦",通过审计程序的恰当选择来获得"充分、适当"的审计证据。为了帮助审计师确信已对财务报表相关认定收集了充分、恰当的审计证据,就有必要引入审计风险模型。审计风险模型也是审计师对财务报表相关认定制订实质性测试计划的一个逻辑依据。

我国注册会计师审计准则将审计风险(AR)定义为"当财务报表存在重大错报时,注册会计师发表不恰当审计意见的可能性。"审计风险取决于(被审计单位的)重大错报风险(RMM)和(注册会计师的)检查风险(DR)。在这一定义中,需要强调两点:第一,发表不恰当审计意见是指审计师得出了不正确的结论,其中所做错误结论的情形中最严重的一种情况是审计师认为财务报表公允表达,然而事实却并非如此。第二,重要性概念是定义中必不可少的

一部分,我们将在下一节中介绍重要性概念对审计风险和审计程序设计的影响。通常,审计师会事先设定审计风险(AR)的值。例如,审计师决定所有审计业务的可接受风险水平为5%,那就是说审计师能够以95%的把握保证对被审计财务报表发表了恰当的审计意见。风险水平的高低控制是各事务所的经营策略,它与事务所的审计成本和风险成本相关。稳健的事务所选择较低的风险水平,那就需投入较高的审计成本来提高他的保证程度。激进的事务所会选择较高的风险水平,可降低审计成本,但因同时降低了保证程度,出事的概率就高,因而一旦出事,就需承担较高的风险成本。

审计风险包括重大错报风险(RMM)和检查风险(DR)。其中重大错报风险,是指"财务报表在审计前存在重大错报的可能性",重大错报风险由固有风险(IR)和控制风险(CR)两个要素组成,即传统审计风险模型的 $AR = IR \times CR \times DR$。在传统审计中,固有风险是指在考虑相关的内部控制之前,某类交易、账户余额或披露易于发生错报(该错报单独或连同其他错报可能是重大的)的可能性;在现代风险导向审计模式中,固有风险是指未考虑内控效用前,公司战略风险、经营风险以及会计系统本身的问题导致财务报表发生重大错报的可能性;控制风险是指某类交易、账户余额或披露发生错报(该错报单独或连同其他错报可能是重大的)但没有被内部控制及时防止并纠正的可能性;检查风险是指注册会计师实施审计程序后没有发现这种错报的可能性。这三个风险的交集形成了审计人员发表错误意见的审计风险。所以,审计风险形成的原因不难理解:首先,因各种原因导致了财务报表发生错报(错误或者舞弊),例如外部环境和市场的变化导致产品的销售不断萎缩,同时因研发能力不足,新产品的开发十分艰难,年度财务预算很难达成,管理层就产生虚报业绩的动机;其次,内部控制未能在错报发生时有效发挥作用,如针对上述情况,财务部门无力阻止董事长、总经理的虚报要求;最后,审计师未能发现这一错报,如在上述情况下,审计人员因缺乏经验,没有意识到外部市场变化对销售的影响,更没有判断出管理层有虚构业绩的动机,只是就销售收入凭证的完整性和记录的正确性实施了检查,因而没有发现这一舞弊行为。如果上述三件事件都发生了,那么重大错报就会影响财务报表整体的真实公允性,审计师出具标准无保留意见就是发表了错误的审计意见。所以这一模型有助于我们理解固有风险、控制风险和检查风险之间的相互关系,以及它们如何直接影响审计师执行实质性测试的范围。

有必要强调的是,如果没有重大舞弊欺诈,传统审计风险模型运用到具体的报表认定的审计上还是有用的,但如存在重大舞弊欺诈情况,传统方法就无法发现有组织的造假行为。因此,国际审计准则在一系列重大舞弊事件的推动下,将审计风险模型修正为审计风险由重大错报风险(RMM)和检查风险(DR)组成。这一审计风险模型不仅仅是将固有风险(IR)与控制风险(CR)合并成重大错报风险(RMM),从一系列相关准则的同时修订中可看出,固有风险(IR)的含义发生了深刻的变化,即从会计账户本身错报的一般风险,发展到了公司整体因战略风险、经营风险影响而导致财务报表整体错报的风险;控制风险(CR)也发生重大变化,从一般业务控制、会计控制发展到了管理控制,即非常强调公司治理的规范性、有效性,通过加强董事会(建立独立董事制度和建立审计委员会制度)的作用来加强管理控制。

就新审计风险模型来说,财务报表重大错报风险就是我们在前两章讨论的剩余风险,这是审计师无法控制的,故审计师只能通过企业整体层面的分析和环节分析去评估它。检查风险是审计师可以控制的风险。如果希望检查风险较低,审计师就必须对具体的财务报表认定执行大量的测试,取得大量的实质性测试审计证据。所以现代风险导向审计强调通过风险对重要账户的聚焦,来控制重点账户,这样就可有效地避免一些无效的资源投入,提高实质性测试的效率和效果。在编制财务报表认定的测试计划时,根据给定的审计风险水平和经评估的重大错报风险水平(如认定层次的固有风险和控制风险水平),审计风险模型可以帮助审计师确定合适的检查风险水平,即 $DR=AR\div(IR\times CR)$,也可以表达为 $DR=AR\div RMM$。例如在前述情况下,当审计人员经过战略分析、经营环节分析,发现管理层虚构财务业绩导致财务报表重大错报的风险很大(超出重要性水平),就可判断固有风险(IR)为 80%,公司董事会虽然制度齐全,独立董事、审计委员会工作正常,但董事长非常强势,就可判定控制风险为 60%,如果没其他问题,财务报表本身的重大错报风险(RMM)=80%×60%=48%,如果设定审计风险为 5%,则检查风险(DR)=5%÷48%=10.42%,即在这一业务中,为将审计风险控制在 5%的范围内,检查风险必须控制在 10.42%之内,也就是说,审计人员要有 90%左右的把握保证实质性测试程序能发现问题或排除疑问。这就需要对销售收入、销售成本、应收账款、存货等相关账户及其相关认定设计非常完善的实质性测试方案,通过大量取证,甚至包括去销售客户、采购客户公司实地调查取证,确保销售等一系列相关业务是正常的、真实的,才可排除疑点。如果存在问题,也能保证这些问题会被发现。

二、检查风险与实质性审计测试

审计师未能发现财务报表中存在错报的原因,即发生检查风险的因素通常有:

(1) 不充分的审计计划。审计师未能执行必要的审计程序以发现存在的错报。

(2) 抽样不足。由于审计师不能检查所有的交易,因此如果一项错报不在所检查的抽样样本之内,就有可能无法发现这一错报。

(3) 非抽样差错。由于审计师未能正确地执行审计程序而导致的差错,或者虽然选择了存在差错的交易进行测试却未识别出这一差错。

(4) 不恰当的更正措施。即使审计师识别出一项有差错的交易,但是如果审计师的应对方法不恰当,仍然不能从财务报表中消除这一错报。例如,审计师发现了一项错报,但是却认为这项错报从金额上来说是不重要的,就未追加进一步的程序,然而,这项错报是管理层操纵盈余的行为所引起的,审计师未在财务报表中对这项错报做出调整。

由此可见,尽管扩大测试范围,取得更多的审计证据可以从一定程度上将检查风险降低至可接受水平,如编制更加充分详尽的审计计划,审计抽样时使用更大的样本量。但是,上述导致检查风险发生的因素(3)和因素(4)却是不能通过扩大测试范围所能避免的。所以,除了执行更多的审计测试程序,注册会计师还应该提高自身的职业判断力或胜任能力,制订更加高效的审计计划,降低检查风险。

根据前面所分析的剩余风险与财务报表错报之间的关系,我们知道剩余风险越高意味着重大错报风险就越高。对于审计证据而言,对重大错报风险高的认定,需要收集更多的审计证据,也就是说剩余风险较高时,审计师可以接受的检查风险相对较低。对重大错报风险低的认定,需要收集的审计证据相对就较少,也就是说剩余风险较低时,审计师可以接受的检查风险相对较高,可以执行较少的实质性测试程序。

图 14-2 阐释了不同的检查风险水平将导致不同数量的实质性测试证据。假设审计风险相同,经评估之后认为 A 点的剩余风险较低,则 A 点的检查风险水平较高,相应地所需要的证据数量也较少;B 点剩余风险较高,由于检查风险较低,所需的证据数量较多。但是 A、B 两点均代表审计师获得了充分适当的审计证据。

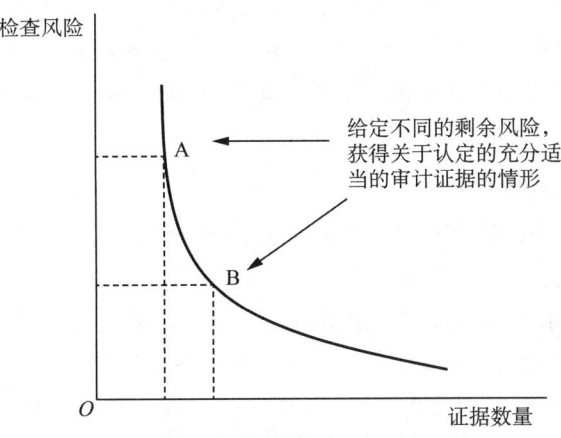

图 14-2　检查风险与审计证据关系图

第三节　重要性水平的运用

一、计划总体重要性水平

财务报表审计和审计风险模型中所涉及的另一个重要概念是"重要性水平",重要性概念广泛存在于财务报表的编制、审计和对外披露中。各国的会计与审计准则对重要性的定义基本类似,如果合理预期到某项错报单独或连同其他错报可能影响财务报表使用者依据报表所做出的经济决策,那么该项错报通常就会被认为是重大的。重要性取决于在具体环境下对错报金额或性质的判断,或同时受到两者的影响。《中国注册会计师审计准则第 1221 号——计划和执行审计工作时的重要性》要求,注册会计师在计划审计工作时,"需要对重要性作出判断,以便为确定风险评估程序的性质、时间安排和范围、识别和评估重大错报风险以及确定进一步审计程序的性质、时间安排和范围提供基础";《中国注册会计师审计准则第 1251 号——评价审计过程中识别出的错报》也要求,注册会计师在评价识别出的错报对审计的影响,以及未更正错报对财务报表的影响时需要运用重要性概念。显然,重要性和审计风险的关系非常紧密,注册会计师在整个审计过程中都需要考虑重要性,尤其是在识别和评估重大错报风险、确定进一步审计程序的性质、时间安排和范围,以及评价未更正错报对财务报表和形成审计意见的影响等重要审计环节时更是如此。

(一) 重要性概念的理解

审计准则要求,重要性概念可以从下列方面进行理解:

(1) 如果合理预期错报单独或汇总起来可能影响财务报表使用者依据财务报表作出的经济决策,则通常认为错报是重大的。

(2) 对重要性的判断是根据具体环境作出的,并受错报的金额或性质的影响,或受两者共同的影响。

(3) 判断某事项对财务报表使用者是否重大,是在考虑财务报表使用者整体共同的财务信息需求的基础上作出的。由于不同财务报表使用者对财务信息的需求可能差异很大,因此不考虑错报对个别财务报表使用者可能产生的影响。

重要性水平的概念对审计师来说非常重要,因为这直接决定了审计师在审计业务中所必须投入的工作量。在编制审计计划时,需对总体重要性水平进行评估。审计师认定为重要的错报(包括漏报),其严重程度越大,审计师就需要获取越多的审计证据,实施越多的审计测试来保证不存在这种程度的错报。

(二) 重要性水平的确定

重要性水平的确定需要审计师的专业判断和谨慎分析。通常,审计师应该从定量和定性两方面的因素来考虑审计重要性水平。

实务中确定重要性水平最常用的方式是定量分析,以最能代表公司财务状况和经营成果的指标作为基准,常用的包括总资产、净资产、净利润、税前利润、主营业务收入等,其中,总资产和净资产是反映财务状况的最重要指标,营业收入和净利润是反映经营成果的最重要指标,这些指标也是报表使用者最关注的信息,因而是审计人员需要发表意见予以确认的信息。对于重要性的考虑,还需关注定性的因素。在考虑定性因素的重要性时,审计师需关注所评估事项对投资者的重要程度、错报对管理层薪酬的影响以及错报对盈利水平和趋势的影响。一般来说,在制订计划的总体重要性水平时,应该考虑以下定性因素:

(1) 与分部报告或中期报告有关的错报:如果一项错报对分部信息或中期财务结果产生重大影响,不论其是否对年度财务报告的结果产生影响,都应该认为这项错报是重要的。

(2) 错报的性质:对于舞弊性质的交易,即使金额不重大,也应该认为是重要的。许多财务报告舞弊事件都是从很小的事情发展而来的。例如,有些公司在年度结束后,销售收入日记账仍然未关,为的是记录更多的销售收入以达到其销售目标。

(3) 合同限制条款的性质:审计师应该了解任何能够影响公司财务结果的合同或法规限制,那些能够引起违约的错报,或者能够掩饰违约的错报,即使金额较小,也是重要的。例如,借款合同的条款中会要求最低的运营资本或最高的资产权益比率,监管部门对银行或类似金融机构有最低资本金的要求,那些使得公司看起来能够合规合法的错报,即使金额较小,也是重要的。

(4) 重要的趋势:改变财务结果趋势的错报,即使金额较小,也是重要的。例如,销售收入或者净利润较小的人为调整,可使公司财务成果由亏变盈。

在实务中,注册会计师通常会根据企业的具体情况,选定一至两个会计指标作为重要性基准,再确定一定的百分比作为财务报表整体的重要性水平,例如对资产负债表的影响(财务状况)可选择总资产或净资产作为基准,对利润表的影响(经营成果)选择营业收入或净利润作为基准,其中选择符合具体情况的实际基准和百分比,是职业判断的结果。表 14-4 列示了实务中较为常见的基准。

表 14-4 常见的重要性基准一览

被审计单位的情况	可供选择的基准
企业,盈利水平相对稳定	经常性业务的营业收入和(或)净利润
处于开办期的新设企业	总资产
新兴行业企业,目前侧重于抢占市场份额、扩大企业知名度和影响力	营业收入
开放式基金,致力于优化投资组合,提高基金净值,为基金持有人创造投资价值	净资产

(续表)

被审计单位的情况	可供选择的基准
国际企业集团设立的研发中心,主要为集团下属各企业提供研发服务,并以成本加成的方式向相关企业收取费用	成本与营业费用总额
公益性质的基金会	捐赠收入或捐赠支出总额

由于财务报表的错报有的影响财务状况(资产负债表),有的影响经营成果(利润表),有的两者都受影响,而审计报告需对公司财务状况和经营成果的真实公允性都发表意见,所以大多情况下,都需各选一个指标作为重要性水平的基准,如总资产和营业收入。确定重要性的另一个要素是百分比,这一指标同样与事务所的稳健经营策略相关。百分比指标越低,对财务报表越敏感,审计的取证量就越大,成本就越高,但财务报表的保证程度也越高,所以在确定百分比指标时,同样需考虑成本与风险之间的平衡。在实务中,各家事务所都取得了许多经验,例如5311法则,即净利润的5%、净资产的3%、营业收入的1%、总资产的1%等。但这不是绝对的,由于客户公司的规模不一样、发展阶段不一样、经营环境不一样等等各种原因,必须根据具体情况来选定百分比。

现在我们在图14-2的基础上加入重要性水平的概念,来考虑重要性水平对检查风险和证据数量的影响,如图14-3所示。

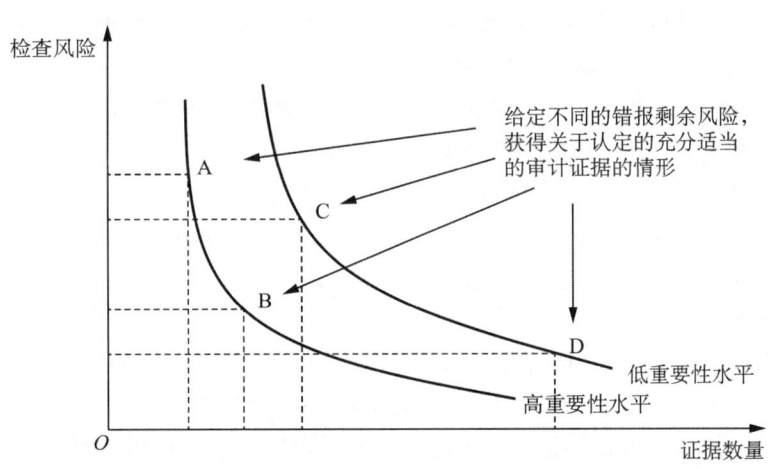

图14-3 检查风险、重要性水平与审计证据关系图

图14-3中,曲线AB取决于给定的重要性水平,如果重要性水平变化了,曲线将会变化,审计风险和审计努力程度将改变。这一关系可以通过比较两条曲线:包含AB的曲线反映了较高的重要性水平,包含CD的曲线反映了较低的重要性水平。一般来说,在同等检查风险的情况下,所有在曲线CD上的点都比曲线AB上的点要求更多的实质性测试。

所以,如果审计人员要求接受更低的重要性水平,就需修改计划实施的实质性程序的数量和样本量,以更多的证据量来降低检查风险。

实务中,还会涉及实际执行的重要性水平,这是由审计人员根据对被审计单位的了解、前期审计工作的发现以及本期错报的预期等多种因素,对计划的重要性水平作出的适当调整,这也将直接影响到审计人员的实际工作量及需要获取的审计证据的数量。显然,审计风险高的项目,会确定较低的实际执行的重要性水平,反之亦然。表14-5汇总了实际执行重要性水平时的可能选择。

表 14-5 实际执行的重要性水平选择

选择较低的百分比情形	选择较高的百分比情形
首次接受委托的审计项目； 连续审计项目，但以前年度的审计调整较多； 项目总体风险较高，如高风险行业、管理层能力欠缺、面临较大市场竞争压力或业绩压力等； 存在或预期存在值得关注的内控缺陷等	连续审计项目，且以前年度的审计调整较少； 项目总体风险为低到中等，如非高风险行业、管理层有足够能力、面临较低的业绩压力等； 以前期间的经验表明内控运行有效

二、可容忍误差：将重要性分配到账户

在审计实施中，审计师通常把重要性分配至具体的审计区域或者账户，分配至个别账户的重要性金额就是可容忍误差，即审计师可容忍的具体账户的错报水平。尽管没有规定将重要性水平分配至账户的标准，但是有两条公认的指引：

（1）可容忍误差应该小于总体重要性水平。

（2）所有账户可容忍误差的总和不需要等于重要性水平。

在实务中，可容忍误差总和往往是超过重要性水平的。各账户可容忍误差总和大于计划重要性水平意味着审计师愿意在某些账户上容忍更大的差错，这会增加总体风险，但是如果满足以下两个条件的话，就不会增加总体风险：

（1）差错对净利润的影响是相互抵销的：某一账户的差错增加净利润的同时，另一个账户的差错可能减少净利润，不同账户的差错对净利润的影响相互抵销，差错净额就不重要，因此使用更高的可容忍误差水平并不会增加总体风险。

（2）存在"未使用"的可容忍误差：不一定所有的账户都发生等于或大于可容忍误差的差错，只要实际差错小于可容忍误差就不会增加审计风险，在这种情形下，实际误差总额就会小于总体重要性，即使可容忍误差总额大于总体重要性。

重要性原则运用并不是一个固定的、机械的过程，审计师需要根据具体情况做出职业判断。由于审计师对不同的账户有着不同的风险考虑，所以分配至账户的可容忍误差不必按照统一标准，无需通过平均分配或按比例分配至各个报表项目。在传统审计方法中，审计师主要凭经验考虑各账户、各类交易的性质及其发生差错的可能性的大小来分配可容忍误差。在现代风险导向审计模式中，可容忍误差的分配会聚焦在与剩余风险相关的报表账户，以及发生额和余额较大的账户上，这样可适当降低审计取证的工作量，从而提高审计效率。

第四节 实质性测试方案的设计

一、审计程序的选择

当审计人员通过前面一系列的工作，明确了具体审计目标、可承受的审计风险、重要性水平等基本要求后，就需要针对每一相关账户设计具体的进行实质性测试的方案，包括实质性测试程序、执行人、执行时间等以此作为对财务报表重要账户和披露的相关认定进行测试的指

引。对每一个审计目标,审计师都必须确定应该执行什么审计程序,什么时候执行这些审计程序,是对总体进行检查还是采用抽样测试,如采用抽样,应该抽取多少笔交易;抽样时应该检查账户中的哪些交易。这些问题指的就是实质性测试的性质、时间与范围。最终的实质性测试程序必须可以为所有重要的财务报表账户和披露的相关认定提供充分适当的审计证据。如果审计师在审计过程中发现了新信息或者新的疑问,那么应该及时修改审计程序。不同的审计程序会获得不同类型的审计证据,花费不同的审计成本。编制审计方案或者审计计划,主要就是确定采取哪些实质性审计程序,在不同的审计程序之间做出选择,合理保证审计目标的实现。

现代风险导向审计方法下的实质性程序包括实质性分析程序和细节测试,细节测试还可以进一步分为全面检查和抽样测试。图14-4反映了实质性审计程序的类型。在具体选择实质性审计程序时,需要审计师的专业判断。这一判断与剩余风险有直接的联系。例如,审计师认为某一重要账户单独的错报风险极可能超过重大错报的临界值,则抽样测试样本就需加大,甚至采用全面检查。

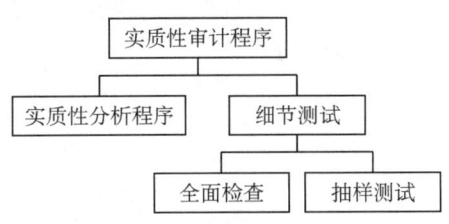

图14-4 实质性审计程序的类型

需要强调的一点是,在现代风险导向审计模式中,实质性分析程序的运用比重大大提高。前面企业整体层面的分析和环节分析过程中,运用分析性程序对财务数据和非财务数据进行分析,以识别经营风险和重要账户的错报风险,确定重大的剩余风险。在实质性测试阶段,现代风险导向审计也将更多地利用实质性分析程序,利用风险分析中所得到的大量非财务数据形成对财务数据的预期,将实际财务数据与预期相比较,从而发现重要错报,或者利用各个环节之间、各类交易之间的逻辑勾稽关系来进行相互印证,以判断相关财务报表认定是否存在重大的错报风险。随着企业信息管理的现代化,管理层需要大量的、及时的和恰当的业绩计量指标,管理大师德鲁克曾经说过"无法度量就无法管理",因此企业通过现代信息技术的使用不断完善其业绩计量体系,提供更多的业绩指标以供管理之需,这样审计师就可以利用大量的指标资源和数据资源,更多地利用分析性程序来发现问题。

《中国注册会计师审计准则第1313号——分析程序》认为:分析程序,是指注册会计师通过分析不同财务数据之间以及财务数据与非财务数据之间的内在关系,对财务信息做出评价。分析程序还包括在必要时对识别出的、与其他相关信息不一致或预期值差异重大的波动或关系进行调查。

注册会计师在实施分析程序时,可考虑将被审计单位的财务信息与下列三项信息进行比较:①以前期间的可比信息。②被审计单位的预期结果或者注册会计师的预期数据。③所处行业或同行业中规模相近的其他单位的可比信息。

实质性分析性程序在实质性测试中运用的最主要目的和最重要价值,是能帮助审计人员有效地发现账户中的异常情况,并将审计人员的关注点进一步聚焦到有重大风险和需详细测试的账户之上。例如,通过对资产负债表项目的横向比较,能把握测试账户在资产负债表中的比重及重要性程度。通过纵向比较,能把握测试账户的变化情况,以判断风险产生的可能性。在通常情况下,如果横向、纵向的变化不大,说明这些账户基本正常,因而详细测试的样本量、工作量就可减少,但也不能就此认为没有问题,因为,资产账户余额的正常,并不能表示其发生额也正常。所以,分析性程序的设计要周详、全面。例如存货的分析性测试,不仅要分析其在总资产中的比重,以了解其重要程度;还要比较其期初期末余额,分析其风险是否增大;还要分析其借方、贷方的发生额的变化及与采购、销售的发生额是否匹配,以判断有无异常情况。如果都无异常情况,说明存货的存在、发生等认定的风险就小,如果经营环节分析的剩余风险也较小,详细测试的抽查样本量就可减少。如果分析结果发现余额变化大、发生额有异常情况,就需加大详细测试力度,以确保发现问题或排除疑问。分析性程序是通过各种业务之间的勾稽关系发现财务造假、舞弊欺诈的有效手段。一个谎言常常需要更多的谎言来掩饰,谎言越多,露马脚的可能性也就越大,分析性程序就是去发现各种马脚,然后通过详细测试再去验证。

图14-5列示了审计师在编制实质性测试审计程序计划时可以采纳的不同方案,图中的过程是以审计师已经评估了战略风险、经营风险,并对内部控制做出了测试评估,以最终的剩余风险为起点的对策。

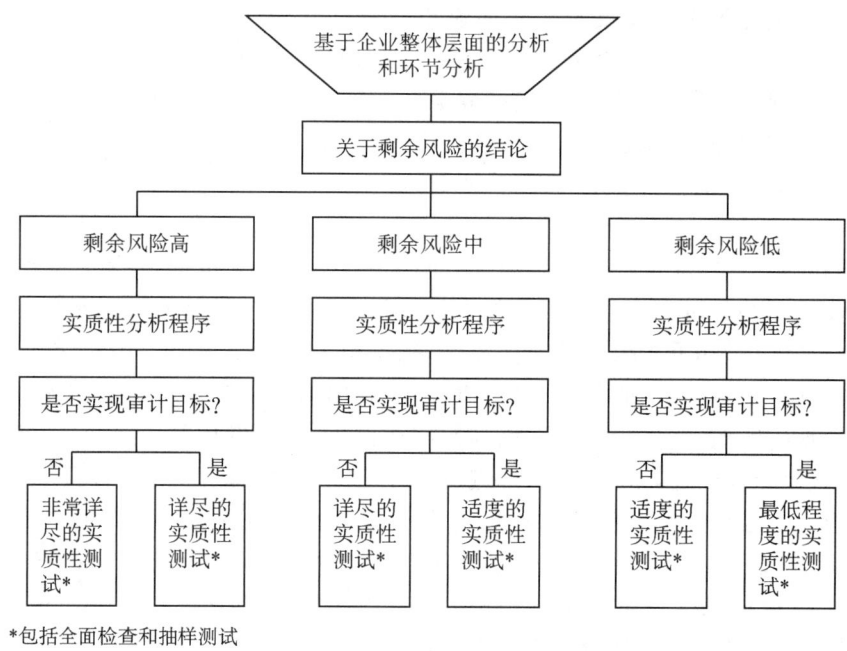

*包括全面检查和抽样测试

图 14-5 计划的实质性审计程序的选择

二、审计证据的充分性和适当性

《中国注册会计师审计准则第 1301 号——审计证据》规定:注册会计师应当通过恰当的方式设计和实施审计程序,获取充分、适当的审计证据,以得出合理的结论,作为形成审计意见的基础。

审计证据的充分性和适当性是审计意见可靠性的重要依据。审计证据的充分性是对审计证据数量的衡量,注册会计师需要获取的审计证据的数量受其对财务报表重大错报风险评估结果的影响。审计证据的适当性是对审计证据质量的衡量,即审计证据在支持审计意见方面是高度相关、可靠的。

审计师需要获取的审计证据的数量受错报风险的影响,评估的错报风险越大,需要的审计证据就越多。审计师需要获取的审计证据的数量也受审计证据质量的影响,审计证据质量越高,需要的审计证据可能越少。反之,如果审计证据的质量存在缺陷,审计师仅靠获取更多的审计证据是无法弥补其质量上的缺陷的,这一点在近年来一些银行因出具的虚假函证回函给审计师带来的严重影响和后果中得到了充分体现。

当选择审计程序来实现具体审计目标时，审计师需要考虑与此审计目标相关的风险评估结果和相关认定在财务报表中的重要性水平。如果可接受的检查风险低，审计师就需要大量可靠的实质性证据；如果可接受的检查风险高，审计师则可能使用较小的样本量。那么审计师如何能够判断从审计程序中获得审计证据的适当性或质量呢？

（一）审计证据的适当性

通常情况下，审计师可以考虑以下几个方面的因素来判断审计证据的适当性：

（1）相关程度：审计程序所获得的信息是否与所要检查的审计目标相关？例如，如果审计师想要知道存货账户是否正确，最好的方式是现场盘点现有存货。当然，盘点并不能向审计师证明仓库中的存货是否都归被审计单位所有。同样地，向存货提供者支付的价格与估价认定有关，但是并不能证实正确性。

（2）证据提供方的独立性：证据来源，即证据的提供方是否独立于被审计单位，或者有可能被被审计单位操纵？通常认为从被审计单位外部人员处所获得的信息比从被审计单位内部人员处所获得的信息更优。因为通常假定外部人员不会从审计结果中获得既定的利益，而内部人员可能会为实现其自身目的而试图影响审计师的观点。

（3）审计师获得认识的直接程度：证据是否是审计师从证据的来源处直接观察到的？"眼见为实"对审计师而言是一句再合适不过的格言了。确定存货是否存在的最好方法就是查看这一存货。供货方发票可以显示被审计单位采购了多少存货，但是这种记录性证据次于现场查看所获得的证据。

（4）证据提供方的资格：证据来源，即证据提供方是否有资格提供可靠信息？当收到证据时，审计师应该考虑信息提供者的胜任能力。例如不动产价值的最佳信息提供者可能是资产评估师。

（5）客观程度：审计证据的客观程度受证据的直接性与间接性影响，例如，对应收账款余额估价审计目标的取证，公司可以提供大量关于销售客户的销售凭证和贷方收款的证据，然而，审计师如何确认可以收到账户尚存的款项？以前按时付款的客户是否会继续支付账款？所以这些证据对应收账款余额的估价虽有参考价值，但是无法就此而确定期末应收账款的估价是可靠的，对于应收账款余额较大的客户尤其如此。

（6）内部控制的质量：被审计单位会计信息系统产生的证据是否可靠？审计师往往大量利用被审计单位的内部记录系统。然而，使用被审计单位的内部记录来支持审计师的结论的前提是假定这些记录是准确的，但如果客户的业务系统与财务系统并没有接通，相关记录就存在被操纵的风险。如果内部控制薄弱，内部记录就可能不准确，审计师就必须获得其他形式的证据。

（二）审计证据的相关性

除了考虑审计证据的适当性，审计师还应当考虑审计证据与认定事项的相关性。注册会计师在确定审计证据的相关性时，应当考虑以下三个方面：

（1）特定的审计程序可能只为某些认定提供相关的审计证据，而与其他认定无关。

（2）针对同一项认定可以从不同来源获取审计证据或获取不同性质的审计证据。

（3）只与特定认定相关的审计证据并不能替代与其他认定相关的审计证据。

在审计全过程中，审计师通过实施风险评估程序、控制测试和实质性测试等审计程序，获取充分、适当的审计证据,得出合理的审计结论,作为形成审计意见的基础。因此,审计师应当认真计划和实施实质性程序,以应对评估的剩余风险。审计师对剩余风险的评估是一种判断,无论评估的剩余风险结果如何,审计师均应针对所有重大的交易、账户余额、列报实施实质性程序,以获取充分、适当的审计证据。

(三) 审计程序

一般而言,审计师可以根据需要单独或综合运用下列审计程序,以获取充分、适当的审计证据:

(1) 检查记录或文件。检查记录或文件是指审计师对被审计单位内部或外部生成的,以纸质、电子或其他介质形式存在的记录或文件进行审查。检查记录或文件可提供可靠程度不同的审计证据,审计证据的可靠性取决于记录或文件的来源和性质。

(2) 检查有形资产。检查有形资产是指审计师对资产实物进行审查。检查有形资产可为其存在性提供可靠的审计证据,但不一定能够为权利和义务或计价认定提供可靠的审计证据。

(3) 观察。观察是指审计师查看相关人员正在从事的活动或执行的程序。观察提供的审计证据仅限于观察发生的时点,并且在相关人员已知被观察时,相关人员从事活动或执行程序可能与日常的做法不同,从而影响审计师对真实情况的了解。

(4) 询问。询问是指审计师以书面或口头方式,向被审计单位内部或外部的知情人员获取财务信息和非财务信息,并对答复进行评价的过程。知情人员对询问的答复可能为审计师提供尚未获悉的信息或佐证证据,也可能提供与已获悉信息存在重大差异的信息;审计师应当根据询问结果考虑修改审计程序或实施追加的审计程序。询问本身不足以发现认定层次存在的重大错报,也不足以测试内部控制运行的有效性,审计师还应当实施其他审计程序获取充分、适当的审计证据。

(5) 函证。函证是指审计师为了获取影响财务报表或相关披露认定的项目的信息,通过直接来自第三方对有关信息和现存状况的书面答复,获取和评价审计证据的过程。书面答复可以采用纸质、电子或其他介质等形式。

(6) 重新计算。重新计算是指审计师以人工方式或使用计算机辅助审计技术,对记录或文件中的数据计算准确性进行核对。

(7) 重新执行。重新执行是指审计师以人工方式或使用计算机辅助审计技术,重新独立执行作为被审计单位内部控制组成部分的程序或控制。

(8) 分析程序。关于分析程序,前文已详细阐述,不再重复。

《中国注册会计师审计准则第1231号——针对评估的重大错报风险采取的应对措施》对此有明确规定,要求注册会计师在形成审计意见时,应当从总体上评价是否已经获取充分、适当的审计证据,以将审计风险降至可接受的低水平。注册会计师应当考虑所有相关的审计证据,包括能够印证财务报表认定的审计证据和与之相矛盾的审计证据。

在评价审计证据的充分性和适当性时,注册会计师应当运用职业判断,并考虑下列因素的影响:①认定发生潜在错报的重要程度,以及潜在错报单独或连同其他潜在错报对财务报表产生重大影响的可能性。②管理层应对和控制风险的有效性。③在以前审计中获取的关于类似潜在错报的经验。④实施审计程序的结果,包括审计程序是否识别出舞弊或错误的具体情形。⑤可获得信息的来源和可靠性。⑥审计证据的说服力。⑦对被审计单位及其环境的了解。如果对重大的财务报表认定没有获取充分、适当的审计证据,注册会计师应当尽可能获取进一步的审计证据。如果不能获取充分、适当的审计证据,注册会计师应当出具保留意见或无法表示意见的审计报告。

在前面的介绍中,我们已经了解了剩余风险、重要账户、审计目标、可容忍误差等对具体财务报表认定实质性测试的影响,表 14-6 通过几个资产负债表账户来说明这几者之间的关系。

表 14-6　审计目标、剩余风险、可容忍误差与实质性审计测试

重要账户	主要审计目标	剩余风险	可容忍误差	实质性测试水平
现金	存在性 准确性	高	低	高
应收账款	存在性 估价	高	高	高
存货	存在性 完整性 分类 准确性	高	高	高
固定资产	估价 披露	中	中	中
累计折旧	估价	低	低	低
投资	分类 估价 披露	高	中	高
应付账款	义务 完整性	中	中	中
预计负债	义务 完整性 估价	中	中	中
所有者权益	披露	低	中	低
营业收入	发生 估价 完整性 截止 披露	高	高	高
营业成本	发生 估价 完整性 截止	高	高	高

表 14-6 中,"重要账户"根据经营环节分析的结果以及其他发生额、余额较大的账户来确定,"主要审计目标"根据经营环节分析的重要账户的认定来确定,"剩余风险"摘自经营环节的风险分析结果,"可容忍误差"根据审计人员对重要性水平和审计风险、成本的控制策略来分配确定,"实质性测试水平"同样根据总的检查风险水平及审计质量、成本控制策略来确定。其中,现金是一项重要的资产,由于其交易量很大,故风险很大,为了确保其可靠性,分配的可容忍误差相对较低,所以测试工作量较大,要求也高。应收账款和存货通常是高风险账户,对这两个账户,审计师都要关注其存在性和估价,审计师在这两个账户里,虽然可分配给高的可容忍误差,但由于其余额和发生额都较大,且剩余风险也大,故投入的实质性测试工作量仍很大。

投资经常被认为是高风险领域,因为交易、证券估价以及披露要求都存在复杂性,所以投资业务多、余额大的客户,分配的可容忍误差要相对适中,测试的程序设计得要到位,证据要充分。对于固定资产、应付账款以及预计负债等账户,因其剩余风险相对不高,可分配适当的可容忍误差,实质性测试也通常是中等水平。营业收入和营业成本通常是受公司战略和营销环节影响最大的账户,也是剩余风险最大的账户,因而需确认的认定多,审计目标也多,虽然可分配较高的可容忍误差于这两个账户,但实质性测试的工作量仍然很大。

三、实质性测试方案的制订

制订实质性测试方案的关键是要制定恰当的审计程序来取得充分适当的审计证据,为发表审计意见创造条件。一份好的实质性测试方案应该具备以下一些特征:

(1) 应该列出所有要执行的实质性测试程序,还要包括何时执行程序以及如何执行测试程序。

(2) 应与审计目标相匹配,根据重大错报的剩余风险评估的结果,能够保证充分地实现审计目标。同时,为了提高测试效率,测试程序设计时可将多个相关的审计目标制订在同一个审计程序中,例如抽查领料凭证时,可同时测试发生的真实性和计价的正确性。

(3) 应该具有灵活性,如果出现新的信息或证据表明风险评估或程序所依赖的其他假设不正确时,应该及时修改测试方案以反映新的事实或新的状况。

(4) 应该提供程序执行的记录,因为审计程序计划囊括了所有的程序,就应该在计划中能够显示是否每个程序都得到执行,何时执行以及何人执行的信息。

由于实质性测试方案代表了实质性测试阶段所需执行的所有测试程序和要求,它不仅能有效地指导审计人员获取实现审计目标所需的审计证据,同时也是一个对审计时间进度和审计质量控制得很好的工具。

下面,我们将根据前几节确定的具体审计目标、审计风险和重要性水平来设计需实施的实质性测试程序,包括分析性程序和细节测试程序。

在第一节中,我们已根据生产环节的部分剩余风险汇总,举例确定了"生产成本"账户的四个审计目标,包括:

(1) 确认生产成本账户的领料发生额是否真实、完整,计价方法是否正确,金额是否准确。

(2) 确认完工产品成本分配方法是否合理,是否保持一贯性,入库数量是否真实、完整。

(3) 确认生产成本账户期末余额是否真实存在。

(4) 确认存货账户的披露是否符合相关法规要求。

下面我们以第一个审计目标为例,设计应实施的实质性测试程序,分别从分析性程序和细节测试程序两个方面出发。

(一) 分析性程序

"生产成本"账户的这一审计目标要确认的是生产领料的发生(O)、完整(C)、计价(V)和准确(A)四大认定,所以分析性程序就要根据这四大认定来设计程序,以发现有无异常情况。

1. 针对"发生(O)"和"完整(C)"认定设计的分析程序

这两个认定具有相关性,"发生"关注领用材料是否多计,"完整"关注领用材料是否少计,我们可设计"单位产品材料消耗量"指标来进行分析,它可同时验证这两个认定,该指标的计算公式为:

$$单位产品材料消耗量 = 全年材料消耗量 \div 全年产品产量$$

需要注意的是如公司生产多种产品,需按每一种产品的产量和材料的消耗量来计算这一指标;如一种产品同时消耗多种主要材料,就需计算每一种主要材料的单位消耗量。

运用这一指标,我们可设计如下分析程序来分析这两个认定是否有异常情况:

"计算各产品的'单位产品材料消耗量'指标,并与去年的指标相比较,计算差异并分析原因。"

这一分析主要目的是分析材料的实物消耗量是否有变化,如没有太大变化,说明基本正常。如变大了,就需在详细测试中关注是否真实"发生";如降低了,就需在详细测试中关注是否"完整"。根据前面的剩余风险分析,因为管理层存在着降低成本的压力,所以该指标下降的可能性就比较大,如计算结果确实如此,说明与审计人员的预期相一致,就需在详细测试中加强对"完整"认定的测试。

2. 针对"计价(V)"和"准确(A)"认定设计的分析程序

这两个认定也具有相关性,"计价"更多关注消耗材料的单位价格,"准确"更多关注计算过程和结果即领用材料的总额。对于单位价格,我们可设计"领用材料单价"指标来分析,对于总额,我们可设计"单位材料成本"来分析,这两个指标的计算公式如下:

$$领用材料单价 = 领用材料总额 \div 领用材料总量$$
$$单位材料成本 = 领用材料总额 \div 产品产量$$

"领用材料单价"需按每一产品领用的每一主要材料来计算。"单位材料成本"同样需按每一产品的每一主要材料来计算,辅助材料和低值易耗品可根据重要性原则合并计算。

运用这两个指标,我们可设计如下分析程序来分析这两个认定是否有异常情况:

"计算各种主要材料的'领用材料单价'指标,并与去年指标和材料账户相关材料的单价相比较,计算差异并分析原因。"

"计算每一产品主要耗材的'单位材料成本'指标,并与去年指标相比较,计算差异并分析原因。"

通过"领用材料单价"指标的分析,可发现每一主要材料的单价是否有较大变化,如有变化,是否与材料账户的变化相一致,是否与审计人员的预期相一致。同样,通过"单位材料成本"指标的分析,可验证单位产品的材料成本的计算是否准确,因为"单位材料成本"是"领用材料单价"与上一分析程序"单位产品消耗量"的乘积。通过这两个指标的计算、分析、比较,审计人员能判断领用材料的"计价"和计算是否"准确",并进一步对详细测试程序的设计提供依据。

根据上述分析,针对"生产成本"账户第一个审计目标的分析性程序设计可如表 14-7 所示。

表 14-7 实质性测试分析性程序

测试账户:生产成本

审计目标:确认生产成本账户的领料发生额是否真实、完整,计价方法是否正确,金额是否准确

序号	认定	分析程序	时间	执行人	工作底稿索引
1.	O、C	计算各产品的"单位产品材料消耗量"指标,并与去年的指标相比较,计算差异并分析原因	年终		
2.	E	计算各种主要材料的"领用材料单价"指标,并与去年指标和材料账户相关材料的单价相比较,计算差异并分析原因	年终		
3.	A	计算每一产品主要耗材的"单位材料成本"指标,并与去年指标相比较,计算差异并分析原因	年终		

在实务中,需对每一重要账户的每一审计目标设计分析性程序,以确保能发现任何重大异常情况,有效地防止重大舞弊欺诈行为的发生。

(二) 细节测试程序

实质性测试中的细节测试是审计取证的最后也是最重要阶段,细节测试程序不仅要根据剩余风险、审计目标来设计,还要根据上述分析性程序的结果来进行调整。细节测试的最大特点是具有明确的针对性。如果在上述分析性测试中,未发现异常情况,材料领用的细节测试程序就按常规要求来设计。如果在上述分析性测试中,确实像预期的那样、有降低成本的迹象,就需加强完整性的测试。同时,在细节测试中,一个测试样本有时能达到几个认定的测试目的,如在材料领用是否发生的测试中,同时也能测试其单价和金额,所以有时几个认定的测试可设计在一个样本中完成,这样就可提高测试效率。但由于"存在/发生"与"完整性"认定的测试目的、测试方向不一样,所以这两个认定的测试不能在同一个样本中进行。

在细节测试方案中,还需列出本账户的可容忍误差,以便测试时进行比较。

为确保可靠性,初次审计设计的细节测试的样本量一般都比较大。在以后年度审计中,可根据公司经营环境的变化和以前年度细节测试的结果和风险的大小,对样本量进行适当调整。

接续前面的分析性测试,审计人员如在完整性(C)分析测试中,发现"单位产品材料消耗量"指标与上年比较略有下降,就需加强完整性认定的细节测试,所以需适当增加抽查的样本量。

根据所有前述讨论的要求和分析性程序的测试结果,审计人员为"生产成本"的第一个审计目标"确认生产成本账户的领料发生额是否真实、完整,计价方法是否正确,金额是否准确"设计的细节测试程序如表 14-8 所示。

表 14-8 详细测试程序和要求

测试账户:生产成本

审计目标:确认生产成本账户的领料发生额是否真实、完整,计价方法是否正确,金额是否准确

可容忍误差:

序号	认定	详细测试程序	时间	执行人	工作底稿索引号
1.	O E A	根据"生产成本"账户的领料记录,每月抽查 2 笔金额最大的主要材料领用业务,与领料单核对,确认数量、单价、金额是否一致,计算是否准确	年终		
2.	C E A	统计本年度的领料单,核对领料单编号是否有缺号; 运用统计抽样方法,抽取 30 笔领料业务,与"生产成本"账户的领料记录相核对,确认是否有遗漏,数量、单价、金额是否一致,计算是否准确; 核对领料单的价格与领料时仓库"材料"明细账的单价是否一致,以确认领用材料的计价是准确的	年终		

表 14-8 的第一程序主要测试的是"发生"认定,同时也测试"计价"和"准确"认定。第二程序主要测试的是"完整"认定,同时也测试"计价"和"准确"认定,特别是其中的领料单单价与仓库明细账单价的核对,检查的主要是有没有为降低成本在单价上进行调节。

详细测试的样本量和抽样方法可根据具体情况进行设计,有的公司的生产车间可能每月一次集中领用,则需根据具体情况来设计样本量和抽样方法。

详细测试方案设计的工作量较大,需为所有重要账户的所有审计目标来专门设计,同时也是落实审计责任的体现,所以需审计项目负责人和现场负责人给予特别的关注。

复习思考题

1. 解释与重要性水平相关的几个概念:计划的重要性水平、实际执行的重要性水平、可容忍误差。
2. 解释审计风险模型在报表整体层面的运用与在认定层次的运用的不同点。
3. 在计划一家饲料生产公司的审计时,某会计师事务所的某员工为其应收账款余额的审计编制了如下审计程序:

(1) 选择一组样本从销售日记账追查至总账。
(2) 复核董事会会议纪要,获得关于应收账款处理规定和其他限制的证据。
(3) 对部分应收账款进行函证。
(4) 观察收款员的工作,以获得关于收款员的操作是否符合既定程序的证据。

对于每一个审计程序,请识别其所要确认的审计目标、执行的审计程序的性质、获得的审计证据类型,并识别以上审计程序的缺陷。

4. 假定现在对一家生产无线电元件的企业进行审计,在审计计划阶段,审计人员根据下列未经审计的余额暂时设定重要性起点:

资产总额　　　　2 500 万元
净收入　　　　　400 万元
负债　　　　　　700 万元
流动资产　　　　900 万元
流动负债　　　　350 万元
营运资本净额　　550 万元

要求:

(1) 假定审计人员认为不当陈述的金额达到或超过净资产的 3%、净收入的 7% 时就是重大的,以此作为审计计划阶段单个项目的重要性起点。如果根据对该客户过去的审计经验,审计人员怀疑它存在严重虚夸收益的情况,重要性起点应如何变化?

(2) 在执行根据(1)编制的审计方案时,审计人员发现下列错误:

a. 坏账准备被少计了将近 20 万元。
b. 将不可收回的研发费用错记至一个名为"递延开发成本"的非流动资产账户中。
c. 产品保修的债务被少计了将近 76 万元。

根据以上错误起草建议的审计调整分录。这些调整对(1)中设定的重要性起点有什么影响?什么是重要性起点变化的可能审计含义,这样的情况存在吗?

5. 利用审计风险模型,根据表 14-9 所示的审计风险、固有风险和控制风险的值计算检查风险,并回答下列问题。

表 14-9 风险数值

风险类型	A	B	C
审计风险	10%	5%	1%
固有风险	25%	40%	50%
控制风险	50%	75%	5%

(1) 哪一点的检查风险最高,这对审计师的证据收集有何影响?
(2) 哪一点的检查风险最低,这对审计师的证据收集有何影响?
(3) 哪一点上,审计师的工作量更大,请说明理由。
(4) 有哪些因素会影响你对这些结果的理解?

6. 请仔细阅读鹏程汽车配件厂的资产负债表(表 14-10)和利润表(表 14-11),回答问题。

表 14-10 鹏程汽车配件厂资产负债表

12/31/2020　　　　　　　　　　　　　　　　　　　　　　　　　　　单位:万元

项目	金额	项目	金额
现金	8 000	应付账款	33 000
应收账款	21 000	长期借款	141 000
存货	86 000	投入资本	82 000
固定资产	147 000	留存收益	6 000
资产合计	262 000	权益合计	262 000

表 14-11 鹏程汽车配件厂损益表

2020 年度　　　　　　　　　　　　　　　　　　　　　　　　　　　单位:万元

项目	金额
销售收入	110 000
销售成本	80 000
销售毛利	30 000
销售和管理费用	31 000
净利润	−1 000

(1) 审计鹏程汽车配件厂时,你将设置什么样的重要性水平?说明理由。
(2) 如果鹏程汽车配件厂同银行或保险业一样属于政府高度管制行业,你将如何改变你的答案?
(3) 如果可能的话,还有哪些信息可以帮助我们进行本案例的重要性判断?
(4) 假设已将整体重要性设定在 10 000 万元,你会如何确定应收账款账户的可容忍误差?说明理由。
(5) 对于固定资产账户,可容忍误差定为多少合适?说明理由。
(6) 如果鹏程汽车配件厂的长期借款接近技术性违约的临界值,你将如何改变上述两账户的可容忍误差？说明理由。

7. 分析性测试程序包括对财务信息的评价，这些信息是研究财务数据之间和非财务数据之间的一定关系而得到的，其范围从简单比较到包含许多数据关系和因素的复杂模型的使用。它们包括记录金额的比较，或由记录金额得到的比率的比较，以及这些金额或比率与审计人员预期的金额或比率的比较。

要求：
(1) 分析性测试程序的目的是什么？
(2) 审计人员确定预期数据的信息来源有哪些？
(3) 为了完成审计目标，哪些因素会影响审计人员对审计证据适当性的判断？

8. ABC 公司以中药饮片的生产、销售为核心，是中医药产业中业务链条比较完整、医疗健康资源比较丰富、整合能力较强的企业之一。但在过去的一年中，公司发生了以下事项：

(1) 媒体质疑公司的财务数据异常，特别是最近一期期末存款高达 399 亿元的情况下，公司的有息负债为 347 亿元。

(2) 公司通过自查，发现上一期的年报中货币资金多报，并进行了相应的前期会计差错更正。其中主要涉及公司通过不同途径在产地收购中药材，其款项没有经过审核就已经支付且没有及时入账，仅此一项调增存货 183 亿元，相应调减货币资金。

(3) 公司承认会计基础薄弱，存在财务不规范问题，导致了前期的重大会计差错更正；同时公司关联交易管理中对主动识别、及时获取及确认关联方信息的控制制度未取得有效执行，未及时履行相关审批和披露事宜。

(4) 审计人员发现 ABC 公司采用了 X 供应链系统作为业务管理信息，同时用 Y 系统作为账务处理的信息系统（即业务管理与财务管理采用了两个不同的信息系统，且两个系统之间没有打通）。

(5) 审计人员对银行存款对账进行了内控测试，认为"内控有效"。

(6) 审计人员发现 ABC 公司期末货币资金余额账实差异主要集中在 3 家银行 4 个银行账户，并在 ABC 公司财务人员的陪同下对 3 家银行进行了现场函证。

根据以上材料，请回答：
(1) 假如你是 ABC 公司的审计师，你会将货币资金的风险评估为何等级（高、中、低、特别风险、舞弊风险）？
(2) 你会如何计划货币资金的审计工作？
(3) 你会如何计划存货的审计工作？

配套习题

第十五章　实质性测试方案的执行

> **本章要点**
>
> 本章将阐述实质性方案的执行,包括对实质性测试重要性的理解,对实质性测试方案中所包含的测试技术方法的理解,以及明确实质性测试的相关执行要求。
>
> **本章需要重点掌握的内容**
>
> 实质性测试的重要性,实质性测试的技术方法,实质性测试的执行要求。

第一节　实质性测试的重要性

在第十二章、第十三章和第十四章中,我们已从公司最高层面的战略风险分析逐步聚焦到剩余风险及相关账户,并制订出了对这些账户及其认定进行实质性测试的方案。本章我们将继续探讨怎样执行实质性测试方案,以取得发表审计意见所需的充分适当的审计证据。如果说前面公司整体层面的风险分析是足球里面的发球,经营环节风险分析是一传,剩余风险分析和实质性测试方案设计是二传,那么实质性测试方案的执行就是临门一脚。发球、一传、二传都是重要的,但临门一脚是最为关键的。只有经过实质性测试,审计人员才能确定各相关账户及财务报表整体是否真实公允、不存在舞弊欺诈。

一、实质性测试是取得充分可靠审计证据的唯一途径

审计取证是审计实务中最重要的技术,一切审计技术方法的研究都是为了达到最科学、最有效、最充分地获取最可靠审计证据的目的。审计证据从其对财务报表证明力的角度可分为间接证据和直接证据两大类。在现代风险导向审计模式中,企业整体层面分析和业务环节层面的分析获得的都是间接证据,间接证据也是需要的,但它只能证明财务报表有可能存在错报。而实质性测试特别是其中的详细测试获得的是直接证据,它能直接证明财务报表的认定、项目或整体是对还是错,所以是最有证明力的证据。但因进行大量详细测试的成本太高,而且对舞弊欺诈的揭示也有局限性,需要采用现代风险导向审计不断聚焦的方法来取证,以达到既能把握重点、又能提高效率的目的。现代风险导向审计的实施过程是不断计划、又不断取证、层层推进、最后聚焦确认的过程,如表15-1所示。

表 15-1　现代风险导向审计的实施步骤与审计证据

序号	审计实施步骤	审计证据	证据类别
1	公司整体层面分析	战略风险、关键环节、重要账户（及认定）	间接证据
2	业务环节分析与控制测试	经营风险、内控测试、剩余风险、重要账户（及认定）	间接证据
3	剩余风险分析与实质性测试方案	剩余风险汇总、审计具体目标、实质性测试程序	间接证据
4	实质性测试方案执行	指标分析证据认定详细测试证据	间接证据/直接证据

从表 15-1 可看出，前三大步骤取得的都是间接证据，其目的主要是不断地向实质性测试目标聚焦，只有第四步实质性测试方案执行中，有关各认定的详细测试所获得的证据是直接证据，也是最后能确认财务报表可靠性的证据，所以执行实质性测试是审计人员能取得充分可靠审计证据的唯一途径。

二、实质性测试是审计人员履行审计责任的重要依据

审计人员在审计过程中需要履行哪些职责，我们在第九章审计责任中已构建了一个职责域，它是一个由审计目标确定其责任宽度，审计假设确定其质量责任的下限，审计准则确定其质量责任上限的职责域。审计职责域是衡量审计人员履行其职责的客观判断标准。考核审计人员在实际审计过程中是否履行了审计职责，则依据所实施的审计程序的完善性及审计程序执行的有效性，所以审计程序及其执行情况是判断审计人员实际履行职责情况的具体依据。下面从审计目标是否实现和审计质量是否达到标准两个方面来分析审计程序与审计职责履行情况之间的关系。

1. 依据审计程序判断审计人员在审计目标实现过程中的职责履行情况

审计目标是实施审计程序所要达到的最终目的，审计目标确定了审计职责的宽度。对财务报表发表意见和揭弊查错，这是现代审计的两大基本目标或称总目标。在审计准则和审计实务中虽常常将两大目标合并在一起，但其含义必须清晰。审计目标还常常分为审计总目标和审计具体目标两个层次，其中审计总目标针对的是财务报表整体，审计具体目标针对的是账户认定。由于财务报表整体的确认是建立在对账户认定的确认基础之上的，所以审计总目标的实现有赖于审计具体目标的实现，其中总目标是导向，具体目标是支撑。总目标的实现依托于一套系统科学的审计方法，具体目标的实现则有赖于一组组精准的审计测试程序。所以，有什么样的审计目标就需要有与其相匹配的审计程序，以实现审计目标。通过审计程序的执行，即实质性测试，对财务报表最基础的账户认定予以确认，再整合到对账户的确认，再整合到对财务报表整体的确认，这就是现代风险导向审计方法为什么既要自上而下、也要自下而上的原因。所以在实质性测试中，必须对按每一审计目标设计的审计程序测试到位，审计人员才算履行了这一部分的职责。如果审计人员未做到这一点，就需对由此而引起的失职承担法律责任，如图 15-1 所示。

图 15-1 中，审计总目标之一是对财务报表的真实公允性发表一个意见，审计总目标之二是揭弊查错，但在审计程序的设计或实施中，或由于设计的程序不充分，或由于执行的程序不到位，执行的程序（图 15-1 中隐形部分）未覆盖整个审计职责域中的审计目标要求，就造成审计人员的失职，当其失职部分造成审计报告使用者严重的决策失误而导致经济损失时，审计人

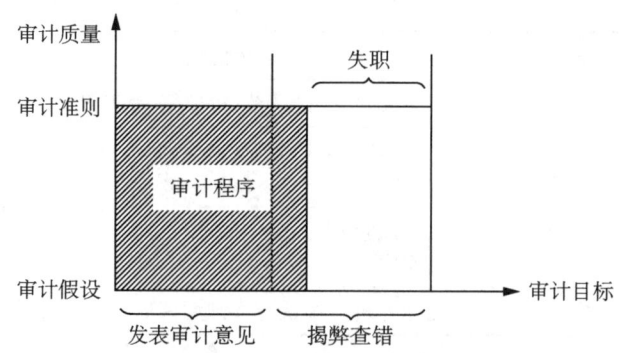

图 15-1　审计程序与审计准则、审计假设和审计目标之间的关系

员就需要对此承担过失责任,如故意与被审计单位串通舞弊,就需承担欺诈责任。在法律诉讼中,法庭判定审计人员是否过失的第一步就是检查审计程序,看审计人员是否为实现既定的审计目标设计了必要的审计程序并严格实施了审计程序。如果未做到这一点,就是过失或重大过失(视情况判断),即未保持应有的审计关注,这样就将受到严肃的处罚。因此,审计程序计划和实施的完整性是履行审计责任的第一要求。

2. 依据审计程序判定确保审计质量的职责履行情况

如前所述,衡量审计质量的基本标准是审计准则,但判定审计质量实施情况的是审计程序。如果实施的审计程序(图 15-2 中隐形部分)未达到审计准则的要求,就表明审计人员未全部履行其与质量要求相关的职责,图 15-2 中实际实施的审计程序与审计准则之间的差距,即为审计人员的失职。

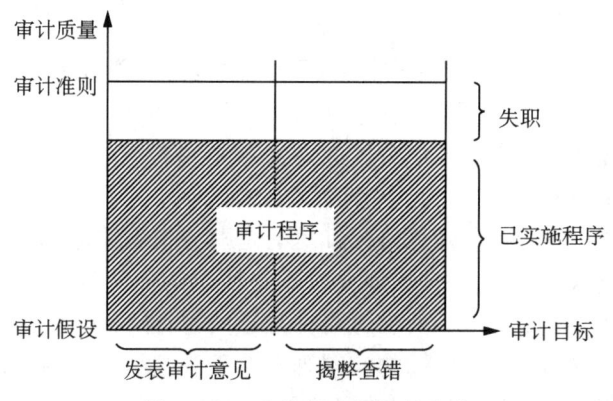

图 15-2　审计程序与审计职责

在图 15-2 中,审计假设与审计准则构成了一个有关质量的审计职责区间,图中的隐形部分表示已实施的审计程序,从图中可看出,已实施的审计程序与审计准则之间有差距,表明已实施的审计程序未达到审计准则的质量要求,这是审计人员另一视角的失职行为。如果由此而引起审计报告使用者的经济损失,那么审计人员也将承担过失责任。例如根据审计准则的要求,对存货的余额进行验证时应对存货进行盘点,但审计人员没有亲自参与盘点(监盘及抽查质量),而是让公司自己进行盘点,这是执行测试程序不到位。当这些未履行的职责导致审计报告使用者的严重经济损失时,审计人员就具有不可推卸的过失责任。可以说,我国近 20 年发生的大量审计诉讼案,绝大部分是关于审计人员未充分履行其职责而引起的责任

诉讼。

需要指出的是，审计准则是适用于所有审计业务的质量标准，因此适用于每一项审计业务；而审计程序虽然有基本模式可予参考，但必须根据各项目的具体审计目标来确定，并按其要求严格测试取证，才能充分履行审计责任。因此，在一项审计业务中，审计程序的设计和实施是否达到了公认审计准则的质量要求是判定审计人员是否充分履行其职责的具体依据。审计程序的广度是否与审计目标相一致，审计程序的深度是否与审计准则要求相一致，同时，审计实施过程是否严格按审计程序的步骤执行是审计程序与审计责任相关联的几个最重要方面。

基于上述分析，以账户认定为基础实施的实质性测试程序对审计人员履职的重要性就一目了然了。

第二节　实质性测试方案的理解

前三章我们讨论的内容，由于对审计人员的素质要求较高，所以基本要由项目负责人带领资深审计人员来完成。这一章讨论的实质性测试方案的执行，因其面广量大，经培训的一般审计人员就可发挥作用了，所以通常由审计经理带队，负责现场的测试工作。为了确保实质性测试的工作质量，所有参与测试工作的审计人员都需对测试方案中的取证方法、抽样等要求有明确的理解。

一、实质性测试取证方法

审计人员在审计实质性测试过程中，必须按照测试方案的要求采用检查记录或文件、检查有形资产、观察、询问、函证、重新计算、重新执行、分析程序等审计取证方法获取审计证据。

1. 检查记录或文件

检查是指审计人员对会计记录和其他书面文件可靠程度的审阅与复核，如对销售环节的客户订购单、销售单、发运凭证、客户月末对账单、营业收入明细账、贷项通知单进行检查。

审计人员在审阅会计记录和其他书面文件时，应注意其是否真实、合法，具体来讲：

（1）审阅原始凭证时，应注意其有无涂改或伪造现象；记载的经济业务是否合理合法；是否有业务负责人的签字等。

（2）审阅会计账簿或会计系统时，应注意是否符合国家颁布的《企业会计准则》和相关会计制度的规定，包括审阅被审计单位据以入账的原始凭证是否整齐完备；账簿有关内容与原始凭证的记载是否一致；会计分录的编制或账户的运用是否恰当；货币收支的金额有无不正常现象；成本核算是否符合国家有关财务会计制度的规定；审计目标要求的其他内容。

（3）在审阅财务报表时，应注意财务报表的编制是否符合国家颁布的《企业会计准则》和相关会计制度的规定；财务报表的附注是否对应予揭示的重大问题作了充分的披露。

审计人员在复核会计记录及其他书面文件时，应注意检查各种书面文件是否一致，具体来说：

（1）原始凭证上记载的数量、单价、金额及其合计数是否正确。

（2）日记账上的记录是否与相应的原始凭证记录一致。

（3）日记账与会计凭证上的记录是否与总分类账及有关的明细分类账相符。

(4) 总分类账的账户余额是否与所属明细分类账的账户余额合计数相符。
(5) 总分类账各账户的余额或发生额合计是否与财务报表上相应项目的金额相等。
(6) 财务报表上各有关项目的数字计算是否正确,各报表之间的有关数字是否一致。如果涉及前期的数字,是否与前期财务报表上的有关数字相符。
(7) 外来账单与本单位有关账目的记录是否相符。

2. 检查有形资产

这是指审计人员现场监督被审计单位各种实物资产及现金、有价证券等的盘点,并按要求进行抽查或全面检查。

一般而言,实物资产的盘点应由被审计单位进行,审计人员主要进行现场监督;对于贵重的物资,审计人员还可以抽查复点。采用监督盘点的方法是为了确定被审计单位实物形态的资产是否真实存在并且与账面数量相符,查明有无短缺、毁损及贪污、盗窃等问题的存在。一般说来,监盘是确定资产的数量和规格的一种客观手段,有时也是评价资产状况和质量的一种有用方法。但是,盘点只能确认存货的存在性,对于核实现有资产是否归被审计单位拥有这一目标,监盘却不能提供充分的证据。同时,在许多情况下,监盘也不能确定被审计单位对资产的估价是否适当。

3. 观察

观察是指审计人员实地察看被审计单位的经营场所、实物资产和有关业务活动及其内部控制的执行情况等,以获取证据的方法,例如审计人员对被审计单位的生产设施进行观察,看其是否正常用于生产,是否能生产出合格产品,生产流程是否符合环保要求等。观察可帮助审计人员对固定资产的计价和折旧计提的合理性作出判断。

4. 询问

询问是指审计人员对有关人员进行书面或口头询问以获取审计证据的方法,如询问发运时保安人员的放行检查以确认有关"经过批准方可发货"内部控制的有效性。

5. 函证

函证是指审计人员为印证被审计单位会计记录所载事项而向第三者发函询证的一种方法。如果没有回函或对回函结果不满意,审计人员应当实施必要的替代程序,以获取相应的审计证据。例如,函证应收账款、应付账款、银行存款等,并追查未回函和例外情况。函证是实质性测试中最重要的取证手段之一,近些年一些不负责任的银行和客户在函证中造假的情况,给审计人员的函证取证带来了不少麻烦,因而一定要强调清楚函证的要求,如发现有不可信赖的情况,必须要执行替代程序。

6. 重新计算

重新计算是指审计人员对被审计单位的原始凭证及会计记录中的数据所进行的验算或另行计算,例如根据应收账款账龄和以往拖欠率对预计坏账重新计算。

审计人员在进行审计时,往往需对被审计单位的凭证、账簿和报表中的数字进行计算,以验证其是否正确。审计人员的计算并不一定按照被审计单位原先的计算形式和顺序进行。在计算过程中,审计人员不仅要注意计算结果是否正确,而且还要对某些其他可能的差错(如计算结果的过账和转账有误等)予以关注。

一般而言,计算不仅包括对被审计单位的凭证、账簿和报表中有关数字的验算,而且还包括对会计资料中有关项目的加总或其他运算。其中,加总又分为横向加总(即横向数字的加总)和纵向加总(即纵向数字的加总)。在财务报表审计中,审计人员往往需要大量地运用加总技术来获取必要的审计证据。

7. 重新执行

重新执行是指审计人员重新独立执行被审计单位会计核算系统模块,根据执行结果与原结果的偏差是否重大确认系统的可靠性。

8. 分析程序

分析程序也就是分析性复核,是指审计人员对被审计单位重要的比率或趋势进行的分析,包括调查异常变动以及这些重要比率或趋势与预期数额和相关信息的差异。例如,审计人员可以对被审计单位的财务报表和其他会计资料中的重要比率及其变动趋势进行分析性复核,以发现其异常变动项目。对于异常变动项目,审计人员应重新考虑其所采用的审计方法是否合适;必要时,应追加适当的审计程序,以获取相应的审计证据。例如,分析收入、应收账款以及销售收款的变动及三者之间的关系,以发现异常变动项目。

一般而言,在整个审计过程中,审计人员都将运用分析性复核的方法。

分析性复核常用的方法又有比较分析法、比率分析法和趋势分析法三种。

1) 比较分析法

比较分析法是通过某一财务报表项目与其既定标准的比较,以获取审计证据的一种技术方法。它包括本期实际数与计划数的比较;预算数或审计人员的计算结果之间的比较;本期实际数与同业标准之间的比较等。

2) 比率分析法

比率分析法是通过对财务报表中的某一项目同与其相关的另一项目相比所得的值进行分析,以获取审计证据的一种技术方法。

3) 趋势分析法

趋势分析法是通过对连续若干期某一财务报表项目的变动金额及其百分比的计算,分析该项目的增减变动方向和幅度,以获取有关审计证据的一种技术方法。

二、实质性测试样本的代表性和充分性

审计抽样是现代审计的一种重要取证技术方法,抽样方法有统计抽样和非统计抽样,属性抽样和变量抽样,其中属性抽样大部分用在内控测试的取证中,在实质性测试中主要运用的是变量抽样。不同的抽样方法具有不同的特点,因而运用适当,既能提高审计效率,又能确保审计证据的可靠性。

在现代风险导向审计模式中,由于经营风险分析不断聚焦,故在实质性测试方案的设计中已将具有高风险的账户及其认定、发生额和余额大的账户及其主要认定予以确定,同时还确定了需实施的测试程序、抽取的样本量以及怎样抽样等要求。为了能保质保量地按测试方案的要求获得充分可靠的审计证据,测试过程中需对样本的代表性和充分性给予特别关注。

样本的代表性是样本的质量,能代表总体的质的特征,所以如采用统计抽样的方法来取样,就必须严格遵照统计抽样的方法来执行;如采用非统计抽样方法来取样,就需采用职业判断来取样。在实务中,为了确保可靠,有时还将统计抽样方法和非统计抽样方法结合运用于某一认定的测试中,例如,为了验证销售收入的发生认定,测试方案会要求既对达到一定金额的所有大笔业务予以审核,又需采用统计抽样的方法对其他业务进行抽样审核,所以既不能遗漏每一笔大额业务,也不能疏忽统计抽样方法的严谨性,只有严格按测试方案抽取的样本才是有代表性和有质量的。

样本的充分性是样本的数量能代表总体的量的特征,所以在实质性测试方案中会根据总体金额、可容忍误差和检查风险系数等数据计算并对样本量作出规定。不管是采用统计抽样还是非统计抽样方法,都必须严格抽取方案规定的样本量。如果实质性测试过程中根据情况还需追加样本量,必须完整记录理由和结果,将追加量和原定样本量合并统计。对一些风险大而发生次数较少的业务或账户,例如营业外收支、对外金融投资等,常常需要进行全样本测试,这时就需根据其审计目标和测试程序要求,严格测试取证,确保能获取充分的审计证据为形成审计意见创造条件。

三、实质性测试程序与审计证据、认定的关系

在实质性测试过程中,为了实现将审计具体目标中所包含的管理当局的相关认定的错报风险控制在可接受范围内,审计人员需将各种审计取证方法、要求设计进实质性测试方案,通过实施各种测试程序获取各类审计证据。实质性测试程序同各类审计证据及认定之间的关系如表15-2所示。

表15-2 实质性测试程序与审计证据、认定的关系

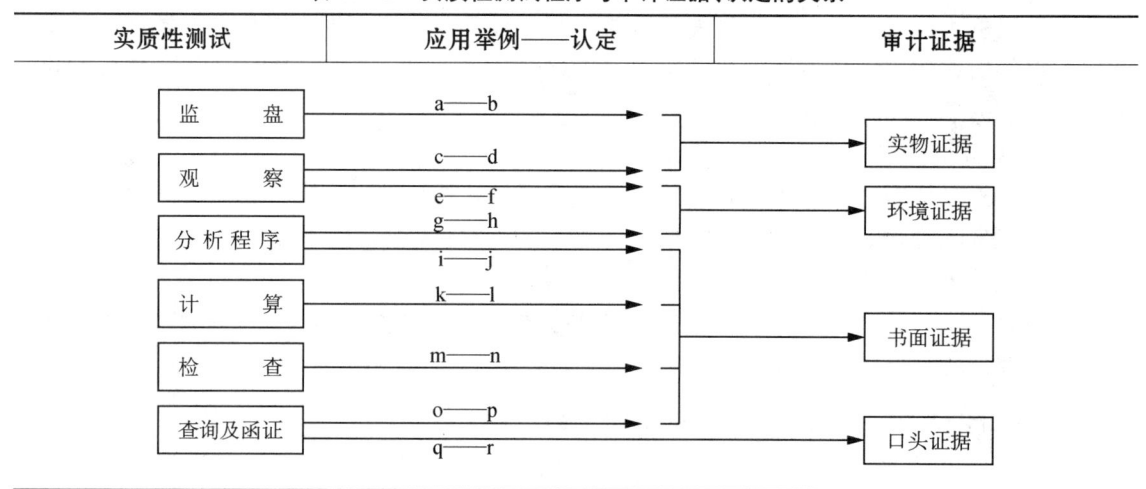

注:表中的符号含义如下:
a——盘点库存现金。
b——现金存在与估价认定。
c——观察被审计单位盘点存货。
d——存货存在、完整性与估价认定。
e——观察存货内部控制的执行情况。
f——存货的所有权认定。
g——分析行业成本数据变化趋势。
h——成本发生、完整性及估价与分配认定。
i——比较实际销售与销售预算。
j——销售存在、完整性与估价认定。
k——重新计算折旧。
l——折旧估价认定。
m——检查银行对账单。
n——银行存款存在、权利与估价认定。
o——向债务人函证应收账款余额。
p——应收账款存在、权利与估价认定。
q——向管理当局询问存货过时情况。
r——存货估价认定。

表15-2"应用举例——认定"栏中两个相连接的小写英文字母,前一个代表某审计程序的应用举例,后一个代表应用此程序可证实的认定种类。

从表15-2中可以看出,实质性测试程序同审计证据并不是一一对应关系。通常,一种审计程序可产生多种审计证据,而要获得某类证据也可选用多种审计程序。但必须注意,表中只是举一些例子来说明审计程序与证据、认定三者之间的关系,而实际中,在特定情形下执行某程序的方式也可能会影响到与某证据有关的认定的项数。例如,运用"监盘"这一审计程序来查证实物资产时,可获得这些资产"存在"的证据。但产品常常是包装好的,故监盘时还需抽查

一定数量包装箱,观察箱内资产是否真实、有无损坏或过时等情况,还可发现是否有账外资产情况,这样,监盘获得的实物证据就还与"完整性"和"估价"等认定相关。

第三节 实质性测试的执行要求

实质性测试程序包括两部分:一是对会计信息和非会计信息应用的分析性程序,二是交易和余额的细节测试。通过实质性测试程序,审计人员可取得各项认定是否真实公允的证据。

一、分析性测试程序要求

分析性测试是审计人员运用分析性指标及报表数据之间的勾稽关系来发现财务报表是否存在异常情况的有效技术方法,它为证实财务报表数据有关关系是否合理提供证据。例如,许多销售的预测和相关账户都能用客户的财务和经营数据合理地估计出来。如果公司能够提供已售数量方面可信的数据,审计师可以通过销售数量乘以平均售价得到一个销售收入估计结果,而将此估计数与记录的销售交易比较,就可以测试销售收入的合理性。根据销售成本率两个年度的比较,能发现当期的经营情况是否正常,如果差异较大,就需分析原因,找到合理的解释。

分析性程序的有效性是由分析方法的基本原理决定的,这种审计程序通过研究财务数据或非财务数据之间存在的相互关系来判断数据本身的正确性和正常性。因此它和其他方法相比,更能发现重大的异常情况,对揭弊查错更有效。当其他方法很难查出蓄意欺诈和串通舞弊时,分析程序可根据各种数据中的相互关系,通过比率分析,趋势分析等各种指标来迅速发现异常情况。为此,分析程序不仅用于实质性测试,还同时应用于审计的计划阶段和终结阶段。

分析性程序所使用的分析方法可从简单的比较方法到复杂的数理统计方法,它所使用的分析指标可以是绝对数指标,如单位成本比较分析、年销售额比较分析,也可以是相对数据指标,例如销售利润率、投入产出率等。所有分析程序,包括账面的余额或比率与预期指标进行比较,而预期指标则根据数据之间的相互关系以及审计人员在战略分析和环节分析中对客户及其行业的理解程度来决定。决定预期指标的信息一般包括:①前期的可比财务信息(考虑本期已知的变化)。②预见的成果,如预算或从中期或年度数据中推知的预见数。③当期财务信息要素之间的相互关系。④有关客户同行业的信息。⑤财务信息与相关的非财务信息之间的相互关系。

分析程序能发现财务报表中潜在差错和舞弊的有效性一般取决于下列几种情况:①财务报表内容的性质。分析程序往往对于在具体审计取证中不明显的或具体取证不现实的潜在舞弊差错的揭露比较有效。例如,比较工资总额和职工人数可发现舞弊性的支付,对于这种行为,具体的抽查一般较难发现。②数据之间相互关系的可能性和可预见性。对于审计人员来说,充分理解数据之间的相互关系是非常重要的。有时从表面上看,有些数据之间没什么联系,但实际上它们之间是有联系的,因此如果不发现这种联系,就会得出错误的结论。同时这种联系应是可预见的,这样才能使分析性程序提供更高程度的保证。③数据的有用性和可靠性。由于分析性程序主要是进行数据的比较和分析,因此,具备有用的、可靠的数据是一个基本前提,如果没有这一前提,分析程序就不可能发挥作用。④期望指标的准确性。期望指标在分析程序中是一种衡量的标准,因此它对分析结果的可靠性有很大影响。如果期望指标精确度较差,通过分析得出的差异很大,但进一步调查,又发现没什么问题,这样就会造成浪费。反之,明明是有问题的地方,由于期望指标的不精确,没有将其反映出来,那么就会使得出的结果承担很大的风险。

在运用分析程序时,还应当明确以下要素:①分析的目标。②分析结果的可信赖程度。③被审计单位的业务性质及相关信息的可分解程度。④信息的相关性。⑤相关信息的可获得性、来源、可靠性、可比性。⑥相关内部控制的有效性。⑦前期审计中发现的会计调整事项。

由于分析程序能从总体上把握和降低存在重大舞弊差错的可能性,因此分析程序在审计实践中越来越得到重视。同时,在实质性测试中通过分析程序发现的问题还需运用详细测试手段进一步予以验证,以最终查实是对是错。

表 15-3 列示了实质性测试分析程序工作底稿的主要内容。

表 15-3　实质性测试分析程序工作底稿

账户认定:

审计目标:

分析程序:

分析指标	分析公式	分析结果	预期数/上年同期数	差异	差异分析及对详细测试影响

表 15-3 中,"账户认定"可以是一个账户的认定,也可以是相关联的几个账户相同性质的认定,例如销售收入和销售成本账户发生的真实性;"审计目标"是实质性测试方案中确定的具体审计目标,例如"确认销售收入和销售成本发生的真实性";"分析程序"是测试方案中对执行分析程序的具体要求,例如"通过分析销售收入增长率、预算完成率、市场占有率、销售成本率、毛利率等指标确认是否存在异常情况以及对细节测试的影响"等;"分析指标"列出"分析程序"所要求分析的各项指标;"差异分析及对细节测试影响"要求审计人员判断所分析各项指标的差异是否存在异常情况,与审计人员通过前几大环节的分析所形成的预期是否相一致,如不一致,需在细节测试中作何调整。

分析性测试与下面论述的详细测试在审计中各有其独特的作用,不可相互替代,分析性测试的结果往往可为细节测试提供有益的方向性指导。

二、细节测试的执行要求

细节测试包括交易的详细测试和余额的详细测试,但两者是有区别的,前者是为了审定某类或某项交易认定(如发生、计价、完整性等)的恰当性,而后者则是为了审定某账户余额认定(如存在、计价、完整性等)的适当性。例如,审计人员抽查购货发票记录的正确性和完整性,就属于购货交易的详细测试;审计人员函证某债权人,以决定某项应付账款余额的正确性,则属应付账款余额的详细测试。详细测试的工作量常常较大,为了确保测试取证的有效性,必须按测试方案的要求严格执行。例如审计的目标是测试资产的存在性,就必须以资产账户的余额为依据,核查资产实物是否存在;如果审计的目标是测试资产的完整性,就必须以抽查的凭证为依据,核查资产账户是否做了记录。

下面我们以销售与收款环节为例讨论详细测试的要求。

销售业务在任何公司审计中都是最核心的业务,所以从战略分析到环节分析,再到内控测试和剩余风险分析,一直到前面的实质性测试分析程序,都十分关注销售业务的真实可靠性以及是否有潜在舞弊欺诈和造假的可能性,它也是实质性测试方案设计中最重要的部分。在销售业务的详细测试中,审计人员必须清楚理解测试的目标,严格按测试程序包括抽样要求实施取证,确保用正确的取证方法获取可靠的审计证据,以达到审计目标。下面我们从销售业务的审计目标来讨论详细测试的取证要求。

1. 确认销货业务发生的真实性

这一目标是近些年资本市场最为关注、也是审计师常常发生过失的目标,许多虚构收入、舞弊造假都要通过这一审计目标来发现。审计人员一般关心三类错误的可能性:一是未曾发货却已将销货业务登记入账;二是销货业务重复入账;三是向虚构的顾客发货,并作为销货业务登记入账。前两类错误可能是故意的,也可能是无意的,而第三类错误一定是故意的。无意的差错一般对财务报表的影响都不会很大,但故意的舞弊对财务报表都会产生重要影响。所以鉴别多登记货究竟是故意还是无意的,这一点非常关键。尽管无意的多报也会导致销售收入和应收账款的明显增多,但审计人员通常可以通过函证来发现。对于故意的多报,由于造假者(通常是公司高管层)的精心谋划,非常隐蔽,一般内控制度也无法发挥作用,审计人员需特别关注。

(1)针对未曾发货却已将销货业务登记入账这类错误的可能性,审计人员必须从主营业务收入明细账中按要求抽取规定样本量的分录,追查有无发运凭证及其他佐证凭证,借以查明有无事实上没有发货却已登记入账的销货业务。如果审计人员对发运凭证等的真实性也有怀疑,就需要再进一步追查存货的永续盘存记录,查验存货余额有无减少来验证。

(2)针对销货业务重复入账这类错误的可能性,审计人员可以通过检查企业的销货交易记录清单以确定是否存在重号、缺号。

(3)针对向虚构的顾客发货并作为销货业务登记入账这类舞弊发生的可能性,审计人员应当检查主营业务收入明细账中与销货分录相对应的销货单、销售合同以及前面的分析性程序的异常情况,以确定销货是否经过赊销批准手续和发货审批手续。审计人员还需关注年度最后一个月的销售是否有突发的增量。

检查上述三类多报销货错误的另一有效办法是追查应收账款明细账中贷方发生额的记录。如果应收账款最终得以收回货款或者收到退货,则记录入账的销货业务一开始通常是真实的;如果贷方发生额是注销坏账,或者直到审计时所欠货款仍未收回,就必须详细追查相应的发运凭证和顾客订货单等,因为这些迹象都说明可能存在虚构的销货业务。

2. 确认销货业务记录的完整性

与"发生"认定的真实性相比,销货业务的"完整性"认定对财务报表的影响一般不会很严重,通常发生在经营情况较好,希望将收入、利润转移到下一年度的公司。但是,如果内部控制不健全、会计核算较混乱的企业也有可能发生此类错误。

"完整性"目标的测试方法常常是查看发运部门的档案,看发运凭证是否有缺号,再从中选取部分发运凭证,追查至有关的销售发票副本和主营业务收入明细账,查证其是否都已作了完整的会计记录。为使这一程序成为一项有意义的测试,审计人员必须能够确信全部发运凭证均已归档,这一点可以通过检查凭证的编号顺序来查明。

由原始凭证追查至明细账与从明细账追查至原始凭证是有区别的:前者用来测试遗漏的业务("完整性"目标),后者用来测试不真实的业务("存在或发生"目标,即真实性目标)。

测试真实性目标时,起点是明细账,即从主营业务收入明细账中抽取一个发票号码样本,追查至销售发票存根、发运凭证以及顾客订货单;测试完整性目标时,起点应是发货凭证,即从发运凭证中选取样本,追查至销售发票存根和主营业务收入明细账,以测试是否存在遗漏事项。

设计真实性目标和完整性目标的审计程序时,确定追查凭证的起点即测试的方向很重要。在测试其他目标时,方向一般无关紧要。例如,测试交易业务的估价时,可以由销售发票追查发运凭证,也可以反向追查。

3. 确认销货业务估价的准确性

销货业务的估价准确性包括:按订货数量发货,按发货数量准确地开具账单以及将账单上的数额准确地记入会计账簿。对这三个方面,每次审计中一般都要做实质性测试,以确保其准确无误。

典型的实质性程序包括复算会计记录中的数据。通常的做法是,以主营业务收入明细账中的会计分录为起点,将所选择的交易业务的合计数与应收账款明细账和销售发票存根进行比较核对。销售发票存根上所列的单价,通常还要与经过批准的商品价目表进行比较核对,其金额小计和合计数也要进行复算。发票中列出的商品的规格、数量和顾客代号等,则应与发运凭证进行比较核对。另外,往往还要审核顾客订货单和销售单中的同类数据。

4. 确认销货业务分类的恰当性

如果销货分为现销和赊销两种,应注意不要在现销时借记应收账款,只有赊销的业务才计入应收账款。同样不要将营业资产的销售(例如房屋销售)混作正常销货。对那些采用不止一种销货分类的企业,例如需要编制分部报表的企业,正确的分类对其是极为重要的。

销货分类恰当的测试一般可与估价测试一并进行。审计人员可以通过审核原始凭证确定具体交易业务的类别是否恰当,并以此与账簿的实际记录作比较。

5. 确认销货业务截止时间的正确性

发货后应尽快开具账单并登记入账,以防止无意漏记销货业务,确保它们记入正确的会计期间。在执行估价实质性测试程序的同时,一般要将所选取的提货单或其他发运凭证的日期与相应的发票存根、主营业务收入明细账和应收账款明细账上的日期作比较。如有重大差异,就可能存在销货截止期限上的错误。为了确保截止日期的正确性,通常还需要对本年年末、下年初的销售记录予以核查,确认没有跨年度调节收入利润的情况。

6. 确认销货业务披露的适当性

销售业务的重要性要求其在年报附注中作进一步的详细披露,包括其销售产品的分类、销售地区的分类、各季度的分类,以向财务报表使用者提供更详细的信息,所以审计人员在进行这一审计目标测试时,必须根据证监会、交易所的披露要求核查企业的披露信息统计流程是否可靠,统计信息是否合规、正确。表15-4列示了销售收入"发生"认定和确认目标详细测试工作底稿的主要内容。

表 15-4　详细测试工作底稿

账户认定:销售收入"发生"认定

审计目标:确认销售收入发生的真实性

测试程序:统计抽查 30 笔销售业务,确认销售记录发生的真实性。

账户记录		凭证记录		差异	差异分析
日期	金额	凭证编号	金额		

在详细测试中,需为每一审计目标单独设置工作底稿,且不同目标的工作底稿样式不一样。表 15-4 是有关"发生"真实性的审计目标,如是"完整性"的审计目标,表中的"凭证记录"需列在前面,"账户记录"列在后面,以表示以"凭证记录"为准。"差异分析"需分析产生差异的原因,是因数量原因还是单价原因还是计算错误导致差异。

当对销售收入账户的所有认定测试完毕,就需编制实质性测试差异汇总表,以汇总所有认定对销售收入账户的影响。表 15-5 列示了实质性测试差异汇总表的一般格式。

表 15-5　实质性测试差异汇总表

账户名称:

可容忍误差:

工作底稿编号	认定名称	差异金额	对内控建议

在表 15-5 中,如果汇总的差异超过该账户的可容忍误差,就需判断是否需扩大测试样本,以谨慎地得出对该账户的测试结论。"对内控的建议"是汇总在实质性测试中发现的内控设计或执行中存在的问题,以便最终汇入内控审计报告和管理建议书。

 **复习思考题**

1. 为什么实质性测试是取得充分可靠审计证据的唯一途径?
2. 审计人员在审阅会计记录和其他书面文件时,应注意哪些问题?
3. 属性抽样和变量抽样有何不同?审计人员在实质性测试中主要运用的是哪种?
4. 审计人员在确认销售业务发生的真实性方面应特别关注哪些问题?

配套习题

第十六章 终结审计与审计报告

本章要点

在第十五章我们讨论了实质性测试方案的执行,即按实质性测试方案的要求进行了分析性程序和详细测试,获取了有关各重要账户审计目标的审计证据。本章将在此基础上汇总审计发现的差异,实施终结审计阶段需关注的事项,形成审计意见,并出具审计报告和管理建议书。审计人员在完成了审计实质性测试程序后就进入了终结审计阶段。在这一阶段,首先需汇总实质性测试过程中所发现的各账户的差异,并确认是否需调整,并编制财务报表试算平衡表。其次还需对其他一系列事项实施审计程序,包括:期后事项、或有事项、持续经营和获取管理层声明等。完成上述工作之后,就可形成审计意见,与客户交流并出具审计报告。为了向客户提供增值服务,审计人员还需根据审计过程中发现的客户在内部控制、战略管理和经营管理方面存在的问题,撰写管理建议书,以帮助提高客户的管理水平。

本章需要重点掌握的内容

完成审计工作所需关注的各类事项,出具审计报告需关注的各种审计意见的适用性,管理建议书的内容。

第一节 汇总审计差异和财务报表试算平衡

一、汇总审计差异

在完成实质性测试各项程序后,需对测试结果进行汇总,以对差异是否超过重要性水平以及是否需要调整做出判断。表 16-1 列示了各重要账户详细测试结果的汇总。

表 16-1 详细测试结果汇总表

序号	账户名称	可容忍误差	详细测试误差	差异	工作底稿索引号

详细测试结果的汇总,需分别按资产负债表和利润表的账户进行编制,以判断与各报表重要性水平的相符性。如果各账户的可容忍误差合计数在报表的重要性水平范围内,表示虽有差异,但总体不影响报表的真实公允性;如各账户的可容忍误差合计数超过了报表的重要性水平,说明这些差异已对报表的真实公允性产生了影响,就需考虑是否对差异较大的账户进行调整,否则就需考虑发表非无保留审计意见。

测试中发现的被审计单位会计处理方法与企业会计准则不一致的审计差异内容,必须要求被审计单位进行全面调整,因为这是性质问题。对审计差异需进行调整的需编制审计差异调整表。

二、编制审计差异调整表

审计差异内容按是否需要调整账户记录分为核算错误和重分类错误。核算错误是因被审计单位对经济业务进行了不正确的会计核算而引起的错误。用审计重要性原则来衡量每一项核算错误,又可将它们区分为建议调整的不符事项和不建议调整的不符事项(即未调整不符事项)。重分类错误是因被审计单位未按企业会计准则的要求列报财务报表而引起的错误。

为便于审计项目的各级负责人综合判断、分析和决定,也为了便于有效编制试算平衡表,通常需要将这些错误分别汇总在"账项调整分录汇总表""未更正错报汇总表"与"重分类调整分录汇总表"三张汇总表中。

审计人员确定了建议调整的不符事项和重分类错误后,应以书面方式及时征求被审计单位对需要调整财务报表事项的意见。若被审计单位予以采纳,应通知被审计单位及时进行调整;若被审计单位不予采纳,应分析原因,并根据未调整不符事项的性质和重要程度,确定是否在审计报告中予以反映,以及如何反映。

三、编制试算平衡表

试算平衡表是审计人员在被审计单位原有财务报表的基础上,考虑调整分录、重分类分录等内容后所作的试算平衡,包括资产负债表的试算平衡和利润表的试算平衡,其中利润表的试算结果是否准确,可在资产负债表的试算平衡中得到验证。通过试算平衡,可确定已审财务报表的披露数据,所以试算平衡表是确定最终财务报表的基础。

至此,财务报表的审计取证和汇总工作已基本完成,但在形成审计意见之前还有一些其他终结审计的程序需完成,这就是下一节将要讨论的内容。

第二节 终结审计其他相关事项

当财务报表的数据及其真实可靠性基本确定后,审计人员还需按审计准则的要求对终结审计阶段的其他一些事项进行审查,包括期后事项、或有事项、持续经营假设和管理层声明书等,只有完成了这些事项的审查后,才能形成审计意见,撰写审计报告。

一、期后事项审核

(一)期后事项

期后事项是指财务报表日至审计报告日之间发生的事项,以及审计人员在审计报告日后知悉的事实。根据期后事项的定义,期后事项可以分为三个时段,如图16-1所示。第一个时段是财务报表日后至审计报告日;第二时段是审计报告日后至财务报表报出日;第三时段是财务报表报出日后。在图16-1中,财务报表日是指财务报表涵盖的最近期间的截止日期;财务报表批准日是指整套财务报表(包括相关附注)已编制完成,并且被审计单位的董事会批准的日期;财务报表报出日是指审计报告和已审计财务报表提供给第三方的日期。在实务中,审计报告日与财务报表批准日(及公司年报董事会召开日)通常是相同的日期。

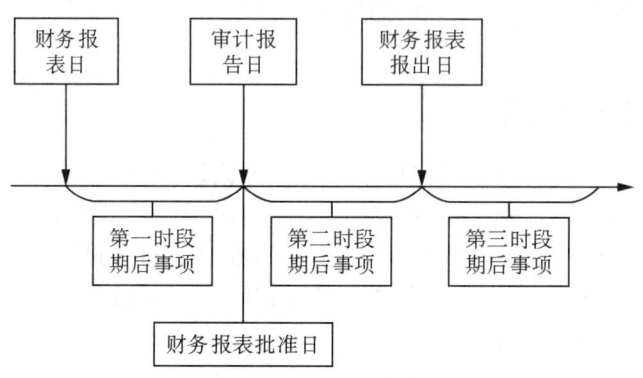

图16-1 期后事项分段示意图

审计人员应当考虑期后事项对被审计单位财务报表公允性的影响和对审计报告的影响。影响被审计单位财务报表和审计报告的期后事项有两类:一是财务报表日后调整事项,即对财务报表日已经存在的情况提供了新的或进一步证据的事项;二是财务报表日后非调整事项,即表明财务报表日后发生的情况的事项。

1. 财务报表日后调整事项

这类事项既能为被审计单位管理层确定财务报表日账户余额提供信息,也能为审计人员核实这些余额提供补充证据。如果这类期后事项的金额重大,应提请被审计单位对本年度财务报表及相关账户的余额进行调整。常见的这类事项有:

(1) 财务报表日后诉讼案件结案,法院判决证实了企业在财务报表日已经存在现时义务,需要调整原先确认的与该诉讼案件相关的预计负债,或确认一项新负债。

(2) 财务报表日后取得确凿证据,表明某项资产在财务报表日发生了减值或者需要调整该项资产原先确认的减值金额。

(3) 财务报表日后进一步确定了财务报表日前购入资产的成本或售出资产的收入。

(4) 财务报表日后发现了财务报表舞弊或差错,如跨年度调节销售收入和利润的情况。

2. 财务报表日后非调整事项

这类事项因不影响财务报表日财务状况,而不需要调整被审计单位的本期财务报表。但如果被审计单位的财务报表因此可能受到误解,就应在财务报表附注中予以适当披露。在财务报表日后发生的、需要在财务报表上披露而非调整的事项通常有:经营环境和市场的重大变化;财务报表日后发生重大诉讼、仲裁、承诺;财务报表日后资产价格、税收政策、外汇汇率发生重大变化;财务报表日后因自然灾害导致资产发生重大损失;财务报表日后发行股票和债券以及其他巨额举债;财务报表日后资本公积转增资本;财务报表日后发生巨额亏损;财务报表日后发生企业合并或处置子公司;财务报表日后企业利润分配方案中拟分配的以及经审议批准宣告发放的股利或利润。

(二) 财务报表日至审计报告日之间发生的事项的审计应对

审计人员应当按照审计准则的规定实施审计程序,以使审计程序能够覆盖财务报表日至审计报告日(或尽可能接近审计报告日)之间的时间段。

通常情况下,针对期后事项的专门审计程序,其实施时间越接近审计报告日越好。越接近审计报告日,也就意味着离财务报表日越远,被审计单位这段时间内累积的对财务报表日已经存在的情况提供的进一步证据也就越多;越接近审计报告日,审计人员遗漏期后事项的可能性也就越小。

在确定审计程序的性质和范围时,审计人员应当考虑风险评估的结果。用以识别第一时段期后事项的审计程序通常包括:

(1) 了解管理层为确保识别期后事项而建立的程序。

(2) 询问管理层和治理层(如适用),确定是否已发生可能影响财务报表的期后事项。审计人员可以询问根据初步或尚无定论的数据做出会计处理的项目的现状,以及是否已发生新的承诺、借款或担保,是否计划出售或购置资产等。

(3) 查阅被审计单位的所有者、管理层和治理层在财务报表日后举行会议的纪要,在不能获取会议纪要的情况下,询问此类会议讨论的事项。

(4) 就诉讼和索赔事项询问被审计单位法律顾问,或扩大之前口头或书面查询的范围。

在实施了上述用以识别期后事项的审计程序后,如果知悉对财务报表有重大影响的期后事项,审计人员应当考虑这些事项在财务报表中是否得到恰当的会计处理或予以充分披露。如果所知悉的期后事项属于调整事项,审计人员应当考虑被审计单位是否已对财务报表做出适当的调整。如果所知悉的期后事项属于非调整事项,审计人员应当考虑被审计单位是否在财务报表附注中予以充分披露。

(三) 审计报告日后至财务报表报出日前知悉的事实的审计应对

虽然公司董事会批准年度报告后可在两个工作日内予以披露,但为了避免信息泄漏的麻烦,大部分公司在年报董事会结束后当日就公告年度报告,所以审计报告日、财务报表批准日和财务报表报出日常常是同一天。基于此,第二时段的期后事项一般很少发生。但是,如在审计报告日至财务报表报出日期间,被审计单位的财务报表并未报出,其管理层有责任告知审计人员可能影响财务报表的事实。审计人员应当与管理层和治理层讨论该事项对财务报表的影响,确定财务报表是需要修改还是增加披露;如果需要修改,审计人员应对修改情况进行审核,并做好记录,并调整审计报告日期。

(四) 财务报表报出日后知悉的事实的审计应对

在财务报表报出后,审计人员一般没有义务针对财务报表做出查询。但是,如果知悉财务报表有差错,就需与管理层进行讨论、更改差错,并采取必要的审计程序查清事实,并发布更正公告。

二、或有事项审核

(一) 或有事项

或有事项是指过去的交易或事项形成的,其结果须由某些未来事项的发生或不发生时才能决定的不确定事项。常见的或有事项主要包括:未决诉讼或仲裁、债务担保、产品质量保证(含产品安全保证)、承诺、亏损合同、重组义务、环境污染整治等。

由于或有事项具有不确定性这一重要特征,其结果只能由未来发生的事项确定,需要审计人员具备相当程度的专业判断能力。

(二) 或有事项的审计程序

在审计或有事项时,审计人员尤其要关注财务报表反映的或有事项的完整性。针对或有事项的审计程序通常包括:

(1) 向被审计单位管理层询问其确定、评价与控制或有事项方面的有关方针政策和工作程序。

(2) 向被审计单位管理层索取有关资料,做必要的审核和评价。

(3) 向被审计单位的法律顾问和律师进行函证,以获取法律顾问和律师对被审计单位资产负债表日业已存在的,以及资产负债表日至复函日期间存在的或有事项的确认证据。分析被审计单位在审计期间所发生的法律费用,从法律顾问和律师处复核发票,视其是否足以说明存在或有事项,特别是未决诉讼或未决税款估价等方面的问题。

(三) 获取律师声明书

在对被审计单位期后事项和或有事项等进行审计时,审计人员往往要向被审计单位的法律顾问和律师进行函证,以获取相关期后事项和或有事项等的确认证据。被审计单位律师对函证问题的答复和说明,就是律师声明书。律师声明书通常可提供有力的证据,帮助审计人员解释并报告有关的期后事项和或有事项。倘若律师声明书表明或暗示律师拒绝提供信息,或隐瞒信息,或对被审计单位叙述的情况应予修正而不加修正,审计人员一般应认为审计范围受到限制,就需根据情况的严重程度考虑是否调整审计意见。

三、持续经营假设

持续经营假设是指被审计单位在编制财务报表时,假定其经营活动在可预见的将来会继续下去,可以在正常的经营过程中变现资产、清偿债务。持续经营假设通常是会计确认和计量的基本假定之一,对财务报表的编制和审计关系重大。是否以持续经营假设为基础编制财务报表,对会计确认、计量和列报将产生很大影响。

(一) 管理层责任和审计人员责任

管理层应当根据企业经营情况和会计准则的规定,对持续经营能力做出评估,考虑运用持续经营假设编制财务报表的合理性。如果认为以持续经营假设为基础编制财务报表不再合理时,管理层应当采用其他基础编制,如清算基础。

在执行财务报表审计业务时,审计人员的责任是考虑管理层运用持续经营假设的适当性和披露的充分性。审计人员应当结合整个审计过程的判断、并按照审计准则的要求,实施必要的审计程序,获取充分、适当的审计证据,确定可能导致对持续经营能力产生重大疑虑的事项或情况是否存在重大不确定性,并考虑对审计报告的影响。

(二) 实施追加审计程序

当识别出可能导致对持续经营能力产生重大疑虑的事项或情况时,审计人员应当通过实施追加的审计程序(包括考虑缓解因素)获取充分、适当的审计证据,以确定是否存在重大不确定性。这些程序应当包括:

(1) 与管理层讨论是否有影响公司持续经营能力的情况发生,如有,就需做出评估。

(2) 评价管理层应对环境变化的能力以及确保公司持续经营能力的应对计划,这些计划的结果是否可能改善目前的状况,以及管理层的计划对于具体情况是否可行。

(3) 检查被审计单位期后现金流量情况,并确定公司经营活动是否正常。

(4) 要求管理层提供有关未来能持续经营的书面声明。

(三) 持续经营假设对审计报告影响

1. 被审计单位运用持续经营假设适当但存在重大不确定性

如果认为运用持续经营假设适当但存在重大不确定性,审计人员应当确定:财务报表是否已充分披露可能导致对持续经营能力产生重大影响的主要事项或情况及其后果,以及管理层针对这些事项或情况的应对计划。如果财务报表已做出充分披露,审计人员应当发表无保留意见,并在审计报告中增加强调事项段,强调可能导致对持续经营能力产生重大疑虑的事项或情况存在重大不确定性的事实,提醒财务报表使用者关注财务报表附注中对有关事项的披露。

如果财务报表未能做出充分披露,审计人员应当出具保留意见的审计报告。审计报告应当具体提及可能导致对持续经营能力产生重大疑虑的事项或情况存在重大不确定性的事实,并指明财务报表未对该事实做出披露。

2. 运用持续经营假设不适当

如果判断被审计单位将不能持续经营,但财务报表仍然按照持续经营假设编制,审计人员应当出具否定意见的审计报告,因为财务报表编制基础的不适当,导致财务报表所反映的财务状况和经营成果不真实、不公允,所以审计人员应对财务报表全面否定。

四、管理层声明书

(一) 管理层声明书的作用

管理层声明书是指管理层向审计人员提供的书面陈述,用以确认某些事项或支持其他审计证据。管理层声明具有以下两方面作用:一方面是引起客户管理层的注意,财务报表真实公允表达的责任在于管理层。在有些情形下,客户管理层知道一些重要事项,如或有事项,但并未意识到在财务报表中揭示这些事项的重要性,声明书使客户注意到这些事项,避免发生误导。另一方面是将询问结果用正式书面形式表达,使审计程序规范化。被审计单位管理层声明书把管理层对审计人员的询问所做的答复以书面方式予以记录,可作为书面证据。

管理层声明书是一种非独立来源证据,是对其他审计程序的补充,但不能取代其他审计程序。

(二) 管理层声明书的形式

管理层声明书应当以书面的形式致送审计人员。实务中,该文书通常由审计人员准备好,要求客户用自己的信纸打印,由管理层签字认可。参考格式 16-1 列示了一种管理层声明书的范例,审计人员可以根据实际需要确定管理层声明书的内容。

参考格式 16-1

管理层声明书

(致审计人员):

本声明书是针对你们审计 ABC 公司截至 20×1 年 12 月 31 日的年度财务报表而提供的。审计的目的是对财务报表发表意见,以确定财务报表是否在所有重大方面已按照企业会计准则的规定编制,并实现公允反映。

尽我们所知,并在做出了必要的查询和了解后,我们确认:

一、财务报表

1. 我们已履行[插入日期]签署的审计业务约定书中提及的责任,即根据企业会计准则的规定编制财务报表,并对财务报表进行公允反映。

2. 在做出会计估计时使用的重大假设(包括与公允价值计量相关的假设)是合理的。

3. 已按照企业会计准则的规定对关联方关系及其交易做出了恰当的会计处理和披露。

4. 根据企业会计准则的规定,所有需要调整或披露的资产负债表日后事项都已得到调整或披露。

5. 未更正错报,无论是单独还是汇总起来,对财务报表整体的影响均不重大。未更正错报汇总表附在本声明书后。

6. [插入审计人员可能认为适当的其他任何事项]。

二、提供的信息

7. 我们已向你们提供下列工作条件:

(1) 允许接触我们注意到的、与财务报表编制相关的所有信息(如记录、文件和其他事项)。

(2) 提供你们基于审计目的要求我们提供的其他信息。

(3) 允许在获取审计证据时不受限制地接触你们认为必要的本公司内部人员和其他相关人员。

8. 所有交易均已记录并反映在财务报表中。

9. 我们已向你们披露了由于舞弊可能导致的财务报表重大错报风险的评估结果。

10. 我们已向你们披露了我们注意到的、可能影响本公司的与舞弊或舞弊嫌疑相关的所有信息,这些信息涉及本公司的:

(1) 管理层。

(2) 在内部控制中承担重要职责的员工。

(3) 其他人员(在舞弊行为导致财务报表重大错报的情况下)。

11. 我们已向你们披露了从现任和前任员工、分析师、监管机构等方面获知的、影响财务报表的舞弊指控或舞弊嫌疑的所有信息。

12. 我们已向你们披露了所有已知的、在编制财务报表时应当考虑其影响的违反或涉嫌违反法律法规的行为。

13. 我们已向你们披露了我们注意到的关联方的名称和特征、所有关联方关系及其交易。

14. [插入审计人员可能认为必要的其他任何事项]。

附:未更正错报汇总表

ABC公司　　　　　　　　　　　　　　　　ABC公司管理层
(盖章)　　　　　　　　　　　　　　　　　(签名并盖章)
中国××省××市　　　　　　　　　　　　二○××年×月×日

(三) 管理层声明书的可靠性

如果对管理层的诚信、道德价值观或勤勉尽责存在疑虑,或者对管理层在这些方面的承诺存在疑虑,审计人员应当确定这些疑虑对书面或口头声明和审计证据总体的可靠性可能产生的影响。如果书面声明与其他审计证据不一致,审计人员应当考虑实施替代审计程序以解决这些问题。如果管理层对财务报表中的重要事项不愿作出声明,审计人员就需考虑是否需修改审计意见。极端情况下,审计人员可能需要考虑解除业务约定,以控制审计风险。

五、形成审计意见并撰写审计报告

在完成了所有上述工作后,审计人员就需综合全部审计结果形成审计意见,草拟审计报告,并与公司管理层进行交流沟通,在意见一致的基础上撰写审计报告。

如果公司的财务报表都按《企业会计准则》的要求来编制,审计人员也获取了充分可靠的审计证据证明公司财务报表是按《企业会计准则》的要求编制的,反映的财务状况和经营成果是真实公允的,审计人员就可形成标准无保留审计意见。如果公司不配合审计人员的工作,使得审计范围受到限制,或审计取证过程中发现公司会计处理有不符合企业会计准则要求的情况,经与管理层沟通后未进行有效调整,审计人员就需出具非无保留意见审计报告。

对于大多数公司来说,审计师与管理层的沟通都比较顺畅,管理层一般都会接受审计人员发现的问题和调整意见,分歧较少,所以都是标准无保留意见审计报告。但对于一些有问题的公司,审计师与管理层的意见就会存在较大分歧,特别是非无保留意见的审计报告,沟通工作就非常艰巨,所以审计人员必须坚持原则,依据充分可靠的审计证据进行解释,以取得公司管理层的理解。只有当与管理层达成一致意见后,才能撰写正式审计报告。

第三节 标准无保留意见审计报告

审计报告是审计工作的最终成果,是审计人员根据审计准则的要求、在实施了必要的审计程序后出具的用于对被审计单位财务报表发表意见的正式书面文件。审计报告是对审计工作和结果的全面总结,所以一旦签署公布,审计人员就必须对其承担相应的法律责任。

根据审计意见的类型,审计报告可分为标准无保留意见审计报告和非无保留意见审计报告两大类。本节先讨论标准无保留意见审计报告,下一节讨论非无保留意见审计报告。

一、标准无保留意见审计报告的基本要素

在大多数的审计业务中,经过审计人员的严格审查和调整,公司财务报表的编制和披露都会符合企业会计准则的要求,都会真实公允地反映公司的财务状况和经营成果,所以出具的审计报告大都是标准无保留意见审计报告。由于标准无保留意见审计报告有效地保证了财务报表的真实可靠程度,这就大大方便了所有想利用财务报表来进行经济决策的报表使用者。

为了方便财务报表使用者正确理解审计报告,也为了明确公司管理层和审计人员的各自职责,我国的审计准则也对审计报告的格式和内容作出了严格的规范。综合各相关准则的要求,标准无保留意见审计报告应当包括的要素主要有:

(1) 标题。
(2) 收件人。
(3) 审计意见。
(4) 形成审计意见的基础。
(5) 关键审计事项。
(6) 其他信息(如适用)。
(7) 管理层对财务报表的责任。

(8) 注册会计师对财务报表审计的责任。
(9) 按照相关法律法规的要求报告的事项(如适用)。
(10) 注册会计师的签名和盖章。
(11) 会计师事务所的名称、地址和盖章。
(12) 报告日期。

在标准无保留意见审计报告中,除了"关键审计事项"须结合各公司具体情况进行描述,其他要素的描述和段落都较为规范。

二、关键审计事项的披露

关键审计事项是审计人员从"与治理层沟通过的事项"中选出的、"在执行审计工作时重点关注过"的"最为重要的事项"。关键审计事项的披露是审计报告新的要求和发展,以使财务报告和审计报告的使用者能更多了解审计人员关注的重点。

审计人员在对公司整体层面、业务经营环节和剩余风险分析中,与被审计单位治理层进行了大量沟通,并根据剩余风险和发生额及余额的大小确定了审计关注的重要账户和事项,又从中选出了最为重要的事项作为"关键审计事项"与财务报告使用者进行沟通,这既有助于财务报告使用者对重要事项作出判断,也有助于财务报告使用者对审计人员的工作作出评价。

"关键审计事项"的数量多少,受被审计单位规模和复杂程度、业务和经营环境的性质以及审计业务具体事实和情况的影响。它取决于:审计人员就相关事项与治理层沟通的性质和程度,该事项对预期使用者理解财务报表整体的重要程度,该事项相关的会计政策的复杂程度或主观程度,该事项相关的错报的性质和重要程度,为应对该事项需要付出的审计努力的性质和程度(包括利用专家的工作、向项目组以外的成员咨询等),该事项相关的控制缺陷的严重程度等因素。

审计人员应当在审计报告中以"关键审计事项"为标题予以披露,并在该部分使用恰当的子标题逐项描述关键审计事项,以引起财务报告使用者的重点关注。关键审计事项的披露包括引言和对关键审计事项的逐项描述。

关键审计事项部分的引言应当同时说明下列事项:
(1) 关键审计事项是审计人员根据职业判断,认为对本期财务报表审计最重要的事项。
(2) 关键审计事项的应对以对财务报表整体进行审计并形成审计意见为背景,审计人员对财务报表整体形成审计意见,而不对关键审计事项单独发表意见。

在审计报告逐项描述关键审计事项时,应当分别索引至财务报表的相关披露(如有),并同时说明下列内容:
(1) 该事项被认定为关键审计事项的原因。
(2) 该事项在审计中是如何应对的,即针对性的审计程序,对已实施审计程序的简要概述,实施审计程序的结果,对该事项做出的主要评论等。

三、标准无保留意见审计报告的内容与格式

标准无保留意见审计报告是审计师出具最多的审计报告,除了上述"关键审计事项"各不相同,其他内容都大同小异,措辞严谨规范。标准无保留意见审计报告提供了有关财务报告可靠性的信息,是财务报告使用者进行经济决策所不可或缺的重要依据。

参考格式 16-2 列示了标准无保留意见审计报告的实例,从中可完整了解标准无保留意见审计报告的内容和格式要求。

参考格式 16-2

审计报告

×××× (202×) 审字第×××号

ABC 股份有限公司全体股东：

一、审计意见

我们审计了 ABC 股份有限公司的财务报表，包括 2020 年 12 月 31 日的合并及公司资产负债表，2020 年度的合并及公司利润表、现金流量表和股东权益变动表以及相关财务报表附注。

我们认为，后附的 ABC 股份有限公司的财务报表在所有重大方面按照企业会计准则的规定编制，公允反映了 ABC 股份有限公司 2020 年 12 月 31 日的合并及公司财务状况以及 2020 年度的合并及公司经营成果和现金流量。

二、形成审计意见的基础

我们按照中国注册会计师审计准则的规定执行了审计工作。审计报告的"注册会计师对财务报表审计的责任"部分进一步阐述了我们在这些准则下的责任。按照中国注册会计师职业道德守则，我们独立于 ABC 股份有限公司，并履行了职业道德方面的其他责任。我们相信，我们获取的审计证据是充分、适当的，为发表审计意见提供了基础。

三、关键审计事项

关键审计事项是我们根据职业判断，认为对本期财务报表审计最为重要的事项。这些事项的应对以对财务报表整体进行审计并形成审计意见为背景，我们不对这些事项单独发表意见。我们对下述每一事项在审计中是如何应对的描述也以此为背景。

我们已经履行了本报告"注册会计师对财务报表审计的责任"部分阐述的责任，包括与这些关键审计事项相关的责任。相应地，我们的审计工作包括执行为应对评估的财务报表重大错报风险而设计的审计程序。我们执行审计程序的结果，包括应对下述关键审计事项所执行的程序，为财务报表整体发表审计意见提供了基础。

关键审计事项	该事项在审计中的应对
存货跌价准备	
如财务报表附注五、8 所述，于 2020 年 12 月 31 日，存货原值人民币 40 443 685 815 元，存货跌价准备余额人民币 1 086 706 633 元。如财务报表附注三、10 所述，资产负债表日，存货按照成本与可变现净值孰低计量。当其可变现净值低于成本时，计提存货跌价准备。在计算存货可变现净值时，管理层需要做出重大判断和估计，特别对于未来的售价、完工时估计将要发生的成本、销售费用以及相关税费等，并且存货原值金额重大，为此我们确定将存货跌价准备作为关键审计事项。	针对存货的跌价准备，我们所执行的审计程序主要包括： (1) 对存货跌价准备相关的内部控制进行评估并对内部控制的运行有效性进行测试； (2) 评价公司识别存在跌价风险的存货的方法是否合理，复核管理层的存货可变现净值估计的方法，以及在存货可变现净值估计中使用的相关参数； (3) 抽取样本并复核管理层的可变现净值测试，包括获取期后销售单价以检验预计售价的合理性，对进一步加工成本、销售费用及相关税费的合理性进行评估； (4) 复核公司提供的存货跌价准备计算表的计算是否准确； (5) 执行存货监盘及抽盘程序，检查是否存在跌价计算时未予考虑的残次冷背存货

(续表)

关键审计事项	该事项在审计中的应对
辞退福利	
如财务报表附注五、35及附注五、40所示,于2020年12月31日,合并财务报表流动负债和非流动负债中的辞退福利余额分别为人民币481 066 118元和人民币707 011 963元,合计为人民币1 188 078 081元 鉴于本年度在确认、计量辞退福利时涉及重大判断与估计,我们确定将预计辞退福利作为关键审计事项	针对预计辞退福利,我们所执行的审计程序主要包括: (1) 对计提辞退福利费的内部控制进行评估并对内部控制的运行有效性进行测试; (2) 检查有关辞退福利的政策与方案,评价其会计处理是否符合相关会计准则的相关规定; (3) 获取公司提供的年度人员辞退计划及辞退福利计算表,在本所内部估值专家的协助下,检查公司辞退福利计划的评估方法、精算假设及总体计算结果

关键审计事项	该事项在审计中的应对
收入确认	
如财务报表附注五、50所示,2020年度,营业收入为人民币283 674 412 508元,其中销售商品收入为人民币274 519 684 025元,占营业收入的96.8% 鉴于销售商品收入对财务报表影响重大,且公司所在行业属于顺周期行业,价格波动幅度大,我们将收入确认认定为关键审计事项	针对收入确认,我们所执行的审计程序主要包括: (1) 对收入确认相关的内部控制进行评估并对内部控制的运行有效性进行测试; (2) 执行分析性复核程序,分析销售收入和毛利率变动的合理性; (3) 对资产负债表日前后记录的收入交易进行截止测试,评价收入是否记录于正确的会计期间; (4) 抽取收入交易记录,核对出库单、收货确认单据等支持性文件,验证销售商品收入的真实性与准确性; (5) 抽取合同及订单,对合同及订单中约定的交货方式及货权转移等关键条款进行检查,评价收入确认政策是否符合会计准则的相关规定; (6) 对期后销售退回情况进行测试,关注是否存在重大销售退回,并评价其对财务报表的影响

四、其他信息

ABC股份有限公司管理层对其他信息负责。其他信息包括年度报告中涵盖的信息,但不包括财务报表和我们的审计报告。

我们对财务报表发表的审计意见不涵盖其他信息,我们也不对其他信息发表任何形式的鉴证结论。

结合我们对财务报表的审计,我们的责任是阅读其他信息,在此过程中,考虑其他信息是否与财务报表或我们在审计过程中了解到的情况存在重大不一致或者似乎存在重大错报。

基于我们已执行的工作,如果我们确定其他信息存在重大错报,我们应当报告该事实。在这方面,我们无任何事项需要报告。

五、管理层和治理层对财务报表的责任

管理层负责按照企业会计准则的规定编制财务报表,使其实现公允反映,并设计、执行和维护必要的内部控制,以使财务报表不存在由于舞弊或错误导致的重大错报。

在编制财务报表时,管理层负责评估ABC股份有限公司的持续经营能力,披露与持续经营相关的事项(如适用),并运用持续经营假设,除非计划进行清算、终止运营或别无其他现实的选择。

治理层负责监督 ABC 股份有限公司的财务报告过程。

六、注册会计师对财务报表审计的责任

我们的目标是对财务报表整体是否不存在由于舞弊或错误导致的重大错报获取合理保证,并出具包含审计意见的审计报告。合理保证是高水平的保证,但并不能保证按照审计准则执行的审计在某一重大错报存在时总能发现。错报可能由于舞弊或错误导致,如果合理预期错报单独或汇总起来可能影响财务报表使用者依据财务报表作出的经济决策,则通常认为错报是重大的。

在按照审计准则执行审计工作的过程中,我们运用职业判断,并保持职业怀疑。同时,我们也执行以下工作:

(1) 识别和评估由于舞弊或错误导致的财务报表重大错报风险,设计和实施审计程序以应对这些风险,并获取充分、适当的审计证据,作为发表审计意见的基础。由于舞弊可能涉及串通、伪造、故意遗漏、虚假陈述或凌驾于内部控制之上,未能发现由于舞弊导致的重大错报的风险高于未能发现由于错误导致的重大错报的风险。

(2) 了解与审计相关的内部控制,以设计恰当的审计程序。

(3) 评价管理层选用会计政策的恰当性和作出会计估计及相关披露的合理性。

(4) 对管理层使用持续经营假设的恰当性得出结论。同时,根据获取的审计证据,就可能导致对 ABC 股份有限公司持续经营能力产生重大疑虑的事项或情况是否存在重大不确定性得出结论。如果我们得出结论认为存在重大不确定性,审计准则要求我们在审计报告中提请报表使用者注意财务报表中的相关披露;如果披露不充分,我们应当发表非无保留意见。我们的结论基于截至审计报告日可获得的信息。然而,未来的事项或情况可能导致 ABC 股份有限公司不能持续经营。

(5) 评价财务报表的总体列报(包括披露)、结构和内容,并评价财务报表是否公允反映相关交易和事项。

(6) 就 ABC 股份有限公司中实体或业务活动的财务信息获取充分、适当的审计证据,以对财务报表发表审计意见。我们负责指导、监督和执行集团审计,并对审计意见承担全部责任。

我们与治理层就计划的审计范围、时间安排和重大审计发现等事项进行沟通,包括沟通我们在审计中识别出的值得关注的内部控制缺陷。

我们还就已遵守与独立性相关的职业道德要求向治理层提供声明,并与治理层沟通可能被合理认为影响我们独立性的所有关系和其他事项,以及相关的防范措施(如适用)。

从与治理层沟通过的事项中,我们确定哪些事项对本期财务报表审计最为重要,因而构成关键审计事项。我们在审计报告中描述这些事项,除非法律法规禁止公开披露这些事项,或在极少数情形下,如果合理预期在审计报告中沟通某事项造成的负面后果超过在公众利益方面产生的益处,我们确定不应在审计报告中沟通该事项。

×××会计师事务所(特殊普通合伙)	中国注册会计师:×××
	(项目合伙人)
	中国注册会计师:×××
	20××年×月×日

从这一审计报告示例中,我们可看到,"审计意见"最重要,所以放在报告正文内容的第一部分;其次是"形成审计意见的基础"和"关键审计事项",这两部分内容报告了审计意见是如何形成的,以及审计人员在审计中所关注的最重要审计事项,由于"关键审计事项"是审计中的最重要内容,故审计报告还需披露审计师的应对程序,以引起财务报告使用者关注。审计报告后面的内容主要是管理层的责任和审计师责任的明确,以让财务报告使用者清楚哪些是公司管理层的责任,哪些是审计师的责任,避免公司财务报告一旦发生问题,产生管理层与审计师之间的责任混淆。

标准无保留意见审计报告由于其独特的决策参考价值,已成为资本市场上最受欢迎的审计报告。

第四节 非无保留意见审计报告

非无保留意见审计报告包括保留意见审计报告、否定意见审计报告和无法表示意见审计报告。当存在下列情形之一时,审计人员应当在审计报告中发表非无保留意见:(1)根据获取的审计证据,得出财务报表整体存在重大错报的结论;(2)无法获取充分、适当的审计证据,不能得出财务报表整体不存在重大错报的结论。

一、确定非无保留意见的类型

(一)确定非无保留意见的事项

1. 财务报表错报或审计取证受限

审计人员确定恰当的非无保留意见类型,取决于下列事项:

(1)导致非无保留意见的事项的性质,是财务报表存在重大错报,还是在无法获取充分、适当的审计证据的情况下,财务报表可能存在重大错报;

(2)审计人员就导致非无保留意见的事项对财务报表产生或可能产生影响的广泛性做出的判断。

2. 广泛性

广泛性是描述错报影响的术语,用以说明错报对财务报表的影响,或者由于无法获取充分、适当的审计证据而未发现的错报(如存在)对财务报表可能产生的影响。根据审计人员的判断,对财务报表的影响具有广泛性的情形包括:

(1)不限于对财务报表的特定要素、账户或项目产生影响;

(2)虽然仅对财务报表的特定要素、账户或项目产生影响,但这些要素、账户或项目是或可能是财务报表的主要组成部分;

(3)当与披露相关时,产生的影响对财务报表使用者理解财务报表至关重要。

表16-2列示了审计人员对导致发生非无保留意见的事项的性质和这些事项对财务报表产生或可能产生影响的广泛性做出的判断,以及审计人员的判断对审计意见类型的影响。

表16-2 确定非无保留意见的类型

导致发生非无保留	这些事项对财务报表产生或可能产生影响的广泛性	
意见的事项的性质	重大但不具有广泛性	重大且具有广泛性
财务报表存在重大错报	保留意见	否定意见
无法获取充分、适当的审计证据	保留意见	无法表示意见

(二) 确定非无保留意见的具体要求

1. 发表保留意见的情况

当存在下列情形之一时,审计人员应当发表保留意见:

(1) 在获取充分、适当的审计证据后,审计人员认为错报单独或汇总起来对财务报表影响重大,但不具有广泛性。

(2) 审计人员无法获取充分、适当的审计证据以作为形成审计意见的基础,但认为未发现的错报(如存在)对财务报表可能产生的影响重大,但不具有广泛性。

2. 发表否定意见的情况

在获取充分、适当的审计证据后,如果认为错报单独或汇总起来对财务报表的影响重大且具有广泛性,审计人员应当发表否定意见。

3. 发表无法表示意见的情况

如果无法获取充分、适当的审计证据以作为形成审计意见的基础,同时认为未发现的错报(如存在)对财务报表可能产生的影响重大且具有广泛性,审计人员应当发表无法表示意见。在极其特殊的情况下,可能存在多个不确定事项,即使审计人员对每个单独的不确定事项获取了充分、适当的审计证据,但由于不确定事项之间可能存在相互影响,以及可能对财务报表产生累积影响,审计人员不可能对财务报表形成审计意见。在这种情况下,审计人员应当发表无法表示意见。

二、非无保留意见审计报告的内容修订

(一) 导致非无保留意见的事项段

(1) 审计报告格式和内容的一致性。如果对财务报表发表非无保留意见,除了在审计报告中包含规定的审计报告要素,审计人员还应当将要素中"形成审计意见的基础"标题修改为与审计意见相匹配的标题,如"形成保留意见的基础""形成否定意见的基础"或"形成无法表示意见的基础",说明导致发表非无保留意见的事项和原因。审计报告格式和内容的一致性有助于提高使用者的理解和识别存在的异常情况。因此,尽管不可能统一非无保留意见的措辞和对导致非无保留意见的事项的说明,但仍有必要保持审计报告格式和内容的一致性。

(2) 量化财务影响。如果财务报表中存在与具体金额(包括定量披露)相关的重大错报,审计人员应当在导致非无保留意见的事项段中说明并量化该错报的财务影响。举例来说,如果存货被高估,审计人员就可以在审计报告的导致非无保留意见的事项段中说明该重大错报的财务影响,即量化其对所得税、税前利润、净利润和股东权益的影响。如果无法量化财务影响,审计人员应当在形成非无保留意见的基础部分说明这一情况。

(3) 存在与叙述性披露相关的重大错报。如果财务报表中存在与叙述性披露相关的重大错报,审计人员应当在导致非无保留意见的事项段中解释该错报错在何处。

(4) 存在与应披露而未披露信息相关的重大错报。如果财务报表中存在与应披露而未披露信息相关的重大错报,审计人员应当:①与治理层讨论未披露信息的情况。②在形成非无保留意见的基础部分描述未披露信息的性质。③如果可行并且已针对未披露信息获取了充分、适当的审计证据,在形成非无保留意见的基础部分应包含对未披露信息的披露,除非法律法规禁止。

(5) 无法获取充分、适当的审计证据。如果因无法获取充分、适当的审计证据而导致发表非无保留意见,审计人员应当在形成非无保留意见的基础部分说明无法获取审计证据的原因。

(6) 披露其他事项。即使发表了否定意见或无法表示意见,审计人员也应当在导致非无

保留意见的基础部分说明注意到的、将导致发表非无保留意见的所有其他事项及其影响。这是因为，对审计人员注意到的其他事项的披露可能与财务报表使用者的信息需求相关。

(二) 审计意见段

(1) 标题。在发表非无保留意见时，审计人员应当对审计意见段使用恰当的标题，如"保留意见""否定意见"或"无法表示意见"。审计意见段的标题能够使财务报表使用者清楚审计人员发表了非无保留意见，并能够表明非无保留意见的类型。

(2) 发表保留意见。当由于财务报表存在重大错报而发表保留意见时，审计人员应当根据适用的财务报告编制基础在审计意见段中说明：审计人员认为，除了形成保留意见的基础部分所述事项产生的影响，财务报表在所有重大方面按照适用的财务报告编制基础编制，并实现公允反映。

当无法获取充分、适当的审计证据而导致发表保留意见时，审计人员应当在审计意见段中使用"除……可能产生的影响"等措辞。

(3) 发表否定意见。当发表否定意见时，审计人员应当根据适用的财务报告编制基础在审计意见段中说明：审计人员认为，由于形成否定意见的基础部分所述事项的重要性，财务报表没有在所有重大方面按照适用的财务报告编制基础编制，未能实现公允反映。

(4) 发表无法表示意见。当由于无法获取充分、适当的审计证据而发表无法表示意见时，审计人员应当在审计意见段中说明：由于形成无法表示意见的基础部分所述事项的重要性，审计人员无法获取充分、适当的审计证据为发表审计意见提供基础，因此，审计人员不对这些财务报表发表审计意见。

(三) 关键审计事项和其他信息段

当审计人员审计取证受到严重限制而发表无法表示意见时，审计报告不得包含"关键审计事项"和"其他信息"段。

(四) 审计责任段

当审计人员对财务报表发表无法表示意见时，审计人员应当修改审计报告中形成审计意见的基础部分，不应提及审计报告中用于描述审计人员责任的部分，也不应说明审计人员是否已获取充分、适当的审计证据以作为形成审计意见的基础。

同时，审计人员还应当修改审计报告中审计人员对财务报表审计的责任部分，使之仅包含下列内容：

(1) 审计人员的责任是按照中国注册会计师审计准则的规定，对被审计单位财务报表执行审计工作，以出具审计报告。

(2) 但由于形成无法表示意见的基础部分所述的事项，审计人员无法获取充分、适当的审计证据以作为发表审计意见的基础。

(3) 声明审计人员在独立性和职业道德方面的其他责任。

三、非无保留意见的审计报告的格式

(一) 保留意见的审计报告

保留意见审计报告的格式最需要关注的是"保留意见"段和"形成保留意见的基础"段的表述。例如：ABC股份有限公司是一家上市公司，但非集团公司，在20×1年度的审计中，审计人员发现20×1年12月31日资产负债表中存货的列示金额为×元，管理层根据成本对存货进行计量和列报，没有按照成本与可变现净值孰低的原则进行计量和列报，这不符合企业会计准则的规定。ABC公司的会计记录显示,如果管理层以成本与可变现净值孰低来计量存货,存货列示金额将减少×元。相应地,资产减值损失将增加×元,所得税、净利润和股东权益将分别减少×元、×元和×元。经与管理层沟通,管理层不愿接受审计师的调整意见。存货计量和列报存在的这一错报,对财务报表影响重大但不具广泛性,故审计人员出具了即保留意见审计报告,如参考格式16-3所示。

参考格式16-3

保留意见审计报告

ABC股份有限公司全体股东:

一、保留意见

我们审计了ABC股份有限公司(以下简称"ABC公司")财务报表,包括20×1年12月31日的资产负债表,20×1年度的利润表、现金流量表、股东权益变动表以及相关财务报表附注。

我们认为,除了"形成保留意见的基础"部分所述事项产生的影响,后附的财务报表在所有重大方面按照企业会计准则的规定编制,公允反映了ABC公司20×1年12月31日的财务状况以及20×1年度的经营成果和现金流量。

二、形成保留意见的基础

ABC公司20×1年12月31日资产负债表中存货的列示金额为×元。管理层根据成本对存货进行计量,而没有根据成本与可变现净值孰低的原则进行计量,这不符合企业会计准则的规定。ABC公司的会计记录显示,如果管理层以成本与可变现净值孰低来计量存货,存货列示金额将减少×元。相应地,资产减值损失将增加×元,所得税、净利润和股东权益将分别减少×元、×元和×元。

我们按照中国注册会计师审计准则的规定执行了审计工作。审计报告的"注册会计师对财务报表审计的责任"部分进一步阐述了我们在这些准则下的责任。按照中国注册会计师职业道德守则,我们独立于ABC公司,并履行了职业道德方面的其他责任。我们相信,我们获取的审计证据是充分、适当的,为发表保留意见提供了基础。

三、关键审计事项

关键审计事项是根据我们的职业判断,认为对本期财务报表审计最为重要的事项。这些事项是在对财务报表整体进行审计并形成意见的背景下进行处理的,我们不对这些事项提供单独的意见。除了"形成保留意见的基础"部分所述事项,我们确定下列事项是需要在审计报告中沟通的关键审计事项。

关键审计事项(略)

四、管理层和治理层对财务报表的责任(略)

五、注册会计师对财务报表审计的责任(略)

××会计师事务所	中国注册会计师:×××(项目合伙人)
(盖章)	(签名并盖章)
	中国注册会计师:×××
	(签名并盖章)
中国××省××市	二○××2年×月×日

(二) 否定意见的审计报告

否定意见审计报告的格式最需要关注的是"否定意见"段和"形成否定意见的基础"段的表述。例如：ABC 股份有限公司是一家拥有若干子公司的集团公司，审计约定为只对合并财务报表出具审计报告。

在 20×1 年度的审计中，审计人员发现合并财务报表未合并其控制的 XYZ 子公司，该错报对合并财务报表影响重大且具有广泛性，经与管理层沟通，管理层不愿进行改正，审计人员只能出具否定意见审计报告，如参考格式 16－4 所示。同时审计人员认为，除了形成否定意见的基础部分所述事项，无其他关键审计事项。

参考格式 16－4

否定意见审计报告

ABC 股份有限公司全体股东：

一、否定意见

我们审计了 ABC 股份有限公司及其子公司（以下简称 ABC 集团）的合并财务报表，包括 20×1 年 12 月 31 日的合并资产负债表，20×1 年度的合并利润表、合并现金流量表、合并股东权益变动表以及相关合并财务报表附注。

我们认为，由于"形成否定意见的基础"部分所述事项的重要性，后附的合并财务报表没有在所有重大方面按照××财务报告编制基础的规定编制，未能公允反映 ABC 集团 20×1 年 12 月 31 日的合并财务状况以及 20×1 年度的合并经营成果和合并现金流量。

二、形成否定意见的基础

如财务报表附注×所述，20×1 年 ABC 集团通过非同一控制下的企业合并获得对 XYZ 公司的控制权，因未能取得购买日 XYZ 公司某些重要资产和负债的公允价值，故未将 XYZ 公司纳入合并财务报表的范围。按照××财务报告编制基础的规定，该集团应将这一子公司纳入合并范围，并以暂估金额为基础核算该项收购。如果将 XYZ 公司纳入合并财务报表的范围，后附的 ABC 集团合并财务报表的多个报表项目将受到重大影响。但我们无法确定未将 XYZ 公司纳入合并范围对合并财务报表产生的影响。

我们按照中国注册会计师审计准则的规定执行了审计工作。审计报告的"注册会计师对合并财务报表审计的责任"部分进一步阐述了我们在这些准则下的责任。按照中国注册会计师职业道德守则，我们独立于 ABC 集团，并履行了职业道德方面的其他责任。我们相信，我们获取的审计证据是充分、适当的，为发表否定意见提供了基础。

三、关键审计事项

除"形成否定意见的基础"部分所述事项外，我们认为，没有其他需要在我们的报告中沟通的关键审计事项。

四、管理层和治理层对合并财务报表的责任（略）

五、注册会计师对合并财务报表审计的责任（略）

××会计师事务所	中国注册会计师：×××（项目合伙人）
（盖章）	（签名并盖章）
	中国注册会计师：×××（项目合伙人）
	（签名并盖章）
中国××省××市	二○×二年×月×日

(三) 无法表示意见的审计报告

无法表示意见审计报告的格式变动很大,除了需关注"无法表示意见"段和"形成无法表示意见的基础"段的表述,还需关注"注册会计师审计责任"段的表述,同时,不得包含"关键审计事项"和"其他信息"段。例如:ABC 股份有限公司为非上市公司,也非集团公司,审计人员初次接受审计,由于对被审计单位的存货和应收账款无法获取审计证据,这些事项对财务报表可能产生的影响重大且具有广泛性,审计人员也无法实施其他替代程序,只能出具无法表示意见审计报告,如参考格式 16-5 所示。

参考格式 16-5

无法表示意见审计报告

ABC 股份有限公司全体股东:

一、无法表示意见

我们接受委托,审计 ABC 股份有限公司(以下简称"ABC 公司")财务报表,包括 20×1 年 12 月 31 日的资产负债表、20×1 年度的利润表、现金流量表、股东权益变动表以及相关财务报表附注。

我们不对后附的 ABC 公司财务报表发表审计意见。由于"形成无法表示意见的基础"部分所述事项的重要性,我们无法获取充分、适当的审计证据以作为财务报表发表审计意见的基础。

二、形成无法表示意见的基础

我们于 20×2 年 1 月接受 ABC 公司的审计委托,因而未能对 ABC 公司 20×1 年年初金额为×元的存货和年末金额为×元的存货实施监盘程序。此外,我们也无法实施替代审计程序获取充分、适当的审计证据。并且,ABC 公司于 20×1 年 9 月采用新的应收账款电算化系统,由于存在系统缺陷导致应收账款出现大量错误。截至报告日,管理层仍在纠正系统缺陷并更正错误,我们也无法实施替代审计程序,以对截至 20×1 年 12 月 31 日的应收账款总额×元获取充分、适当的审计证据。因此,我们无法确定是否有必要对存货、应收账款以及财务报表其他项目做出调整,也无法确定应调整的金额。

三、管理层和治理层对财务报表的责任(略)

四、注册会计师对财务报表审计的责任

我们的责任是按照中国注册会计师审计准则的规定,对 ABC 公司的财务报表执行审计工作,以出具审计报告。但由于"形成无法表示意见的基础"部分所述事项,我们无法获取充分、适当的审计证据以作为发表审计意见的基础。

按照中国注册会计师职业道德守则,我们独立于 ABC 公司,并履行了职业道德方面的其他责任。

××会计师事务所	中国注册会计师:×××(项目合伙人)
(盖章)	(签名并盖章)
	中国注册会计师:×××
	(签名并盖章)
中国××省××市	二〇×二年×月×日

四、增加强调事项段审计报告

(一) 强调事项段的含义

审计报告的强调事项段是指审计报告中含有的一个段落,该段落提及已在财务报表中恰当列报或披露的事项,根据审计人员的职业判断,该事项对财务报表使用者理解财务报表至关重要,所以需予强调,以引起使用者特别关注。

(二) 增加强调事项段的情形

如果认为有必要提醒财务报表使用者关注已在财务报表中列报或披露,且根据职业判断认为对财务报表使用者理解财务报表至关重要的事项,在同时满足下列条件时,审计人员应当在审计报告中增加强调事项段:

(1) 该事项不会导致审计人员发表非无保留意见。
(2) 该事项未被确定为在审计报告中沟通的关键审计事项。

审计人员可能认为需要增加强调事项段的情形主要有:

(1) 异常诉讼或监管行动的未来结果存在不确定性。
(2) 提前应用(在允许的情况下)对财务报表有广泛影响的新会计准则。
(3) 存在已经或持续对被审计单位财务状况产生重大影响的特大灾难。

另外,某些审计准则对特定情况下在审计报告中增加强调事项段提出具体要求。这些情形包括:

(1) 法律法规规定的财务报告编制基础不可接受,但其是由法律或法规做出的规定。
(2) 提醒财务报表使用者注意财务报表按照特殊目的编制基础编制。
(3) 审计人员在审计报告日后知悉了某些事实(即期后事项),并且出具了新的审计报告或修改了审计报告。

强调事项段的过多使用会降低审计人员沟通所强调事项的有效性。此外,与财务报表中的列报或披露相比,在强调事项段中包括过多的信息,可能隐含着这些事项未被恰当列报或披露。因此,强调事项段应当仅提及已在财务报表中列报或披露的信息。

(三) 在审计报告中增加强调事项段时审计人员采取的措施

如果在审计报告中增加强调事项段,审计人员应当采取下列措施:

(1) 将强调事项段作为单独的一部分置于审计报告中,并使用包含"强调事项"这一术语的适当标题。强调事项段在审计报告中的位置取决于拟沟通信息的性质,以及与审计报告的其他要素相比较,审计人员针对该信息对财务报表预期使用者的相对重要程度的判断。

例如:当强调事项段与适用的财务报告编制基础相关时,审计人员可能认为有必要将强调事项段紧接在"形成审计意见的基础"部分之后,以为审计意见提供合适的背景信息。又如,当审计报告中包含关键审计事项部分时,基于审计人员对强调事项段中信息的相对重要程度的判断,强调事项段可以紧接在关键审计事项部分之前或之后。审计人员可以在"强调事项"标题中增加进一步的背景信息,如"强调事项——期后事项",以将强调事项段和关键审计事项部分描述的每个事项予以区分。

(2) 明确提及被强调事项以及相关披露的位置,以便能够在财务报表中找到对该事项的详细描述。强调事项段应当仅提及已在财务报表中列报或披露的信息。

(3) 指出审计意见没有因该强调事项而改变。在审计报告中包含强调事项段不影响审计意见。

同时,包含强调事项段也不能代替下列情形:

(1) 根据审计业务的具体情况,发表非无保留意见。

(2) 适用的财务报告编制基础要求管理层在财务报表中做出的披露,或为实现公允列报所需的其他披露。

(3) 当可能导致对被审计单位持续经营能力产生重大疑虑的事项或情况存在重大不确定性时做出的报告。

例如,ABC股份有限公司是一家非上市公司,也非集团公司,在20×1年度的审计中,因金融资产的计价不当,管理层又不愿纠正,审计人员决定出具保留意见审计报告。与此同时,因期后公司发生火灾,对生产设备影响较大,虽然公司已在期后事项中予以披露,但审计人员认为,该事项对财务报表使用者理解财务报表至关重要,需引起特别注意,故决定增加强调事项,如参考格式16-6所示。

参考格式16-6

审计报告

ABC股份有限公司全体股东:

一、保留意见

我们审计了ABC股份有限公司(以下简称"ABC公司")财务报表,包括20×1年12月31日的资产负债表、20×1年度的利润表、现金流量表、股东权益变动表以及相关财务报表附注。

我们认为,除了"形成保留意见的基础"部分所述事项产生的影响,后附的财务报表在所有重大方面按照企业会计准则的规定编制,公允反映了ABC公司20×1年12月31日的财务状况以及20×1年度的经营成果和现金流量。

二、形成保留意见的基础

ABC公司20×1年12月31日资产负债表中列示的以公允价值计量且其变动计入当期损益的金融资产为×元,管理层对这些金融资产未按照公允价值进行后续计量,而是按照历史成本进行计量,这不符合企业会计准则的规定。如果按照公允价值进行后续计量,ABC公司20×1年度利润表中公允价值变动损益将减少×元,20×1年12月31日资产负债表中以公允价值计量且其变动计入当期损益的金融资产将减少×元。相应地,所得税、净利润和股东权益将分别减少×元和×元。

我们按照中国注册会计师审计准则的规定执行了审计工作。审计报告的"注册会计师对财务报表审计的责任"部分进一步阐述了我们在这些准则下的责任。按照中国注册会计师职业道德守则,我们独立于ABC公司,并履行了职业道德方面的其他责任。我们相信,我们获取的审计证据是充分、适当的,为发表保留意见提供了基础。

三、强调事项——火灾的影响

我们提醒财务报表使用者关注,财务报表附注×描述了火灾对ABC公司的生产设备造成的影响。本段内容不影响已发表的审计意见。

四、管理层和治理层对财务报表的责任(略)

五、注册会计师对财务报表审计的责任(略)

××会计师事务所	中国注册会计师×××(项目合伙人)
(盖章)	(签名并盖章)
	中国注册会计师×××
	(签名并盖章)
中国××省××市	二〇×二年×月×日

第五节 管理建议书

审计人员除了根据审计结论出具审计报告,还需根据审计过程中发现的公司在战略管理、经营管理和内控管理方面存在的问题和不足,向公司提出管理建议,这也是审计团队为客户提供的增值服务。所以,审计人员完成审计后还需撰写管理建议书,并向公司治理层沟通汇报。

在上市公司的治理结构中都设有董事会下属的专门委员会"审计委员会",负责监督公司财务报告的审计。审计人员作为外部监督机构,在审计过程中应重视这一机构的作用,并与审计委员会进行充分的交流和沟通,以将审计中发现的问题以及与管理层的分歧和审计遇到的困难等情况及时通报给审计委员会,而审计委员会也可以通过这种方式将其发现的可能影响审计的所有重大事项及时告知审计人员。

审计人员与公司审计委员会的沟通可以是口头的,也可以是书面的。审计人员应直接向审计委员会通报的事项主要包括:审计人员发现的重大审计调整事项的性质以及处理情况;未调整差异的性质及影响情况;已审计财务报表和与其一同披露的其他信息存在的重大不一致,或其他信息可能存在的重大错报;与管理层在会计处理、会计估计以及审计范围等方面发生分歧的性质和处理情况等。

管理建议书的内容主要包括对内部控制的建议和对公司战略、经营管理的建议两大部分。

一、对内部控制的建议

关于内部控制的管理建议,是指审计人员针对审计过程中注意到的、可能影响被审计单位经营效率、资产安全和财务报表产生重大错报或漏报的内部控制重大缺陷提出的书面改进建议。审计人员应将审计过程中注意到的内部控制重大缺陷、对公司经营活动、资产安全和财务报表的影响分析以及整改建议与被审计单位管理层进行交流沟通,并将沟通和采纳情况记录于审计工作底稿,最终向公司董事会审计委员会汇报。对于内部控制的重大缺陷,要求审计师以书面形式呈报公司。

关于内部控制的管理建议书提及的内部控制重大缺陷,仅为审计人员在审计过程中注意到的,并非内部控制可能存在的全部缺陷。因此,管理建议书不应被视为注册会计师对被审计单位内部控制整体发表的意见,也不能减轻或免除被审计单位管理当局建立健全内部控制的责任。审计人员出具管理建议书,不应影响其应当发表的审计意见。而且,除了有特别规定者,审计人员在征得被审计单位管理当局同意之前,不得将管理建议书的内容泄露给任何第三者。

内部控制的管理建议应注意:

(1) 管理建议的性质:仅指审计人员在审计过程中注意到的内部控制重大缺陷,不应被视为对内部控制发表的鉴证意见,所提建议不具有强制性和公证性。

(2) 内部控制重大缺陷及其影响和改进建议:指明审计人员在审计过程中注意到的内部控制设计及运行方面的重大缺陷,以及内部控制重大缺陷对财务报表可能产生的影响和相应的改进建议。

(3) 管理层回应:指管理层对内部控制重大缺陷和改进建议做出的回应。

审计人员在编制管理建议书之前,应当对审计工作底稿中记录的内部控制重大缺陷及其改进建议进行复核,并以经过复核的审计工作底稿为依据,汇总编制管理建议书。管理建议书中反映的内部控制缺陷,可按其对财务报表的影响程度排列。在出具管理建议书之前,注册会计师应当与被审计单位有关人员讨论管理建议书的相关内容,以确认所述重大缺陷是否属实。

二、战略、经营管理建议

除了重大的内部控制缺陷,审计人员在审计过程中还会注意到公司在治理结构、战略管理、经营管理中存在的问题,例如,在企业整体层面分析和环节分析阶段,审计人员可能会识别出公司治理不规范、战略规划不科学、经营活动流程组织欠合理等问题,审计人员需与公司管理层和董事会审计委员会进行交流沟通,并以管理建议书的形式将这些信息传递给公司管理层和董事会,以帮助公司提高公司经营的效率和效果。管理建议书的内容可以涵盖企业战略、经营、行政管理等各个方面,是审计人员提供给管理当局的一个增值服务。

管理建议书没有固定的格式要求,是审计人员根据具体情况自愿向被审计单位提供的文件。但应注意的是,审计人员必须在管理建议书中告知使用范围及使用责任:"管理建议书仅供被审计单位管理当局内部参考,因使用不当造成的后果,与审计人员及其所在会计师事务所无关",以明确公司管理层和审计人员的各自责任。

复习思考题

1. 什么是期后事项?它有哪些种类?
2. 审计人员如何应对财务报表日至审计报告日之间发生的事项?
3. 审计人员如何应对审计报告日后至财务报表报出日前知悉的事实?
4. 审计人员如何应对财务报表报出日后知悉的事实?
5. 什么是或有事项?审计人员如何审计或有事项?
6. 什么是持续经营假设?审计人员如何审计持续经营假设?
7. 在完成审计阶段,审计人员为什么要获取管理层声明?如果管理层不提供要求的书面声明,审计人员如何应对?
8. 在完成审计阶段,审计人员如何汇总审计差异?
9. 在完成审计阶段,审计人员如何对财务报表总体合理性实施分析程序?
10. 在完成审计阶段,审计人员如何评价审计结果?
11. 在完成审计阶段,审计人员如何复核审计工作底稿?
12. 审计人员如何确定非无保留意见的类型?
13. 审计人员非无保留意见的审计报告的格式和内容是什么?
14. 强调事项段的含义是什么?增加强调事项段的情形有哪些?
15. 审计人员在审计报告中如何沟通关键审计事项?

配套习题

第十七章 审计质量管理

> **本章要点**
>
> 本章着重探讨对审计质量内涵和审计质量管理的认识、单个审计项目的质量管理和整个事务所的综合质量管理。在单个审计项目的质量管理中,我们按现代风险导向审计实务循环的逻辑,探讨每个审计环节的质量管理要求。在整个事务所的综合质量管理中,我们从质量文化建设、合理构建组织结构、科学设计薪酬制度、建立有效研究和技术支持系统和建立可靠质量监控体系角度切入,探讨事务所进行综合质量管理的要求,以确保所有审计项目的审计质量。
>
> **本章需要重点掌握的内容**
>
> 审计质量的内涵,单个审计项目的质量管理,整个事务所的综合质量管理。

第一节 审计质量概述

一、审计质量的内涵

在国内外审计行业的发展历程中,会计师事务所因出具不当审计报告、造成投资者巨额损失而招致诉讼、行政处罚、赔偿甚至破产倒闭的案例层出不穷,究其原因,都是审计质量的问题,审计质量已成了各会计师事务所的生命线。

什么是审计质量,国内外学者和专家进行了大量研究,取得了不少成果,较具代表性的观点如下。

国外文献中,瓦茨和齐默尔曼(Watts 和 Zimmerman,1980)把审计质量定义为审计师报告被审计单位违约行为的概率(以审计人员发现违约行为为前提),这种概率主要取决于以下两个基本因素,一是审计师发现某一特定违约行为的概率,二是审计师对已经发现的违约行为进行报告或披露的概率。德安格鲁(DeAngelo,1981)认为,审计质量是审计师发现并报告被审计单位会计系统中违规行为的联合概率。以 DeAngelo 定义为依据,安东尼和保罗(Anthony 和 Paul,1999)认为审计师的专业胜任能力和职业操守是审计质量的直接决定因素,其中能否侦测出被审计单位存在重大错报、漏报属于执业能力问题,而发现问题之后能否对外报告则属于审计独立性问题。帕尔姆罗丝(Palmrose,1988)认为审计质量就是被审计单位财务报告中没有重大错报漏报的可能性。

国内文献中,谢志华(1990)认为审计结论的质量就是审计质量,主要体现为审计报告的意见类型的正确性。中华人民共和国审计署前审计长李金华(1992)认为,审计质量无法直观地辨别出来,是隐含在审计工作的各个环节中,通过对各个环节的工作成果进行评价,可以间接地评价审计质量。因此,审计质量不是一个单一的概念,而是一个整体概念。在审计过程中得出何种审计结论,并且审计结论是否正确,审计结论是否符合适当性和完整性,都属于审计质量。张龙平(1994)认为,审计质量是"审计业务工作的优劣程度,也即审计结果达到审计目的的有效程度",具体表现为"审计人员的质量和审计过程的质量,最终体现为审计报告的质量,其核心就是审计工作在多大程度上增加了财务报表的可信性"。孙宝厚(2008)将审计质量表述为狭义和广义两个层次,狭义方面强调审计结论与审计事项真实情况的吻合程度,而广义方面则包括审计业务工作和业务管理,注重审计过程和结果的双重效果,强调审计结论与被审计事项真实情况的吻合程度以及对审计需求方的满足程度,此为多向多维的全面质量管理。

综上所述,国外学者对审计质量的定义注重于发现和报告违约的概率,应该说这是审计质量的主要特征,但非全部特征。基于这种认识,大量的实证研究都聚焦在非标意见的研究上,有的甚至认为出具非标意见越多的事务所审计质量越好,忽视了不同事务所在选择客户时的不同要求;而对大量标准无保留意见审计报告的研究就主要集中在是否有盈余管理之上。这些研究由于很难触及审计质量的本质,所以研究成果常常缺乏对实务提升的指导意义。而国内学者专家较注重于审计质量内涵的研究,希望通过揭示审计质量的本质来理解审计质量,并改进审计质量,所以对提升实务水平较具指导意义。

我们认为:审计质量是审计师出具的审计报告结论与被审财务报表真实公允性之间相符程度的考察指标。这一定义的特点是更多地关注审计报告结论与财务报表本身真实公允之间的相符性,即如果财务报表是真实公允的,审计报告也作出了真实公允的结论,或财务报表是有问题的,审计报告也作出了与之相匹配的非标结论,那审计报告结论与财务报表的真实公允是相符的,审计报告的质量是好的。反之,如果财务报表是有问题的,而审计报告作出了真实公允的结论;或相反财务报表是真实公允的,而审计报告作出了不真实公允的结论(尽管较少,但也有),那审计报告结论与财务报表的真实公允是不相符的,审计报告的质量就是差的。所以审计质量的好坏是两者之间相符程度的表现。

审计报告结论与财务报表真实公允的相符程度取决于:①审计师是否有能力去评判财务报表的真实公允性,是否有能力去发现不真实公允的情况,即审计师的胜任能力。②审计师是否有意愿去报告财务报表不真实公允的情况,即审计师的独立性。如果这两者都能做到,审计报告的结论与财务报表真实公允的相符程度就高;反之,相符程度就低。而要做到这两点,就必须加强审计质量的管理。

二、审计质量的管理

为了确保审计报告结论与被审财务报表真实公允之间的相符程度,会计师事务所必须加强审计质量管理。中国注册会计师协会《会计师事务所质量管理准则第 5101 号——业务质量管理》第 7 条规定,质量管理体系,是指会计师事务所设计、实施和运行的系统,旨在为以下方面提供合理保证:会计师事务所及其人员按照法律法规和职业准则的规定履行职责,并根据这些规定执行业务;会计师事务所和项目合伙人出具适合具体情况的业务报告。这条规定中虽然没有明确对审计质量作出定义,但是,从其涵盖的内容来说,应该包括审计过程和审计结果,是过程和结果双重质量观,过程质量体现为"会计师事务所及其人员按照法律法规和职业准则的规定履行职责,并根据这些规定执行业务",结果质量体现为"会计师事务所和项目合伙人出具适合具体情况的业务报告"。

审计质量的管理既包括单个审计项目的质量管理,也包括整个会计师事务所的综合质量管理。单个审计项目的质量管理是保证单个审计项目的质量,而事务所的综合质量管理是保证事务所所有审计项目的质量。单个审计项目的管理既注重过程质量管理,包括审计项目团队的能力配置、审计方法的科学运用、审计程序的合理有效、审计取证的充分适当;也注重结果质量管理,包括审计结论与审计证据的一致性、整个审计过程的合规合法,以确保审计报告的结论是正确的。事务所的综合质量管理更注重于整体结果的质量控制和管理,包括注重内部质量文化的有效建设、业务组织的科学架构、薪酬制度的合理制定、技术研发与支持的有效保障和质量监控体系的有效运行,以确保全部审计报告的正确可靠。下面,我们将分两节分别予以论述。

第二节 单个审计项目的质量管理

前已述及,单个审计项目的质量管理既包括过程管理,也包括结果管理,过程管理是结果管理的基础,结果管理是过程管理的目的。所以为了确保审计结果的正确,审计人员必须首先做好审计项目的过程质量管理。

在现代风险导向审计模式中,如本篇开篇所介绍的,审计实务的循环自项目承接和初步计划开始后,经历公司治理层战略风险分析、业务环节经营风险分析与内控测试、剩余风险分析和实质性测试方案设计、实质性测试方案的执行以及总结审计和审计报告等过程环节,每一环节都存在审计质量的管理问题,所以单个审计项目的质量管理需按照审计实务循环中的过程环节来展开。

一、公司治理层面战略风险分析环节的质量管理

公司治理层面战略风险分析的目的是要了解客户公司所处的外部环境对公司及所处行业的影响,了解公司内部环境包括组织架构、经营模式、公司治理以及应对外部环境变化的能力和措施,以判断公司是否存在战略风险,是否对经营活动和财务报表产生影响。这一环节的审计质量管理主要应关注以下几个方面。

(一) 项目合伙人和资深审计师必须亲自带队实施了解和分析

与以往审计方法不同,现代风险导向审计方法要求审计人员必须了解外部宏观环境和行业环境对公司经营活动的影响,而这一工作对审计人员的素质要求极高,也只有合伙人级别的审计人员才能深入理解外部环境风险,所以必须由项目合伙人亲自带队进行了解和分析,才能获得可靠有用的信息,才能判断这些环境对公司的真正影响,否则,这一流程常常会走过场,变成应对内部质量检查的装饰,不能真正达到目的。项目前期审计合伙人参与得越多,作出的判断和结论越可靠,审计工作的重点就把握得越准,审计风险也会控制得越好。

(二) 有效制订实施战略分析的具体计划

现代风险导向审计模式,每一环节的工作都会受上一环节结果的影响,所以是一个不断计

划、不断取证的过程。这一环节的具体实施计划,需根据项目公司所处的具体行业产业特征来制订,计划实施了解分析的内容要符合客户公司的具体情况。通常,小的公司因资本投资较少,业务调整也容易,故应对外部环境变化较灵活,了解分析的内容相对比较简略;而大的公司因投资额大,业务调整难度大,应对外部环境变化较困难,所以了解分析的内容要充分,项目合伙人要能判断环境变化趋势对客户公司长期经营发展的影响,以便与公司治理层、管理层进行有效沟通。所以制订的实施这一环节分析了解的具体计划要有针对性。

(三) 充分获取内外部环境信息

通过内外部环境的分析,项目合伙人和资深审计师能对公司经营情况产生一个经验预期,将这一预期与财务报表比较,能大致判断财务报表的真实公允程度,所以内外部环境信息对判断公司财务报表真实公允的参考价值很大。审计团队必须按照上述实施计划获取充分适当的内外部环境信息,包括外部宏观环境分析、行业环境分析、外部风险分析以及内部公司治理结构和运营有效性分析、公司战略和目标的科学性分析、公司经营模式和业务组织的合理性分析、公司层面内控制度有效性分析、公司面对的总体风险和应对措施分析等。这些信息收集了解的工作量较大,要求也较高,但这是一次性的审计投入,以后年度只需补充更新即可,所以这些信息了解得越充分,以后的审计风险把控就越有效。

(四) 正确研判战略风险并作出影响结论

审计团队对上述内外部环境分析了解的主要目的是要掌握公司整体是否存在战略风险,如存在,会对业务经营环节和财务报表产生什么影响,这对后续审计工作方向和重点的把握影响很大。例如科技创新大发展时期,数码相机替代胶卷相机、智能手机替代固定电话、网上购物替代线下商店,或宏观政策大调整对野蛮疯长的教培机构的巨大冲击等等,这些环境变化引发的战略风险,轻者给公司带来经营困难,重者将导致公司破产淘汰。所以必须要综合分析所获取的内外部信息、由项目合伙人和资深审计师来对战略风险及其影响进行研判并作出结论,这些结论就将成为下一步业务经营风险分析和内控测试环节的关注重点。

(五) 妥善保存永久性工作底稿

对公司治理层面战略风险分析的工作底稿是审计项目的永久性工作底稿,以后年度都可使用,即使审计项目人员有变动,也可通过这些永久性工作底稿的阅读来了解客户情况,所以必须按中注协的要求妥善保存。在底稿存档前,审计项目合伙人须对工作底稿进行全面审核,如有理解不正确或后续审计中发现新的信息,应及时补充调整,确保工作底稿记录的信息的真实性、完整性和审计人员理解的正确性。以后年度审计时,需对这部分工作底稿不断补充更新,确保时效性。

二、业务经营风险分析和内控测试环节的质量管理

这一环节主要是根据战略风险分析的结果,进一步分析受战略风险影响的业务环节和经营活动量较大的业务环节的风险,以及相应内控制度实施的有效情况,以判断各环节的剩余风险及其对会计账户和认定的影响。业务环节既包括形成企业价值链的供产销、研发等基本环节,也包括人财物等资源管理环节,不同时期不同的战略风险对公司经营环节的影响是不一样的,所以这一步的分析对审计质量的影响很大,审计质量管理需着重关注如下几点。

(一) 有效制订业务环节分析计划

前已述及,现代风险导向审计是一个不断计划不断取证的过程,在这一审计环节中,就需

根据战略风险分析的结果来制订每一重要业务环节的风险分析计划。由于不同公司的规模差异较大,所以业务环节的形式也差别很大,有的可能是一个车间、一个职能部门,也可能是一个分厂甚至一个子公司,这取决于公司业务结构的组织设置。战略风险分析识别出的受影响环节都是重要环节,同时公司中业务量较大的环节也是重要环节,这两者有时是一致的,但有时是不一致的,所以需综合考虑具体情况。重要环节确定后,就需为每一环节制订分析计划,以有效指导审计团队开展分析取证工作。

(二) 深入理解各业务环节的经营活动

业务环节分析的第一步就是要深入了解和理解各重要环节的经营活动、投入产出、业务流程、各环节在整个公司价值链中的地位和作用、战略风险对各环节的影响,审计人员对各环节的业务活动了解得越深入、理解得越透彻,风险判断能力就越强。审计人员要理清环节与环节之间的业务联系,理清环节内部的业务流程,理解和掌握各环节的管理信息流、产生的会计核算信息和各业务环节的经营风险。对业务环节的风险把控得当,整个公司的风险把控就不难。由于这一部分的工作对审计人员的素质要求同样较高,所以同样需要资深审计人员来负责。

(三) 完整理解内控制度的完善性和有效性

当对各环节的业务流程梳理清楚后,审计人员能够识别潜在的出错点,即关键控制点。随后需要了解公司是否为此设计了完善的内部控制制度,并测试是否有效地执行了这些内控制度。由于业务环节的活动面广量大,内控制度的涉及面也非常广,小的业务环节如车间、职能部门的内控制度相对简单,大的业务环节如分厂、子公司的内控制度就较为复杂,所以要根据具体情况参照内控框架结构的要求来梳理和测试,测试程序和样本量要按照计划严格执行,并予以检查监督,确保对内控制度的完善性和有效性作出准确的判断。

(四) 正确判断剩余风险及受其影响的账户和认定

剩余风险是执行内控制度后未能予以防范的风险,所以内控制度有效,剩余风险就少;内控制度不完善或执行不到位,剩余风险就大。各环节的剩余风险会对与本环节相关的账户及其认定产生影响,如零部件制造分厂或子公司的管理不规范,就会影响零部件成本的正确核算,进而影响整体产品成本的正确核算。所以审计人员必须能通过了解和测试,正确判断各业务环节内控制度的有效性,正确判断各业务环节的剩余风险,识别出受其影响的账户及认定,将其作为下一步实质性测试方案设计的基础。

(五) 全面检查工作底稿的可靠性

由于这一步工作的成果直接影响实质性测试的重点,审计项目合伙人必须对团队了解和测试的工作底稿进行复核检查,确认对业务环节的了解是完整的,内控分析和测试是有效的,对剩余风险和影响账户及认定的判断是正确的。由于这一部分的工作底稿也是永久性工作底稿,可多年使用,今后只需根据业务的变化和发展进行补充和更新,所以同样需妥善保存,供以后年度审计参考。

三、剩余风险分析与实质性测试方案设计环节的质量管理

当审计团队对公司层面的战略风险分析和业务环节层面的经营风险分析完成后,就需对各经营环节的剩余风险进行汇总归纳,并针对归纳的受影响的账户和认定设计实质性测试方案。这项工作既是对前两步工作的总结归纳,也是对下一步实质性测试工作的计划。由于现代风险导向审计严格遵守从剩余风险→账户(及认定)→审计目标→审计程序的风险导向逻

辑,实质性测试方案设计需要较强的专业判断能力,须由项目合伙人严格把关,并注意以下几个方面的质量管理要求。

(一) 确保剩余风险及相关账户及认定汇总归纳的正确性

在对各环节的剩余风险进行汇总并归纳对会计账户及其认定的综合影响时,要求对受影响的会计账户特别是认定的归纳必须条分缕析,既不能遗漏,也不能出错,任何账户及认定的遗漏和出错都会直接影响具体审计目标的确定,并最终影响审计证据的充分性和审计结论的正确性,所以需十分细致谨慎,严格按第十四章表 14-2 的表式逐个环节地进行汇总和归纳,并予监督和核对,确保正确。

(二) 确保各账户具体审计目标的针对性

具体审计目标是审计实质性测试取证要达到的目的,所以完全是根据账户及其认定的归纳情况来确定的。一个账户归纳的认定越多,需要确认的方面就越多,具体审计目标也越多。具体审计目标的确定需要较强的专业素养和判断能力,它是实质性测试方案设计的一项重要工作,这一步工作做好了,实质性测试工作的方向就对了。为了确保具体审计目标的正确,必须要由审计团队中的资深审计骨干来确定,并由项目合伙人进行审核。

(三) 确保实质性测试程序的有效性

实质性测试方案设计的重要任务是针对各账户具体审计目标设计实质性测试的程序,这是在方向明确基础上确定测试取证的方法和要求。测试取证方法和要求的设计较具技术含量,不同的目标实现要有不同的方法和要求,所以必须关注各测试方法和要求对实现该审计目标的有效性。实质性测试程序的设计中,不管是确定分析性程序还是详细测试程序,对审计团队来说都是很大的挑战,团队水平的高低将在这一步工作中得到体现,所以必须要由团队骨干来完成,并由项目合伙人严格审核把关。

(四) 确保实质性测试方案的完整性

实质性测试方案需要为所有重要账户的所有认定设计审计目标和测试程序,以确保能获取充分可靠的审计证据,为发表审计意见创造条件。同时,为提高审计效率,又需要将审计资源作出最有效的安排。所以它既考验团队骨干的技术素养,也考验团队骨干的管理能力。由于实质性测试方案涉及的面较广、工作量较大、责任较重,项目合伙人必须给予高度关注,确保方案设计的正确性和完整性。

四、实质性测试方案执行环节的质量管理

执行实质性测试方案是审计取证的关键环节,由于工作量大、参与人员多,再加上时间紧(通常在年度审计的高峰时刻)以及社会环境的错综复杂,取证质量常常受到严重影响,所以审计团队必须要有充分的思想准备,随时准备应对各种新情况新问题,并且要有切实的措施,确保审计证据的质量。

(一) 参与实质性测试人员必须经过专业培训

实质性测试环节常常是初级审计人员参与审计工作的切入点,也是事务所人力资源配置、控制人力成本的重要环节。对于初级审计人员来说,这是在实践中学、在实践中干的宝贵机会。但为了控制取证质量,事务所必须对所有参与人员进行专业培训,指导初级审计人员如何执行他们将要开展的工作,理解测试程序的目的和要求以及碰到问题后的应对和汇报流程等,

让所有审计人员都具有一定的专业判断能力和业务执行能力。

(二) 必须严格按测试要求进行取证

进入审计现场开始工作后,审计人员必须严格按实质性测试程序要求进行取证,包括取证方法和取证数量,并在工作底稿中作出准确记录。对一些时间节点要求较高的测试程序,如实物盘点,必须按测试程序要求的时间准时进行,确保取得真实可靠的实物证据;对于像应收账款、银行存款等风险较高的函证证据,必须严格遵守操作规程,并能正确判断其可靠性。如遇重大疑问,必须马上汇报审计经理甚至合伙人,并做出正确有效的应对,确保证据可靠。

(三) 审计经理必须对参与人员进行指导和监督

大量的实质性测试取证业务都是在审计经理带领下进行的,审计经理肩负着重大的证据可靠性和充分性的责任,同时还承担着控制审计成本的责任,所以审计经理必须有效地组织自己的审计团队,并指导和监督审计取证的质量和效率。审计经理需随时解答和应对审计人员遇到的问题,当遇到重大怀疑事项时,必须及时向项目合伙人汇报,及时解决问题。由于实质性测试取得的证据是最重要的证据,审计经理必须确保实质性测试方案得到有效执行并取得预期结果。

(四) 所有测试工作底稿必须进行全面审核

审计工作底稿是事务所的资产,这些资产是否有价值,在于其是否可靠、有证明力。为了确保这些资产的质量,所有的工作底稿都须由审计经理进行审核,检查是否严格按测试方案执行了测试程序,取得的证据质量是否符合要求,数量是否充分,并签字确认。现场工作完成后,还需由项目合伙人检查测试程序的执行情况、审计经理的检查情况以及测试结果,并与审计经理讨论审计证据的充分性和可靠性,确保审计工作底稿的所有记录是真实可靠的。

五、终结审计和报告环节的质量管理

大量的实质性测试工作完成后,就进入了审计终结和报告环节。在这一阶段,审计团队需要汇总测试结果,核查其他可能会影响财务报表数据或披露的事项,形成初步审计意见,并与公司管理层和治理层(董事会审计委员会)沟通审计结果,并最终出具审计报告和管理建议书。由于这一步是审计团队履行审计职责、呈交最终审计成果的环节,也是最终检验审计履职能力、水平和职业道德的环节,所以审计项目合伙人及审计项目经理必须高度勤勉尽责,尽力做到万无一失。

(一) 全面执行终结审计阶段的各项工作

审计项目经理在审计终结阶段首先要做的是汇总所有实质性测试的差异,比对重要性水平,确定财务报表整体是否能接受,如审计差异超出重要性水平,需根据具体情况确定是否需进一步扩大详细测试或采取其他应对措施。其次需对财务报表是否可能存在重大舞弊欺诈作出专门判断,确保财务报表真实可靠。此外,审计人员还需对期后事项、或有事项、关联交易和持续经营假设等事项实施专门程序,并获取管理层声明书,就相关事项作出声明。由于这些证据的重要性,项目合伙人必须对所有这些程序的实施情况进行审核,确保不遗漏任何应获取的证据。

(二) 项目合伙人严格审核审计工作底稿记录的问题和结论

在完成审计工作的最后阶段,审计项目合伙人必须对审计工作底稿进行全面检查,确保所有的审计流程都符合审计准则要求,所有的审计证据都可靠规范。对于工作底稿所记录的审计发现问题,其处理方式和结论是否合适,最终审计调整事项和非调整事项是否合理、必要,都需严格检查,严防发现问题未予记录和工作底稿有缺页情况,确保审计工作底稿的完整性和审计结果的正确性。

(三) 严格按工作底稿结论形成审计意见

在完成所有取证工作后,审计人员需对财务报表形成审计意见。在大多数情况下,因公司财务报表都能按会计准则的要求公允反映,故大多是标准无保留审计意见。对于不能做到公允表述或审计范围受到限制的情况,必须按工作底稿的记录和结论根据重要性原则来形成合适的非标审计意见,由于这一步工作较为棘手,所以必须要有充分的证据,并作出准确的判断。任何非标意见都必须能经得起客户、会计师职业界和报表使用者的挑战。

(四) 必须与公司管理层和治理层进行充分沟通

审计工作完成后,不管是标准无保留意见还是非标意见,审计团队都需与公司管理层和治理层进行交流,汇报审计工作的开展情况和审计结果,特别是非标意见的审计报告,必须交流形成非标意见的证据和理由,并征求公司管理层和治理层对存在问题的最后意见,如公司同意对存在问题立即进行整改,审计团队需考虑公司整改后是否需增加补充审计程序,并调整审计意见,如需调整审计意见,必须完整记录增补审计程序、取证结果、调整事项及调整审计意见的理由,确保证据充分,理由合理。

(五) 出具审计报告必须严守独立性

审计报告代表了审计工作的全部结果和责任,审计团队在出具审计报告时必须严守审计职业道德,保持独立客观公正。在审计报告中,由于审计团队专业能力不够,误将没问题的财务报表出具非标意见的案例虽然也有发生,但毕竟很少;出具非标意见的审计报告虽然还可能存在避重就轻的情况,但毕竟已受到市场关注;而问题较严重的是审计师为了自身的利益,对不符合会计准则的财务报表出具标准无保留意见,有的甚至与客户串通造假,这是十分短视和有害的行为,一旦查出,将构成刑事犯罪,前程尽毁。所以项目合伙人必须严守独立性,要有战略眼光,为自己的人生为事务所的发展守住风险、创造未来。

(六) 出具的管理建议书必须要有建设性

管理建议书是审计团队为客户提供的增值服务,虽然不是法规的刚性规定,但也是审计团队展示能力和水平、体现价值的很好机会,所以应抓住机会给客户留下一个好印象,帮客户改进管理中存在的问题。对于管理建议书的内容格局,大致有这样一些情况:层次较低的,关注会计处理问题;中间层次的,关注内控问题;层次较高的,则关注战略和管理的问题。管理建议书的真正价值是它的建设性,所以不管哪类问题,只要是重大的,都应提出,以有助于客户提高管理水平和效率。

上面我们按现代风险导向审计的实务循环阐述了单个审计项目的过程质量管理,过程管理的最终目的是为结果管理,所以各过程环节的质量管理做好了,审计的结果质量管理目的自然也就达到了。但从整个事务所来说,为确保每个审计项目的结果质量,还需进行事务所的综合质量管理。

第三节　会计师事务所的综合质量管理

会计师事务所的综合质量管理的目的是要通过事务所的质量控制机制来确保事务所出具的所有审计报告的正确性。由于我国的会计师职业界发展时间还不很长,技术、能力和水平与国际水平尚存较大差距,同时考虑到复杂的利益关系,虽然大部分事务所的大部分审计报告都能达到审计准则所要求的审计质量水平,但仍有数量不少的审计报告存在严重的质量问题,导致资本市场的混乱和损失。一个审计报告的不慎,常常会影响到整个事务所的声誉和发展,严重的甚至导致事务所的破产倒闭,所以,每一家事务所都须建立综合质量管理体系,严防问题审计报告的发生。事务所综合质量管理体系的建设虽然可能各不相同,但至少都应做好以下几个方面的工作。

一、加强事务所的质量文化建设

在商品经济中,人们对质量的意识越来越强,没有质量的商品在消费市场上越来越难有立足之地。在服务经济中,由于一些服务(如审计)的不可体验性和不可直视性,其服务质量的好坏较难判断,所以一些服务提供者的质量意识还不强,存在浓重的投机取巧的意识。然而一旦服务质量出现问题,后果又非常严重,并会影响整个事务所的生存和发展,所以必须加强整个事务所的质量文化建设。质量文化和风险文化是一对孪生兄弟,风险意识强,质量意识也强;风险意识淡薄,质量意识也淡薄。所以,质量文化与风险文化应同时建设。

首先,事务所的质量文化建设在于事务所的创始人和高管层。作为事务所的带头人必须树立长期经营发展的战略目标,树立质量高于一切的经营理念,要有服务社会、报效国家、严守职业道德的正能量。原国际知名会计师事务所安达信的创始人亚瑟·安达信(Arther Anderson)在创业最艰难的时期仍坚守原则,严拒客户的造假要求,然而一些后继者却在安达信发展最辉煌的时候,为了眼前利益丧失独立性,出具虚假审计报告,导致事务所彻底崩溃,教训极其深刻。国内瑞华会计师事务所的案例也同样如此。这些事件深切地告诉所有从业者特别是事务所创始人和高管层,如果没有正确的经营理念、没有正确的质量意识,只有一己私利,那么,没有哪家事务所是可以大而不倒的。所以必须小心谨慎,如履薄冰,如临深渊,方可走稳走远。

其次,事务所的质量文化建设在于事务所的所有合伙人。合伙人是事务所创始人和管理层的同路人,合伙制的事务所模式决定了所有合伙人都是一条船上的伙伴,很难说一荣俱荣,但必定是一损俱损,所以所有合伙人都不能为了自己的个人利益,做出有损于其他合伙人甚至整个事务所利益的事情。所有合伙人必须严格遵守行业和事务所的各项规章制度,特别是质量要求,并带领团队一起严格遵守各项执业要求,做好每一项业务,才能成为一名合格的事务所合伙人,为事务所的长期发展做出贡献。

最后,事务所的质量文化建设还要求事务所制定完善的风险和质量控制制度,各项工作都要考虑风险,以质量为先。对老员工要多宣传,对新员工要多培训,让风险意识和质量文化深入人心,融化在血液里,落实在行动上。在实践中,每个事务所都会碰到不同的难题和压力,特别是业务高峰期,审计的质量问题往往受到严峻考验。因此事务所必须对质量管理作出刚性要求,并予严格监督,确保有效执行。只有建立了厚重的质量文化,并深入人心,事务所才能从总体上把握好审计服务的质量,把握好整个事务所的审计风险。

二、合理构建业务部门的组织结构

业务部门是事务所的一线部门,承担着事务所开展业务、创造收入的重要责任,所以怎样科学合理地组建事务所的业务部门,是当今尤为值得关注和研究的课题。一些国际著名的会计师事务所已基本完成科学架构业务部门的任务,能按照行业特色来组建业务部门,实现了专业化服务的要求。国际大所虽然形式上也是合伙制，但他们基本只在分配上进行限制，在经营管理上却完全是公司制的一体化管理。在这种模式下，所有承接的客户都由事务所按专业胜任能力分配到各专业对口部门。这确保了审计人员具备高度专业性，服务质量得以提升，同时风险控制也更加有效。而大多数的本地事务所仍处在以合伙人为本创设和发展部门的阶段，形成了所中有所，各显神通的局面。虽然国内的一些大所也在不断探索和改革，但难度较大，步伐较慢。

造成国内会计师事务所这种现状的原因是多方面的，首先是会计师事务所合伙制的经营模式，国内会计师事务所是真正的合伙制，虽然创始合伙人共同组建了一家事务所，但业务发展、团队生存、利益分配都主要以各合伙人的能力来决定。其次也是最棘手的是收益分配问题，按部门的业务收入来进行分配是事务所发展初期最简单有效的分配模式，遵循着"多劳多得，少劳少得"的原则。但这种模式的结果是导致事务所内部客户跟着合伙人走，风险跟着收益走。一些合伙人为了收益，不顾风险，结果收益是自己的，风险是大家的。这种模式在事务所的草创阶段、只承接小业务时，还情有可原，不可厚非。但在社会大发展的今天，这种经营模式已完全跟不上社会的发展步伐，这种各显神通的发展模式因质量问题而积累起来的风险，已经并还在摧垮一个又一个的事务所。特别是当一些国内大型事务所有机会承接大客户如央企大集团、大上市公司时，这种缺乏大兵团联合作战机制的经营模式是无法胜任的，如勉强承接下来，短期看到的是收益，长期看到的却是巨大的质量风险的积累。所以事务所必须要改革，必须按服务的行业来设置专业化的业务部门，才能做到让专业的人做专业的事。

按专业重新架构业务部门是国内事务所必须要跨过的一道坎，如果事务所内部结构不科学重构，仍停留在现在由一艘艘小船组建起来的大船队的状态，那只能游弋在小江小河；而想要远航五湖四海，则必须要将事务所重构为一艘具有内部科学结构的巨轮，才能满足客户的需要，并抵挡狂风巨浪。而事实上国内一些大事务所也已具备了重构的条件：首先，大事务所已经越过了求生存的阶段，几亿元甚至几十亿元的业务收入已完全能确保事务所的生存，事务所已发展到追求有质量发展和科学发展的阶段。其次，我国经济和资本市场的快速发展，大客户的不断增多，既给事务所的发展提供了更多的机会，同时也给事务所提出了更专业更优质的服务要求，所以事务所部门设置专业化的改革不可懈怠，否则，能不配位。最后，政府监管部门对审计质量管理和风险管理的要求不断升级，促使事务所必须尽早尽快进行改革，以满足社会发展的需要。所以事务所必须抓紧时间重构业务部门，让一个个业务部门成为一个个专业团队，去为一个个对口客户提供高质量的专业服务。

三、科学设计事务所薪酬制度

当事务所特别是国内大所通过业务部门重构形成一个有机整体后，内部员工的薪酬制度设计就成为事务所最高管理层需认真应对的重要事项。事务所薪酬制度的设计没有统一标准，各所情况不同，只要能激励大家把工作做好，把优秀人才留住，即达到目的。而国内外事务所在长期发展过程中所积累起来的一些有益的经验教训，还是很值得借鉴的。

首先，事务所必须建立规范的职务晋升体系，让全体员工都明确自己在事务所的发展通道。员工进入事务所工作的目的各不相同，有的将其定为自己的终身职业，有的只是将其作为初入社会的锻炼机会。不管出于怎样的目的，事务所的工作经历和经验对任何人都是很有价值的。所以对每一级职务的标准和晋升要求都需制定清楚，让员工有一个激励自己做好工作、不断进步的自我鞭策。

其次，员工的收入要与职务挂钩，要与工作业绩挂钩，而不是直接与项目的收益挂钩。会计师事务所虽是合伙制，但现在规模越来越大，国内一些大所的收入已与国际所并驾齐驱。当承接大审计业务时，已需要动用全所的资源，形成少则几十、多则几百的服务团队，所以全所的人力资源必须统一调度、统一安排，要把这类项目看作是事务所的战略项目，只有这样，才能确保质量。事务所内部公司制的一体化管理模式是大所发展的必然趋势，因而薪酬体系也必须与之相匹配。

再次，事务所要建立规范的业务承接制度，事务所承接客户必须经过统一的审批流程，严防审计人员或合伙人为了私利，滥接客户，不顾风险。只有符合事务所风险管理要求并经审批的客户才能予以承接。有质量的发展首先是客户的质量，其次才是审计工作的质量。

最后，以审计人员的能力和贡献为依据晋级加薪。将审计人员的晋级加薪与能力和贡献挂钩，能有效地调动审计人员的正能量，能激励大家努力学习，把工作做好，将个人的利益和发展始终与事务所的发展紧密联系在一起。不管是执行业务的能力、管理团队的能力还是业务开拓的能力，都是事务所发展所需要的。能全面发展的员工自然是最好的，即使不能全面发展，事务所也能用其所长，所以对个人来说，也是很有利的。只有将全所的资源统一调度使用，并对各个员工的业绩定期进行考评，调动所有人的积极性，才能达到最有效的使用，并有助于全所服务质量的提高。

四、建立强有力的研究和技术支持系统

与国际所相比较，目前国内所最大的差距是研究和技术支持系统。虽然国内大所在这方面已有显著进步，但这不是短期就能解决的，所以差距仍然很大。国际所在这方面的优势不仅仅体现在国内机构本身的研究和支持系统，更体现在国际庞大网络的研究和支持系统的帮助。随着会计准则和审计准则的越来越复杂，已无人能自诩对所有的会计准则或所有的审计准则都了如指掌。区块化、专业化已成必然趋势。所以，在现代环境中，靠个人或部门的单打独斗，已完全无法胜任时代的发展要求，必须要设立专门的研究和技术支持部门，由专门的员工对在业务发展中所碰到的专业问题、行业问题进行持续的跟踪研究，才能有效地支持所有业务部门的工作所需，确保一线人员作出正确的判断，确保审计工作质量。

事务所作为一个整体，首先需要研究的是会计准则和审计准则。全球经济和科技的高速发展所导致的企业规模和业务的日益复杂，使得相应的会计准则的复杂程度也已今非昔比。而会计准则和审计准则的国际化趋势，又使对两个准则的理解增加了难度。所以，事务所必须建立专门的研究团队，要有专人对各项会计准则和审计准则进行专门的研究，对其要求吃深吃透，理解到位，并对相关审计人员进行有效的培训，才能确保审计人员对会计准则和审计准则作出正确理解。否则，在机制上就无法确保审计质量。

除了对会计准则和审计准则要由专人进行研究，还要对重要客户所在的重要行业进行研究。在我国以往的经济结构中，传统制造业的占比很大，制造业流程的可视性较有利于审计工作的展开。然而随着现代经济的飞速发展，金融服务业（包括银行、保险、证券等）、互联网、通讯业、数字经济和高科技行业等逐渐崭露头角，这些行业占用资金多、经营风险大，再加上不可视性，大大提升了审计的难度和风险，因而事务所必须加大对这些行业的研究，以从宏观上把控对这些客户的审计风险。现代风险导向审计模式告诉我们，公司最大的风险是外部环境变化对公司战略目标的冲击，所以对事务所的战略客户和数量较多的客户所在行业，要进行专门的行业研究，充分理解这些行业的商业模式、运营机制、发展趋势和行业监管，从总体上保证审

计质量。

除了以上研究，事务所必须建立准则研究和行业研究信息库以及内部咨询服务信息库，将准则的关注要点、业务部门咨询的问题和解答全部入库保存，以供审计人员工作查询。审计人员在执行业务过程中随时会碰到问题需要查询，有些问题是技术部门重复回答的，准则信息库和咨询问题信息库既可提高查询效率，也可避免技术部门的重复、无效劳动。

对于审计人员工作中所遇到的复杂问题、疑难问题，事务所必须建立咨询机制，明确业务部门和技术支持部门的职责。业务部门遇到疑难问题不报告、不咨询因而作出错误判断，需承担工作不勤勉尽职责任；技术支持部门对咨询问题作出错误判断或错误解答则需承担专业失职责任。这些失职行为都应录入相关人员的业绩考评，成为其能力和贡献评价的依据。事务所研究和技术支持系统的建立，能有效地提高整个事务所的业务判断能力，从而有效地提高审计质量。

五、建立可靠的质量监督体系

前面我们讨论的质量文化、业务部门专业化架构、薪酬制度和技术支持等内容，都是对审计质量的基础保障，为确保审计质量创造了条件，而建立可靠的质量监督体系则是事务所对审计质量的直接保障。项目合伙人对单个审计项目的质量监控是审计项目团队的质量管理行为，为保证审计质量发挥了较大的作用。但由于受审计成本、时间限制等各种原因的影响，不可避免地会发生项目合伙人对这些因素的妥协，这会对审计质量造成一定的影响。为控制这种情况的发生，事务所必须建立管理层面的质量监督体系，确保所有审计项目的质量达到事务所的质量要求，所以质量监督体系是事务所层面的质量管理行为。事务所的质量监督体系主要包括项目复核机制、风险总控机制和所内质量互查机制等。

（一）建立有效的项目复核机制

项目复核机制是事务所对审计项目质量加强管理的措施，项目复核必须覆盖所有审计项目。由于项目复核的要求高、责任大，参与项目复核的人员必须具备很高的综合素质。一是胜任能力。项目复核既涉及会计处理问题，也涉及审计技术方法问题，需要极强的判断能力，所以一般都应由事务所审计经验丰富的资深合伙人担任。二是独立性。项目复核的独立性既体现在复核人员对审计客户的独立，也体现在复核人员与项目合伙人之间的独立，复核人员既不能与客户之间有任何人事联系和利益关系，也不能与项目合伙人之间有任何人事联系和利益关系，确保复核人员能对复核项目作出独立客观的判断和检查。三是复核人员的职业道德。由于项目复核是事务所把控审计报告质量的最后一道关，所以复核人员必须要有高尚的职业道德，一切以确保事务所的审计质量为重，不徇私舞弊，不失职渎职，勤勉尽责，履行职责。

项目复核不是简单地审阅项目的工作底稿，而是通过工作底稿来最终判断审计报告结论是否正确。具体来说，需关注这么几个重要方面：一是要从工作底稿中检查项目团队对客户的风险分析（包括战略风险和环节经营风险）和内控制度了解及测试是否到位，看项目团队是否把握住了企业经营风险的龙头，因为只有把握住了企业经营风险的龙头，才能对财务报表是否存在重大风险作出可靠的判断。二是检查审计目标和审计程序设计是否到位，审计取证是否充分可靠。审计目标的针对性、审计程序的有效性以及审计取证的充分性是确保审计质量的重要前提。三是检查发现问题的处理和形成的审计结论是否正确。审计过程中必定会发现各种各样的问题，有凭证问题、会计处理问题、内控问题等，对这些记录的问题，是否根据会计准则和重要性原则作出了适当的处理，最终形成的审计意见是否正确，这是项目复核的关键。四是检查整个工作底稿是否由项目经理和合伙人按事务所的质量控制要求进行了严格审核，履行了审计质量监控责任。项目复核既是对审计报告可靠性的复核，也是对事务所的各项风险、质量控制制度是否得到有效贯彻执行的复核，以确保事务所各项质量监控制度的有效性。

（二）建立有效的风险总控机制

在上述项目复核中，大部分审计报告经与项目合伙人沟通后，复核人都能作出最后的判断和结论。但也总有一些疑难报告无法定论，所以事务所需要建立风险总控机制，尤其是对风险控制委员会和外部专家咨询委员会的设立和运行。风险控制委员会要由事务所的最强业务合伙人和技术合伙人组成，一般都要由（副）主任会计师级别的资深合伙人担任，他们站在事务所和全体合伙人利益的基础上，负责对疑难报告作出最后判断和结论。外部专家咨询委员会是由会计审计专家和客户所在行业专家组成的咨询机构，既可以是相对固定的，也可以是临时的。他们对事不对人，只对相关问题发表独立意见，不对具体报告承担任何责任。外部专家的特点是比较超脱、独立，对问题的判断也比较专业、客观，所以外部专家咨询委员会的意见可作为风险控制委员会决策的重要参考。

项目合伙人→项目复核人→风险控制委员会，是事务所的一条有效的质量控制链，通过这条控制链，事务所能从技术上严格控制住所有审计报告的质量。如果再发生问题，那一般都是独立性的问题，即事务所整体在进行利益博弈，这是极其危险的。所以风险控制委员会的另一个重要责任是必须确保整个事务所的独立性，不为短期利益所动，不投机取巧，不博弈，而是脚踏实地，稳步前行。

（三）建立有效的内部质量互查机制

由于我国企业会计年度的统一规定，上市公司年报的披露时间较为集中，所以审计高峰时间也很集中，这或多或少地会影响审计复核的质量。同时，国内大型事务所的不断合并，审计质量控制的参差不齐，特别是由利益机制带来的独立性问题，给事务所带来了很大的潜在风险。为确保审计质量的不断提升和控制审计风险，事务所必须建立有效的内部质量互查机制。这一机制的最大特点是可利用季节性空闲时间来开展内部质量检查，这对规模较大、分支机构较多的事务所尤为必要。互查机制的特点主要有两个：一是抽查，所有合伙人都有可能被查到，有质量疑点的合伙人更容易被查到，每个项目都有可能成为解剖的麻雀，一旦发现质量有问题，合伙人的能力就会受到质疑。二是事务所内部合伙人之间也存在一定的竞争，一旦查出问题，合伙人的声誉压力巨大，一些国际大所内部互查带给合伙人的压力丝毫不亚于外部检查。所以，内部质量互查机制能对合伙人的质量控制产生较大的震慑作用。

内部质量互查不仅关注合伙人的专业技术素养，还涵盖合伙人的管理能力、工作尽责程度，以及合伙人的职业道德、独立性等方面，所以是对项目质量和合伙人素质的全面检查。经得起内部质量互查的项目及合伙人，将在事务所内部树立起较高的职业威望；反之，轻者影响职位和薪酬晋升，重者影响职业发展生涯。为了确保内部质量互查效果，互查人员、互查项目、互查时间的确定都需保持机密，不能随意泄露。互查人员必须抽调全事务所范围内的优秀合伙人和经理，确保独立性和胜任能力；互查项目必须轮查或抽查，覆盖各分支机构和合伙人，确保都得到监督；互查时间应适当安排，不允许相关部门和审计人员对工作底稿做任何突击补充和完善，确保查到客观真实的工作质量。内部互查机制的有效运行能对提高审计质量产生很大的促进作用。

会计师事务所的质量管理是一个永恒的话题，但只要不懈努力，持之以恒，一定会收到良好的效果,一定会使审计质量得到持续改进。这不仅为事务所的长期健康发展做出贡献,也能实现审计服务约定的最终目标。

 **复习思考题**

1. 审计质量的内涵是什么?
2. 现代风险导向审计实务循环有哪些环节?它对每一环节有哪些质量管理要求?
3. 会计师事务所综合质量管理主要包括哪些方面?
4. 会计师事务所的质量文化建设为什么重要?
5. 会计师事务所的业务部门为什么要专业化设置?
6. 什么样的薪酬制度有利于保证会计师事务所的审计质量?
7. 会计师事务所为什么必须建立专门的研究和技术支持部门?
8. 会计师事务所的项目复核制度为什么重要?
9. 会计师事务所的内部质量互查机制对审计质量的提高有什么促进作用?

配套习题